КНИГА ЗОАР

Глава Лех леха

Глава Ваера

Под редакцией проф. М. Лайтмана

Под редакцией проф. М. Лайтмана
Книга Зоар, глава Лех леха
Laitman Kabbalah Publishers, 2015. – 392 с.
Напечатано в Израиле.

Edited by Prof. M. Laitman
The Book of Zohar, Lech-Lecha
Laitman Kabbalah Publishers, 2015. – 392 pages.
Printed in Israel.

ISBN 978-1-77228-067-8

DANACODE 760-84

До середины двадцатого века понять или просто прочесть книгу Зоар могли лишь единицы. И это не случайно – ведь эта древняя книга была изначально предназначена для нашего поколения.

В середине прошлого века, величайший каббалист 20-го столетия Йегуда Ашлаг (Бааль Сулам) проделал колоссальную работу. Он написал комментарий «Сулам» (лестница) и одновременно перевел арамейский язык Зоара на иврит.

Но сегодня наш современник разительно отличается от человека прошлого века. Институт ARI под руководством профессора М. Лайтмана, желая облегчить восприятие книги современному русскоязычному читателю, провел грандиозную работу – впервые вся Книга Зоар была обработана и переведена на русский язык в соответствии с правилами современной орфографии.

Copyright # 2015 by Laitman Kabbalah Publishers
1057 Steeles Avenue West, Suite 532
Toronto, ON M2R 3X1, Canada
All rights reserved

Содержание

ГЛАВА ЛЕХ ЛЕХА

Слушайте Меня, черствые сердцем 8

На чем стоит мир 10

И сказал Творец Авраму 18

И вышли они с ними из Ур-Касдим 24

Ступай же исправлять себя 26

И сделаю Я тебя великим народом 35

А нечестивым недоступен их свет 37

И сделаю Я тебя великим народом 39

И пошел Аврам, как сказал ему Творец 42

И взял Аврам Сарай 44

И прошел Аврам по земле 48

Три ступени НАРАН 60

И сошел Аврам в Египет 66

И было, по приходе Аврама в Египет 71

Творец наслаждается с душами праведников 81

И поразил Творец Фараона 84

Душою моею стремился я к Тебе ночью......................... 87

Нефеш, руах, нешама 89

И шел он своими переходами 93

И был спор между пастухами стада Аврама и пастухами стада Лота.. 96

И Творец сказал Авраму после того, как Лот отделился.... 98

Как яблоня меж лесных деревьев 105

И было во дни Амрафела.......................................110

Всесильный, не безмолвствуй................................116

Малки-цедек, царь Шалема 118

После этих событий 129

Было слово Творца к Авраму в видении 132

Рабби Хия отправляется проведать рабби Эльазара........138

Благословите Творца, ангелы Его 147

И сказал Аврам: «Что Ты дашь мне?».....................149

Кто всемогущ, кроме Творца,
и кто твердыня,
кроме Всесильного нашего 152

Видение Всемогущего и просто видение..................156

Творец осуществляет зивуги..................................159

Ночь и полночь..162

Малая «хэй» и большая «хэй» 170

Статьи о союзе обрезания 171

ГЛАВА ВАЕРА

И явился ему Творец 198

Когда занемог рабби Элиэзер 210

И вот, три человека 213

Кто взойдет на гору Творца 232

И вот, три человека 236

И будет сын у Сары 250

И сказал: «Я еще вернусь» 254

И встали оттуда те люди 257

Утаю ли Я от Авраама? 260

Сойду же и посмотрю 266

Авраам будет народом 267

Если по мере вопля, приходящего ко Мне, поступали 269

Неужели погубишь праведного с нечестивым? 273

И пришли два ангела в Сдом 275

Эденский сад и преисподняя 278

И Творец пролил на Сдом 281

И оглянулась жена его позади него 295

Землю, где не будешь в скудости 296

И взошел Лот из Цоара 298

Аммон и Моав 312

Она сестра моя 317

Стоящий справа, чтобы обвинять..................325

И обезглавят там телицу в долине 328

Начало года и День искупления.......................331

И Творец вспомнил о Саре................................335

И сделал Творец для Сары 349

Жена твоя, как лоза виноградная плодоносная 352

Срок прихода Машиаха 355

Сын Агари-египтянки..365

Знаки Машиаха..369

Творец испытал Авраама...................................377

И увидел то место издали 381

Авраам, Авраам! 385

В каждой беде их не страдал 387

    Видеопортал Zoar.tv 392

    Курсы обучения 392

    Книжный магазин...392

Глава Лех леха

Слушайте Меня, черствые сердцем

1) Почему удостоился Авраам того, чтобы Творец сказал ему: «Ступай же (лех леха)»[1], более, чем все остальные в его поколении? И сказал: «Слушайте Меня, черствые сердцем, далекие от праведности!»[2] «Слушайте Меня, черствые сердцем» означает – «насколько жестки сердца грешников, которые видят тропинки и пути Торы» – т.е. внутреннюю и внешнюю части Торы, тропинки – внутренняя часть, пути – внешняя часть[3], «но не всматриваются в них». «И жестки сердца их» – не обращаются вновь к Господину своему, и потому называются «черствые сердцем». «Далекие от праведности» – означает, что отдаляются от Торы, и потому они далеки от праведности.

2) Отдаляются от Творца и поэтому называются «черствые сердцем». И сказано: «Далекие от праведности» – потому что не желают приближаться к Творцу, так как они «черствые сердцем». И будучи далекими от праведности, они далеки от мира. Как сказано: «Нет мира, – сказал Творец, – нечестивым»[4] – из-за того, что далеки от праведности, нет им мира.

Объяснение. Малхут, со стороны суда в ней, называется справедливостью (цедек צדק) без буквы «хэй ה». И в большом зивуге праведника (цадик צדיק) и справедливости (цедек צדק), когда Нуква поднимается и облачается на Иму, она называется «праведность (цдака צדקה)». То есть она превращается в милосердие, так как принимает букву «хэй ה» от Имы, когда облачается на нее. И благодаря МАНу, который праведники поднимают в Нукву в то время, когда она называется «справедливость (цедек צדק)», они вызывают высший зивуг, и справедливость (цедек צדק) преображается и становится праведностью (цдака צדקה), т.е. суд обращается в милосердие. И это смысл сказанного: «Слушайте Меня, черствые сердцем» – ведь из-за того, что у них черствое сердце, и они не поднимают МАН посредством пристального изучения Торы и возвращения, они далеки

---

[1] Тора, Берешит, 12:1. «И сказал Творец Авраму: "Ступай же из земли своей, от родни своей, и из дома отца твоего в землю, которую Я укажу тебе"».
[2] Пророки, Йешаяу, 46:12.
[3] См. Зоар, главу Берешит, часть 1, п. 308.
[4] Пророки, Йешаяу, 48:22.

от праведности (цдака צְדָקָה), и поэтому они находятся в судах справедливости (цедек צֶדֶק), без буквы «хэй ה», мохин Имы.

И по причине того, что отдаляются от Торы и не поднимают МАН для высшего соединения (зивуга), они далеки от праведности (цдака) и находятся в судах справедливости (цедек). Нет у них любви к Творцу, и поэтому далеки они от того, чтобы обратить справедливость (цедек) в праведность (цдака), суд в милосердие, потому что не поднимают МАН для зивуга. И будучи далекими от праведности, они далеки от мира. Из-за того, что не поднимают МАН, чтобы обратить справедливость (цедек) в праведность (цдака), нет у них мира, так как не вызывают высший зивуг, называющийся «мир», и поэтому «мир» не светит над ними.

3) Авраам хотел приблизить себя к Творцу и приблизился. Как сказано: «Любишь ты справедливость и ненавидишь нечестие»[5], – поскольку любил справедливость и ненавидел нечестие, приблизился к праведности (цдака). Иначе говоря, так как он любил справедливость, то поднял МАН к высшему зивугу, и справедливость стала праведностью для него. Поэтому сказано: «Авраама, возлюбившего меня»[6]. Ибо сказано о нем: «Любишь ты справедливость» – это любовь Творца, которого Авраам любил более всех в поколении, которые были «черствы сердцем», и они «далеки от праведности».

---

[5] Писания, Псалмы, 45:8. «Любишь ты справедливость и ненавидишь нечестие, поэтому помазал тебя Всесильный, Всесильный твой, елеем радости среди собратьев твоих».
[6] Пророки, Йешаяу, 41:8. «А ты Исраэль, раб Мой, Яаков, которого избрал Я, потомство Авраама, возлюбившего Меня».

На чем стоит мир

4) Насколько же люди должны всматриваться в работу Творца. Ведь все люди не знают и не изучают, на чем стоит мир и на чем они сами стоят. И эти две вещи выясняются в данной статье.

Когда Творец создал мир, Он сделал небо из огня и воды, и они, перемешавшись вместе, не затвердевали. А затем затвердели и пребывали в высшем духе (руах). Объяснение. Согласно порядку выхода мохин, сначала выходят две линии, правая и левая, и это две точки, холам и шурук, называемые «вода» и «огонь». И они были в разногласии друг с другом. Это означает, что каждый входит в пределы другого и желает подчинить его своему свойству. Как два сырых вещества, перемешивающихся друг с другом, пока не раскрывается ступень хасадим, выходящая на экран де-Тиферет, т.е. третья линия, согласующая между ними так, чтобы каждая из них светила присущим ей образом, не смешиваясь больше друг с другом. И это называется, что две линии, которые были сырыми и перемешивались друг с другом, теперь затвердели благодаря средней линии, Тиферет, и больше не смешивались друг с другом[7].

И это сказанное: «Когда создал Творец» – Бина, «мир» – Нукву, «Он создал небо» – Зеир Анпин, «из огня» – левой линии, «и воды» – правой линии. «И они, перемешиваясь вместе, не затвердевали, находясь в разногласии друг с другом, и каждый входит в пределы другого и желает подчинить его своему свойству» – что характерно природе жидкостей, которые смешиваются между собой. А после того, как вышла средняя линия, они становятся твердыми, и устанавливаются две линии посредством средней линии, Тиферет, руах. И они стали, как два твердых вещества, и больше не может одно войти в пределы другого.

«И оттуда, с небес» – от Зеир Анпина, «Он заложил основы мира» – т.е. Нуквы, «чтобы он стоял на основаниях» – трех линиях Нуквы, «которые поддерживаются тем же духом

---

[7] См. Зоар, главу Берешит, часть 1, п. 34, со слов: «Это разногласие продолжалось до тех пор...»

(руах)» – т.е. средней линией, что в них. «И в час, когда этот дух уходит, все они шатаются и трясутся, и мир содрогается» – так же, как линии Зеир Анпина становятся твердыми и поддерживаются высшим духом (руах), так же и линии Нуквы, исходящие от Зеир Анпина, поддерживаются только этим духом, так как без средней линии вообще не бывает свечения двух линий.

«И всё держится на Торе. Ибо когда Исраэль занимаются Торой» – то есть поднимают МАН к ЗОН и притягивают среднюю линию, называемую Торой, «мир может существовать». «И те столбы и основания» – то есть три линии Зеир Анпина, называемые «столбы», и три линии Нуквы, называемые «основания», «находятся на своих местах в совершенном существовании». И тогда говорится о Нукве: «Сколь возлюблены жилища Твои»[8], потому что «жилище» – это свойство Нуквы. И выяснилось, что мир стоит на руахе – на средней линии. И это означает сказанное: «Ибо когда Исраэль занимаются Торой, мир может существовать».

А отсюда и далее выясняется, как люди тоже существуют только на основе средней линии.

5) В час, когда пробуждается полночь, и Творец входит в Эденский сад, чтобы наслаждаться с праведниками, все деревья в Эденском саду воспевают и восславляют Его. Как сказано: «Тогда возликуют все деревья лесные перед Творцом, ибо явится Он»[9]. Объяснение. «Ночь» – это состояние преобладания в Нукве ее собственного свойства, основой которого является свечение левой линии, т.е. свечение Хохмы, исходящее из точки шурук в Име. И Хохма светит только в месте от хазе и ниже, так как выше хазе каждого парцуфа властвует «манула (замóк)», и там не может раскрыться свечение Хохмы[10]. Поэтому ночь делится на две половины, так как точкой полуночи называется точка хазе.

---

[8] Писания, Псалмы, 84:2. «Сколь возлюблены жилища Твои, Повелитель воинств!»

[9] Писания, Псалмы, 96:12-13. «Наполнятся радостью поля и все, что на них, тогда возликуют все деревья лесные перед Творцом, ибо явится Он судить землю, весь мир Он будет судить справедливостью и народы – истиной Своей».

[10] См. «Предисловие книги Зоар», п. 41, со слов: «И мы уже знаем...»

Первая половина ночи – от хазе Нуквы и выше, и поскольку там властвует манула, это суды. А вторая половина ночи – от хазе Нуквы и ниже, и там властвует Малхут, подслащенная в Бине, мифтеха[11]. И поэтому раскрывается там свечение Хохмы, относящееся к Нукве, и об этом говорит фраза: «Встает она еще ночью»[12]. И в этом свойстве Нуква называется также Эденским садом, ведь от хазе и ниже нет ее собственного свойства, Малхут свойства суда, и поэтому она полностью подслащена и становится как Има, которая называется «Эден» при возвращении Бины в Хохму. И потому называется «Эденский сад».

«В час, когда пробуждается полночь» – когда Нуква пробуждается для получения подслащения от Бины, чтобы она светила в месте от ее хазе и ниже, называемом «Эденский сад», «и Творец входит в Эденский сад, чтобы наслаждаться с праведниками», – т.е. праведники поднимают МАН и притягивают свечение средней линии, и это означает, что Творец светит в Эденском саду, «все деревья в Эденском саду воспевают и восславляют Его», как сказано: «Тогда возликуют все деревья лесные»[9]. «Деревья лесные» – это бесплодные деревья, которые не дают плодов, и до прихода Творца считаются сфирот Нуквы словно лесные деревья, у которых нет плодов. А после того, как свечение Творца входит туда благодаря праведникам: «Тогда возликуют все деревья лесные перед Творцом, ибо явится Он»[9]. И они приносят плоды.

6) И является вестник, громко призывая и возглашая: «Вам, борцы за непорочность, – тем из вас, в чьи уши вдохнул Он дух, позволяющий слышать, и чьи глаза раскрыты, дабы видеть, чье сердце открыто для познания». И благодаря этому воззванию пробуждаются праведники, чтобы встать ото сна своего и, занявшись Торой, притянуть среднюю линию.

«Уши» – Бина, а свет их называется слухом. «Глаза» – Хохма, а свет их называется зрением. И ночью глаза закрыты, поскольку они не могут светить из-за судов. А в полночь, когда приходит свечение левой от Имы, и это свечение Хохмы от точки шурук, имеющейся в Абе, и хотя уже есть там сила зрения,

---

[11] См. «Предисловие книги Зоар», статью «Манула и мифтеха», начиная с п. 41 и далее.
[12] Писания, Притчи, 31:15. «Встает она еще ночью, раздает пищу в доме своем и урок служанкам своим».

все же нельзя еще открыть глаза из-за нехватки света хасадим, а Хохма не светит без хасадим. И тогда пробуждаются праведники, чтобы встать и заняться Торой, и поднять МАН в ЗОН, и Зеир Анпин тоже поднимается в МАН к двум линиям, исходящим от двух точек, холам и шурук, содержащихся в Бине. И уровень хасадим нисходит на экран Зеир Анпина, согласующий между двумя линиями, и они включаются друг в друга. И Хохма левой линии облачается в хасадим правой и может светить. И тогда раскрываются глаза.

И это то, что сказано: «Тем из вас, в чьи уши вдохнул Он дух (руах), позволяющий слышать» – Зеир Анпин. «Когда праведники, занимаясь Торой, поднимают МАН и привносят руах» – среднюю линию, Зеир Анпин, «в ознаим (уши)» – то есть две линии Бины, и Хохма, содержащаяся в левой, облачается с помощью нее в хасадим правой, «тогда эйнаим (глаза)» – Хохма, «раскрываются, дабы видеть», потому что после облачения в хасадим они способны светить.

Средняя линия называется Даат. И тогда стали эти три линии свойством Хохма-Бина-Даат (ХАБАД) в Бине. И оттуда они нисходят к ХАБАД де-ЗОН, а оттуда – к ХАБАД душ праведников. И все эти мохин вышли благодаря их занятию Торой. Этот Даат, являющийся согласующей линией в Хохме-Бине рош, обращается и светит сверху вниз в гуф. И это смысл слов: «Чье сердце открыто для познания», – так как Даат, принадлежащий рош, распространяется вниз и наполняет сердце и весь гуф.

И это вестник, который выходит в полночь, т.е. во время начала свечения левой линии от точки шурук, к праведникам, чтобы подняли МАН для привлечения средней линии. И это означает «громко возглашая» – поскольку он находится в скрытии судов точки шурук, и считается, что он выходит с большой силой, призывая праведников исправить его. Итак, перед нами порядок нисхождения трех линий от Бины к Зеир Анпину, и от Зеир Анпина к Нукве, а от Нуквы к душам праведников.

«В час, когда руах (дух), источник всех руахов, поднимает наслаждение души, и оттуда выходит голос, источник всех голосов, силы расходятся в четыре стороны света» – Зеир Анпин, поднимаясь, согласует между двумя линиями, содержащимися в Бине, называется «руах всех руахов», являясь основной согласующей линией, из которой нисходят средние линии ко всем ступеням. Нешама – это Бина, потому что свет Бины называется «нешама». «И когда руах» – Зеир Анпин, «поднялся в ознаим» – Бину, согласовав между двумя линиями, «становится этот руах голосом души (нешама)». То есть, до его согласования, не были слышны в Бине, называемой «ознаим» (уши), никакие света, и руах служил им в качестве слуха, ибо посредством него они восполнились и светят наружу.

В час, когда Зеир Анпин поднялся в Бину, и поднял там сладость светов Бины, называемой «нешама», т.е. раскрыл там три линии ХАБАД, после того, как руах раскрыл три эти линии и образовался голос, он выходит оттуда, становясь источником всех голосов, так как он выходит и распространяется вниз. Силы его распространяются, расходясь в четыре стороны мира – к Зеир Анпину и Нукве, расположенным под Биной. Ибо юг-север-восток – это Зеир Анпин, а запад – это Нуква.

7) «Одна поднимается» – к правой стороне Зеир Анпина, югу, исходящей из точки холам Бины. «Другая опускается» – в левую сторону Зеир Анпина, север, исходящую из точки шурук, имеющейся в Бине. «Еще одна входит между обеими» – средняя линия Зеир Анпина, восток, исходящая из точки хирик, появляющейся в Бине от Зеир Анпина, производящего согласование в двух линиях Бины. И это три стороны – юг-север-восток, ХАГАТ Зеир Анпина. И о свечении правой говорится: «Одна поднимается», т.е. свечение ее поднимается снизу вверх, а о свечении левой говорится: «Другая опускается», т.е. свечение ее опускается сверху вниз, – потому что говорится о порядке их выхода до того, как вышла средняя линия.

Сначала выходит правая линия в ВАК без рош, МИ. А затем – левая линия, ЭЛЕ (אלה), возвращающиеся к МИ (מי), восполняя имя Элоким (אלהים) в скрытии. И тогда получается, что правая светит снизу вверх, как и свойственно свечению ВАК, а левая светит сверху вниз, что свойственно ГАР. Но они находятся в скрытии из-за отсутствия хасадим. Однако после выхода средней линии, все три включаются друг в друга, и изменяется порядок их свечения: та, что поднималась, опускается, а та, которая опускалась, поднимается[13] – то есть правая светит

---

[13] См. Зоар, главу Берешит, часть 1, п. 386.

сверху вниз, а левая – только снизу вверх. И ХАБАД Зеир Анпина не учитываются потому, что ХАБАД Зеир Анпина не являются настоящими ХАБАД, а только ХАГАТ, ставшими ХАБАД.

«Обе они украшаются и светят, становясь тремя» – ХАГАТ, благодаря средней линии, соединившей их. Поэтому «три входят в одну» – так как средняя линия, Тиферет, сама получает и распространяется отдельно в три других линии, НЕХИ. «Ибо всей меры, вызванной нижним в свечении высшего, удостаивается также и нижний, который вызвал это». И поскольку Зеир Анпин, поднявшись, привел к соединению в Бине и стал там средней линией, то и сам Зеир Анпин удостоился трех линий, которые вышли благодаря силе Бины, и распространился сам в три линии ХАГАТ. И также сфира Тиферет Зеир Анпина, являющаяся средней линией, согласующей между двумя линиями, Хеседом и Гвурой Зеир Анпина, сама удостоилась трех линий, и распространилась Тиферет в три линии НЕХИ. И поскольку две (линии), Хесед и Гвура Зеир Анпина, стали тремя линиями благодаря Тиферет, то все три вошли в одну, в Тиферет, и она сама распространилась в три других линии, то есть НЕХИ. И вышли в Зеир Анпине шесть сфирот, ХАГАТ НЕХИ.

Одна (линия), согласующая, Тиферет Зеир Анпина, образует цвета – то есть создает сфирот Нуквы, называемые цвета. Шесть из них, ХАГАТ НЕХИ, в одной стороне – в правой. И шесть из них, ХАГАТ НЕХИ, в другой стороне – в левой. И получается, что эти шесть, то есть ХАГАТ НЕХИ, вошли в двенадцать сфирот: шесть сфирот Зеир Анпина распространились, став в Нукве двенадцатью сфирот – шесть в правой ее стороне, и шесть в левой. И все эти двенадцать сфирот находятся от ее хазе и выше. И двойные они потому, что Нуква от ее хазе и выше состоит из двух основ, исходящих от двух точек, называемых «мифтеха (ключ)» и «манула (замок)»[14]. И поэтому выходят в ней там две ступени ХАГАТ НЕХИ: одна – от свойства мифтеха, и она распространяется в свечении Хохмы, а вторая ступень ХАГАТ НЕХИ – от свойства манула, и в ней нет свечения Хохмы, а только укрытые хасадим. И потому шесть сфирот Зеир Анпина становятся у нее двенадцатью – двумя ступенями ХАГАТ НЕХИ.

---

[14] См. «Предисловие книги Зоар», статью «Две точки», п.122.

Двенадцать сфирот, находящихся в месте от хазе и выше, распространяются от хазе Нуквы и ниже, становясь двадцатью двумя сфирот. Ибо шесть сфирот Зеир Анпина становятся здесь двенадцатью, но они включены в десять, потому что десять находятся в одном. Дело в том, что от хазе и ниже у Нуквы нет зивуга из-за отсутствия Есода де-манула, т.е. свойства «лик человека». И поэтому считается, что распространяются вниз только дважды ХАГАТ Нецах Ход, а не их Есоды. И хотя Есод де-мифтеха распространяется от хазе и ниже, все же у него там нет Есода де-манула, чтобы включиться в него, и он не пригоден для зивуга. И поэтому он не считается сфирой, и у нее (Нуквы) от хазе и ниже есть лишь десять сфирот.

Поэтому шесть сфирот Зеир Анпина включены от хазе и ниже только в десять сфирот, т.е. дважды ХАГАТ Нецах Ход, а не в двенадцать сфирот. «Потому что десять находятся в одном» – так как эти десять сфирот стоят только в одном Есоде де-мифтеха, и он не способен включиться в манулу и поэтому не пригоден для зивуга, и словно его и нет. И потому здесь недостает двух Есодов, и есть всего лишь дважды ХАГАТ Нецах Ход, а это – десять сфирот. Однако все свечение Хохмы раскрывается в этих десяти сфирот от хазе и ниже. Но только зивуг происходит от хазе и выше, а ступень зивуга нисходит в десять сфирот от хазе и ниже. И оттуда получают наполнение души праведников.

8) Горе тем спящим, чьи глазницы охвачены сном, которые не воспрянут ото сна, чтобы заниматься Торой и притягивать среднюю линию, ведь свечение левой линии перекрывает свет их глаз и они – в спячке. И нет у них глаз, мохин, но только сон в их глазницах. Не знают они и не всматриваются, как же предстанут они в суде, будучи призванными дать отчет, если будет осквернено тело их. И душа их будет метаться над полуденным воздухом, поднимаясь и опускаясь, но врата не раскроются ей. И словно камни в праще будут они вращаться. Кто же попросит за них, если не взойдут они к этой усладе, к местам наслаждения праведников, пропадет и исчезнет их место. Будут переданы они в руки ангела Дума, опустятся в преисподнюю и не поднимутся. О них сказано: «Исчезает облако и уходит; так нисходящий в могилу не поднимется вновь»[15].

---

[15] Писания, Иов, 7:9.

9) «В этот час, в полночь, загорается пламя в северной стороне, и ударяет по четырем сторонам мира» – так как в это время распространяется по миру свечение левой линии, т.е. суд, «и опускается и стегает меж крыльями петуха, т.е. ангела Гавриэля[16]. И это пламя загорается в нем, и он кричит, как сказано: «Является вестник, громко призывая и возглашая»[17]. Но никто не пробудится от голоса этого воззвания, кроме истинных праведников, которые встают в это время и занимаются Торой, притягивая свечение средней линии. И тогда Творец и все праведники, находящиеся в Эденском саду, прислушиваются к их голосу, как сказано: «Живущая в садах, друзья прислушиваются к голосу твоему! Дай мне услышать его!»[18]

Итак, выяснилось, что люди существуют только на основе средней линии, притягиваемой благодаря занятиям Торой. И без средней линии они не могут существовать, но передаются во власть ангела Дума и опускаются в преисподнюю, не имея возможности подняться.

---

[16] См. «Предисловие книги Зоар», п. 171.
[17] См. выше, п. 6.
[18] Писания, Песнь песней, 8:13.

И сказал Творец Авраму

10) Слова: «И сказал Творец Авраму: "Ступай же из земли своей"»[1] – указывают на порядок создания душ Зеир Анпином и Нуквой до появления их в этом мире с целью облачения в тело. Поэтому сначала выясняется, как Зеир Анпин и Нуква получают мохин и создают душу. И говорится, что в силу желания Царя, Бины, было посажено одно дерево, Зеир Анпин, большое и могучее. «Большое» – посредством мохин свечения Хохмы. «Могучее» – посредством мохин де-хасадим. Когда среди высших насаждений, сфирот Бины, посажено дерево, Зеир Анпин, окруженное двенадцатью границами, и в четырех сторонах света простираются ветви его.

Объяснение. Вследствие подъема Малхут в Бину, протянулась парса под Кетером и Хохмой всех ступеней, и Бина уменьшилась до ВАК, и это МИ (מי) де-Элоким (אלהים), что означает: света нефеш-руах в келим Кетер и Хохма. А три буквы ЭЛЕ (אלה) де-Элоким (אלהים) – Бина, Зеир Анпин и Нуква де-келим, спустились от нее в Зеир Анпин. А во время гадлута, когда Бина опускает парсу на свое место, возвращая свои буквы ЭЛЕ к себе, поднимается вместе с ними также и Зеир Анпин в место Бины, и становится как одна из сфирот Бины, и благодаря этому получает там света Бины[19].

Поэтому сказано: «В силу желания Царя» – вследствие подъема желания Царя, т.е. Малхут, в Бину, упали буквы ЭЛЕ в Зеир Анпин и стали равными ему. Поэтому во время гадлута, когда она поднимает ЭЛЕ, возвращая их к себе, поднимается с ними также и Зеир Анпин, поскольку он слит с ними. Таким образом, благодаря тому, что «среди высших насаждений, сфирот Бины, посажено дерево, Зеир Анпин», когда он становится одной из сфирот Бины, то получает ее света так же, как и ее сфирот.

Вследствие подъема Малхут и подслащения ее в Бине, получилась диагональная линия. Ибо четыре стороны мира, ХУБ ТУМ, представляют собой четырехугольник, такой: □. А когда Малхут, западная сторона, поднялась к Бине, северной

---

[19] См. Зоар, главу Берешит, часть 1, п. 9.

стороне, две эти стороны, западная и северная, оставляют свои места и соединяются вместе, образуя диагональ. Ибо четыре сфиры, ХУБ ТУМ, стали теперь треугольником, таким: ◁. И теперь можно понять, что означают двенадцать диагональных границ. Ибо четыре стороны, представляющие собой четыре сфиры ХУБ ТУМ, включились друг в друга, и в каждой из них есть ХУБ ТУМ. В таком случае, у них должно быть шестнадцать границ, поскольку границы означают то же, что и стороны. Однако вследствие того, что Малхут и Бина сложились в одно целое, есть в каждой из них (сторон) лишь три стороны, всего двенадцать сторон, т.е. двенадцать границ, поскольку две стороны, север и запад, соединившись, образовали диагональ в таком виде, что у западной стороны нет собственного свойства, а только диагональ. Поэтому называются «двенадцатью диагональными границами».

И когда Зеир Анпин окружен двенадцатью границами в трех местах, образовавшихся вследствие подъема Малхут в Бину, т.е. в трех точках холам-шурук-хирик, для того, чтобы получить свечение Хохмы[20], четыре стороны мира в нем включают двенадцать границ; т.е. каждая из четырех (сторон) образуется только в форме треугольника, где только две стороны полные – восточная и южная. Но две стороны, северная и западная, слились, образовав диагональ, и западная сторона, свойство суда, включается в северную, свойство милосердия. И если бы не подсластилась Малхут в Бине, не были бы нижние ЗОН достойны мохин свечения Хохмы.

И это смысл сказанного: «И в четырех сторонах света простираются ветви его» – т.е. Малхут Зеир Анпина. Иными словами, ведь он окружен двенадцатью границами, т.е. Малхут не простирается ни в одну из этих четырех сторон Зеир Анпина, а только включена в диагональ. И всё сказанное здесь относится к тому времени, когда Зеир Анпин окружен (двенадцатью границами), т.е. получает Хохму для Нуквы. Однако в отношении его самого это не так, ибо «в четырех сторонах света простираются ветви его» – т.е. в нем Малхут простирается в каждую из сторон, и в нем самом имеется шестнадцать границ. Дело в том, что все исправления двенадцати диагональных границ происходят только для получения мохин Хохмы, а Зеир Анпин получает

---

[20] См. Зоар, главу Берешит, часть 1, п. 12.

для себя лишь только мохин де-хасадим. И поэтому сам он не получает это исправление. И с помощью этого выясняется имя Аврам, представляющее собой сочетание букв «Ав-рам (досл. отец возвышенный)», где «ав (отец)» происходит от свойства двенадцати границ, а «рам (возвышенный)» происходит от свойства шестнадцати границ, как выяснится далее.

11) «Пятьсот парсаот перемещения его». Все желания этих парсаот, т.е. пути передачи их, зависят от Зеир Анпина. Когда пробуждается одна, все пробуждаются с ней. И нет того, кто изменит желание его. А потом все становятся в едином желании с ним. Парсаот – мохин свечения Хохмы. И называются они так потому, что выходят вследствие подъема и опускания парсы, находящейся под Кетером и Хохмой Бины. Во время подъема парсы под Кетер и Хохму Бины, опускаются буквы ЭЛЕ к Зеир Анпину, а во время гадлута она опускает парсу на свое место, возвращая свои буквы ЭЛЕ вместе с Зеир Анпином, слившимся с ними.

Таким образом, если бы не подъем парсы под Кетер и Хохму Бины, у Зеир Анпина не было бы никакой возможности подняться в Бину. А поскольку он поднялся в Бину, Зеир Анпин стал сущностью Бины, так как «нижний, поднимающийся к высшему, становится как он», получая там пять сфирот КАХАБ ТУМ Бины, которая стала Хохмой. И каждая из этих пяти сфирот Бины содержит в себе сто, потому что сфирот Бины – это сотни[21]. И поэтому они называются «пятьсот парсаот». «Парсаот» они называются по источнику своего происхождения, так как выходят в Зеир Анпине вследствие подъема и опускания парсы. «Пятьсот» – потому, что они нисходят от Бины.

Когда Зеир Анпин перемещается, поднимаясь в Бину, он получает там пять сфирот КАХАБ ТУМ Бины, которая вернулась к Хохме, называемые «пятьсот парсаот». «Все желания этих парсаот, т.е. пути передачи их, зависят от Зеир Анпина», – хотя они от Бины, «когда пробуждается одна, все пробуждаются вместе с ней», – так как сфирот Бины не могут светить прежде, чем Зеир Анпин поднимется в них и согласует между двумя линиями Бины[22]. Таким образом, когда Зеир Анпин

---
[21] См. Зоар, главу Берешит, часть 2, п.89, со слов: «Все шестьсот тысяч...»
[22] См. Зоар, главу Берешит, часть 1, п. 9, со слов: «И эта высшая точка...»

пробуждается, чтобы согласовать между двумя линиями Бины, только тогда все пять сфирот Бины светят вместе с ним, а иначе – нет.

И поэтому нет среди этих парсаот такой, которая могла бы изменить его желания. Поскольку путь отдачи Зеир Анпина – в виде ВАК, поэтому не смогут так же и парсаот передать свойство ГАР Хохмы, но передают только ВАК Хохмы[23]. И все эти мохин Хохмы Зеир Анпин получает лишь для того, чтобы передать их Нукве, а не для себя самого. «А потом все становятся в едином желании с ним» – после того, как он передает эти мохин ВАК Хохмы Нукве, становятся все эти пятьсот парсаот, пять сфирот, которые он получил от Бины, «в едином желании с ним», т.е. становятся у него затем укрытыми хасадим, как и он сам, так как Зеир Анпин получает для себя лишь хасадим, укрытые от Хохмы.

12) Зеир Анпин пробуждается свыше, от Бины, т.е. после того, как получает мохин от Бины, опускаясь посредством своих перемещений в море, Нукву, т.е. передает их (мохин) Нукве. От него наполняется море, он – источник всех светов, нисходящих в море, под его воздействием делятся все воды начала творения, и орошение сада, Малхут, зависит от Зеир Анпина.

«Воды начала творения (берешит)» – это мохин, которые Зеир Анпин получает от Бины, вернувшейся в Хохму, называемую «бэт решит (начальная "бэт")». Зеир Анпин передает их Нукве, и они делятся под его воздействием в Нукве на Кетер-Хохму и Бину-Тиферет-Малхут, так же, как и Бина делится вначале на МИ и ЭЛЕ во время катнута. А затем он передает ей гадлут. И это значение сказанного: «И орошение сада, Малхут, зависит от Зеир Анпина»[24].

13) Все души, находящиеся в мире, исходят от Зеир Анпина и входят в сад, в Нукву, чтобы, спустившись оттуда в этот мир, облачиться в тело. Когда душа спускается оттуда в этот мир, она благословляется семью благословениями, чтобы стать «отцом» телу в его высшем подъеме. Как сказано: «И сказал

---

[23] См. Зоар, главу Берешит, часть 1, п. 142, со слов: «И это происходит потому...»
[24] См. Зоар, главу Берешит, часть 1, п. 63, со слов: «Пятьсот лет...»

Творец Авраму» – т.е. высшая душа, называемая «Аврам», сочетание букв «ав-рам (досл. отец возвышенный)», поскольку является отцом для тела в подъеме к высшей форме – в хасадим, которые притягиваются благодаря подъему в Абу ве-Иму. Иначе говоря, в ней есть два вида свечения: «ав» – мохин Хохмы, и «рам» – мохин де-хасадим, которые притягиваются к Зеир Анпину благодаря подъему в Абу ве-Иму. И в ней они имеются потому, что она является порождением Зеир Анпина, в котором есть эти два вида свечения[25].

14) Когда душа собирается опуститься в этот мир, Творец берет с нее клятву, что она будет соблюдать заповеди Торы и выполнять волю Его. И Он передает ей сто ключей от благословений на каждый день для того, чтобы восполнить высшие ступени, и они соответствуют числовому значению слов: «Ступай же (лех леха)»[1], поскольку «лех леха (לך לך)» в гематрии «сто».

Ибо все они переданы душе, чтобы исправить ими сад, Нукву, и служить ей, и оберегать ее. «Из земли своей»[1] – это Эденский сад. Творец, Зеир Анпин, передает душе мохин Бины, сфирот которой исчисляются в сотнях[26]. День – это сфира. И Он вручает ей сто ключей от благословений на каждый день – то есть каждый день, каждая сфира, которую Он дает ей, содержит сто ключей, т.е. возможность притянуть сто благословений, поскольку они (исходят) из Бины, чтобы душа, получив их, восполнилась с помощью высших ступеней Бины. Ведь все то время, пока душа не притягивает каждый день сто благословений, нет в них того совершенства, что в Бине.

На сто ключей от благословений косвенно указывает числовое значение слов «ступай же (лех леха)». И причина этого заключается в том, что «из земли своей» означает – из Эденского сада, когда Нуква, называемая «сад», поднимается и облачает Бину, которая вернулась к Хохме, называемой «Эден»[27], и тогда Нуква находится в Бине, сфирот которой исчисляются в «сотнях», и это – «сто ключей». И когда душа собирается войти в этот мир из Эденского сада, «из земли своей», есть у

---

[25] См. выше, п. 10, со слов: «И это смысл сказанного...»
[26] См. Зоар, главу Берешит, часть 1, п. 477.
[27] См. Зоар, главу Берешит, часть 2, п. 6.

нее сила поэтому притянуть сто благословений каждый день, также как и у сфирот «Эденского сада».

15) «От родни своей, и из дома отца твоего в землю, которую Я укажу тебе». «И от родни своей» – из гуфа, то есть из Зеир Анпина, Древа жизни, включающего двенадцать высших колен, т.е. двенадцать пределов. Отсюда ясно, что душа – это порождение Зеир Анпина и выходит из него.

«И из дома отца твоего» – это Шхина, называемая «дом». «Отец» – Творец, Зеир Анпин. И сказано: «Обирающий отца своего и мать свою, и говорящий, что нет греха, – товарищ губителю»[28]. Ведь нет иного отца, кроме Творца, и нет иной матери, кроме Кнессет Исраэль, Нуквы.

«В землю, которую Я укажу тебе». Этот мир – то место, куда посылается душа. Как сказано: «И сказал Творец Авраму». Аврам – это душа. И у нее есть два вида мохин, как у Зеир Анпина:
1. Двенадцать пределов – свойство «ав (отец)»;
2. «В четырех сторонах света простерлись ветви его» – свойство «рам (возвышенный)».

Поэтому душа называется «Ав-рам». «И сказал Творец» – Творец берет с нее клятву, что она будет соблюдать заповеди Торы и выполнять волю Его. «Ступай же (лех леха) из земли своей» – указывает на передачу ста ключей от благословений, таких же, как и в сфирот Эденского сада, называемого «земля твоя». «От родни своей» – указывет на то, что она исходит от Зеир Анпина. «Из дома отца твоего» – указывает, что она сотворена от Нуквы. «В землю, которую Я укажу тебе» – указывает на вхождение души в тело в этом мире.

---

[28] Писания, Притчи, 28:24.

И вышли они с ними из Ур-Касдим

16) «И умер Аран при Терахе, отце своем»²⁹. «При» означает – при жизни отца своего. Когда он отправил Аврама в огонь, умер Аран, и поэтому они вышли из Ур-Касдим. Потому сказано: «При Терахе, отце своем» – т.е. он стал причиной его ухода оттуда.

17) «И вышли с ними из Ур-Касдим»³⁰. «Вышли с ним» надо было сказать, то есть с Терахом. Но «Терах и Лот» вышли с «Авраамом и Сарой». Потому что именно они, в основном, хотели выйти из среды грешников. И после того, как увидел Терах, что Авраам, сын его, спасся от огня, он обратился к выполнению желания Авраама, именно поэтому «и вышли с ними» Терах и Лот.

18) В час, когда они вышли, сказано о них: «Чтобы идти в землю Кнаан»³⁰. Потому что их желанием было – идти туда. Отсюда следует, что «каждому, приходящему очиститься, помогают». И поэтому, поскольку сказано: «Чтобы идти в землю Кнаан» – сразу же сказано: «И сказал Творец Авраму: "Ступай же"»¹. И прежде чем он пробудился сам, «чтобы идти в землю Кнаан», не сказано: «Ступай же». Ведь когда он сам приходит к пробуждению снизу, помогают ему свыше. Но без пробуждения снизу не дается пробуждения свыше.

19) Ничто не пробуждается свыше прежде, чем произойдет сначала пробуждение снизу, и над ним уже может пребывать высшее свойство. И черный свет свечи, т.е. Нуква, не включается в белый свет свечи, Зеир Анпин, прежде, чем она сама пробудится вначале. И поскольку она пробудилась первой, тотчас нисходит к ней белый свет, поскольку нижний обязан пробудиться первым.

---

²⁹ Тора, Берешит, 11:28. «И умер Аран при Терахе, отце своем, в земле рождения своего, в Ур-Касдим».
³⁰ Тора, Берешит, 11:31. «И взял Терах Аврама, сына своего, и Лота, сына Арана, внука своего, и Сарай, невестку свою, жену Аврама, сына своего, и вышли с ними из Ур-Касдим, чтобы идти в землю Кнаан, и дошли они до Харана, и поселились там».

20) И поэтому сказано: «Всесильный (Элоким), не безмолвствуй, не будь глух и безмятежен!»[31] – чтобы никогда не прекращался белый свет в мире. Элоким – это Нуква, черный свет, и если она не будет «глухой и безмятежной» снизу, в ней всегда будет удерживаться наверху белый свет – Зеир Анпин.

И также упоминающие Творца «не безмолвствуют», чтобы пробуждать снизу то, над чем будет пребывать высшее пробуждение. И поскольку человек уже совершил вначале пробуждение снизу, пробудилось над ним воздействие свыше. И поэтому сказанное: «И вышли они с ним из Ур-Касдим, чтобы идти в землю Кнаан»[30] означает – пробуждение снизу. И сразу же: «И сказал Творец Авраму»[1] – т.е. помог ему свыше, ибо должна быть грубая материя внизу, чтобы свет мог удерживаться в этом, и эта грубая материя полностью зависит от нижнего[32].

---

[31] Писания, Псалмы, 83:2.
[32] См. Зоар, Берешит, часть 2, п. 253, со слов: «Пояснение сказанного...»

Ступай же исправлять себя

21) «И сказал Творец Авраму: "Ступай же (досл. ступай себе)"»[1]. «Себе» – для себя; чтобы исправить себя – исправить свою ступень. «Ступай же» – ибо нечего тебе находиться здесь, среди этих грешников.

22) Смысл слов «ступай же» заключается в том, что Творец дал Аврааму дух мудрости, и он умел совмещать стороны поселений мира. И он рассматривал их и взвешивал на весах, и познавал и постигал силы, которые поставлены над этими сторонами поселения.

Но ведь сказано: «И вышли они из Ур-Касдим… и дошли до Харана и поселились там»[30]. В таком случае, они уже вышли «из земли своей и от родни своей» – так почему же сказал ему Творец: «Ступай же из земли своей и от родни своей»? Однако, когда нам станет известна внутренняя суть этих слов, у нас не останется никакого противоречия. И необходимо знать, что такое сила Нимрода над Авраамом, способная отправить его в огненную печь, находящуюся в Ур-Касдим, а также, что спасло его от огненной печи.

Дело в том, что все суды и клипот исходят от левой линии, свечения шурук, Хохмы без хасадим, сжигающего огня[33]. И главой их был тогда Нимрод, как сказано: «Тот стал богатырем на земле»[34], «он был сильным охотником перед Творцом»[35]. Поэтому, когда Авраам притянул на себя эти высшие мохин, притягиваемые в трех линиях, следующих одна за другой, и дошел до получения свечения левой линии, являющегося свечением точки шурук, тотчас попал под власть Нимрода, отправившего его в огненную печь, которая исходит от силы Гвуры свечения шурук.

И тогда помог ему Творец тем, что простер свечение средней линии на экран де-хирик, согласующий и создающий мир

---

[33] См. выше, п. 4, со слов: «Когда Творец создал мир…»
[34] Тора, Берешит, 10:8. «И Куш породил Нимрода: тот стал богатырем на земле».
[35] Тора, Берешит, 10:9. «Он был сильным охотником перед Творцом, поэтому говорится: как Нимрод, сильный охотник перед Творцом».

между двумя линиями, правой и левой. И Хохма, содержащаяся в левой, облачается на хасадим в правой и включается в них. И тогда светят мохин во всем совершенстве и отменяются суды. И благодаря этому Аврам спасается от огненной печи и выходит из Ур-Касдим, и удостаивается раскрытия Творца, как сказано: «И сказал Творец Авраму: "Ступай же"».

Экран де-хирик, на который выходит средняя линия, происходит от свойства суда, имеющегося в Малхут, которое не подслащается милосердием Бины и называется «манула»[36]. И это потому, что правая и левая (линии) находятся в разногласии, будучи двумя высказываниями, противоречащими друг другу[37]. Ведь поскольку левая линия исходит от свечения шурук, происходящего от Бины, которая вернулась в рош Арих Анпина, у нее есть большая сила, и она желает отменить свечение правой, исходящей от точки холам, – от Бины, когда она находилась вне рош Арих Анпина. Но поскольку правая линия является корнем левой линии, она желает отменить силу левой линии и подчинить ее, ибо таково отношение корня к своей ветви. И поэтому не подчиняется левая линия и не включается в правую иначе, как с помощью двух производимых с ней действий:

1. Экран де-хирик, выходящий, чтобы уменьшить левую линию с ГАР на ВАК Хохмы. И это действие производится с помощью экрана де-хирик до выхода ступени хасадим.

2. Средняя линия, ступень хасадим, выходящая на этот экран. Она выходит с целью осуществления зивуга де-акаа с высшим светом, совершаемого на этот экран де-хирик и образующего ступень хасадим.

И вследствие этого, с одной стороны, ступень левой линии понижается до уровня ВАК Хохмы, и теперь она не превосходит по своему уровню правую линию, а с другой стороны, умножились хасадим с двух сторон левой линии: со стороны правой линии, называемой Авраам, и со стороны средней линии, называемой Яаков[38]. Поэтому подчиняется левая линия, называемая Ицхак, и включается в хасадим правой и средней. Но все то время, пока не были сокращены ГАР левой линии, никакая сила не могла включить ее в правую линию.

---

[36] См. Зоар, главу Ноах, п. 263, со слов: «Пояснение сказанного...»
[37] См. Зоар, Берешит, часть 1, п. 44, со слов: «А правая линия является совершенством всего...»
[38] См. Зоар, главу Эмор, п. 200.

И поэтому не может здесь средняя линия согласовать и объединить две линии прежде, чем экран де-хирик сможет уменьшить левую линию до ВАК Хохмы. И в то время, когда две линии светят на ступени, находится Малхут Нуквы обязательно в свойстве средней точки поселения, в мифтехе[39], т.е. Малхут окончательно подслащается в Бине и принимает форму Бины, согласно правилу: «Мать (Има) одалживает свои одежды дочери»[40]. Поскольку без этого Малхут не способна получить никакого прямого света, нисходящего сверху вниз. И поэтому, когда хотят притянуть в нее манулу, суть которой – Малхут, неподслащенная в Бине, для того, чтобы она (Малхут) уменьшила левую линию до ВАК Хохмы, необходимы четыре действия[41]:

1. Привлечь первое сокращение, сделанное на Малхут, чтобы не получать свет.

2. Выявить диним (суды) с помощью экрана, содержащегося в первом сокращении. И теперь довершается Малхут свойства суда без подслащения Бины, называемого манулой.

3. Поднять эту манулу с места Малхут на место Бины, чтобы уменьшить там левую линию до свойства ВАК Хохмы.

4. Зивуг, выходящий на этот экран, в котором мохин наполняются всем совершенством.

Творец дал Аврааму дух мудрости – т.е. он получил дух мудрости в двух линиях, правой и левой, ибо свечение левой, исходящее от точки шурук, в конце своем раскрывает дух мудрости (хохма). И он знал и выяснял эти стороны поселения мира, правую и левую стороны, светящие в Малхут, в месте от хазе и ниже, которое называется «поселение мира», ибо там раскрывается Хохма, без которой люди не достигают совершенства. Но от хазе Малхут и выше нет никакого места поселения, поскольку там света Хохмы не смогут светить людям. И Авраам рассматривал две эти линии, взвешивая их на весах, т.е. притягивал свечение Хохмы, притяжение которой называется взвешиванием, и постигал силы, которые назначены над сторонами поселения – т.е. притягивал свечения, находящиеся с правой и с левой стороны, и знал их.

---

[39] См. «Предисловие книги Зоар», статью «Две точки», п. 122.
[40] См. «Предисловие книги Зоар», п.17.
[41] Эти действия выясняются далее, в пп. 23, 24, 25, 27-28.

23) Когда он достиг центральной точки поселения – точки Малхут в свойстве мифтеха, он взвесил на весах, и не получилось у него, – т.е. поднял МАН, чтобы притянуть туда дух мудрости (хохма), и он не распространялся у него. Он всматривался, чтобы знать силу, которая поставлена над ней, но намерение его было недостаточным, чтобы достичь ее, т.е. после того, как он притянул две линии, правую и левую, прежде чем продолжил среднюю, пристал к нему нечестивец Нимрод, отправивший его в огненную печь, находящуюся в Ур-Касдим. И поэтому помог ему Творец продолжить среднюю линию, чтобы спасти его от огненной печи и вывести из Ур-Касдим. И он должен был выполнить четыре вышеупомянутых действия прежде, чем раскрылась средняя линия. И первое действие выясняется здесь.

И это означает сказанное: «Когда он достиг центральной точки поселения», т.е. пришел к тому, чтобы притянуть среднюю линию. И первое действие производится, когда раскрывается ему свойство первого сокращения в точке Малхут. И поэтому он взвесил на весах, и не получилось у него, ибо после того, как сила первого сокращения навалилась на Малхут, она не могла принять в себя никакой прямой свет. И поскольку он видел, что она не получает свет, он всматривался, чтобы увидеть и проверить силу мифтеха, властвующую над ней, посредством которой она способна получать света. Однако там он еще не мог постичь эту силу, так как нисходила на нее сила первого сокращения, поскольку это – часть точки, которая не подслащается в Бине. Однако он еще не обнаружил там силы суда, потому что сила суда еще не раскрывается с помощью первого сокращения, но только с помощью экрана, установившегося там после этого сокращения, и экран этот называется манула. И это происходит во втором действии, которое выясняется далее.

24) Он взвешивал много раз и увидел, что оттуда насаждается и основывается весь мир. То есть, вследствие того, что он взвешивал множество раз, и не получалось у него привлечь туда свет, раскрылась благодаря этому сила суда в ней, в качестве экрана, образовавшегося в Малхут после первого сокращения. И тогда он увидел и познал, что с помощью этого экрана был основан весь мир – т.е. была основана с помощью него Малхут, называемая «мир».

Всматривался и выяснял, и взвешивал, чтобы разобраться в этом, и видел, что высшая по отношению к ней сила безмерна, и она глубока и скрыта. То есть видел в точке Малхут высшую силу, называемую «манула», так как раскрылось ему сейчас, что эта высшая сила властвует в ней, и это означает, что она безмерна, и она глубока и скрыта – т.е. невозможно раскрыть ее. И это потому, что постижение и восприятие возможно только с облачением света. А в любом месте, где господствует сила манулы, невозможно привлечь высший свет, поэтому нет там никакого постижения и восприятия.

Однако его пока еще недостаточно в качестве экрана де-хирик для средней линии, ибо этот экран властвует только лишь в Малхут, а не в девяти первых сфирот, и поэтому он не в силах уменьшить левую линию, т.е. с девяти первых сфирот до ВАК, что и требуется от этого экрана. Потому уточняется, что она не похожа на сфирот «поселения» – на девять первых сфирот. Ибо девять первых сфирот пока еще в свойстве мифтеха, а точка Малхут – в свойстве манула. И для того, чтобы он воздействовал также на девять первых сфирот, представляющих в своей совокупности среднюю линию, необходимо третье действие, которое выясняется далее.

25) «Всматривался, взвешивал и знал» – как и в случае с центральной точкой поселения, мифтеха, которая поднялась в Бину, и поэтому был насажен от нее весь мир во всех его окончаниях. И она властвует над всеми сфирот Зеир Анпина и над всеми сфирот Нуквы, называемыми «окончаниями мира», по той причине, что находится выше них. Ибо он знал, что сила, пребывающая сейчас над точкой манула, тоже поднялась в Бину, и поэтому распространяются, выходя из нее, все остальные силы, поставленные над всеми «окончаниями мира», т.е., вследствие того, что она поднялась в Бину, нисходит оттуда ее власть во все сфирот Зеир Анпина и во все сфирот Нуквы, называемые «окончаниями мира». И благодаря этому уменьшилась также левая линия Нуквы, став свойством ВАК Хохмы, которое не считается прямым светом. И это – несмотря на то, что левая линия относится к девяти первым сфирот, так как вследствие подъема манулы наверх, в Бину, она властвует, уменьшая девять сфирот прямого света, ГАР.

И все сфирот включились сейчас в точку манула. И тогда после того, как уменьшилась левая линия с ГАР, опустившись в свойство ВАК, и теперь она не превосходит по своему уровню правую линию, была подорвана сила ее власти, и Авраам спасся от огненной печи, и вышел из Ур-Касдим. Ибо сейчас, когда она уменьшилась до ВАК, она подчинилась правой линии, однако еще не подчинилась окончательно, чтобы включиться в хасадим, принадлежащие правой линии, прежде чем происходит зивуг высшего света на экран де-хирик, образующий ступень хасадим.

26) Он еще всматривался и взвешивал, и выяснял, пытаясь разобраться, как стоять на этом месте, «и не знал как, и не мог стоять на ней, чтобы слиться с ней». Объяснение. Суды над ним удвоились, потому что до сих пор суды были лишь в силу свечения левой линии, с которым он не мог слиться, поскольку оно является сжигающим огнем из-за отсутствия хасадим. А сейчас, после того, как манула, поднявшись в Бину, уменьшила левую линию до ВАК, и до совершения зивуга для привлечения хасадим, получается: мало того, что еще властвуют над ним прежние суды от свечения левой, из-за чего он «не знал как, и не мог стоять на ней, чтобы слиться с ней», но сейчас еще к ним прибавились суды отмены ГАР, о которых он не знал. И таким образом, есть сейчас двойные суды.

И поскольку он увидел силу судов этого места, отмены ГАР, и также не мог стоять на нем, чтобы слиться с ним, из-за того, что осталась также и власть судов свечения левой линии, а они – сжигающий огонь, сразу же: «И дошли они до Харана и поселились там»[30]. То есть название Харан указывает на гнев (харон) – на то, что обрушились на него суды. И Писание дает нам понять: мало того, что он не пришел «в землю Кнаан», в землю, дающую плоды, что указывает на место от хазе Нуквы и ниже, он еще вошел в место Харан, в гнев (харон), так как обрушились на него суды, «и поселились там».

27) Почему же Авраам задержался в Харане и не пошел оттуда сразу в землю Кнаан, ведь Писание говорит: «И поселились там»? Но Авраам, выясняя, знал всех этих властителей, управляющих миром во всех сторонах поселения. Что они приходят в силу точки манула, центральной точки всего мира

в целом[42]. И также взвешивал и выяснял всех правителей в сторонах поселения, управляющих звездами и созвездиями, приходящих в силу точки мифтеха, исходящей из Бины. Так же как в понятии: «Мать (Има) одалживает свои одежды дочери»[43]. Свечение ГАР Бины называется «звезды», а свечение ЗАТ Бины называется «созвездия». И поэтому правители, исходящие от точки мифтеха, управляют ими.

Насколько они сильны, одни по отношению к другим, – т.е. он взвешивал силу одних правителей, исходящих от манулы, по сравнению с силой правителей, исходящих от мифтехи, чтобы знать, кто из них сильнее, чтобы отменить силу, противоположную ей. Объяснение. Он вышел из Ур-Касдим только после того, как манула поднялась в Бину, и тогда взяли верх правители манулы над правителями мифтехи, властвующими в окончаниях мира, и уменьшили их до ВАК, но вместе с ними уменьшилась также и левая линия до ВАК, и была подорвана сила ее. И тогда «вышел он из Ур-Касдим и пришел в Харан»[44].

И теперь, когда пришел в Харан, он вернулся к своему исследованию и снова взвесил два вида правителей – кто из них сильнее, чтобы быть способным отменить другой вид. Это было потому, что он ничего еще не выиграл с выходом из Ур-Касдима, но более того, ему добавились суды в результате отмены ГАР. Поэтому он попытался: может быть, у него все-таки получится снова вернуть ГАР свечения левой. И поэтому опять взвесил одних против других. И надеялся увидеть, что правители мифтехи будут сильнее правителей манулы, и ГАР их не уменьшатся из-за них.

И взвешивал все поселения мира, девять первых сфирот, и получалось у него, – т.е. получалось у него выяснить, согласно своему желанию, что правители мифтехи сильнее, чем правители манулы, и их ГАР не отменяется из-за них. Но когда он достиг этого места, точки Малхут, он увидел могущество глубин, т.е. силу судов манулы, которая возобладала над мифтехой и отменила ГАР. И не мог он устоять в нем, т.е. не мог слиться с ним, в силу судов свечения левой линии, которые еще не

---

[42] См. «Предисловие книги Зоар», статью «Манула и мифтеха», п. 42.
[43] См. «Предисловие книги Зоар», п. 17.
[44] См. выше, п. 25.

прошли, и вернулось к нему удвоение судов. И поскольку он еще не решил навсегда об экране де-хирик, представляющем собой экран де-манула, а пытался еще взвешивать силы двух видов правителей, одних по отношению к другим, потому остался в Харане, т.е. во гневе (харон), как сказано: «И поселились они там»[30].

28) Когда Творец увидел его пробуждение и стремление, тотчас раскрылся ему, сказав: «Ступай же (досл. ступай себе)» – узнать себя и исправить себя. То есть, чтобы он прекратил взвешивать высшие силы, а поднял МАН и привлек высший зивуг на тот экран, который раскрылся ему, и тем самым удостоился притянуть к себе знание (даат) и исправить себя. И здесь происходит четвертое действие, когда притягивается ступень хасадим на экран де-хирик, и это – выход средней линии, которая согласует две линии, правую и левую, включая их вместе, и тем самым восполняются мохин, раскрываясь ему, и нисходят на него все благословения, перечисленные в этом отрывке.

29) «Из земли своей» – т.е. отдались от той стороны поселения, с которой ты был слит, – от правой стороны без включения левой. «И от родни своей» – т.е. сказал ему: «Ступай же, отдались от той самой мудрости (хохма), с которой ты всматривался и взвешивал свои порождения, и момент, и час, и время, в которое родился, и звезду и созвездие». Ведь все это является свечением левой линии без включения правой. И это свечение приходит в силу точки мифтеха, от которой исходят правители звезд и созвездий.

А причина, что свечение левой линии называется родней, и также того, что взвешивал и рассматривал момент и время, когда он родился, заключается в том, что мохин порождения душ исходят только от свечения левой. И поэтому устранение им противоречий, то, что он взвешивал силы, одни против других, определяется как исследование с целью: знать момент, в который он родился; видеть и проверять, на какой ступени он тогда родился – от ГАР или от ВАК; и тому подобное.

30) «И из дома отца твоего» – ступай же и не смотри больше в доме отца твоего, в Харане, т.е. не смотри, есть ли у тебя корень, чтобы преуспеть в мире, «из дома отца твоего». Чтобы

больше ты не взвешивал два вида правителей, одних против других, надеясь возвратить власть точке мифтеха, которая исчезла, ибо действие это называется «клипа Харана». А потому «ступай же» от этой мудрости и от такого созерцания.

31) Почему было сказано ему: «Ступай же из земли своей и от родни своей» – ведь он уже вышел из Ур-Касдима, являющегося его землей и его родиной? Но «из земли своей» – это свечение правой без левой, а «от родни своей» – это свечение левой без правой.

«В землю, которую Я укажу тебе». «Я укажу тебе» то, на чем ты не мог стоять из-за судов свечения левой линии, и не мог знать силы той земли, Малхут, которая глубока и скрыта из-за судов отмены ГАР. И отныне Я обещаю тебе, что устранятся у тебя эти два вида судов, и будут светить тебе мохин в совершенстве ГАР и в сладости слияния.

И сделаю Я тебя великим народом

32) «И сделаю Я тебя великим народом»[45]. «И сделаю Я тебя» благодаря сказанному: «Ступай же». Иначе говоря, благодаря тому, что поднял МАН и вызвал высший зивуг на экран де-хирик, т.е. создал ступень хасадим, и вследствие этого восполнились высшие мохин, за это Творец удостоил его также и этих больших мохин, т.е. обещания: «И сделаю Я тебя великим народом».

«И благословлю тебя»[45] благодаря сказанному: «Из земли своей». То есть, благодаря тому, что он отделил себя от правой линии, не включенной в левую, удостоился свечения правой, соединенного со свечением левой. И на это его свечение указывают слова: «И благословлю тебя».

«И возвеличу имя твое»[45] благодаря сказанному: «И от родни своей». Благодаря тому, что отделил себя от свечения левой, не включенной в правую, он удостоился обещания, выражаемого словами: «И возвеличу имя твое» – свечения левой, включенного в хасадим в правой.

«И будешь благословением»[45] благодаря сказанному: «И из дома отца своего». Благодаря тому, что он отделил себя от клипы Харан, властвующей в Харане, т.е. в доме отца его, удостоился обещания: «И будешь благословением». И это – свечение средней линии.

33) Рабби Шимон возражает, утверждая следующее. «И сделаю Я тебя великим народом» – свечение правой стороны. «И благословлю Я тебя» – свечение левой стороны. «И возвеличу имя твое» – свечение средней линии. «И будешь благословением» – со стороны «земли Исраэля», Нуквы. Таким образом, здесь имеется престол на четырех основаниях: три линии ХАГАТ, являющиеся тремя основаниями, и Нуква, являющаяся четвертым основанием. И это – четыре основания высшего престола, Бины. А отсюда и далее, благословения предназначены для других. И они питаются отсюда – т.е. другие

---

[45] Тора, Берешит, 12:2. «И сделаю Я тебя великим народом и благословлю тебя, и возвеличу имя твое, и будешь благословением».

благословятся благодаря ему, как сказано: «И благословлю Я тебя благословляющих, а злословящих тебя прокляну»[46].

---

[46] Тора, Берешит, 12:3, «И благословлю Я тебя благословляющих, а злословящих тебя прокляну. И благословляться будут тобою все семейства земли».

А нечестивым недоступен их свет

34) Что означает сказанное: «Ступай себе из земли своей и от родни своей»? Если все они вышли из Ур-Касдим, чтобы идти в землю Кнаан, то почему не сказано ему, чтобы вышли все?

35) Хотя Терах и предавался идолопоклонству, но поскольку пробудился в хорошем порыве выйти вместе с Авраамом, а Творец желает обращения праведников, то и он начал выходить. Почему не сказано: «Ступайте себе»? Почему одному только Аврааму было сказано: «Ступай себе»?

36) Терах вышел из Ур-Касдим не с целью совершить возвращение, но только для того, чтобы спастись, так как его соотечественники хотели его убить. Ибо после того, как они увидели, что Авраам спасся от огненной печи, говорили Тераху: «Это ты вводил нас в заблуждение своими изваяниями» и хотели убить его. Из-за страха перед ними ушел Терах. И поэтому, когда он пришел в Харан, он больше уже не выходил оттуда. Поэтому сказано: «И пошел Аврам, и пошел с ним Лот»[47], а Терах не упомянут в Писании.

37) «А нечестивым недоступен их свет, и мышца вознесенная сокрушена»[48]. «А нечестивым недоступен их свет» – Нимроду и его поколению, от которых ушел Авраам, который был «их светом». «И мышца вознесенная сокрушена» – это Нимрод.

38) Другое объяснение. «А нечестивым недоступен их свет» – это Терах и его домочадцы. «Их свет» – это Авраам. Ведь не сказано: «Свет», но «их свет», который был с ними – Авраам, который был с ними и ушел от них. «И мышца вознесенная сокрушена» – это Нимрод, который, вслед за собой, ввел в заблуждение весь мир. И поэтому сказано: «Ступай себе» – чтобы светить себе и всем тем, которые произойдут от тебя отныне и впредь.

---

[47] Тора, Берешит, 12:4. «И пошел Аврам, как сказал ему Творец, и пошел с ним Лот. А Аврам был семидесяти пяти лет при выходе из Харана».
[48] Писания, Иов, 38:15.

39) После того, как Авраам ушел, они больше не видели света. Как сказано: «Ярок он в небесах»[49] – это указывает на Авраама, т.е. Творец хотел соединить Авраама с высшим светом, чтобы он светил там.

40) «И пронесется ветер, расчистив их»[49] – указывает на Тераха и жителей его города. Ибо затем Терах и все жители его города совершили возвращение. Как сказано: «И те души, которые они приобрели в Харане»[50] – отсюда следует, что жители его города совершили возвращение. Терах же совершил возвращение, как сказано: «Ты же придешь к отцам своим с миром»[51]. И если бы Терах не совершил возвращения, Творец не сказал бы Аврааму, что он придет «к отцам своим с миром».

---

[49] Писания, Иов, 37:21. «И ныне не видно света; ярок он в небесах, и пронесется ветер, расчистив их».

[50] Тора, Берешит, 12:5. «И взял Аврам Сарай, жену свою, и Лота, сына брата своего, и все достояние, которое они приобрели, и те души, которые они приобрели в Харане; и вышли, направляясь в землю Кнаан; и пришли в землю Кнаан».

[51] Тора, Берешит, 15:15.

41) В этом отрывке есть семь благословений. «И сделаю Я тебя великим народом»⁴⁵ – первое. «И благословлю тебя»⁴⁵ – второе. «И возвеличу имя твое»⁴⁵ – третье. «И будешь ты благословением»⁴⁵ – четвертое. «И благословлю Я тебя благословляющих»⁴⁶ – пятое. «А злословящих тебя прокляну»⁴⁶ – шестое. «И благословляться будут тобой все семейства земли»⁴⁶ – седьмое. И после того, как он был благословлен этими семью благословениями, сказано: «И пошел Аврам, как сказал ему Творец»⁴⁷ – т.е. пошел с целью низойти в этот мир, как и было заповедано ему. Объяснение. Авраам – это душа, и после того, как душа благословляется семью благословениями, она опускается в этот мир, чтобы облачиться в тело.

42) Сразу же: «И пошел с ним Лот» – это змей, который был проклят, и мир был проклят из-за него. Поэтому Писание называет этого змея именем Лот, ибо Лот на языке арамит означает «проклятие». И он был проклят и принес проклятие миру. И он приставлен к душе в этом мире. Змей этот стоит у входа, уводя тело с прямого пути, как сказано: «При входе грех лежит». И потому не сможет выполнить душа заповеданной ей работы, пока не минует ей тринадцать лет в этом мире, поскольку с двенадцати лет и выше душа пробуждается для выполнения заповеданной ей работы. Как сказано: «А Аврам был семидесяти пяти лет при выходе из Харана». «Семьдесят» порядком ниже – это «семь». «Семь» и «пять» – всего двенадцать лет. И тогда выходит душа из Харана, из клипот, и пробуждается, чтобы начать работу Творца.

43) А после двенадцати лет душа появляется в этом мире. Она происходит: от «пяти лет», и это пятьсот парсаот Древа жизни, т.е. познается тогда, что она – порождение Зеир Анпина, называемого Древом жизни, протяженность которого пятьсот парсаот⁵²; и «семидесяти лет», являющихся тем самым деревом, которое представляет собой семьдесят ступеней, – Нукву, седьмую сфиру от семи сфирот ХАГАТ НЕХИМ. И тогда познается душа, являющаяся порождением Зеир Анпина и Нуквы.

---

⁵² См. выше, п. 11.

44) И тогда выходит душа из этой скверны змея, и начинает входить в работу святости. Как сказано: «При выходе его из Харана» – из того самого гнева (харо́н) и от силы Сата́на, уводившего до сих пор тело с пути и властвовавшего над ним.

45) В дереве три года властвует «крайняя плоть», и они называются «годы крайней плоти». А у человека тринадцать лет называются в нем годами крайней плоти, поскольку эти годы проходят над телом, а душа пробуждается выполнять работу святости, и она навещает тело и пробуждает в нем хорошее желание – покорить змея. И тогда змей не может властвовать над ним, как это было до сих пор.

46) «И взял Аврам Сарай, жену свою, и Лота, сына брата своего»⁵⁰. «Сарай, жену свою» – это гуф (тело), и оно относительно души – как некева относительно захар. «Лота, сына брата своего» – это змей, который не очень-то желает уходить из тела и после тринадцати лет, потому что привязанность к телу тоже не так-то быстро уходит от него. Но пробуждение души всегда является ударом для него, и предостерегает его, и обличает его, и заставляет подчиниться против его воли. И он не может властвовать.

47) «И всё достояние, которое они приобрели»⁵⁰ – это добрые деяния, которые человек совершает в этом мире в силу пробуждения души.

«И души (нефеш), которые они обрели в Харане»⁵⁰ – та нефеш, которая была вначале в слиянии и соединении крайней плоти с телом, а затем ее исправила нешама. Душа (нефеш), охваченная страстью, – у которой есть большая близость к желаниям гуф и клипот. От тринадцати лет и выше, когда нешама (душа) пробуждается, желая исправить тело, оба они, душа (нешама) с телом, исправляют нефеш, которая была причастна к силе судов змея с его дурным влечением. Как сказано: «И души (нефеш), которые они обрели в Харане». «Обрели» – сказано во множественном числе, поскольку указывает на душу (нешама) и на тело (гуф), и оба они исправляют нефеш. Нешама (душа) посредством своего пробуждения – тем, что пробуждает гуф (тело), а гуф – посредством добрых деяний.

48) И вместе с тем, нападает эта душа на змея, чтобы разбить его силой повиновения возвращению, как сказано: «И прошел Аврам до места Шхема»⁵³. «Шхем» – место, в котором пребывает Шхина, потому что сила змея уже окончательно разбита душой (нешама).

---

⁵³ Тора, Берешит, 12:4.

И пошел Аврам, как сказал ему Творец

49) Не сказано: «И вышел Аврам, как сказал ему Творец», а сказано: «И пошел». Как сказано: «Ступай же»[1]. Поскольку выход они уже совершили до этого, как сказано: «И вышли с ними из Ур-Касдим, чтобы идти в землю Кнаан»[53]. И поэтому сказано теперь: «И пошел».

50) «И пошел Авраам, как сказал ему Творец»[53] – согласно тому, как Он заверял его во всех своих обещаниях. «И пошел с ним Лот» – т.е. соединился с ним, чтобы научиться его деяниям, и вместе с тем, не очень-то научился. Счастливы праведники, изучающие пути Творца, чтобы идти ими, и чтобы бояться того дня суда, на котором предстоит человеку отчитаться за содеянное перед Творцом.

51) В час, когда завершились дни человека, и пришло время уйти из мира, в час, когда тело разбито, а душа должна разлучиться с ним, дано ему право увидеть то, чего он не мог видеть во время власти тела. И он постигает всё до конца.

52) И тогда стоят над ним три посланника, считая дни и грехи его, и все, содеянное им в этом мире. И он признает все собственными устами. А затем (Творец) ставит печать за проделанный отчет на руку его. Как сказано: «На руку каждого человека кладет Он печать»[54].

53) «И все они отпечатаны на руке его» – все его дела и грехи, чтобы судить его в этом мире: за первые и за последние, за новые и за старые, ни один из них не будет забыт. Как сказано: «Для вразумления всех людей, сотворенных Им»[54]. И так же, как все эти действия, сделанные в этом мире, были одновременно в теле и душе (руах), – так же он дает отчет о них, находясь одновременно в теле и душе, прежде, чем уходит из мира.

---

[54] Писания, Иов, 37:7. «На руку каждого человека кладет Он печать для вразумления всех людей, сотворенных Им».

54) Так же, как грешники непреклонны в этом мире, они даже в час, когда им предстоит покинуть мир, проявляют непреклонность свою. Поэтому счастлив человек, научившийся в этом мире путям Творца, чтобы идти ими. А грешник, хотя и смотрит на этих праведников, остается непреклонным и не желает учиться у них.

55) И поэтому праведнику необходимо поддерживать его – и хотя грешник остается непреклонным, не должен оставлять его. И необходимо держать его за руку и не отпускать его. Ибо, если отпустит его, тот уйдет и разрушит мир.

56) Как Элиша, оттолкнувший Гейхази, так же и с Авраамом – Лот, все то время, пока был с ним, не соединялся с грешниками. А когда расстался с ним, сказано: «А Лот поселился в городах долины и раскинул шатры до Сдома»[55]. А вслед за этим сказано: «Люди же Сдома были злы и чрезвычайно грешны перед Творцом»[56] – т.е. он соединился с грешниками.

57) И сказано: «И пошел Аврам, как сказал ему Творец», а не «вышел Аврам» – потому что выход они уже совершили до этого. Всё это правильно, но в конце фразы сказано: «При выходе его из Харана» – т.е. сказанное основывается также и на выходе, хотя он уже вышел? «При выходе его из Харана» сказано, но основной выход – это выход из родных мест его, и он был совершен прежде. Тогда как выход из Харана совершается сейчас, вместе со сказанным: «Ступай же». И это может быть сказано только здесь, «при выходе его из Харана».

---

[55] Тора, Берешит, 13:12. «Аврам поселился в земле Кнаан, а Лот поселился в городах долины и раскинул шатры до Сдома».
[56] Тора, Берешит, 13:13.

И взял Аврам Сарай

58) «И взял Аврам Сарай, жену свою...»[50] – т.е. привлек ее хорошими словами, так как человек не имеет права уводить свою жену в другую землю без ее желания. А также сказано: «Возьми Аарона»[57], «Возьми левитов»[58]. Поэтому «взял Аврам», т.е. привлек ее словами и известил ее, как дурны пути всего поколения. И потому сказано: «Взял Аврам Сарай, жену свою».

59) «...И Лота, сына брата своего...»[50]. Почему Авраам решил присоединить к себе Лота? Дело в том, что он видел дух праведности, от которого произойдет Давид.

«...И те души, которые они обрели в Харане...»[50] – это перешедшие на их сторону мужчины и женщины, исправившие свои души. Авраам обучал перешедших к ним мужчин, а Сара обучала женщин. И потому Писание относит это на их счет, как будто они обрели их.

60) Много людей были их сторонниками. Но разве можно утверждать, что все они пошли с ними? Именно поэтому все люди, которые пошли с ними, были названы народом Творца Авраамова[59], и он безбоязненно прошел по этой земле, как сказано: «Прошел Аврам по земле этой»[60].

61) Сказано не просто: «души, которые они обрели в Харане», то есть, что благодаря их многочисленности он не страшился проходить по этой земле. Но сказано: «Те души», с указательным местоимением «те (эт את)». Слово «те (эт)» причисляет сюда заслуги всех тех душ, которые шли с ним. Поэтому и прошел Авраам по земле без страха – ведь каждому, кто удостаивает другого, это ставится в заслугу, благоприятствует и всегда сопутствует ему. Ибо сказано: «Те души, которые они обрели в Харане», – т.е. заслуга этих душ сопутствовала Аврааму.

---

[57] Тора, Ваикра, 8:2.
[58] Тора, Бемидбар, 3:45.
[59] Писания, Псалмы, 47:10.
[60] Тора, Берешит, 12:6. «И прошел Аврам по земле этой до места Шхема, до Элон-Морэ. А кнааней был тогда в той земле».

62) В чем смысл того, что при первом раскрытии Творца Аврааму, Он начал со слов: «Ступай же»⁶¹? Ведь до тех пор еще не говорил Творец с Авраамом. По какой причине Он начал со «Ступай же (лех леха)»? Он намекнул ему словами «лех леха (לֶךְ לְךָ)», числовое значение которых «сто», что в возрасте ста лет у него родится сын⁶².

63) Всё, что делает Творец на земле, несет в себе мудрость. Из-за того, что Авраам тогда еще не был слит с Творцом надлежащим образом, Он сказал ему: «Ступай же». Это косвенное указание на то место, где он должен был приблизиться к Творцу, – первая ступень на пути к Творцу. И потому сказано: «Ступай же».

64) Тут во всем есть скрытая мудрость. Авраам не может находиться на этой ступени, пока не вступит на землю Исраэля, поскольку там получают эту ступень. Подобно этому, сказано: «Вопросил Давид Творца»⁶³. Ибо после того как Шауль умер, Давид был достоин получить царство. Почему же он не получил сразу царство над Исраэлем, а должен был царствовать сначала семь лет в Хевроне?

65) Давид не мог получить царство (Малхут), прежде чем соединится с праотцами, покоящимися в Хевроне, и лишь тогда с их помощью он получает царство. Поэтому он задержался там, в Хевроне, на семь лет, чтобы принять царство (малхут) как подобает, потому что Малхут его уже будет исправлена. Так же и Авраам не приходит в совершенстве существования к Творцу, пока не вступает на землю Исраэля.

Объяснение. Сначала выстраивается Малхут, Нуква Зеир Анпина, в состоянии «два великих светила», т.е. уровень ее совершенно равен Зеир Анпину, и оба они используют один венец (Кетер), т.е. оба получают свое свечение от одного источника, от Бины. Ее правую линию, т.е. хасадим, получает Зеир Анпин; а ее левую линию, свечение Хохмы в точке шурук, получает Нуква. Тогда оба они являются четырьмя опорами высшего престола, Бины. Зеир Анпин, ХАГАТ, является тремя

---

⁶¹ Тора, Берешит, 12:1.
⁶² Тора, Берешит, 21:5. «Авраам же был ста лет, когда родился у него Ицхак, сын его».
⁶³ Пророки, Шмуэль 2, 2:1.

опорами престола, а Нуква, Малхут, является четвертой опорой престола. И из-за того, что Нуква не может давать миру мохин, так как это не ее место, они называются мохин обратной стороны (мохин де-ахораим), Хеврон, поскольку она соединена с праотцами, т.е. с ХАГАТ, на том же уровне.

А затем она опускается оттуда и получает свое строение в месте от хазе Зеир Анпина и ниже в свойстве «малое светило». И тогда получает посредством Зеир Анпина два вида мохин – ахораим и паним (обратные и лицевые) – и наполняется совершенными мохин большого состояния, и передает их миру. Тогда она представляет собой свойство «земля Исраэля», и свечение Хохмы передается только от нее.

А Давид – это строение для Малхут, т.е. Нуквы Зеир Анпина. Поэтому он не может получить царство над всем Исраэлем и стать строением для Малхут, называющейся землей Исраэля, пока не воцарится в Хевроне и не станет там строением для Малхут, называющейся Хевроном. Оттуда происходят первые мохин Малхут, получающей от Бины, которая снова стала Хохмой. И благодаря тому, что Давид получил мохин Хеврона, он смог затем получить совершенные мохин от свойства «земля Исраэля» – и получил царство над всем Исраэлем. А если бы он не получил мохин Хеврона, то не смог бы получить мохин земли Исраэля, так как ему недоставало бы мохин, относящихся к свечению левой линии Бины, получить которые можно только в Хевроне.

И поэтому сказано: «Давид не мог получить царство (Малхут), прежде чем соединится с праотцами, покоящимися в Хевроне».

Авраам же был строением для ХАГАТ Зеир Анпина, и его основа – в Хеседе Зеир Анпина. А как известно, Зеир Анпин всегда пребывает в укрытых хасадим, кроме того времени, когда наполняет Нукву, – тогда он получает для нее мохин свечения Хохмы и сам тоже содержит их.

Поэтому сказано: «Из-за того, что Авраам тогда еще не был слит с Творцом надлежащим образом, Он сказал ему: "Ступай же"». Ведь пока он не начал передавать мохин Нукве, у него были только хасадим, укрытые от Хохмы. И поскольку ему недоставало свечения Хохмы, он не был слит с Творцом надлежащим образом, так как не вызывал зивуга Творца и Его Шхины. И потому сказал ему (Творец): «Ступай же» – т.е. намекнул ему, чтобы он начал приближать Шхину к Творцу. Это первая ступень к тому, чтобы стать строением для Творца, ибо пока Авраам не вызовет зивуга Творца и Его Шхины, он не сможет слиться с Творцом.

«Авраам не может находиться на этой ступени, пока не вступит на землю Исраэля». И достичь этой ступени означает – удостоиться мохин свечения Хохмы, вызвав зивуг Творца и Его Шхины. А привлечь ее он сможет, только находясь в земле Исраэля, поскольку там Нуква исправляется посредством мохин в состоянии «паним бе-паним (досл. лицом к лицу)» с Творцом и может давать наполнение миру. Вот почему приход Авраама в землю Исраэля сравнивается с царством Давида в Хевроне. Ибо так же как царь Давид, строение для Нуквы, не может получить совершенную Малхут, свойство «земля Исраэля», пока не получит свечение Хохмы от Бины в качестве четвертой опоры для высшего престола, т.е. свойство хевронской Малхут, так и Авраам, строение для Зеир Анпина, не был достоин совершенного слияния с Зеир Анпином, пока не пришел в землю Исраэля и не вызвал зивуга Творца и Его Шхины, вследствие чего и сам он обрел свечение Хохмы.

И поэтому сказано: «Так же и Авраам не приходит в совершенстве существования к Творцу, пока не вступает на землю Исраэля». Так же как Давид не был достоин слиться с совершенной Малхут, т.е. землей Исраэля, из-за недостатка мохин свечения Хохмы, которые нисходят к нему только в Хевроне, так и Авраам не был достоин слиться с Творцом из-за недостатка мохин свечения Хохмы, которые нисходят к нему только в земле Исраэля.

И прошел Аврам по земле

66) «И прошел Аврам по земле»⁶⁰. Следовало бы сказать: «пошел». Однако же слово «прошел» указывает на святое имя, которым отпечатан мир в семидесяти двух начертанных буквах. «И прошел (ве-яавор ויעבור)» состоит из букв АБ-РИУ (ע״ב רי״ו), что намекает на семьдесят два (ע״ב) имени и двести шестнадцать (רי״ו) букв. Сказано: «И прошел Творец пред лицом его, и возгласил...»⁶⁴. Там речь идет о святом имени, образованном семьюдесятью двумя (АБ ע״ב) словами⁶⁵, и здесь «и прошел (ве-яавор ויעבור)» указывает на святое имя из семидесяти двух слов.

67) Сказано: «Я проведу всё благо Мое...»⁶⁶ Речь идет обо всем Его благе в высшем месте – Бине. Так и здесь сказано: «Прошел Аврам по земле этой»⁶⁰, что указывает на праведность земли, которая происходит от высшего места, пребывающего во всем Его благе как подобает, – это Малхут, облачающая Бину как подобает и получающая ее света́.

68) «И прошел Аврам по земле этой до места Шхема (שָׁכֶם), до Элон-Морэ»⁶⁰. Место Шхема – это левая сторона, место свечения шурук, которое называется теперь Шхем, так как уменьшились в нем ГАР де-ГАР и постигается лишь от «плеча (шхем)» и ниже, а не от «плеча» и выше.

Элон-Морэ – это восточная сторона, так как слово «алон (אלון) дуб)» указывает на силу и подразумевается свойство манула, которое получила восточная сторона, т.е. средняя линия, чтобы привлечь ступень хасадим на свой экран. После того как на этот экран был совершен зивуг с привлечением ступени хасадим и все три линии включились друг в друга, тогда Авраам притянул их к Нукве, которая зовется землею.

Авраам привлёк к Нукве наполнение высшего места, Бины, как сказано: «Я проведу всё благо Мое пред лицом твоим»⁶⁶. Это и означает, что «прошел Аврам по земле этой»⁶⁰. Это

---

⁶⁴ Тора, Шмот, 34:6.
⁶⁵ См. Зоар, главу Бешалах, часть 1, п. 168.
⁶⁶ Тора, Шмот, 33:19. «Я проведу всё благо Мое пред лицом твоим...»

притягивание называется «прошел», так как оно проходит через три линии.

«До места Шхема» – от своей собственной ступени, от правой линии, где содержится всё благо Творца, (Авраам) продолжил наполнение до места Шхема, т.е. левой линии. И тогда включились две линии – правая и левая – друг в друга.

«До Элон-Морэ» – он привлек две линии к средней линии, несущей в себе экран де-манула, и соединились все три линии в средней линии.

«А кнааней был тогда в той земле». Ибо до совершения зивуга на экран де-манула, имеющийся в средней линии, проклятие змея, называемое кнааней, властвовало над землей Исраэля. То есть существовало разногласие между линиями, и свечение левой линии было подобно палящему огню, и тем самым передавалась сила клипе Кнаана, позволяющая властвовать над землей Исраэля. Но теперь, после совершения зивуга на экран, имеющийся в средней линии, отступила эта проклятая клипа от земли Исраэля, и засветили в ней две линии: правая и левая. И поскольку средняя линия вызвала всё это, сама она тоже удостоилась их. Ибо всей меры света, который нижний вызывает в высшем, удостаивается и он сам – согласно правилу: «трое выходят из одного, один удостаивается трех»[67].

Посредством средней линии, т.е. Элон-Морэ, раскрылся (Аврааму) Творец во всем Своем благодеянии, которое выясняется в отрывке «Ступай же»[1]. Сказано теперь: «И явился Творец Авраму»[68] – раскрылось ему то, чего он не знал из-за свойства манула, властвовавшего над землей Исраэля. Ибо после появления манулы, прежде чем на нее был привлечен зивуг, преумножились над ним суды Харана: мало того, что не оставили его суды левой линии, – установились над ним новые суды, связанные с отменой ГАР[69]. Теперь же, после зивуга, совершенного на экран де-манула, раскрылось ему то, чего он не знал. Ведь теперь включились линии друг в друга, и дополнилось

---

[67] См. Зоар, главу Берешит, часть 1, п. 363.
[68] Тора, Берешит, 12:7. «И явился Творец Авраму и сказал: "Потомству твоему отдам Я эту землю". И построил он там жертвенник Творцу, который явился ему».
[69] См. выше, п.26.

свечение левой линии с помощью правой, а свечение правой дополнилось с помощью левой, и засветили они во всем своем совершенстве. И поэтому увидел он всё, что было скрыто от него, так как отступили от него все суды левой линии, и ничего более не скрывают от него.

69) «И построил он там жертвенник Творцу, который явился ему»[68]. Если сказано: «Творцу», то зачем говорить вдобавок: «который явился ему»? Однако же здесь раскрылась ему ступень, которая властвует над этой землей. И он взошел на нее и обосновался на ней, т.е. ему раскрылось, как манула властвует над этой землей. Иначе говоря, он получил ступень зивуга, вышедшего на нее (манулу), и обосновался, чтобы получить все мохин с помощью нее. А если бы не ее власть, он остался бы во тьме и не смог бы обосноваться.

70) «И двинулся оттуда к горе»[70]. Оттуда постиг он гору Творца и все ступени, восходящие в этом месте. То есть, он поднялся со ступени Нуквы, расположенной в месте НЕХИ, от хазе Зеир Анпина и ниже, к Нукве, расположенной в месте ХАГАТ, от хазе Зеир Анпина и выше. Ибо ХАГАТ называются горами, а Нуква, которая там, называется горой Творца. И постиг он там все ступени, восходящие в месте ХАГАТ.

«И раскинул свой шатер»[70]. «Шатер (оало אוהלה)» написано с «хэй ה», что намекает на Нукву. И не написано «шатер (оало אוהלו)» с «вав ו», так как он распростер экран и получил небесную Малхут со всеми ступенями, которые зависят от нее. И тогда узнал, что Творец царит надо всем. И тогда построил жертвенник.

«И раскинул свой шатер (оало אוהלה)»[70] – написано с буквой «хэй ה», что намекает на исправление экрана, который Авраам распростер в месте хазе. Тем самым он создал границу для разделения между ступенями от хазе и выше и ступенями от хазе и ниже, чтобы не притягивать (свет) сверху вниз. Благодаря этому он получил свечение небесной Малхут, что от хазе и выше, зовущейся Леей, со всеми ее ступенями. На нее-то и

---

[70] Тора, Берешит, 12:8. «И двинулся оттуда к горе, к востоку от Бейт-Эля, и раскинул свой шатер: Бейт-Эль с запада, а Ай с востока. И построил он там жертвенник Творцу, и призвал имя Творца».

намекает буква «хэй ה» в слове «шатер (оало אוהלה)». А сам шатер означает экран и парсу, которые он распростер под ней.

71) Было два жертвенника, потому что здесь раскрылось ему, что Творец царит надо всем, от хазе и выше. А также он познал высшую мудрость, которую не постигал ранее, в свойстве от хазе и ниже. И потому построил он два жертвенника. Один жертвенник – Нукве, что от хазе Зеир Анпина и ниже. Она зовется Рахелью и представляет собой явный мир, т.е. ее света́ раскрыты в Хохме. А другой жертвенник – укрытой ступени, Нукве, что от хазе Зеир Анпина и выше. Она зовется Леей и представляет собой укрытый мир, т.е. светит (светами) хасадим, укрытыми от Хохмы.

Сначала сказано: «Построил он там жертвенник Творцу, который явился ему»[68]. А затем сказано: «Построил он там жертвенник Творцу»[70], и не добавлено: «...который явился ему». Первый жертвенник выстроил ступень Нуквы, что от хазе и ниже, – явный мир. И потому сказано: «Творцу, который явился ему». А второй жертвенник выстроил ступень Нуквы, что от хазе и выше, – укрытый мир. И потому о ней не сказано: «Творцу, который явился ему», а сказано просто: «Творцу». Ибо после того как он раскрыл и привлек хасадим, раскрытые в Хохме, на ступени Нуквы, что от хазе и ниже, как сказано: «Построил он там жертвенник Творцу, который явился ему», – он не остался в этих мохин, а поднялся выше хазе и привлек хасадим, укрытые от Хохмы, соответственно ступени Нуквы, что от хазе Зеир Анпина и выше. Ибо Авраам – это строение для Зеир Анпина, а Зеир Анпин получает Хохму для себя лишь тогда, когда совершает отдачу Нукве[71]. Поэтому и Авраам избрал укрытые хасадим.

72) А затем Авраам достигал все большего совершенства от ступени к ступени, пока не взошел на свою ступень. Сказано: «И передвигался Аврам, направляясь всё дальше к Негеву»[72], т.е. к югу. Он хотел удостоиться ступени Хесед Зеир Анпина, зовущейся югом, так как это его удел. Ведь ему предстояло стать строением для сфиры Хесед Зеир Анпина. И потому он продвигался от ступени к ступени, пока не поднялся к югу, и

---

[71] См. выше, п. 11, со слов: «Когда Зеир Анпин...»
[72] Тора, Берешит, 12:9.

там исправил себя, чтобы постоянно удерживаться на ступени Хесед. И тогда взошел он на ступень юга, т.е. удостоился стать строением для Хеседа Зеир Анпина, называющегося югом.

73) После того как Авраам достиг завершения своих ступеней на святой земле, т.е. состояния мохин явного мира, называемого Рахель, и взошел на святую ступень Хеседа, т.е. укрытого мира, Леи, сказано: «И был голод на земле»[73]. Это означает, что им недоставало знания того, как приблизиться к Творцу. Сказано об этом: «Голод не по хлебу и жажда не по воде, а по тому, чтобы услышать слова Творца»[74].

74) «И был голод на земле». До тех пор сила, властвующая над землей Исраэля, т.е. экран манулы (замкá), еще не давала мощь и пропитание на земле, потому что Нуква еще не была исправлена полностью и не могла существовать как подобает. Ибо все исправления, нисходившие до тех пор к Нукве, происходили от мифтехи (ключа), т.е. от келим Имы[75]. Однако относительно манулы (замкá), т.е. относительно свойства самой Малхут, он еще не произвел исправления, относящиеся к ней. И в этом отношении «был голод на земле» – т.е. он не знал и не мог постичь, как приблизиться с ней к Творцу. Когда увидел Авраам, что сила, поставленная над землей Исраэля, т.е. манула, не дает мощь и пропитание должным образом, «сошел Аврам в Египет пожить там»[73].

75) Откуда Авраам знал, что земле, т.е. Нукве, еще недостает исправлений? Сказано: «Потомству твоему отдам Я эту землю»[68]. И не сказано: «Тебе и потомству твоему отдам Я эту землю». Тогда узнал Авраам, что земля Исраэля сможет получить исправление святости только лишь с помощью ступеней святости, которые произойдут от него и о которых сказано: «Потомству твоему отдам Я эту землю», а не ему самому. Тогда узнал Авраам, из-за чего земля Исраэля не исправляется в святости, и потому сошел в Египет, чтобы оттуда исправить этот недостаток.

---

[73] Тора, Берешит, 12:10. «И был голод на земле, и сошел Аврам в Египет пожить там».
[74] Пророки, Амос, 8:11.
[75] См. выше, п. 22, со слов: «И поэтому не может…»

76) Творец косвенно указывает этим на высшую мудрость, имеющуюся в Аврааме и Ицхаке. Авраам – это нешама ле-нешама (душа души), свет хая. Нешама (душа) – это Сара. Лот – это змей, супруга Сама. Руах святости – это Ицхак. Нефеш святости – это Ривка. Дурное начало – это животный дух (руах). О нем сказал Шломо в своей мудрости: «Кто знает дух сынов человеческих, который возносится ввысь, и дух животного, который нисходит вниз, в землю»[76]. Животная нефеш (душа) – это душа со стороны дурного начала.

77) Нешама ле-нешама приходит к человеку от сфиры Хохма, в трепете и мудрости (хохма). Нешама (душа) приходит к человеку в Бине. Сказано: «Страх пред Творцом – и есть мудрость»[77]. А потому нешама ле-нешама приходит лишь посредством трепета и Хохмы (мудрости). Однако нешама приходит к человеку посредством возвращения, зовущегося Биной и зовущегося Сарой. А руах (дух), зовущийся голосом и зовущийся Даат (знанием), привлекается к человеку, который усиливает свой голос в Торе. Руах зовется также письменной Торой. А от разумной нефеш (души) происходят добрые дела.

Нешама ле-нешама и НАРАН происходят от ХАБАД:
Нешама ле-нешама, т.е. Авраам, происходит от сфиры Хохма.
Нешама, т.е. Сара, происходит от сфиры Бина.
Руах, т.е. Ицхак, происходит от сфиры Даат и представляет собой ее правую линию.
Нефеш, т.е. Ривка, происходит от сфиры Даат и представляет собой ее левую линию.

78) И подобно этому, сотворил Творец тело из четырех основ: огня, ветра, праха и воды – в подобии нешама ле-нешама, нешама, руах и нефеш. Нешама ле-нешама – вода, нешама – огонь, руах – ветер, нефеш – прах.

Вода – свойство захар (мужское), подобно нешама ле-нешама, которая происходит от Хохмы. Это – мягкая вода святости. А против нее есть вода, наводящая проклятие, – дурное начало, Сам.

---

[76] Писания, Коэлет, 3:21.
[77] Писания, Иов, 28:28.

Есть огонь святости – свойство некева (женское), подобно душе (нешама), которая происходит от Бины. А против нее есть чуждый огонь, о котором сказано: «Пускай не во всякое время входит в святилище»[78]. Это – Нуква со стороны дурного начала, змей, Нуква Са́ма.

Ветер (руах) святости – это свойство захар (мужское), подобно духу (руах), который исходит от сферы Даат. А против него есть нечистый дух, дурное начало, о котором сказано: «Из корня зме́я выйдет гадюка»[79]. Это – животный руах, называющийся гадюкой, порождение нечистого зме́я, от нечистой Бины.

И есть святой прах, подобный душе (нефеш), которая происходит от левой линии Даат. А против нее есть нечистый прах – животная душа со стороны дурного начала.

79) Поэтому нешама, т.е. возвращение, Бина, нападает на этого зме́я, чтобы сокрушить его подчиняющей силой возвращения, и тащит его в дома собраний и в дома учения. Эти четыре основы, т.е. четыре свойства Хохма-Бина-Тиферет-Малхут, распространяются на двадцать две буквы, издаваемые пятью частями полости рта: «алеф-хэт-хэй-айн (אחהע)» – горлом, «бэт-вав-мэм-пэй (בומפ)» – губами, «гимель-йуд-каф-куф (גיכק)» – нёбом, «далет-тэт-ламэд-нун-тав (דטלנת)» – языком, «зайн-самэх-шин-рэйш-цади (זסשרץ)» – зубами.

Ибо эти пять частей полости рта соответствуют Кетеру-Хохме-Бине-Тиферет-Малхут. Хохма-Бина-Тиферет-Малхут – это четыре основы вода-огонь-ветер-прах. Четыре основы – это пять частей полости рта, посредством которых распространяются двадцать две буквы.

80) «И прошел Аврам по земле до места Шхема»[60] – это дом собрания, место обитания Шхины, как сказано: «А тебе я дал одну долю (шхем) сверх братьев твоих»[80]. Шхем – это Шхина, достойная Йосефа, поскольку он зовется праведником. Ведь праведность, Шхина, обитает лишь с праведником, т.е. с Йосефом.

---

[78] Тора, Ваикра, 16:2.
[79] Пророки, Йешаяу, 14:29.
[80] Тора, Берешит, 48:22. «А тебе я дал одну долю сверх братьев твоих, которую взял я из рук эморейца моим мечом и луком моим».

«До места Шхема»⁶⁰ – значит до места Шхины, до́ма собрания.

«До Элон-Морэ»⁶⁰ – это дома́ учения, где дают наставления и преподают Тору массам.

81) «А кнааней был тогда в той земле»⁶⁰. Тогда произошло смягчение дурного начала, называющегося кнаанеем, и оно поневоле исправилось в теле, зовущемся землей. Разумеется, оно становится покорным в то время, когда в теле светит нешама, т.е. Аврам. Ведь тело при этом находится в таком состоянии, когда змей, в сущности, еще не устранен из него. И из-за слияния с телом, которое осталось у зме́я, кнааней еще пребывает в земле Исраэля. Дурное начало называется кнаанеем, потому что оно охватывает тело дурными судами. Ибо кнааней означает торговец, в значении – окружающий⁸¹.

82) Душа (нешама) держится в этом мире как подобает, для того чтобы удостоиться ее после того, как она уйдет из этого мира. И если она достойна, то возвращается на место, откуда вышла, – как сказано: «К месту жертвенника, который сделал там вначале»⁸². И сказано: «До места, где был его шатер прежде, между Бейт-Элем и А́ем»⁸³. Его шатер (оало אוהלה) написано с буквой «хэй ה», которая означает Шхину.

83) А сейчас, в этом мире, она пребывает пока что между подъемом наверх, к месту, откуда она вышла, и спуском вниз, к месту наказания, – между Бейт-Элем наверху и Аем внизу, местом наказания.

Если она удостаивается – поднимается «к месту жертвенника, который сделал там вначале»⁸². В таком случае, кто его сделал и что это за жертвенник? Сделал его Творец, который создал там этот жертвенник, т.е. Шхину, и установил ее на двенадцати камнях, по числу колен сыновей Яакова, которому

---

⁸¹ Оба слова, которые здесь используются – סוחר и מקיף, – имеют два значения. Они относятся и к торговле, и к окружению, охватыванию.
⁸² Тора, Берешит, 13:4. «К месту того жертвенника, который сделал там вначале; и призвал там Аврам имя Творца».
⁸³ Тора, Берешит, 13:3. «И шел он своими переходами от Негева до Бейт-Эля, до места, где был шатер его прежде, между Бейт-Элем и Аем».

было слово Творца: «Исраэль будет имя твое»⁸⁴. Десять сфирот, когда они исправлены, чтобы светить свечением Хохмы, делятся на двенадцать. И это – совершенное построение Шхины с помощью мужа ее, Зеир Анпина. Тогда Зеир Анпин зовется именем Исраэль (ישראל), буквы которого составляют выражение «мне голова (ли рош לי ראש)». «Исраэль будет имя твое» – т.е. она получает свойство рош и ГАР от Исраэля, ее мужа.

84) Этот жертвенник, Шхину, Он сделал там вначале, когда был сотворен высший мир, скрытый от всех миров. И ангел Михаэль, великий первосвященник, стоит и приносит на нем жертвы от душ праведников. Когда душа поднимается для жертвоприношения, сказано о ней: «Призвал там Аврам имя Творца»⁸². Душа призывает там имя Творца и включается в узел жизни.

Объяснение. Бина называется высшим миром, скрытым от всех миров, т.е. Бина Арих Анпина. И возведение жертвенника на двенадцати камнях производится сначала в высшем мире, скрытом от всех миров. Это Бина Арих Анпина, вышедшая за пределы рош Арих Анпина и выстраивающаяся там в тринадцати исправлениях ди́кны. О ней и сказано: «Который сделал там вначале»⁸². Жертвенник, т.е. Шхина, получает оттуда мохин большого состояния, совершенные благодаря свечению Хохмы. А ангел Михаэль – это свет Хесед (милости), приближающий душу и поднимающий ее из миров БЕА к жертвеннику мира Ацилут. Иными словами, благодаря свету хасадим, приобретенному душой, она может подняться и слиться со Шхиной – и получает от нее великое совершенство свечения Хохмы посредством тринадцати исправлений дикны. И об этом сказано: «Призвал там Аврам имя Творца»⁸² – т.е. душа призывает там имя Творца и включается в узел жизни, так как мохин Хохмы называются светом жизни.

85) И всё это происходит в том случае, если душа удостоилась в этом мире исправить тело и подчинить силу того, кто называется «проклятым», т.е. дурного начала, зовущегося Лотом, в такой мере, что отделяется от него. Сказано об этом: «И был спор между пастухами скота Аврама», т.е. души́, «и

---

⁸⁴ Тора, Берешит, 35:10. «И сказал ему Всесильный: "Имя твое Яаков, впредь же не будешь ты зваться Яаков, но Исраэль будет имя твое". И нарек ему имя Исраэль».

пастухами скота Лота»[85], т.е. злого начала. Ибо в этом мире станы и правители, представляющие сторону души, каждый день находятся в споре со станами и правителями стороны тела. Они спорят друг с другом, а все органы тела испытывают страдания, находясь между ними, – между душой и змеем, дурным началом, сражающимися каждый день.

86) «И сказал Аврам Лоту...»[86] – т.е. душа ответила дурному началу: «Да не будет раздора между мною и тобою, и между пастухами моими и пастухами твоими»[86] – т.е. между моими станами и твоими станами. «Ведь мы люди родственные»[86] – дурное начало и доброе начало близки друг другу: одно справа от человека, другое слева. Дурное начало – слева, а доброе – справа.

87) «Ведь вся земля пред тобою. Отделись же от меня»[87]. Много нечестивцев в мире – ступай себе и тянись за ними, и отделись от меня. «Если ты налево, то я направо; а если ты направо, то я налево» – т.е. он обличает его и досаждает ему многочисленными войнами, которые ведет с ним каждый день, пока не «отделились они друг от друга»[88].

88) Когда они отделились друг от друга, «Аврам поселился в земле Кнаан»[89] – т.е. душа обосновалась среди праведников, в месте добра и мира. «А Лот поселился в городах долины» – этот проклятый обвинитель собрался выступать против и соединиться с местом нечестивцев, как сказано: «И раскинул шатры до Сдома». Сказано после этого: «Люди же Сдома были злы и чрезвычайно грешны пред Творцом»[90]. Там он обитал, расположив свое жилище среди них, чтобы, сойдясь с ними, совращать и изводить их дурными делами.

---

[85] Тора, Берешит, 13:7. «И был спор между пастухами стада Аврама и пастухами стада Лота, а кнаанеи и перизеи тогда населяли землю».

[86] Тора, Берешит, 13:8. «И сказал Аврам Лоту: "Да не будет раздора между мною и тобою, и между пастухами моими и пастухами твоими. Ведь мы люди родственные"».

[87] Тора, Берешит, 13:9. «Ведь вся земля пред тобою. Отделись же от меня. Если ты налево, то я направо; а если ты направо, то я налево».

[88] Тора, Берешит, 13:11. «И избрал себе Лот всю равнину Ярден, и отправился Лот с востока, и отделились они друг от друга».

[89] Тора, Берешит, 13:12. «Аврам поселился в земле Кнаан, а Лот поселился в городах долины и раскинул шатры до Сдома».

[90] Тора, Берешит, 13:13.

89) Когда осталась душа без обвинителя и тело очистилось от той скверны – сразу же Творец помещает с ним Свою обитель, и он наследует высший и нижний удел. И есть у него успокоение среди праведников. А тот «проклятый», Лот, находится среди нечестивцев, и они грешат с ним до тех пор, пока не будет им больше избавления от их прегрешений.

90) «И услышал Аврам, что родственник его взят в плен, и снарядил воспитанников своих, уроженцев дома его...»[91] «Услышал Аврам» – это душа, оставшаяся в теле в чистоте. «Родственник его взят в плен» – это злое начало, пребывающее в плену у нечестивцев из-за множества грехов. «Снарядил воспитанников своих, уроженцев дома его» – это праведники, занимающиеся Торой и называющиеся «органы тела».

Иначе говоря, органы тела уподобляемы праведникам, занимающимся Торой, и они снаряжены, чтобы идти с ним. Число их – триста восемнадцать: двести сорок восемь органов тела, и семьдесят свойств души, соответствующих семи сфирот Зеир Анпина, каждая из которых исчисляется десятью. Двести сорок восемь с семьюдесятью составляют триста восемнадцать, и всех снарядил (Авраам), отправляясь к этим нечестивцам, чтобы заставить их раскаяться в своих грехах.

91) Сказано: «И преследовал до Дана»[91]. Он преследовал их, извещая о суде в мире истины и о наказании преисподней, и глаз не смыкал ни днем, ни ночью, пока не изобличил этих нечестивцев и не вернул к Творцу, как сказано: «возвратил всё имущество»[92].

92) «...А также Лота, родственника своего». Даже злое начало, зовущееся Лотом, он преследовал до тех пор, пока не склонил против его воли и не смягчил его надлежащим образом. Он вернул всех к полному раскаянию, как полагается, так как денно и нощно, без устали обличал их и преследовал их за

---

[91] Тора, Берешит, 14:14. «И услышал Аврам, что родственник его взят в плен, и снарядил воспитанников своих, уроженцев дома его, триста восемнадцать, и преследовал до Дана».
[92] Тора, Берешит, 14:16. «И возвратил всё имущество, а также Лота, родственника своего, и имущество его возвратил, а также женщин и народ».

каждый совершенный ими грех, пока не вернулись они к полному раскаянию, как подобает.

93) Сказано: «Повстречали меня стражи, обходящие город»[93]. Сделал Творец высший Йерушалаим, Бину, подобно нижнему Йерушалаиму, Малхут, – со стенами, башнями и открытыми проемами. Башни – это большое состояние Малхут, ГАР. Стены – это ее ВАК. Проемы – это ее Малхут. И это – рош-тох-соф, и НАРАН.

Высший Йерушалаим, Бина, включает в себя Малхут, нижний Йерушалаим, – так что всё имеющееся в Малхут, есть и в Бине. На тех стенах, что в Бине и Малхут, есть стражи, как сказано: «На стенах твоих, Йерушалаим, поставил Я стражей»[94]. А Михаэль, великий первосвященник, самый высший из всех стражей ворот.

94) Душа после кончины человека уходит из этого мира. Если человек удостаивается, она вступает в земной Эденский сад, насаженный Творцом для душ (рухот) праведников на земле. Это Малхут, подобная высшему саду, Бине. И там стоят все праведники мира.

95) Уходя из этого мира, душа вступает сначала в пещеру Махпела, где находится вход в Эденский сад, и встречается с Адамом Ришоном и с праотцами, которые там покоятся. Если она достойна, они радуются ей и открывают ей эти проемы, и она входит. А если нет, они выталкивают ее наружу. Если же она достойна, то вступает в Эденский сад и поселяется там, и облачается в одеяние, соответствующее форме одеяния этого мира, и наслаждается там[95].

---

[93] Писания, Песнь песней, 3:3.
[94] Пророки, Йешаяу, 62:6.
[95] Объяснение статьи приводится далее, в п. 105.

Три ступени НАРАН

96) Тайна тайн передана тем, кто мудр сердцем, – три ступени включены друг в друга: нефеш, руах и нешама.

Нефеш – это сила, из которой сформировано тело. Ибо когда человек пробуждается в этом мире для слияния со своей женской половиной, все органы согласуются и настраиваются так, чтобы насладиться этим. Тогда нефеш и желание человека достигают согласия в этом действии, и человек притягивает эту нефеш и привносит ее в исходящее от него семя.

97) Благодаря желанию, а также вместе с нефеш, которую он там притянул, нисходит туда другая сила со ступеней ангелов, зовущихся ишим, и всё включается в нисхождение семени, и тело формируется из них. Такова первая, низшая сила из этих трех ступеней – нефеш.

Объяснение. Человек – это порождение ЗОН мира Ацилут[96], и потому по природе у него есть только нефеш. Ибо свет, привлекаемый от Малхут, Нуквы Зеир Анпина, называется нефеш. Однако вследствие подслащения, когда Малхут поднялась и подсластилась в Бине, – человек удерживается также и в Бине. Таким образом, человек включает три ступени: Бину, Тиферет и Малхут. Свет Бины называется нешама, свет Тиферет называется руах, а свет Малхут называется нефеш. Три эти ступени исходят от трех миров: Брия, Ецира и Асия. Если же (человек) удостоился большего, то они нисходят от Бины, Тиферет и Малхут мира Ацилут.

Первое нисхождение – это свет нефеш, сила, из которой формируется тело. Оно совершается силой света нефеш тех, кто порождает. Ибо в силу величины желания порождающих, т.е. крепкому согласию их света нефеш, они притягивают из духовного мира Асия свет нефеш новорожденного, и он облачается в исходящее от них семя. Из этого духовного света и формируется тело новорожденного.

---

[96] См. выше, п. 10.

Однако совершенно невозможно себе представить существование света нефеш без свечения света руах. Ведь нет вещи, в которой не было бы свойств захар и некева (мужского и женского). Руах – свойство захар, а нефеш – некева, и потому вместе со светом нефеш к нему нисходит свет руах из мира ангелов, т.е. мира Ецира. Однако в начале формирования новорожденного к нему нисходит не настоящий руах, а Малхут де-руах – от Малхут мира ангелов. Ибо они тоже делятся на десять сфирот КАХАБ-ХАГАТ-НЕХИМ и называются: малахи́м, арэлим, серафим, хайо́т, офаним, хашмалим, элим, элоким, бней элоким и ишим.

Последняя их ступень – ишим, Малхут ангелов, равноценная нефеш де-руах. Она облачается в свет нефеш новорожденного, и таким образом у него есть два све́та: руах и нефеш де-нефеш. Нефеш де-нефеш – от мира Асия, а руах де-нефеш – от мира ангелов, от их свойства нефеш, называющегося ишим.

98) И поскольку эта нефеш приносит жертву в слиянии с Есодом тела, жертвуемым, чтобы искупить душу, то часть его дается ступеням свойства ишим; так как часть нефеш, т.е. руах де-нефеш, происходит от них. Сказано: «Приношение Мне, хлеб Мой в огнепалимые жертвы Мне (ле-иша́й לְאִשַּׁי)»[97], что означает: для ишим (לאשים). Ибо поскольку это искупление приходит силой нефеш, они тоже берут свою часть – в мере их части, облаченной в эту душу (нефеш), которая приносит жертву. Когда же человек покинул этот мир, нефеш никогда не отходит от могилы; и посредством этой силы нефеш, оставшейся в могиле, мертвые ведают (обо всем) и разговаривают друг с другом.

99) Руах (дух) поддерживает нефеш в этом мире, притягивая свет жизни и передавая его нефеш. Это средняя из трех ступеней – нисхождение, происходящее с пробуждением женского свойства (нуква) мира Ацилут к мужскому свойству (захар) мира Ацилут, когда они находятся в едином стремлении – во время зивуга (слияния). Ибо тогда она пробуждается к захару в стремлении получить от него руах, подобно нукве этого

---

[97] Тора, Бемидбар, 28:1,2. «И говорил Творец, обращаясь к Моше, так: "Повели сынам Исраэля и скажи им: приношение Мне, хлеб Мой в огнепалимые жертвы Мне, в благоухание, приятное Мне, должны вы приносить в положенное время"».

мира, оплодотворяющейся семенем в силу страстного желания получить наполнение от захара. Сказано об этом: «Дух (руах) возвратится к Всесильному (Элоким), Который дал его»[98] – т.е. он возвращается к Нукве, зовущейся именем Элоким. И хотя руах привлекается от Зеир Анпина, зовущегося АВАЯ, все равно, поскольку он приходит с пробуждением Нуквы, и она считается его корнем, то и после расставания с телом он возвращается к ней.

100) Этот дух (руах) после кончины человека выходит из этого мира и расстается с душой (нефеш), которая остается там, витая над могилой, а он вступает в Эденский сад этого мира и облачается там в воздух Эденского сада, подобно высшим ангелам, спускающимся в этот мир. Они (тоже) облачаются в этот воздух, когда нисходят в этот мир, поскольку они образовались от того духа, как сказано: «Делает Он духи ангелами своими»[99].

101) Посреди сада есть один столб, состоящий из всех цветов. И этот дух, желая подняться в мир Ацилут, освобождается там от одеяния воздуха Эденского сада, и входит в этот столб, и поднимается наверх к месту, откуда вышел, – к Нукве мира Ацилут, как сказано: «Дух возвратится к Всесильному (Элоким), Который дал его».

102) И тогда Михаэль, великий первосвященник, берет этот дух и приносит его в жертву, приятное благоухание пред Творцом, т.е. Зеир Анпином. И пребывает он там, в Зеир Анпине мира Ацилут, и услаждается вечной жизнью, о которой сказано: «Глаз, не видевший Всесильного, кроме Тебя, даст Он уповающему на Него»[100]. А затем он снова спускается оттуда в земной Эденский сад, получая там все услады, и вновь облачается в одеяние воздуха Эденского сада, и пребывает там теперь в венце вдвое более величественном, чем до подъема к ЗОН мира Ацилут.

103) Нешама – это высшая сила над нефеш и руах, происходящая от свойства захар, т.е. от Древа жизни. Иными словами,

---

[98] Писания, Коэлет, 12:7.
[99] Писания, Псалмы, 104:4.
[100] Пророки, Йешаяу, 64:3. «Глаз, не видевший Всесильного, кроме Тебя, даст Он уповающему на Него».

Зеир Анпин, зовущийся Древом жизни, притягивает ее от Бины мира Ацилут. И поскольку притягивает ее Зеир Анпин – он является ее корнем. Так же и Нуква является корнем для руах, поскольку притягивает его от Зеир Анпина. Однако свет Зеир Анпина называется руах, а свет Бины называется нешама. После кончины человека нешама тотчас поднимается наверх. Она не входит сначала в земной Эденский сад этого мира, как руах, а сразу восходит к своему корню, Зеир Анпину, который является ее корнем в отношении притяжения.

Все три ступени НАРАН соединяются друг с другом. А когда расстаются с телом, все они снова поднимаются в то место, откуда вышли.

104) Когда руах уходит из этого мира и входит в пещеру Адама Ришона и праотцев, они дают ему там письмо, служащее знаком, и он отправляется в Эденский сад. Приближаясь, он встречает там херувимов и пламя обращающегося меча. Если он достоин, они рассматривают письмо, служащее знаком, и открывают ему вход, и он входит, а если нет – выталкивают его наружу.

105) И сидит она там в течение всего полагающегося времени и облачается там в облик этого мира[101]. А в новомесячье и в субботу, когда она хочет подняться в высший Эденский сад, праведники, находящиеся в Эденском саду, дают ей письмо в знак этого. И она поднимается при помощи столба, который стоит посреди нижнего Эденского сада, и встречает стражей стен Йерушалаима. Если она достойна – ей открывают вход, и она входит. Если же нет – забирают у нее письмо, служащее знаком, и выталкивают ее наружу. И она говорит: «Повстречали меня стражи, обходящие город, сорвали с меня покрывало мое стражи стен»[102]. Покрывало – это письмо, служащее знаком, которое забрали у нее стражи стен Йерушалаима.

Пояснение сказанного. Смерть приходит в мир из-за греха Древа познания, раскрывшего точку свойства суда Малхут[103]. Она не может исправиться на протяжении шести тысяч лет, и

---

[101] См. «Предисловие книги Зоар», п. 109.
[102] Писания, Песнь песней, 5:7.
[103] См. Зоар, главу Ноах, п. 308, со слов: «Объяснение. В строении Нуквы...»

потому «нет на земле праведника, который бы не согрешил»[104]. И даже если удостоился человек привлечь НАРАН добрыми делами, всё равно у ангела смерти есть сила раскрыть точку свойства суда, таящуюся в его корне. И тогда он умирает, ибо отовсюду, где раскрывается эта точка, уходят света́ жизни. А после шести тысяч лет, когда эта точка будет исправлена, тогда «истребит Он смерть навеки»[105].

Однако свойство суда первого сокращения властвует только над Малхут, а не над девятью первыми сфирот. И потому оно царит лишь над телом, которое происходит от этой Малхут, а также над нефеш, т.е. над светом Малхут, из которого создается тело, но не над руах и нешама, т.е. девятью первыми сфирот. Ибо руах – это Зеир Анпин, включающий ХАГАТ и НЕХИ, а нешама – это свет Бины, включающий девять первых сфирот. Они не получают никакого повреждения, а уходят из тела и возвращаются к своим корням. И тем не менее, есть различие между руах и нешама. Руах – это свет Зеир Анпина, поддерживающий существование нефеш, и потому в него включена Малхут свойства суда. Поэтому он не может сразу подняться к своему корню, но опять нуждается в подслащении от Бины. А нешама, представляющая свет трех первых сфирот, не имеет никакого контакта с этой Малхут свойства суда, и потому ей не нужно никакое подслащение. И потому после смерти тела она сразу поднимается к своему корню.

Таким образом, в них различают три свойства:
1. Нефеш и тело, над которыми тяготеет сила свойства суда, раскрывшегося со смертью, которая называется могилой.
2. Руах, у которого есть исправление – вернуться к своему корню, получив подслащение от Бины.
3. Нешама, которая без всякого подслащения сразу поднимается к своему корню.

Поэтому сказано, что когда человек покидает этот мир, нефеш никогда не отходит от могилы. Могила – это сила свойства суда, что в Малхут, от которого умирает человек. И там он затворен до воскрешения мертвых. Она тяготеет, главным

---

[104] Писания, Коэлет, 7:20. «Нет на земле праведника, который творил бы благо и не согрешил».
[105] Пророки, Йешаяу, 25:8.

образом, над телом, т.е. Малхут, и над нефеш, т.е. светом Малхут, поддерживающим существование тела. И потому они в могиле.

И сказано также, что когда руах уходит из этого мира и входит в пещеру Адама Ришона и праотцев, они дают ему там письмо, служащее знаком. И хотя гнетущая клипа, т.е. могила, не властвует над духом, ему нужно повторное подслащение от Бины. И потому он вступает в пещеру Махпела, т.е. в место подслащения сразу двух букв «хэй ה» – Малхут и Бины. И это подслащение называется запиской (пинка́с), т.е. сложенное послание, как зародыш в чреве матери, который сложен, подобно записке, голова к коленям. Это указывает на подъем НЕХИ (Нецах-Ход-Есод) в ХАГАТ (Хесед-Гвура-Тиферет), три в три.

Когда руах получает эту записку от Адама и праотцев, это значит, что он достаточно подсластился в Бине. Тогда он идет к Эденскому саду – к нижнему Эденскому саду. Сад – это Малхут. И когда Малхут исправлена, чтобы пребывать в светах Бины, называющейся Эденом, она зовется Эденским садом. И в ней тогда содержатся два вида включения[106]:
а) включение Бины в Малхут – нижний Эденский сад;
б) включение Малхут в Бину – высший Эденский сад.

Там[106] речь идет об общем включении руах и нешама, а здесь – о частном. И потому говорится, что только руах поднимается в нижний Эденский сад.

И сказано, что на новомесячье и в субботу, когда она хочет подняться в высший Эденский сад, праведники, находящиеся в Эденском саду, дают ей письмо в знак этого. На новомесячье и в субботу руах поднимается в высший Эденский сад, и потому ей нужно второе подслащение Биной. Всё это сказано только о духе (руах), который нуждается в этих подслащениях Биной, однако нешама сразу поднимается наверх, так как ей не нужны подслащения.

---

[106] См. Зоар, главу Берешит, часть 2, п. 8.

И сошел Аврам в Египет

106) «И сошел Аврам в Египет пожить там»[107], поскольку Египет подобен саду Творца. Сказано об этом: «как сад Творца, как земля египетская»[108]. Ибо там восполняется и нисходит в правой стороне одна река, как сказано: «Имя одной – Пишон»[109]. Из капель, которые Эден, т.е. Хохма, изливает на сад, т.е. Малхут, образуется большая река, разделяющаяся на четыре русла: Хохма-Бина-Тиферет-Малхут (ХУБ ТУМ). Одна из них, особая, – это Пишон, т.е. Хохма. Она нисходит на землю Египта, и потому мудрость египтян превосходила мудрость всего мира. Эту реку видел Йехезкель в своем пророчестве, и потому сказано: «Ибо полна будет земля знанием Творца»[110], так как эти во́ды всегда умножают знание о Нем в мире.

Есть три линии: Хохма, Хесед и Нецах – справа, Бина, Гвура и Ход – слева, Даат, Тиферет и Есод – посередине. Таким образом, Хохма находится во главе правой линии, но это не та Хохма, что в левой линии, т.е. Бина, возвращающаяся в Хохму, от которой приходят все свечения Хохмы и которая называется золотом. Однако река Пишон – это Хохма правой линии, как сказано: «Имя одной Пишон: она обтекает всю землю Хавилу, где находится золото»[109]. Таким образом, река Пишон – это Хохма правой линии, и потому «она обтекает» и наполняет «землю Хавилу» – т.е. Бину, «где находится золото» – свечение Хохмы левой линии.

107) Авраам узнал и вступил в совершенную веру, Нукву Зеир Анпина. Восполнившись свечением Хохмы со стороны Бины, вернувшейся в Хохму, она называется совершенной верой и представляет свечение Хохмы от левой линии, золото. Теперь он захотел познать все ступени, что держатся внизу и

---

[107] Тора, Берешит, 12:10. «И был голод в той земле. И сошел Аврам в Египет пожить там, потому что тяжел был голод в земле той».

[108] Тора, Берешит, 13:10. «И поднял Лот глаза свои, и увидел всю окрестность Ярдена, как вся она орошаема рекой: до истребления Творцом Сдома и Аморы была она как сад Творца, как земля египетская, – доходя до Цоара».

[109] Тора, Берешит, 2:11. «Имя одной Пишон: она обтекает всю землю Хавилу, где находится золото».

[110] Пророки, Йешаяу, 11:9. «Ибо полна будет земля знанием Творца, как полно море водами».

могут совершать отдачу сверху вниз, – т.е. Хохму правой линии. А Египет совершал передвижение справа, от реки Пишон, Хохмы правой линии. Поэтому он сошел в Египет, чтобы вынести оттуда все святые искры от свойства Хохмы правой стороны. А затем он вернулся в землю Исраэля и восполнился, таким образом, этими мохин Хохмы.

Голод на земле возникает, когда милосердие отдаляется от суда, т.е. когда Зеир Анпин, свойство милосердия, отдаляется от Нуквы, свойства суда. Ибо при этом прекращается зивуг (слияние) ЗОН, и возникает голод в Нукве, зовущейся «земля». Ибо так происходит каждый раз – когда ЗОН дают новую ступень нижним, они возвращаются в малое состояние, и их зивуг прекращается. Как же может река Пишон, т.е. совершенная Хохма, светить в земле Египта – в месте клипот (нечистых сил) и наготы земли? Однако же сказано: «Я наполнюсь, раз он опустошен»[111]. Клипот воздвигаются лишь на разрушении святости, и наоборот, святость возводится только на разрушении клипот. А потому, вследствие нарушения запрета Древа познания, упали эти искры Хохмы с правой стороны в землю Египта, о чем сказано: «как сад Творца, как земля египетская»[108]. Поэтому Авраам не может выстроиться в больших мохин Хохмы правой линии, до тех пор, пока не соберет эти искры из Египта.

108) «И было, когда он приблизил свой путь к Египту...»[112] Следовало бы сказать: «когда приблизился». Однако же сказано: «Фараон приблизил себя»[113] – он приблизил Исраэль к тому, чтобы совершить раскаяние. Так и здесь: «приблизил» – это означает, что он приблизил себя к Творцу. Вступить в Египет – значит созерцать те ступени, что в Египте, и отдалиться от них и от египетских служителей.

Объяснение. Здесь содержатся два понятия:
1. Приближение к Египту.

---

[111] Пророки, Йехезкель, 26:2. «За то, что сказал Цор о Йерушалаиме: "Ага, сокрушен он! Врата народов обращены ко мне – я наполнюсь, раз он опустошен!"»

[112] Тора, Берешит, 12:11. «И было, когда он приблизил свой путь к Египту, то сказал он Сарай, жене своей: "Вот, узнал я, что ты женщина, прекрасная видом"».

[113] Тора, Шмот, 14:10. «И Фараон приблизил себя; и подняли сыны Исраэля свои глаза, и вот Египет движется за ними, и устрашились они очень, и громко воззвали сыны Исраэля к Творцу».

2. Само действие египтян.

И различие между ними в том, что действие египтян – это привлечение света Хохмы сверху вниз, подобно нарушению запрета Древа познания. Ибо келим и искры от свойства Хохма, поврежденные Адамом при нарушении запрета Древа познания, упали в удел египтян, и потому они и после этого продолжают грешить. Однако есть ступень, близкая к действию египтян, и в то же время не являющаяся самим этим действием, – когда свечение Хохмы притягивается сверху вниз только один раз, чтобы усилить и увеличить хасадим, укрытые от Хохмы. С одной стороны, это похоже на действие египтян, так как он притягивает это свечение сверху вниз, подобно им. А с другой стороны, это противоположно действию египтян, так как он лишь усиливает и утверждает свечение хасадим, укрытых от Хохмы. И потому эта ступень считается близкой к Египту, но не самой землей Египта.

И это означает «приблизил свой путь» – т.е. надлежащим образом приблизил себя к Творцу, к ступени ХАГАТ Зеир Анпина, представляющей собой укрытые хасадим.

«Вступить в Египет» – значит привлечь свечение Хохмы сверху вниз, как и на ступенях египтян, но отдалиться от привлечения Хохмы и отдалиться от египетских служителей, а вместо этого усилить и утвердить свечение хасадим, укрытых от Хохмы. И это диаметрально противоположно действию египтян. И в данном случае сказанное означает, что (Аврам) приблизил себя к Творцу, и потому «приблизил свой путь к Египту», дабы поступить как они, но отдалиться от них и приблизиться к Творцу, – в этом заключается его действие. И потому считается, что он этим действием приблизил свой путь к Египту, но еще не вступил в Египет.

109) Из-за того, что он сошел в Египет без разрешения, сыны его находились в египетском порабощении четыреста лет. Ведь сказано: «Сошел Аврам в Египет», и не сказано, что Творец сказал ему: «Сойди в Египет». И поэтому он всю ту ночь сокрушался из-за Сары[114].

---

[114] См. объяснение далее, в п. 117.

110) «Сказал он Сарай, жене своей: "Вот, узнал я, что ты женщина, прекрасная видом"»[112]. Ибо до тех пор он не смотрел на облик Сары по причине большой скромности, которая соблюдалась меж ними. Когда же приблизился к Египту, она раскрылась, и он увидел ее.

Объяснение. Сказанное: «И было, когда он приблизил свой путь к Египту»[112] означает, что приблизив себя, он совершил действие, близкое действию египтян, т.е. привлек свечение Хохмы сверху вниз. И он дал эти мохин Саре, и они называются у нее: «прекрасная видом», так как вид и видение намекают на мохин Хохмы. Поэтому после того, как «он приблизил свой путь к Египту»[112], сказано: «Вот, узнал я, что ты женщина, прекрасная видом»[112] – после того, как она получила от него мохин путем приближения к Египту.

И потому сказано, что «до тех пор он не смотрел на облик Сары по причине большой скромности, которая соблюдалась меж ними» – так как Авраам и Сара были строением для свойств захар и некева, расположенных от хазе Зеир Анпина и выше, где хасадим укрыты от Хохмы, называющейся видением и созерцанием. Поэтому он не смотрел на нее, пока не приблизился к Египту, т.е. когда он привлек мохин Хохмы путем приближения к Египту и дал ей, раскрылись ее хасадим в свечении Хохма, зовущемся видением, и потому он увидел ее.

111) Трудности в пути доводят человека до унижения и позора. Но вместе с тем она оставалась в своей красе и не менялась. Поэтому узнал он тогда, более чем когда-либо, насколько она прекрасна видом. Ведь путники, т.е. идущие путем Творца, прежде чем достичь цели, пребывают в малом состоянии мохин, и они презираемы. Сара тоже была в пути, к тому же на пути вниз, как сказано: «Сошел Аврам в Египет»[107], тем более что действие по привлечению мохин было близко к действию египтян. И тем не менее, мохин светили в ней во всем совершенстве. Потому он и сказал: «Вот, узнал я...»[112], поскольку тогда узнал это более, чем когда-либо. Другое объяснение. Он увидел с ней Шхину, т.е. удостоился раскрытия Шхины, и потому уверился Авраам и сказал: «Она сестра моя»[115].

---
[115] Тора, Берешит, 12:19.

112) Слова «сестра моя» имеют два значения: в прямом смысле «сестра моя», и как сказано: «Скажи мудрости (хохма): "Ты сестра моя"»[116]. Здесь говорится: «Скажи, что ты моя сестра»[117] «Ты» – значит Шхина. Сказано также: «Ты говори нам»[118] – в этом случае речь тоже идет о Шхине. «Дабы мне хорошо было ради тебя»[117] – это Авраам сказал ради Шхины. «И будет жива душа моя благодаря тебе» – так как благодаря мохин Хохмы человек восходит на путь жизни, ведь свет Хохмы называется светом хая́ (жизни).

113) «Скажи, что ты моя сестра»[117]. Авраам знал, что все египтяне распутны. Если он знал всё это, то почему не боялся за свою жену и не отступил от этого пути, чтобы не входить туда? Потому что увидел с ней Шхину и благодаря этому уверился в ней и не боялся.

---

[116] Писания, Притчи, 7:4.
[117] Тора, Берешит, 12:13. «Скажи, что ты моя сестра, дабы мне хорошо было ради тебя, и будет жива душа моя благодаря тебе».
[118] Тора, Дварим, 5:23. «Подойди же ты и слушай все, что скажет Творец Всесильный наш; и ты говори нам все, что говорить будет Творец Всесильный наш тебе, и мы услышим и исполним».

И было, по приходе Аврама в Египет

114) «И было, по приходе Аврама в Египет, увидели египтяне эту женщину, что она очень красива»[119]. В сундуке он внес ее в Египет, а египтяне открыли сундук, чтобы получить за него ввозную пошлину. Иными словами, после того как (Авраам) привлек для Сары мохин Хохмы, он снова поднял мохин от хазе ЗОН и выше, туда, где хасадим укрыты от Хохмы, чтобы уберечь ее от египтян. И он называется «сундук (תיבה)», потому что буквы здесь расположены в обратном порядке, чем в слове «дом (הבית)»[120]. Однако египтяне открыли сундук, чтобы вернуть ее в дом, как сказано: «Взята была эта женщина в дом Фараона»[121]. Пошлина означает, что они открыли (сундук), чтобы привлечь свечение Хохмы сверху вниз. Они вправе получить его, согласно налоговым законам, поскольку (сундук) находится в их стране. Когда сундук был открыт, из него вышел свет, подобный солнечному, – т.е. свет Сары, свет луны, быль столь же сильный, как свет солнца, когда они находятся в состоянии «два великих светила»[122]. И об этом сказано: «Что она очень красива»[119].

115) «Увидели египтяне эту женщину, что она очень красива»[119]. Что означает «очень»? Это значит, что египтяне увидели в сундуке другой свет – свет укрытых хасадим. Они вывели ее из сундука, притянув этот свет сверху вниз, в свойство «дом», и увидели ее такой же красивой, как вначале, когда она была в «сундуке». Иначе говоря, действия египтян не повредили ей, и ее красота осталась такой же, какой была в сундуке.

«И увидели ее вельможи Фараона»[121] – когда извлекли ее из сундука. То есть свет Хохмы, который был скрыт в ней, они привлекли сверху вниз, в свойство «дом», и увидели, что она всё так же прекрасна, как и вначале, когда она еще была в сундуке. Тогда: «И похвалили ее Фараону, и взята была эта женщина в дом Фараона»[121].

---

[119] Тора, Берешит, 12:14.
[120] См. Зоар, главу Ноах, п. 178.
[121] Тора, Берешит, 12:15. «И увидели ее вельможи Фараона, и похвалили ее Фараону, и взята была эта женщина в дом Фараона».
[122] Тора, Берешит, 1:16.

Объяснение. Египтяне открыли сундук и увидели Сару, пока она еще была там – что ее свет был подобен свету солнца. Вельможи Фараона вывели ее из сундука и увидели, что она всё так же прекрасна, как и раньше, когда находилась в сундуке. Таким образом, она предстала двум взорам: взору египтян и взору вельмож Фараона.

116) Горе тем грешникам мира, которые не знают и не выясняют, что всё случающееся в мире исходит от Творца. То есть, что только Он один совершал, совершает и будет совершать все деяния в мире. Он с самого начала знает, что будет в конце, как сказано: «Предвещаю от начала конец»[123]. И Он предусматривает и вершит деяния от начала творения так, чтобы вернуться к ним и проделать их в совершенстве когда наступит время.

117) Если бы Сарай не была взята к Фараону, он не был бы поражен (язвами)[124]. Это наказание привело к последующему наказанию, когда египтяне были поражены большими язвами при выходе Исраэля из Египта. Здесь сказано: «Поразил Творец Фараона большими язвами», а о выходе Исраэля из Египта сказано: «Явил Творец знамения и чудеса великие»[125]. Там было десять казней, и здесь Фараон был поражен десятью казнями. Как (там) свершил Творец для Исраэля чудеса и могучие деяния ночью, так и здесь свершил Творец чудеса и могучие деяния ночью. Посылая Фараону казни за Сару, Он предвосхищал и предвидел, как повторит и свершит их при окончательном завершении, по прошествии времени, при выходе Исраэля из Египта.

В этих словах заключен необычайно глубокий смысл. И я обязан раскрыть его, потому что он является стержнем всей статьи, находящейся перед нами. Келим и искры моаха Хохмы Адама, которые упали у него из-за нарушения запрета Древа познания и были отданы во власть клипот, были отданы

---

[123] Пророки, Йешаяу, 46:10. «Предвещаю от начала конец, и от древних времен то, что еще не сделалось. Говорю – совет Мой состоится, и все, чего желаю Я, – сделаю».

[124] Тора, Берешит, 12:17. «Поразил Творец Фараона и дом его большими язвами за Сарай, жену Аврама».

[125] Тора, Дварим, 6:22. «И явил Творец знамения и чудеса великие и гибельные в Египте над Фараоном и над всем домом его пред глазами нашими».

египтянам¹²⁶. И отсюда вся мудрость Египта. Но когда Исраэль выявят у них все эти келим и вернут их к святости, сказано: «Истреблю Я мудрость Египта». Однако это выявление может быть осуществлено только посредством самих египтян, а не посредством работников Творца, так как выявлять их для святости можно, только привлекая в них высший свет сверху вниз.

И так же как они были повреждены привлечением света сверху вниз, что является сутью запрета Древа познания¹²⁷, таким же должно быть и их очищение от клипот – путем привлечения к ним света сверху вниз. И об этом сказано: «Всё, что проходит через огонь, проведите через огонь, и станет оно чистым»¹²⁸. Ибо келим не исторгнут из себя скверну, т.е. нечистоту змéя, вобранную ими при нарушении запрета Древа познания, если их не подготовить таким же путем, каким они вобрали в себя запрещенное, – посредством привлечения света сверху вниз, что и было нарушением запрета Древа познания.

А потому сделать это можно только посредством самих египтян, к которым пристало нарушение запрета Древа познания и его нечистота. Именно они выявляют келим и дают их Исраэлю, как сказано: «Грешник приготовит, а оденется праведник»¹²⁹. И чтобы они передали келим Исраэлю, требуются два действия:

1. Принуждение, когда Творец заставляет их действовать путем бедствий и страданий, пока они не передадут их Исраэлю.

2. Сама передача должна происходить с их ведома и по их доброй воле.

И об этом сказано: «Творец вызвал расположение к народу в глазах египтян, и те одалживали им, и обобрали они египтян»¹³⁰. То есть Исраэль не могли обобрать египтян иначе, как вызвав к себе расположение в их глазах. Поэтому Творец не вывел Исраэль из Египта против воли Фараона, а повелел ему: «Отпусти народ Мой, и он будет служить Мне»¹³¹ – именно с его согласия. Так и случилось в действительности после

---

¹²⁶ См. выше, п. 108, со слов «Пояснение сказанного...»
¹²⁷ См. Зоар, главу Берешит, часть 2, п. 285.
¹²⁸ Тора, Бемидбар, 31:23.
¹²⁹ Писания, Иов, 27:17.
¹³⁰ Тора, Шмот, 12:36.
¹³¹ Тора, Шмот, 7:16.

казни первенцев, как сказано: «Встал Фараон ночью и сказал: "Встаньте, выйдите из среды народа моего и пойдите, служите Творцу, как говорили вы"»[132]. Ведь эти келим и искры передаются от египтян Исраэлю лишь с их ведома и желания. И потому должен был Фараон встать ночью и сказать Исраэлю по своей воле и разумению: «Встаньте, выйдите из среды народа моего». В этих словах он передал им келим со своего ведома и по своей воле.

Эти мохин, представляющие ступень света хая, завершаются лишь в три приема, в трех категориях мохин:

1. Путем испытания, как в случае с Авраамом, которому Творец не повелел сойти в Египет, а навел голод на землю и тем самым принудил его сойти в Египет с его собственного ведома. Когда была взята Сара в дом Фараона, он сокрушался всю эту ночь, полагая, что Творец наказал его за грех нисхождения в Египет и соединения с этими нечестивцами. Когда же он выдержал испытание и не усомнился в свойствах Творца, тогда удостоился получить от Фараона келим и искры для больших мохин, упавших в его владение при нарушении запрета Древа познания. Сказано об этом: «И Аврама облагодетельствовал он ради нее»[133]. А также сказано: «Дал о нем Фараон повеление людям, и проводили его»[134]. Аналогично этому, сказано о выходе из Египта: «И было, когда Фараон отослал народ...»[135] Тем самым передал ему Фараон келим со своего ведома и по своей доброй воле. Это свойство представляет собой выявление келим, мохин де-ВАК ступени света хая, потому что (Авраам) достиг ее не посредством слов Творца, а лишь посредством греха и испытания.

2. По слову Творца, когда Творец сказал ему сойти в Египет. Это разъясняется в словах Творца: «Знай, что пришельцем

---

[132] Тора, Шмот, 12:30-31.
[133] Тора, Берешит, 12:16. «И Аврама облагодетельствовал он ради нее, и был у него мелкий и крупный скот и ослы, и рабы и рабыни, и ослицы и верблюды».
[134] Тора, Берешит, 12:20. «Дал о нем Фараон повеление людям, и проводили его и жену его со всем, что у него».
[135] Тора, Шмот, 13:17. «И было: когда отпустил Фараон народ, не повел их Всесильный через страну плиштим, потому что короток этот путь – ибо сказал Всесильный: "Не передумал бы народ при виде войны и не возвратился бы в Египет"».

будет потомство твое в земле не своей»¹³⁶, «а после они выйдут с большим имуществом»¹³⁷ – с мохин де-хая. А также сказал Он Яакову: «Я сойду с тобою в Египет и Я же подниму тебя, возведя оттуда»¹³⁸. И поскольку нисхождение осуществилось с разрешения Творца, то келим, которые они извлекли оттуда, самые важные. Благодаря им удостоились они больших мохин де-хая – мохин пасхальной ночи.

3. Путем отстаивания святости, когда они удостоились услышать из уст Гвуры: «Я Творец Всесильный твой, который вывел тебя из земли египетской, из дома рабства»¹³⁹. Это продолжение раскрытия мохин выхода из Египта – мохин де-ехида, означающих свободу от ангела смерти.

Таким образом, разъяснилось, что эти мохин восполняются лишь в три приема. В первый раз они обязаны прийти путем греха и испытания, потому что начало выяснения осуществляется запретным путем, через египтян. А если бы Творец повелел Аврааму сойти к египтянам, то он прилепился бы к ним и к их делам и никогда не отделился бы от них. Поэтому он обязан прийти сам путем прегрешения, чтобы сразу же отстраниться от них.

И потому сказано: «Горе тем грешникам мира, которые не знают и не выясняют, что всё случающееся в мире исходит от Творца»¹⁴⁰. «Грешники мира» – это те, кто начал получать святые ступени и, оставшись в начале, более не постигает их. Это тяжкий грех, и Зоар говорит, что они входят и не выходят. А основная преграда встает перед ними при постижении мохин де-хая в первый раз, поскольку думают, что эти мохин они постигли собственными деяниями, а не с помощью Творца. Если бы они старались узнать и понять, подобно Аврааму, что всё, что есть в мире, исходит от Творца, то удостоились бы второго свойства, т.е. Творец повелел бы им сойти в Египет.

---

¹³⁶ Тора, Берешит, 15:13. «И сказал Он Авраму: "Знай, что пришельцами будут потомки твои в земле не своей, и поработят их, и будут угнетать их четыреста лет"».
¹³⁷ Тора, Берешит, 15:14. «Но и над народом, которому они служить будут, произведу Я суд, а после они выйдут с большим имуществом».
¹³⁸ Тора, Берешит, 46:4. «Я сойду с тобою в Египет и Я же подниму тебя, возведя оттуда. И Йосеф положит руку на глаза твои».
¹³⁹ Тора, Шмот, 20:2.
¹⁴⁰ См. п. 116.

Это означает достижение большой ступени мохин де-хая, так же как удостоились Исраэль при выходе из Египта в пасхальную ночь.

Сказано, что они не выясняют, пытаясь понять и узнать, подобно Аврааму, что всё случающееся в мире исходит от Творца, который с самого начала знает, что будет в конце. Поэтому сказано, что «это наказание привело к последующему наказанию», т.е. они должны выяснять это до тех пор, пока не удостоятся постичь, что наказания, постигшие Фараона в первый раз, при Аврааме, пришли тут же от самого Творца, который изначально видел и предусмотрел то, что будет в конце, при выходе из Египта. Они представляют собой уведомление и подготовку к выявлению мохин, которые они обретут, когда (Творец) даст им разрешение сойти в Египет, как дал Он разрешение Исраэлю, сказав ему: «Я сойду с тобою в Египет». Ибо тот, кто удостоился этого, обретет тогда большие мохин света хая.

И потому чудеса с Сарой сравниваются с чудесами при выходе из Египта. Ибо все деяния первого свойства, мохин де-ВАК де-хая – это решимо и подготовка к мохин второго свойства – мохин де-хая. И сам Авраам тоже удостоился этого знания, как сказано: «Знай, что пришельцем будет потомство твое в земле не своей»[136]. И благодаря этому знанию он тоже постиг эти мохин выхода из Египта.

118) Сказал Давид: «Даже если жители мира придут и будут воевать со мной, не одолеют меня, ибо "Ты, Творец, щит для меня, слава моя, и возносишь голову мою"[141]». Сказано: «щит для меня». Сказал Давид Творцу: «Владыка мира, почему благословение не завершают моим именем, как завершают именем Авраама? Ведь сказано: "Я щит тебе"[142]. А также говорят: "Щит Авраама"[143]. Почему же не завершают благословение словами "щит Давида"?»

119) Ответил Творец Давиду: «Авраама Я уже проверил и очистил. Он выдержал предо Мною испытание совершенным

---

[141] Писания, Псалмы, 3:4.
[142] Тора, Берешит, 15:1. «После этих происшествий было слово Творца к Авраму в видении, и сказано так: «Не бойся, Аврам, Я щит тебе; награда твоя весьма велика».
[143] Мидраш Раба, раздел Бемидбар, 11:2.

исполнением». Сказал Ему Давид: «Проверь меня, Творец, и испытай меня, очисти почки мои и сердце мое»[144]. И когда совершил то самое деяние с Бат-Шевой, вспомнил Давид, о чем говорил пред Творцом. И сказал: «Проверил Ты сердце мое»[145].

120) Сказал Давид: «Я сказал: "Проверь меня, Творец, и испытай меня"[144], и "проверил Ты сердце мое"[145] испытанием с Бат-Шевой. Я сказал: "Очисти почки мои", и Ты "очистил меня, не найдешь мысли, не прошедшей через уста мои"[145]. Ах, если бы то, о чем я подумал, не слетело с уст моих, и я не сказал бы тогда: "Проверь меня, Творец, и испытай меня"!»

Пояснение сказанного. Слова «Ты, Творец, щит для меня»[141] и «Я щит тебе»[142] указывают на мохин, выявляемые посредством египтян. Они называются щитом по двум причинам:

1. Так как постичь их можно только с помощью щита и спасения, подобно тому, как (Творец) поразил Фараона, чтобы защитить Сару и вывести ее оттуда. А также чтобы защитить Исраэль и вывести их из Египта.

2. Так как у того, кто их удостоился, нет больше страха ни перед чем. И потому они считаются щитом для него. Это и сказал Давид: «Даже если жители мира придут и будут воевать со мной, не одолеют меня, ибо Ты, Творец, щит для меня». Удостоившийся их не боится более ничего.

Когда Давид спросил: «Почему благословение не завершают моим именем, как завершают именем Авраама? Ведь сказано: "Я щит тебе"[146]. А также говорят: "Щит Авраама"». Иначе говоря, он просил о мохин щита. Ибо при каждом благословении сначала привлекают ВАК ступени, относящейся к нему, а завершая благословение, привлекают ее ГАР. А при завершающих словах о щите привлекаются большие ГАР, когда келим выявляются посредством египтян. И поскольку Авраам удостоился их, сказано о нем: «Я щит тебе»[142]. Поэтому благословение завершают словами «щит Авраама».

---

[144] Писания, Псалмы, 26:2.
[145] Писания, Псалмы, 17:3. «Проверил Ты сердце мое, посетил ночью, очистил меня, не найдешь мысли, не прошедшей через уста мои».
[146] Тора, Берешит, 15:1. «После этих происшествий было слово Творца к Авраму в видении, и сказано так: "Не бойся, Аврам, Я щит тебе; награда твоя весьма велика"».

И было, по приходе Аврама в Египет

Давид просил Творца, чтобы Он удостоил и его этих больших мохин, подобно Аврааму. И ответил Творец Давиду: «Авраама Я уже проверил и очистил. Он выдержал предо Мною испытание совершенным исполнением», иными словами: «С первого раза невозможно обрести эти мохин – нужно испытание[147], подобно тому, как Авраам удостоился их, лишь когда Я проверил его испытанием похищения Сары. Если ты готов пройти испытание, как он, тогда и ты сможешь удостоиться их». И сказал Давид: «Проверь меня, Творец, и испытай меня», имея в виду, что он тоже готов к этому, как Авраам.

И сказано, что «когда совершил то самое деяние с Бат-Шевой, вспомнил Давид, о чем говорил пред Творцом, и сказал: "Проверил Ты сердце мое"[145]». Ибо в действительности Бат-Шева была супругой Давида со дня сотворения мира[148], но Давид не мог дать Бат-Шеве эти мохин, как Авраам, так как не мог выявить их. И так же как выявили их египтяне для Авраама, и Авраам получил их от египтян путем греха и испытания, так и Урия-хитиец первым взял в жены Бат-Шеву и дал ей мохин, а потом Давид получил эти мохин через Бат-Шеву, путем греха и испытания, подобно Аврааму. И тогда удостоился этих мохин щита, подобно Аврааму.

Однако ему показалось сначала, что он не выдержал испытания как до́лжно, так как убил Урию мечом аммонитян. И потому он сказал: «Проверил Ты сердце мое»[145]. Однако в конце простил его Творец, и он удостоился этих мохин.

121) И поэтому благословение завершается словами «щит Давида», так как он удостоился мохин щита, подобно Аврааму. Удостоившись их, сказал Давид: «Ты, Творец, щит для меня, слава моя, и возносишь голову мою»[141] – т.е. эта ступень щита, конечно же, слава моя, раз я увенчан ею.

122) «Дал о нем Фараон повеление людям, и отпустили его»[134]. Творец защищает праведников, чтобы люди не властвовали над ними. Творец защитил Авраама, чтобы не властвовали над ним и его женой. Объяснение. Сказанное: «Дал о нем

---

[147] См. п. 117, со слов: «Эти мохин...»
[148] См. «Предисловие книги Зоар», п. 132, а также Зоар, главу Ноах, пп. 315-318.

Фараон повеление людям, и отпустили его»¹³⁴ свидетельствует о том, что Он передал ему последнюю часть келим де-мохин щита. Подобно этому: «Встал Фараон ночью и сказал: "Встаньте, выйдите из среды народа моего"»¹³², «и было, когда Фараон отпустил народ...»¹³⁵ Тогда были привлечены к Аврааму мохин щита в эти келим, так как теперь он удостоился мохин щита. А удостоившийся их не боится более никакого человека.

123) Шхина не отходила от Сары всю ту ночь. Фараон подошел, чтобы сблизиться с ней – явился ангел и ударил его. Каждый раз, когда Сара говорила: «Бей», он наносил удар. А Авраам в молитве упрашивал своего Владыку о Саре, чтобы не смогли обрести власть над нею. Сказано: «Праведники беспечны, как львы»¹⁴⁹. Здесь же было испытание: Творец испытал Авраама, и он не усомнился в Творце.

124) Поэтому не Творец повелел ему сойти в Египет, а он сошел сам, дабы не было у жителей мира предлога для претензии к Творцу, что якобы Он сказал Аврааму сойти в Египет, а потом пожалел о его жене.

125) «Праведник как пальма расцветет, как кедр в Леваноне возвысится»¹⁵⁰. Если обрезать пальму, то она долгое время не вырастет вновь, до семидесяти лет. Так и праведник: если он ушел из мира, не придет другой вместо него до семидесяти лет, и это семь сфирот ХАГАТ НЕХИМ, каждая из которых состоит из десяти. Дело в том, что он обретает совершенство лишь в Нукве – в Малхут, седьмой сфире. И потому ему нужны все семьдесят лет.

126) «Как пальма расцветет». Как пальма вырастает двуполой, захар и некева, – так и праведник растет, включая свойства захар и некева (мужское и женское). Захар – праведник, некева – праведница, подобно Аврааму и Саре. И потому он достигает совершенства только в полные семьдесят лет.

127) «Как кедр в Леваноне возвысится». Как леванонский кедр возвышается над всеми деревьями, так и праведник

---

¹⁴⁹ Писания, Притчи, 28:1. «Бегут нечестивые и никто не гонится за ними, а праведники беспечны, как львы».
¹⁵⁰ Писания, Псалмы, 92:13.

возвышается над всеми, и все находятся под ним, т.е. существуют благодаря ему. Объяснение. Праведник – это Есод Зеир Анпина, а корень его – в Бине, где он включен в линию, которая согласует там правую линию с левой[151]. И потому он является высшим над всеми семью сфирот ХАГАТ НЕХИМ. «И все находятся под ним» – ведь он притягивает мохин из Бины и дает их Нукве, а от нее – всем мирам. Нуква держится на одном-единственном праведнике, как сказано: «Праведник – основа мира»[152]. «И на нем держится мир», т.е. Нуква, «и на него опирается, и на нем взращивается», так как он наполняет ее от трех своих линий. «Держится» – это правая линия, «опирается» – левая, «взращивается» – средняя.

128) Но ведь сказано, что на семи столпах стоит мир – ХАГАТ НЕХИМ, а не на одном-единственном праведнике. Однако же все остальные столпы стоят благодаря седьмому столпу – опоре мира. Он-то и зовется праведником, и это Есод Зеир Анпина. Он орошает и поит мир, Нукву, и питает все миры. Когда Есод Зеир Анпина распространяется из Бины, он становится седьмым от Бины, седьмой сфирой от Бины, и на нем одном держится мир.

129) «Река выходит из Эдена, чтобы орошать сад»[153]. Это Есод Зеир Анпина, который выходит из Бины, вернувшейся в Хохму, называемую Эден. И это тот столп, на котором держится мир, и он орошает сад, Нукву, и сад орошается от него и производит от него плоды – ду́ши людей. Все плоды расцветают в мире, Нукве, и они являются воплощением мира и воплощением Торы. Что представляют собой эти плоды? Это ду́ши праведников, плоды деяний Творца.

---

[151] См. Зоар, главу Берешит, часть 1, п. 40.
[152] Писания, Притчи, 10:25.
[153] Тора, Берешит, 2:10. «Река выходит из Эдена, чтобы орошать сад, и оттуда разделяется и образует четыре русла».

Творец наслаждается с душами праведников

130) Поскольку души являются порождениями Творца, каждую ночь поднимаются души праведников в Эденский сад. И когда разделяется ночь, Творец приходит в Эденский сад наслаждаться с ними – и с душами живых, и с душами умерших, и с теми, которые обитают в мире истины, и с теми, которые обитают в этом мире. Со всеми душами Творец наслаждается в полночь в Эденском саду. Объяснение. Не только души умерших совершают каждую ночь подъем к МАН, но даже души живых совершают подъем к МАН и наслаждениям каждую ночь.

131) Высший мир нуждается в пробуждении со стороны нижнего мира. Когда души праведников выходят из этого мира и поднимаются наверх в Эденский сад, все они облачаются в высший свет, в образ величия. С ними Творец наслаждается и стремится к ним, ведь они – плод Его деяний. Поэтому Исраэль зовутся сыновьями Творцу, так как души их святы. Сказано об этом: «Сыновья вы Творцу вашему»[154], ведь души – это сыновья, плоды деяний Творца.

Объяснение. Высший мир – это Нуква, зовущаяся «ночь». Ее совершенство со стороны левой линии раскрывается от полуночи и далее, т.е. от хазе Нуквы и ниже. Сказано об этом: «Встает она еще ночью»[155]. Действительно, поскольку свечение левой линии представляет собой Хохму без хасадим, это еще ночь, так как свет Хохмы не может светить без одеяния хасадим. Поэтому сказано, что высший мир нуждается в пробуждении из нижнего мира. Высший мир, т.е. Нуква, Хохма без хасадим, не может светить и нуждается в пробуждении, т.е. в подъеме МАН из нижнего мира – из этого мира, от душ, которые поднимут к ней МАН. На этот МАН выходит уровень хасадим и раскрывает среднюю линию, Творца, который согласует их и облачает Хохму в свет хасадим[156].

---

[154] Тора, Дварим, 14:1.
[155] Писания, Притчи, 31:15. «Встает она еще ночью, раздает пищу в доме своем и урок служанкам своим».
[156] См. выше, п. 5.

Творец наслаждается с душами праведников

Когда души праведников выходят из этого мира и поднимаются наверх в Эденский сад, к Нукве, они поднимают МАН и раскрывают в ней среднюю линию, Творца, который согласует их и облачает Хохму в свет хасадим. Это облачение хасадим и называется величественным одеянием[157]. И потому сказано, что все они облачаются в высший свет, в величественный образ, поскольку той меры света, которую нижний вызвал в высшем, удостаивается и сам нижний. Как следствие, поскольку души вызвали в Нукве величественное одеяние хасадим, они тоже удостаиваются его и облачаются в это величественное одеяние. С ними Творец наслаждается и стремится к ним, так как Творец – это средняя линия, и благодаря тому, что души поднимают МАН, Он приходит к Нукве, к Эденскому саду, и восполняет ее средней линией. И потому Он наслаждается с этими душами и стремится к ним. Ведь они – плоды Его деяний, порождения Творца. Вот почему Исраэль зовутся сыновьями, как сказано: «Сыновья вы Творцу вашему».

132) И даже с душами в этом мире Он наслаждается, потому что в полночь все истинные праведники пробуждаются, чтобы читать Тору и возглашать хвалу Торе. А Творец и все праведники, что в Эденском саду, слушают их голоса. И нить милости (хесед) протягивается к ним днем. Иными словами, благодаря МАН, который они поднимают посредством Торы и восхвалений, к Нукве привлекается средняя линия – свет хасадим. И поскольку они вызвали этот свет, то и сами удостаиваются той же меры, которую вызвали для Нуквы. Сказано: «Днем явит Творец милость Свою, а ночью – песнь Ему у меня»[158]. Благодаря этой песни ночью, они удостаиваются Его милости днем.

133) И потому восхваления, поднимающиеся пред Творцом ночью, – это совершенные восхваления. Когда Исраэль были закрыты в своих домах, а Творец убивал первенцев Египта, они возглашали пред Творцом славу и восхваления.

134) Царь Давид вставал в полночь. Он не сидел или лежал в кровати, возглашая песнопения и восхваления. Напротив,

---

[157] См. «Предисловие книги Зоар», п. 14, со слов: «Объяснение. Поскольку всё скрытие...»
[158] Писания, Псалмы, 42:9.

сказано: «В полночь встаю я благодарить Тебя»¹⁵⁹. Разумеется, «встаю» – стоя возносил он песнопения и восхваления Торы.

Объяснение. Мохин де-НЕХИ со светом нефеш в них называются «лежание», а у лежащего нет никакой высоты. Мохин де-ВАК называются «сидение», так как у сидящего находятся его НЕХИ сложенными под ним, и ему недостает тогда НЕХИ келим и ГАР светов. Мохин де-ГАР называются «стояние», поскольку тогда выпрямлены все три части уровня человека: рош, тох и соф. В этих мохин де-ГАР, называемых «стояние», он возносил песнопения и восхваления пред Творцом, и уровень его ступени вырос в полную свою меру.

135) И поскольку он возносил песнопения и восхваления в мохин де-ГАР, называемых «стояние», в свете хая, царь Давид вечно живой. И даже в дни царя Машиаха он – царь. Иными словами, если царь Машиах будет из числа живых, имя его – Давид. И если он будет из числа душ умерших, которые воскреснут, имя его – Давид. Он пробуждал зарю до ее прихода, как сказано: «Пробудись, слава моя, пробудись арфа и кинор, пробужу я зарю»¹⁶⁰. Он всегда вставал, чтобы заниматься Торой, прежде чем забрезжит заря.

---

[159] Писания, Псалмы, 119:62.
[160] Писания, Псалмы, 57:9.

И поразил Творец Фараона

136) Всю ту ночь, когда Сара была у Фараона, высшие ангелы приходили, чтобы возносить пред Творцом песнопения и восхваления. Сказал им Творец: «Ступайте все вы и поразите египтян большими язвами, для уведомления и как знак того, что Я буду делать потом». Как сказано: «И поразил Творец Фараона и дом его большими язвами»[161].

137) «И призвал Фараон Аврама, и сказал: "Что это ты сделал мне? Почему ты не сказал мне, что она жена твоя?"»[162]. Откуда он узнал, что Сара – жена Аврама? Ведь здесь не сказано, как в рассказе об Авимелехе: «Теперь же возврати жену этого человека»[163]. А здесь Творец не сказал Фараону ничего.

138) Ведь сказано: «За произошедшее с Сарай, женой Аврама»[161], – ибо так говорили ангелы: «За произошедшее с Сарай, женой Аврама!» Но Творец не говорил с ним, как Он говорил с Авимелехом. И сказаны ему были всего лишь следующие слова: «Эта язва за произошедшее с Сарай, женой Аврама!». И даже это говорил ему не Творец, а разящие ангелы. Тогда узнал он, что она – жена Аврама. Тотчас: «И призвал Фараон Аврама»[162].

139) «Дал о нем Фараон повеление людям»[164], – чтобы никто не подошел к ним и не причинил зла. «И они проводили его (шалху́)»[164], – т.е. они сопровождали его по всей стране египетской. Сказал Творец Фараону: «Так же ты будешь делать с его сыновьями, ты будешь сопровождать их при выходе из страны твоей». Как сказано: «И было: когда отослал (шала́х)

---

[161] Тора, Берешит, 12:17. «И поразил Творец Фараона и дом его большими язвами за произошедшее с Сарай, женой Аврама».
[162] Тора, Берешит, 12:18.
[163] Тора, Берешит, 20:7. «Теперь же возврати жену этого человека, ибо он пророк; и он помолится за тебя, и выздоровеешь. Если же ты не вернешь, то знай, что умрешь ты и все твои».
[164] Тора, Берешит, 12:20. «Дал о нем Фараон повеление людям, и проводили его и жену его со всем, что у него».

Фараон народ»¹⁶⁵, – т.е. он сопровождал их при выходе из всей страны своей.

140) Почему всё это случилось с Авраамом, и зачем он нуждался во всем этом? Всё это для того, чтобы возвеличить имя Авраама и Сары в мире. Ведь даже в Египте, где жители – (самые большие) колдуны мира, от которых никто не может спастись, Авраам был возвеличен и вознесен вверх. Как сказано: «И поднялся Аврам из Египта… на юг»¹⁶⁶, – т.е. на ступень, на которой был вначале.

141) Писание указывает на ступени Египта, которые притягивают Хохму́ сверху вниз¹⁶⁷. И Авраам опустился на их глубину и познал их, но не соединился с ними, а вернулся к своему Властелину.

142) И он не соблазнился ими как Адам, который, придя на эту ступень, был соблазнен змеем и вызвал смерть всего мира. И не соблазнился, как Ноах, который опустился на ту же ступень, как сказано: «И выпил он от вина и опьянел, и обнажился он посреди своего шатра»¹⁶⁸. «Своего шатра (оало אהלה)» написано с буквой «хэй ה», и это указывает на свойство «чужая жена»¹⁶⁹.

143) Однако об Аврааме сказано: «И поднялся Аврам из Египта… направляясь к Негеву»¹⁶⁶, – т.е. он поднялся, а не опустился, и вернулся на свое место, на высшую ступень, с которой он был соединен изначально. И это действие происходило, чтобы указать на Хохму́, ведь он находился на совершенном уровне, как и подобает ему, и не подвергся соблазнам египтян и устоял на своем уровне и вернулся на свое место, «к Негеву», – это южный ветер, Хесед Зеир Анпина, высшая ступень, с которой он был связан изначально. Как сказано: «Направляясь

---

¹⁶⁵ Тора, Шмот, 13:7. «И было: когда отослал Фараон народ, не повел их Всесильный через страну плиштим, потому что короток этот путь – ибо сказал Всесильный: "Не передумал бы народ при виде войны и не возвратился бы в Египет"».

¹⁶⁶ Тора, Берешит, 13:1. «И поднялся Аврам из Египта, он и жена его, и все, что у него, а с ним и Лот, отправляясь к Негеву».

¹⁶⁷ См. выше, п. 117, со слов: «В этих …»

¹⁶⁸ Тора, Берешит, 9:21. «И выпил он от вина и опьянел, и обнажился он посреди своего шатра».

¹⁶⁹ См. Зоар, главу Ноах, п. 308.

все дальше к Негеву»[170]. И сейчас тоже «к Негеву» – в то место, с которым он был соединен изначально.

144)[171] Если бы Аврам не сошел в Египет и не очистился там сначала, не стал бы уделом, избранным Творцом. Подобное происходило с его потомками, когда Творец захотел сделать их одним целым народом и приблизить к Себе. Если бы они сначала не сошли в Египет и не очистились там, то не стали бы единым народом Творца. Подобно этому, если бы земля святости не была отдана кнаанеям, и они не правили бы ею, то эта земля не стала бы уделом, предназначенным Творцу. И всё это – одно целое.

---

[170] Тора, Берешит, 12:9. «И передвигался Аврам, направляясь все дальше к Негеву».
[171] Включает п. 145.

Душою моею стремился я к Тебе ночью

146) Сказал рабби Шимон: «Как это жители мира не обращают свой взор на Тору, чтобы понять ее слова и узнать, на чем они держатся?» И сказал: «Когда человек отправляется спать на свое ложе, душа его (нéфеш) выходит из него и поднимается наверх, как сказано: "Душою моей стремился я к Тебе ночью"[172]. И нельзя сказать, что и другие ступени, руах и нешама, поднимаются вместе с ней наверх. Ведь не каждый видит лик Царя. Но нефеш поднимается к Царю, а с телом в этот момент остается только лишь впечатление (решимó), и это мера жизни (кúста де-хаю́та) сердца».

147) «А душа-нефеш выходит из тела и стремится подняться. И много ступеней, одна выше другой, подниматься ей. Она бродит и сталкивается с клипот нечистых светов. Если чиста она, т.е. не осквернилась вместе с телом в течение дня, она поднимается наверх. А если она не чиста, она оскверняется среди этих клипот и соединяется с ними, и более не будет подниматься».

148) «И там, среди клипот, ей сообщают некоторые вещи, которые должны произойти в ближайшее время, и душа соединяется с ними. А иногда, когда над ней насмехаются, ей сообщают ложь. И так она продолжает всю ночь, пока человек не пробудится от своего сна, и тогда душа возвращается на свое место, в тело. Счастливы праведники, которым Творец сообщает во сне свои тайны, чтобы берегли себя от суда. Горе тем грешникам, которые оскверняют себя и свою душу».

149) «Те, кто не осквернился днем, когда отправляются спать на свое ложе, душа их поднимается и проходит сначала среди всех ступеней клипот, и поднимается выше них, не соединяясь с ними. А потом она отправляется дальше, и восходит наверх согласно своей ступени».

---
[172] Пророки, Йешаяу, 26:9. «Душою моей стремился я к Тебе ночью, и сокровенным во мне духом я буду искать Тебя (с раннего утра), ибо когда свершается суд Твой на земле, жители мира учатся справедливости».

150) «Душа, удостоившаяся подняться, предстает перед ликом Царя, соединяясь с желанием быть увиденной, в высшем устремлении увидеть очарование Царя и побывать в Его чертоге. И это человек, у которого всегда есть доля в будущем мире».

Нефеш, руах, нешама

151) И это душа, которая в момент своего устремления поднимается к Творцу и не соединяется с разными другими светами, а идет за такой же святостью, как она сама, в то место, из которого она вышла, т.е. в Нукву, ведь душа-нефеш выходит и происходит оттуда. И поэтому сказано: «Душою моей стремился я к Тебе ночью»[172], – чтобы преследовать Тебя и слиться с Тобой, и не прельститься другим видом, чужим.

152) «Душою моей» – это та, которая господствует ночью. И преследовать ее ступень, Нукву Зеир Анпина, чтобы слиться с ней. Как сказано: «Душою моей стремился я к Тебе ночью»[172], – душа (нефеш), господствующая ночью, которая поднимается в это время и показывается пред ликом Царя. А дух (руах) господствует днем, как сказано: «И сокровенным во мне духом я буду искать Тебя (с раннего утра)»[172].

Объяснение. Нефеш, руах происходят от ЗОН. Руах – от Зеир Анпина, т.е. хасадим, а нефеш – от Нуквы. И подобно тому, как Зеир Анпин господствует днем, руах тоже господствует днем. И подобно тому, как Нуква господствует ночью, – как сказано: «Встает она еще ночью»[173], – нефеш тоже господствует ночью. Как сказано: «Ведь не каждый видит лик Царя. Но нефеш поднимается к Царю»[174], потому что она подобна Нукве, к которой относится свойство ви́дения[175]. Но остальные ступени, руах и нешама, которые происходят от Зеир Анпина и Бины, не поднимаются, чтобы быть увиденными (т.е. показаться) пред ликом Царя, поскольку свойство ви́дения к ним не относится.

153) Нефеш, руах – это не две отдельные друг от друга ступени, а одна ступень. И это две, соединенные вместе, и одна высшая, господствующая над ними и сливающаяся с ними, а они – с ней, и называется она «нешама».

---

[173] Писания, Притчи, 31:15. «Встает она еще ночью, раздает пищу в доме своем и урок служанкам своим».
[174] См. выше, п. 146.
[175] См. Зоар, главу Берешит, часть 1, п. 69, со слов: «И раскрытый мир...», и п. 340, со слов: «И кроме того...»

154) И все ступени поднимаются с помощью Хохмы. Ведь когда ступени созерцают друг друга, человек созерцает высшую Хохму. И эта нешама входит в нефеш-руах, и они сливаются с ней. И когда нешама преобладает, человек называется «святым», совершенным во всем, и он в едином желании к Творцу.

155) Нефеш – это нижнее пробуждение от светов НАРАН (нефеш-руах-нешама). И она граничит с телом и питает его, и тело поддерживает ее, а она удерживается в теле. А потом нефеш исправляется благодаря добрым делам, совершаемым человеком, и обращается в престол, на котором будет пребывать руах, благодаря пробуждению нефеш, которая держится за тело. Как сказано: «Пока не изольется (досл. пробудится) на нас дух (руах) свыше»[176].

156) После того как оба – нефеш и руах – исправились, они должны получить нешаму. Ведь руах обращается в престол для нешамы, чтобы она пребывала на нем. И эта нешама – высшая из всех и скрытая, непостижимая, сокровенная из всех сокровенных.

157) Получается, что есть престол для престола – потому что нефеш является престолом для руаха, который тоже является престолом. И есть престол для высшего относительно них – ведь руах является престолом для нешамы, высшей относительно них. И если ты посмотришь на эти ступени, ты обнаружишь, как свет Хохма притягивается с помощью этих НАРАН. И всё это наука (хохма́), как постичь на этом пути скрытые вещи.

158) Нефеш – это нижнее пробуждение, сливающееся с телом. Подобно свету свечи, в котором нижний, черный, свет сливается с фитилем, не отделяясь от него, и устанавливается только благодаря ему. А когда черный свет устанавливается, удерживаясь в фитиле, он становится престолом для высшего белого света, который над ним, ведь он воцаряется над черным светом. И этот белый свет соответствует свету руах.

159) Когда оба они установились, – черный свет и белый над ним, – белый свет становится престолом для скрытого

---

[176] Пророки, Йешаяу, 32:15. «Пока не изольется на нас дух свыше, и пустыня станет полями и виноградниками, а поля и виноградники считаться будут лесом».

света, невидимого и неизвестного, который воцаряется над белым светом. И он соответствует свету нешама. И тогда это совершенный свет. Таким образом, в свете свечи есть три света, один над другим:

1. Черный свет, сливающийся с фитилем, который ниже всех.
2. Белый свет, находящийся над черным.
3. Неизвестный скрытый свет, находящийся над белым светом.

И так же человек, совершенный во всём, у которого тоже есть три света, один над другим, как у света свечи, и это нефеш-руах-нешама. И тогда человек называется святым. Как сказано: «К святым, которые на земле, – велико стремление мое к ним»[177].

160) Когда Авраам вступил на святую землю, явился ему Творец, как сказано: «И построил он там жертвенник Творцу, который явился ему»[178]. Там он постиг свет нефеш и построил жертвенник для этой ступени. После этого сказано: «Направляясь все дальше к Негеву»[179], – т.е. он постиг этим свет руах. А после этого, когда он поднялся, чтобы соединиться со светом нешама, или Биной, называемой «скрытый мир», сказано: «И построил он там жертвенник Творцу»[180], – и не сказано «Творцу, который явился ему»[178]. Ибо это нешама, которая скрыта из всех скрытых, и поэтому не сказано о ней: «Творцу, который явился ему», как сказано о свете нефеш.

161) После того как Авраам узнал, что он должен очиститься и увенчаться дополнительными ступенями, сразу же сказано: «И спустился Аврам в Египет»[181], – и спасся оттуда и не прельстился их светами, и очистился и вернулся на свое место. После того как он спустился в Египет и очистился там,

---

[177] Писания, Псалмы, 16:3.
[178] Тора, Берешит, 12:7. «И явился Творец Авраму и сказал: "Потомству твоему отдам Я эту землю". И построил он там жертвенник Творцу, который явился ему».
[179] Тора, Берешит, 12:9. «И передвигался Аврам, направляясь все дальше к Негеву».
[180] Тора, Берешит, 12:8. «И передвинулся он оттуда к горе, к востоку от Бейт-Эля; и раскинул шатер свой: Бейт-Эль с запада, а Ай с востока. И построил там жертвенник Творцу и возгласил имя Творца».
[181] Тора, Берешит, 12:10. «И был голод на той земле, и спустился Аврам в Египет, пожить там, ибо тяжек голод на земле».

сразу же сказано: «И поднялся Аврам из Египта... на юг»[182], – именно «поднялся». Иными словами, у него произошел подъем на следующую ступень. Ибо он удостоился света хая, Хохмы правой (линии). И он вернулся на свое место, в землю Исраэля, и прилепился к высшей вере, как сказано: «на юг», т.е. к Хохме правой линии, к сфире Хесед, поднимающейся во время гадлута и становящейся Хохмой. Однако и на этой ступени есть пять ступеней НАРАНХАЙ, и сейчас он удостоился ее первых ступеней.

162) Начиная с этого момента, Авраам познал высшую Хохму и был соединен с Творцом, и стал правой (рукой) мира. Поэтому сказано: «Аврам был очень богат стадами, серебром и золотом»[183]. «Очень богат» – со стороны востока, т.е. Тиферет. «Стадами» – со стороны запада, т.е. Малхут. «Серебром» – со стороны юга, т.е. Хохмы. «Золотом» – со стороны севера, т.е. Бины.

163) Подошли все товарищи и поцеловали руки рабби Шимону, заплакали: «О горе! Когда ты уйдешь из мира, кто будет светить светом Торы?! Благословенна участь товарищей, которые слышали слова Торы из уст твоих!»

---

[182] Тора, Берешит, 13:1. «И поднялся Аврам из Египта, он и его жена, и все, что ему (принадлежало), и Лот с ним, на юг».
[183] Тора, Берешит, 13:2. «Аврам был очень богат стадами, серебром и золотом».

И шел он своими переходами

164) «И шел он своими переходами... до места, где был шатер его прежде»[184]. Иными словами, он шел, чтобы посетить свое место и свою ступень. «Своими переходами (масаав מסעיו)» написано без буквы «йуд י», что указывает на единственное число. Это первая ступень, которая открылась ему вначале. Здесь говорится: «И шел он своими переходами (масаав מסעו)». И сказано в другом месте: «Строился он из доставляемого (маса́ מסע) цельного камня»[185]. «Цельный (шлема)» – косвенное указание на царя (Шломо), несущего мир (шалом)[186], т.е. на Зеир Анпин. «Цельный камень» – это Нуква Зеир Анпина. И здесь это тоже Нуква Зеир Анпина.

165) «Своими переходами»[184] – т.е. он шел по всем этим ступеням, ступень за ступенью, как сказано: «От Негева и до Бейт-Эля»[184], – чтобы исправить свое место, т.е. Хесед, который называется «Негев», и соединить его с Бейт-Элем, т.е. Нуквой, в совершенном единении. Ибо от Негева до Бейт-Эля находится Хохма. Ведь Нуква, называемая Бейт-Эль, светит светом Хохмы, так как она называется нижней Хохмой. Однако Хохма не может светить в ней без хасадим. И поэтому говорится: «От Негева», свойства Хесед, «до Бейт-Эля» находится Хохма в надлежащем виде. Ибо когда он соединяет Негев, т.е. хасадим, с Хохмой, находящейся в Бейт-Эле, Хохма может светить, как подобает. Но до соединения с Негевом, Хохма в Бейт-Эле не может светить.

166) «До места, где был шатер его прежде»[184]. «Шатер его (оало אהלה)» написано с «хэй ה», а не с «вав ו», потому что «его шатер» – это Бейт-Эль, называемый «цельный камень», т.е. Нуква Зеир Анпина. (Писание) еще раз подразумевает Нукву, говоря: «К месту того жертвенника, который сделал там

---

[184] Тора, Берешит, 13:3. «И шел он своими переходами от Негева до Бейт-Эля, до места, где был шатер его прежде, между Бейт-Элем и Аем».

[185] Пророки, Мелахим 1, 6:7. «И когда строился этот дом, то строился он из доставляемого цельного камня. Ни молота, ни топора, и никакого железного орудия не было слышно в доме при постройке его».

[186] См. Зоар, главу Ноах, п. 326.

вначале»¹⁸⁷, и сказано о нем: «Жертвенник Творцу, который явился ему»¹⁷⁸, что указывает на Нукву¹⁸⁸. И тогда: «И призвал там Аврам имя Творца»¹⁸⁷. Ведь тогда он соединился с совершенной верой, т.е. с Нуквой во всем ее совершенстве, называемой «совершенная вера».

167) Вначале он поднялся по ступеням снизу вверх. Как сказано: «И явился Творец Авраму... И построил он там жертвенник Творцу, который явился ему»¹⁷⁸. И это первая ступень, называемая «цельный камень», т.е. ступень Нуква, к которой относится свойство ви́дения. И отсюда он постиг нефеш. А затем сказано: «Направляясь все дальше к Негеву»¹⁷⁹, – т.е. он шел ступень за ступенью, пока не увенчался южной стороной, Хеседом Зеир Анпина, и это его доля и удел. И отсюда он постиг руах. Затем, когда он поднялся выше, Писание говорит скрыто: «И построил там жертвенник Творцу»¹⁸⁰ – без уточнения, не говоря: «Творцу, который явился ему». Это высший мир, т.е. Бина. И отсюда он удостоился нешамы. И оттуда он прошел дополнительные ступени, т.е. спустился в Египет и поднялся оттуда, и постиг благодаря этому ступень Хохмы с правой стороны, когда Хесед превращается в Хохму. А потом он спустился сверху вниз, как сказано: «И шел он своими переходами»¹⁸⁴. И всё соединилось в месте его, как подобает.

168) Если мы всмотримся в эти ступени, упомянутые в Писании, то найдем здесь высшую Хохму, т.е. Хохму правой стороны. Сказано: «И шел он своими переходами от Негева»¹⁸⁴, – т.е. с правой стороны, с юга. И это начало высшего, т.е. Бины, которое скрыто и глубоко наверху до Бесконечности. «Негев» – это Хохма в рош правой линии, начало и корень Бины, которая находится в рош левой линии. И эта Хохма скрыта и глубока до Бесконечности. И оттуда он спустился ступень за ступенью, сверху вниз, от Негева до Бейт-Эля, т.е. Нуквы.

169) «И призвал там Аврам имя Творца»¹⁸⁷, – т.е. возвел единство на свое место, как подобает, как сказано: «К месту жертвенника, который он сделал там вначале»¹⁸⁷. «Который он сделал там», – ибо вначале он поднял Нукву снизу вверх,

---

¹⁸⁷ Тора, Берешит, 13:4. «К месту того жертвенника, который сделал там вначале; и призвал там Аврам имя Творца».
¹⁸⁸ См. выше, п. 160.

а сейчас он опустил ее по ступеням сверху вниз, чтобы она не ушла с этих высших ступеней, и они не ушли от нее. И всё связалось в полном единстве, как подобает.

170) Тогда увенчался Авраам тем, что часть удела его находится в Творце. Счастливы праведники, которые увенчиваются Творцом, и Он увенчивается ими. Счастливы они в этом мире и счастливы в мире будущем. О них сказано: «И народ твой, все праведники... навеки унаследуют землю»[189]. И сказано: «Путь праведных – как светило лучезарное, светящее все сильнее, до полного дня»[190].

171)[191] «Обратись ко мне и помилуй меня»[192]. Неужели Давид, отличавшийся скромностью, мог сказать: «Обратись ко мне и помилуй меня»? Но дело в том, что сказал он это ради своей ступени, которой увенчался, т.е. он молился за Нукву Зеир Анпина, как сказано: «Дай силу Твою рабу Твоему и спаси сына рабы Твоей»[192]. «Дай силу» – это высшая сила, т.е. Хохма, как сказано: «И даст силу царю Своему»[193]. «Царю Своему» – просто царю, и это царь Машиах, т.е. Малхут, Нуква Зеир Анпина[194]. И также здесь, «рабу Твоему» – это царь Машиах, просто царь, как мы уже сказали, т.е. Нуква.

173) «И спаси сына рабы Твоей»[192]. Но разве он не был сыном Ишая, для чего ему понадобилось упомянуть мать, а не отца? А дело в том, что когда человек является, чтобы напомнить о себе для получения чего-то высшего, он должен прийти с чем-то определенным. Поэтому он упомянул свою мать, сказав: «Сына рабы Твоей», – а не отца. И кроме того, это просто царь, как мы уже сказали, ведь он молился не за себя, а за Нукву, которая называется просто царем. И поэтому он упомянул свою мать, прося за Нукву, и не упомянул отца.

---

[189] Пророки, Йешаяу, 60:21. «И народ твой, все праведники, ветвь насаждения Моего, дело рук Моих для прославления, навеки унаследуют землю».
[190] Писания, Притчи, 4:18.
[191] Включает п. 172.
[192] Писания, Псалмы, 86:16. «Обратись ко мне и помилуй меня, дай силу Твою рабу Твоему и спаси сына рабы Твоей».
[193] Пророки, Шмуэль 1, 2:10. «Сокрушены будут враги Творца, на них Он с небес возгремит. Творец судить будет все концы земли и даст силу царю Своему, и вознесет рог помазанника Своего».
[194] См. Зоар, главу Берешит, часть 1, п. 293.

И был спор между пастухами стада Аврама и пастухами стада Лота

174) «И был спор между пастухами стада Аврама и пастухами стада Лота»[195]. Слово «спор (рив רב)», написанное без буквы «йуд י», указывает на то, что Лот хотел вернуться к идолопоклонству, которое исповедовали жители страны. И конец этого отрывка подтверждает это, как сказано: «А землю тогда населяли кнаанеи и перизеи»[195]. Это учит нас тому, что Лот хотел поклоняться идолам, подобно им. И то, что «спор (рив רב)» написано без буквы «йуд י», указывает на идолопоклонство. Как сказано: «И старший (рав רב) будет служить младшему»[196]. И так же Эсав сказал Яакову: «Есть у меня много (рав רב)»[197], а Яаков сказал ему: «Есть у меня всё»[198]. И то же самое в сказанном: «И великий сброд (эрев рав) вышел с ними вместе»[199].

175) А откуда следует, что Лот взялся за старое, за идолопоклонство? Так как сказано: «И отправился Лот с востока (кедем)»[200], – т.е. отошёл от Предвечного (кадмоно шель олам).

176) Когда Авраам узнал, что сердце Лота тянется к идолопоклонству, тотчас: «И сказал Аврам Лоту: "...Отделись же ты от меня"»[201], – не стоит тебе соединяться со мной. В этот момент Авраам отделился от него, и больше не хотел идти с

---

[195] Тора, Берешит, 13:7. «И был спор между пастухами стада Аврама и пастухами стада Лота, а землю тогда населяли кнаанеи и перизеи».

[196] Тора, Берешит, 25:23. «И сказал ей Творец: "Два племени в чреве твоем, и два народа из утробы твоей расходятся; а народ от народа крепнуть будет, и старшему служить младшему"».

[197] Тора, Берешит, 33:9. «И сказал Эсав: "Есть у меня премного, брат мой. Пусть будет тебе то, что у тебя"».

[198] Тора, Берешит, 33:11. «Прими же мое благословение, что доставлено тебе! Ибо одарил меня Творец, и есть у меня всё. И упрашивал он его, и тот принял».

[199] Тора, Шмот, 12:38. «И также толпа разноплеменная (досл. великий сброд) вышла с ними, и мелкий и крупный скот, стадо весьма большое».

[200] Тора, Берешит, 13:11. «И избрал себе Лот всю равнину Ярден, и отправился Лот с востока; и отделились они друг от друга».

[201] Тора, Берешит, 13:8-9. «И сказал Аврам Лоту: "Пусть же не будет раздора между мною и тобой, и между пастухами моими и пастухами твоими; ибо мужи-братья мы. Ведь вся земля пред тобою, отделись же ты от меня: если налево, то я буду справа, а если направо, то я буду слева"».

ним на соединение. Ведь тот, кто соединяется с грешником, в конце концов последует за ним и будет из-за него наказан.

178)[202] И поэтому Авраам не захотел идти с Лотом. И кроме этого, Лот не собирался отвращаться от греха, а как сказано: «И избрал себе Лот всю равнину Ярден, и отправился Лот с востока»[200], – т.е. отошел от Предвечного и не желал прилепиться к полной вере, подобно Аврааму.

179) «Аврам поселился в земле Кнаана»[203]. «Земля Кнаана» – это Нуква. «Поселился в земле Кнаана» – чтобы прилепиться к месту веры, т.е. к Нукве, и познать мудрость своего Властелина. «А Лот поселился в городах долины, и раскинул шатры до Сдома»[203]. Иными словами, он соединился с теми грешниками мира, которые отошли от веры, о которых сказано: «Люди же Сдома были злы и чрезвычайно грешны пред Творцом»[204]. Каждый пошел тем путем, который заслужил: Авраам – к святости, а Лот – к грешникам мира.

Поэтому, счастливы товарищи, занимающиеся Торой денно и нощно, и они соединяются с Творцом, т.е. действуют по примеру Авраама, а не по примеру Лота. И о них сказано: «А вы, прилепившиеся к Творцу Всесильному вашему, живы все вы сегодня»[205].

---

[202] Пункт 177 в данной редакции текста не приводится.
[203] Тора, Берешит, 13:12. «Аврам поселился в земле Кнаана, а Лот поселился в городах долины и раскинул шатры до Сдома».
[204] Тора, Берешит, 13:13.
[205] Тора, Дварим, 4:4.

И Творец сказал Авраму после того, как Лот отделился

180) Горе тому, кто скрывает себя пред Творцом, о котором сказано: «Ведь и небо и земля полны Мною, – сказал Творец»[206]. И почему же Йона хотел убежать от Творца, как сказано: «И встал Йона, чтобы убежать в Таршиш от Творца»[207]?

181) Однако сказано: «Голубка моя в расселинах скал, под кровом уступов!»[208]. «Голубка (йона́) моя» – это Кнессет Исраэль, т.е. Шхина. «В расселинах скал» – это Йерушалаим, который выше всего мира. Как скала выше и крепче всего, так же и Йерушалаим выше и крепче всего. «Под кровом уступов» – это место, называемое обитель святая святых, и это сердце всего мира.

182) Сказано о святая святых, что она «под кровом уступов», – поскольку Шхина скрывала себя там, подобно жене, ведущей себя скромно для мужа своего и не выходящей из дома на улицу. Как сказано: «Жена твоя, как лоза плодоносная во внутренних покоях твоего дома»[209]. Так и Кнессет Исраэль пребывает вне своего места, т.е. не «под кровом уступов», лишь во время изгнания. И поскольку она в изгнании, у остальных народов есть благо и спокойствие, более чем у Исраэля.

Храм – это Нуква. Как сказано: «И отделять будет завеса для вас святилище от святая святых»[210]. Завеса – это парса в

---

[206] Пророки, Йермияу, 23:24. «Если спрячется человек в тайнике, то разве Я его не увижу? – сказал Творец, – ведь и небо и земля полны Мною».

[207] Пророки, Йона, 1:3. «И встал Йона, чтобы убежать в Таршиш от Творца, и сошел в Яффо, и нашел корабль, идущий в Таршиш, и отдал плату его, и спустился в него, чтобы уйти с ними в Таршиш от Творца».

[208] Писания, Песнь песней, 2:14. «Голубка моя в расселинах скал, под кровом уступов! Дай мне увидеть лик твой, дай мне услышать голос твой! Ибо голос твой сладок, и лик твой прекрасен!»

[209] Писания, Псалмы, 128:3. «Жена твоя, как лоза виноградная плодоносная, во внутренних покоях дома твоего; сыновья твои, как молодые деревца масличные, вокруг стола твоего».

[210] Тора, Шмот, 26:33. «И повесь завесу разделительную под крючками (соединяющими полотнища), и внеси туда, за разделительную завесу, ковчег свидетельства; и отделять будет завеса для вас святилище от святая святых».

месте хазе, которая отделяет то, что ниже хазе, где находятся раскрытые хасадим в свечении Хохмы, т.е. святилище, от того, что выше хазе, где находятся укрытые хасадим, скрытые от свечения Хохмы, т.е. святая святых. И поэтому святая святых называется «под кровом уступов», ведь Хохма скрыта там и не раскрывается. А место зивуга находится выше хазе[211], в месте святая святых, где скрывалась Шхина, подобно жене, ведущей себя скромно для мужа своего и не выходящей из дома на улицу, ибо лик человека находится только там[211].

183) Когда Исраэль пребывают на святой земле, всё устанавливается подобающим образом, и престол, т.е. Нуква, находится над ними в совершенстве. Когда престол был в совершенстве для высшего Исраэля, они совершали служение Творцу, т.е. поднимали МАН, и пересекали воздушные пространства мира, и эта работа поднималась наверх на свое место в ЗОН, и они вызывали их зивуг. Ведь земля эта была установлена только для служения Исраэля. И поэтому остальные народы отдалялись от этой земли, а не властвовали в ней, как сегодня, потому что питались лишь остатками. Иначе говоря, те блага, которые Исраэль притягивали своим служением, наполняли также и народы мира. Но главная часть всех благ приходилась на Исраэль, а народы получали только остатки. Поэтому власть была у Исраэля.

184) Но ведь были цари других народов, господствовавшие и во время существования Храма в мире? Во время первого Храма, до того, как Исраэль осквернили эту страну, народы мира не особенно правили, а питались остатками, и вся их власть тогда была от этих остатков, поэтому сама их власть не была настолько крепка.

А после того, как Исраэль согрешили и осквернили эту землю, они словно прогнали Шхину с ее места, и она приблизилась к другому месту. И тогда стали властвовать другие народы, потому что им позволили властвовать.

185) Только Творец управляет землей Исраэля. И когда Исраэль согрешили и в самой земле совершали воскурения другим

---

[211] См. Зоар, главу Берешит, часть 1, п. 82, со слов: «Михаэль записывает место зивуга...»

богам, Шхина словно была изгнана со своего места, так как они привлекали других богов и воскуряли им, чтобы они соединились со Шхиной, и тогда власть была отдана им. Воскурение обеспечивает установление связи, поэтому они питались от Шхины и получили от нее власть, и тогда стали господствовать другие народы, и не стало пророков. И все высшие ступени перестали властвовать на этой земле.

186) И не прекращалась власть других народов из-за того, что те притягивали к себе изобилие Шхины. Поэтому во времена второго Храма не прекратилась власть других народов. Тем более это верно для времени изгнания, когда изобилие Шхины находится у других народов, в том месте, где властвуют другие правители. Поэтому все они питаются от Шхины, которая приблизилась к ним.

187) Поэтому, когда Исраэль пребывали на этой земле и совершали служение Творцу, Шхина пребывала в скромности среди них, не выходя открыто из дома наружу. И поэтому все пророки периода второго Храма не получали пророчества вне места ее, т.е. вне земли Исраэля. Поэтому Йона сбежал из земли святости, чтобы пророчество не раскрылось ему, и тогда бы он не должен был выполнять миссию, с которой послал его Творец.

188) Но разве Шхина не раскрылась Йехезкелю в Вавилоне, расположенном вне пределов Исраэля? Дело в том, что тогда произошло то, чего не было со дня построения Храма, и это пророчество было временным, чтобы утешить Исраэль.

189) Сказано: «Было слово Творца к Йехезкелю... на реке Квар»[212]. На реке, которая уже (квар) была со дня сотворения мира, и Шхина раскрывалась на ней всегда, до того как был построен Храм, как сказано: «И река выходит из Эдена, чтобы орошать сад, а оттуда она разделяется на четыре русла»[213]. И эта река, т.е. Квар, – одна из этих четырех рек. Объяснение. Сад – это Шхина[214], из которой течет река, вытекающая из

---

[212] Пророки, Йехезкель, 1:3. «Было слово Творца к Йехезкелю, сыну Бузи, священника, в земле Касдим, на реке Квар, и была там на нем рука Творца».

[213] Тора, Берешит, 2:10. «И река выходит из Эдена, чтобы орошать сад, а оттуда разделяется она на четыре русла».

[214] См. Зоар, главу Берешит, часть 1, п. 247.

Эдена, т.е. из Хохмы, и превращающаяся в четыре реки. Поэтому она открылась на этих четырех реках до возведения Храма.

190) И там открылась Шхина в это время, ведь она была нужна Исраэлю, чтобы утешить их в скорби о разрушении Храма. Но в другое время Шхина не раскрывалась за пределами земли Исраэля. И поэтому Йона сбежал, чтобы не пребывала над ним Шхина и не раскрывалась ему. Поэтому он сбежал, покинув землю святости. И сказано: «Ибо узнали люди, что от Творца он бежит»[215].

191) Также как Шхина раскрывается только в месте, достойном ее, она является и раскрывается только достойному ее человеку. Так, со дня, когда у Лота появилось желание обратиться к греху, дух святости ушел от Авраама, а когда Лот отделился от него, дух святости тут же воцарился на своем месте, т.е. над Авраамом. Как сказано: «И Творец сказал Авраму после того, как отделился Лот от него»[216].

Пояснение сказанного. Каждая ступень делится на внутреннюю и внешнюю, и в основе этого разделения лежит подъем нижней «хэй» в эйна́им, когда в окончании гальгальты-эйнаим возникает новое окончание, называемое парсой. А АХАП выходят за пределы этой ступени[217]. Поэтому келим, расположенные выше парсы, которые остались на ступени, называются внутренней частью, а келим, которые вышли под парсу, называются внешней частью, или ахора́им. И хотя во время гадлута внешние келим, которые ниже парсы, возвращаются на свою ступень, всё же, поскольку ЗАТ де-Ацилут, т.е. ЗОН, могут восполниться, лишь поднявшись на место выше хазе, что называется восполнением нижнего высшим, но они не восполняются на своем собственном месте, в месте от хазе и ниже[218], и келим Бина и ТУМ от хазе и ниже всегда считаются внешними. Ведь они не смогут соединиться и достичь совершенства до

---

[215] Пророки, Йона, 1:10. «И устрашились люди страхом великим и сказали ему: "Что же сделал ты?" Ибо узнали люди, что от Творца он бежит, как он рассказал им».

[216] Тора, Берешит, 13:14. «И Творец сказал Авраму после того, как отделился Лот от него: "Подними же глаза твои и посмотри с места, на котором ты, на север и на юг, на восток и на запад"».

[217] См. «Введение в науку Каббала», п. 77.

[218] См. «Введение в науку Каббала», пп. 134-144.

окончательного исправления, когда ЗОН получат восполнение второго рода.

И в этом отличие души Исраэля от народов мира. Ведь Исраэль происходят от келим де-паним, которые способны получить света́ и до завершения исправления. Но народы мира происходят от внешних келим и поэтому не могут получить совершенства до окончательного исправления. И таким же образом миры разделились на внутренние и внешние. И земля Исраэль – это келим де-паним относительно всего мира, а то, что за ее границей – это внешние келим. И поэтому не может быть совершенства за пределами земли Исраэля до завершения исправления, о котором сказано: «И будет Творец царем на всей земле»[219], а также: «Ибо полна будет земля знанием Творца»[220]. Однако до окончательного исправления совершенство существует только лишь в келим де-пани́м всего мира, т.е. в земле Исраэля.

И поэтому сказано, что «только Творец управляет землей Исраэля»[221]. Ведь поскольку земля Исраэля относится к келим де-паним, она получила исправление также и в это время, и сказано о ней, что это земля, на которой «непрестанно глаза Творца Всесильного твоего»[222]. Однако за пределами ее она отдана под власть семидесяти правителей, которые тоже являются внешними по отношению к святости, так как исходят от внешних келим, у которых нет никакого совершенства до конца исправления. И поэтому сказанное: «И будет Творец царем на всей земле»[219], – может осуществиться пока что только на земле Исраэля.

Поэтому сказано: «Также как Шхина открывается только в месте, достойном ее, т.е. на земле Исраэля, она является и открывается только достойному ее человеку», – который будет осторожен, чтобы не возбудить зивуг во внешней части Нуквы, в месте, которое ниже хазе. Ведь в противном случае он

---

[219] Пророки, Зехария, 14:9. «И будет Творец царем на всей земле, в день тот будет Творец един, и имя Его – едино».

[220] Пророки, Йешаяу, 11:9. «Не будут делать зла и не будут губить на всей Моей святой горе, ибо полна будет земля знанием Творца, как полно море водами».

[221] См. выше, п. 185.

[222] Тора, Дварим, 11:12. «Земля, о которой Творец Всесильный твой печется, – непрестанно глаза Творца Всесильного твоего на ней, от начала года и до конца года».

отделяет Нукву от Зеир Анпина, и изобилие уходит за пределы земли, к семидесяти правителям народов мира, обладателям внешних келим, которые жаждут получить это изобилие. Поэтому сказано: «И когда Исраэль согрешили и в самой земле совершали воскурения другим богам, Шхина словно была изгнана со своего места, так как они привлекали других богов и воскуряли им»[221], – т.е. они пробудили зивуг во внешних келим Нуквы и притягивали наполнение сверху вниз, а при этом изобилие уходит к другим богам. «И тогда стали господствовать другие народы»[221], – так как изобилие пошло к их семидесяти правителям. «И поэтому все они питаются от Шхины, которая приблизилась к ним»[223], – так как внешние келим Шхины близки к народам мира, потому что только они получают наполнение от них.

192)[224] Когда Авраам увидел, что Лот взялся за старое, он испугался и сказал: «Из-за моей связи с этим, из-за него я потерял святую долю, которую даровал мне Творец». Когда Лот отделился от него, Творец сказал ему: «Подними же глаза твои и посмотри с места, на котором ты стоишь, на север и на юг, на восток и на запад»[225]. А что значит: «С места, на котором ты»? То место, с которым соединился изначально, облачившись в полную веру, и это: «на север и на юг, на восток и на запад». Это те переходы, которыми он шел вначале, как сказано: «И шел он своими переходами»[226], – т.е. это нефеш, руах, нешама и хая. «На север» – это Бина и нешама. «На юг» – это Хохма и хая. «На восток» – это Тиферет и руах. «На запад» – это Малхут и нефеш. И сказано: «Направляясь все дальше к Негеву»[227]. Это высшие ступени, в которые он изначально облачился в полной вере.

194) И тут ему было извещено, что Творец никогда не отвернется от него и от сыновей его. Как сказано: «Ибо всю землю,

---

[223] См. выше, п. 186.
[224] Включает п. 193.
[225] Тора, Берешит, 13:14. «И Творец сказал Авраму после того, как отделился Лот от него: "Подними же глаза твои и посмотри с места, на котором ты стоишь, на север и на юг, на восток и на запад"».
[226] Тора, Берешит, 13:3. «И шел он своими переходами от Негева до Бейт-Эля, до места, где был шатер его прежде, между Бейт-Элем и Аем».
[227] Тора, Берешит, 12:9. «И странствовал Аврам, направляясь все дальше к Негеву».

которую ты видишь, тебе дам Я ее и твоему потомству»[228]. «Которую ты видишь» – это первая ступень, раскрывшаяся ему, ступень нефеш, как сказано[229]: «Творцу, который явился ему»[230]. И поэтому сказано: «Которую ты видишь», – ибо эта первая ступень, т.е. Нуква, включает все ступени. И все ступени видны в ней. И поэтому сказано: «Ибо всю землю, которую ты видишь».

---

[228] Тора, Берешит, 13:15. «Ибо всю землю, которую ты видишь, тебе дам ее и твоему потомству навеки».
[229] См. выше, п. 167.
[230] Тора, Берешит, 12:7. «И явил Себя Творец Авраму и сказал: "Твоему потомству дам эту землю". И построил он там жертвенник Творцу, явившему Себя ему».

Как яблоня меж лесных деревьев

195) Рабби Эльазару довелось остановиться на постоялом дворе в Лоде. И был там с ним рабби Хизкия. Поднялся рабби Эльазар ночью, чтобы изучать Тору. Встал и рабби Хизкия, рядом с ним, потому что это место было тесным для них. Сказал рабби Эльазар: «В тесном дворце находятся товарищи» – т.е. из-за того, что они много занимаются Торой и мало – ремеслом, их встречают всегда на постоялых дворах тесных и малых. Ибо нет у них денег для аренды просторных помещений.

196) "Как яблоня меж лесных деревьев, так любимый мой среди юношей"[231]. "Как яблоня" – это Творец, который прекрасен в убранстве своих красок» – в трех линиях ХАГАТ, обозначаемых тремя цветами белый-красный-зеленый, «нет подобного ему среди всех остальных деревьев» – семидесяти правителей, уподобляющихся святости подобно тому, как обезьяна подражает человеку. «Он отличается от всех, отличается настолько, что нет ему подобного».

Из-за греха Древа познания Шхина оказалась на стороне семидесяти правителей, представляющих собой внешнюю часть Зеир Анпина, и поэтому, после того как она была исправлена и снова слилась с Зеир Анпином, называемым Творец, сказала Шхина: «Как яблоня меж лесных деревьев, так любимый мой среди юношей! Сидя в тени его, наслаждалась я, и плод его сладок был нёбу моему»[231]. То есть, нет подобного ему среди семидесяти правителей, с которыми она была связана раньше, и теперь выявилось превосходство Творца над ними, как превосходство света над тьмой.

197) Прежде своего исправления Шхина находилась в другой тени, в тени листьев смоковницы[232], в тени семидесяти управителей. Сказано: «В тени наслаждалась я»[231]. С какого времени наслаждалась – ведь нельзя сказать, что она всегда наслаждалась, так как из-за прегрешения была передана семидесяти

---
[231] Писания, Песнь песней, 2:3. «Как яблоня меж лесных деревьев, так любимый мой среди юношей! Сидя в тени его, наслаждалась я, и плод его сладок был нёбу моему»

[232] См. Зоар, главу Берешит, часть 2, статью «И сшили листья смоковницы», п. 311.

правителям? Это было с того дня, когда Авраам стал пребывать в мире, в котором ощущал любовь к Творцу, как сказано: «Авраама, возлюбившего Меня»[233]. Тогда он исправил Шхину, и она снова соединилась с Зеир Анпином.

«И плод его сладок был нёбу моему»[231] – это Ицхак, являющийся праведным плодом Авраама. Ибо, когда она еще была передана семидесяти правителям, представляющим собой свечение левой линии, она была пустой, без Хохмы и без хасадим[234]. А после того, как Авраам исправил ее для зивуга с Зеир Анпином, и она получила от него правую линию, укрытые хасадим, называемые «тень», опять стала светить в ней также и левая линия, свечение Хохмы, облачающееся на хасадим правой[235]. И свечение Хохмы является свойством «плод и порождение правой линии», ибо она не могла светить до этого. И это означает сказанное: «Авраам породил Ицхака»[236].

198) Другое объяснение. «Сидя в тени его, наслаждалась я»[231] – это Яаков, средняя линия, которая является согласующей посредством экрана де-хирик, уменьшающего ступень[235], она называется тенью и состоянием сидения. «И плод его сладок был нёбу моему» – это Йосеф, Есод, производящий праведные плоды в мире, души. Поэтому сказано: «Вот порожденные Яаковом: Йосеф...»[237] все эти порождения Яакова находятся в праведнике Йосефе, который является свойством Есод Яакова. И поэтому Исраэль называются именем Эфраим, как сказано: «Сын дорогой Мой Эфраим»[238].

199) «Как яблоня меж деревьев»[231] – это Авраам, который подобен яблоне, возносящей аромат, и он отличался верой

---

[233] Пророки, Йешаяу, 41:8. «А ты Исраэль, раб Мой, Яаков, которого избрал Я, потомство Авраама, возлюбившего Меня».

[234] См. выше, п. 22, со слов: «Дело в том, что все суды...»

[235] См. выше, п. 28.

[236] Тора, Берешит, 25:19. «А вот родословная Ицхака, сына Авраама. Авраам породил Ицхака».

[237] Тора, Берешит, 37:2. «Вот порожденные Яаковом: Йосеф, семнадцати лет, пас с братьями своими мелкий скот и играл с сыновьями Билги и с сыновьями Зилпы, жен отца его. И доносил Йосеф о них худые вести до отца их».

[238] Пророки, Йермияу, 31:19. «Сын дорогой Мой Эфраим! Разве не он – любимое дитя?! Ведь каждый раз, заговорив о нем, Я долго вспоминаю его. Поэтому ноет нутро Мое о нем, смилуюсь Я над ним, – слово Творца».

более совершенной, чем все остальные в его поколении. И отличался одним свойством наверху и одним свойством внизу, как сказано: «Авраам был один»[239].

200) «Был один» – т.е. не было никого в мире, кто поднялся в вере Творца, кроме него. Но ведь сказано: «И те души, которые они приобрели в Харане»[240]. Это означает, что Авраам обучал перешедших к ним мужчин, а Сара обучала перешедших женщин. Таким образом, были ведь обладающие верой Творца и кроме него? И всё-таки они не были на тех же высших ступенях, которыми увенчался Авраам.

201) Авраам не назывался «один», пока не включился в Ицхака и Яакова. А когда включился в Ицхака и Яакова, и все трое вместе стали праотцами мира, стал называться Авраам «один». Иначе говоря, после того как был включен, как один, во все три линии, стал называться «один», но не прежде того. И тогда он зовется «яблоней» в мире – т.е. у него имеется три цвета, белый-красный-зеленый, как у яблони, которые указывают на три линии. И он стал отличаться от всех в своем поколении.

202) «Как яблоня меж лесных деревьев»[231] – это Творец, правая линия. «Так любимый мой»[231] – это Творец, левая линия. «В тени его»[231] – это Творец, средняя линия. «Сидя, наслаждалась я»[231] – в день, когда открылся Творец на горе Синай, и Исраэль получили Тору и сказали: «Сделаем и услышим»[241]. И тогда сказала Шхина: «Сидя, наслаждалась я».

203) «И плод его сладок был нёбу моему»[231] – это речения Торы. «Они слаще меда и сотового меда»[242], «и плод его сладок

---

[239] Пророки, Йехезкель, 33:24. «Сын человеческий! Обитатели развалин этих на земле Исраэля изрекают, говоря: "Авраам был один и унаследовал эту землю, а нас много – нам отдана эта земля в наследие"».
[240] Тора, Берешит, 12:5. «И взял Аврам Сарай, жену свою, и Лота, сына брата своего, и все достояние, которое они приобрели, и те души, которые они приобрели в Харане; и вышли, направляясь в землю Кнаан; и пришли в землю Кнаан».
[241] Тора, Шмот, 24:7. «Он взял книгу союза и прочел ее народу. И сказали: "Все, что Творец сказал, мы сделаем и услышим"».
[242] Писания, Псалмы, 19:11. «Вожделенней золота они и множества чистого золота, и слаще меда и сотового меда».

был нёбу моему» – это души праведников, и все они – плод деяний Творца, и находятся с Ним наверху.

204) Все души мира, являющиеся плодом деяний Творца, все они – одно целое. То есть наверху еще не различаются в них свойства захар и некева. Но когда они опускаются в мир, все души пребывают в свойствах захар и некева. И каждая душа – это захар и некева, соединенные как одно целое.

205) Стремление некевы к захару создает душу (нефеш), и так же желание и стремление захара к некеве и его слияние с ней создает душу (нефеш). И она включает нефеш от стремления некевы, и берет ее. И соединяется стремление нижнего, некевы, со стремлением высшего, захара, и две эти души (нефеш) становятся одним неразделимым желанием.

206) И тогда некева включает всё – т.е. берет две эти души (нефеш), и зачинает от захара в них. И стремление их обоих сливается, становясь одним целым. И поэтому всё включено друг в друга. И когда эти души рождаются, захар и некева (мужское и женское начала) включены в них, как одно целое.

207) Затем, когда они опускаются в мир, они отделяются друг от друга, захар от некевы. Один обращается в свою сторону, а другой – в свою. И Творец приводит их к зивугу впоследствии. И нет ключа от этого зивуга ни у кого, но только лишь у самого Творца. И только Он один ведает их зивугом, чтобы соединить их, как положено, чтобы были захар и некева от одной души (нешама).

208) Счастлив человек, удостоившийся в деяниях своих и идущий путем истины, чтобы соединилась у него душа с душой, захар и некева, как и было прежде, чем они опустились в мир. Но если он не удостоился, не дадут ему супружеской пары. И поэтому сказано о нем: «И плод его сладок был нёбу моему»[231], ибо этот человек благословился исправлением свойств захар и некева, как подобает. И благословится от него мир сладкими плодами, то есть приятными порождениями, поскольку всё зависит от деяний человека, удостоился он или нет.

209) Творец сказал Кнессет Исраэль, Шхине: «От Меня будут плоды твои»²⁴³. Не сказано «Мои плоды», а «плоды твои» – что указывает на стремление некевы, создающее свойство некевы этой души (нефеш), и она включается в силу захара, и тогда соединяются душа некевы с душой захара, становясь одним целым, когда один включен в другого. А затем оба они разделяются в мире. Разумеется, что благодаря силе захара есть плод нуквы в мире. Объяснение. «Плоды твои» – это плоды нуквы, т.е. душа (нефеш), которая восходит в стремлении своем. Это речение дает понять, что даже душа (нефеш) некевы не является ее собственным свойством, но следствием ее включения в душу захара. И поэтому сказано: «От Меня будут плоды твои».

210) Другое объяснение. «От Меня будут плоды твои». Потому что в стремлении самой некевы, от которого происходит некева этой души (нефеш), находится плод захара. Ведь если бы не стремление некевы к захару, не было бы плодов в мире, т.е. не было бы никаких порождений.

---

²⁴³ Пророки, Ошеа, 14:9. «(Скажет) Эфраим: "Зачем мне больше идолы?" Отзовусь Я и укреплю его: "Я как вечнозеленый кипарис – от Меня будут плоды твои"».

И было во дни Амрафела[244]

211) Семь небосводов создал Творец наверху, и это – ЗАТ Ацилута: ХАГАТ НЕХИМ. И все они – для того, чтобы познать величие Творца. И все они находятся, чтобы сообщить о таинстве высшей веры.

212) «Есть высший скрытый небосвод над этими семью небосводами» – Бина Ацилута, «небосвод, правящий ими и светящий всем им». «И он непознаваем» – это его ГАР, Аба ве-Има, «и находится под вопросом, так как он неизвестен» – это его ЗАТ, ИШСУТ, «поскольку он скрыт и глубок, и все поражаются ему». «И поэтому он называется "МИ"» – имеется в виду его ЗАТ. Как сказано[245]: «Из чрева кого (МИ) вышел лед?»[246] – это высший небосвод, стоящий над всеми семью небосводами.

213) И есть небосвод внизу, Малхут, самый нижний из всех, который не светит. И поскольку он ниже всех и не светит, то высший небосвод, находящийся над ними, Бина, называемая МИ, соединяется с ним. То есть высший небосвод, МИ, не светит Хохмой ни одному небосводу из ЗАТ, а только самому нижнему в них, Малхут[247]. И эти две буквы, «мэм-йуд מי» высшего небосвода, называемого «МИ (מי)», он содержит в себе. И называется «море (ям ים)», состоящее из букв «мэм-йуд ים».

214) Вследствие того, что все остальные небосводы, находящиеся над нижним небосводом, т.е. ХАГАТ НЕХИ, становятся реками, втекающими в него, он становится высшим морем и производит плоды и всевозможных рыб, т.е. мохин, передаваемые в БЕА. И о нем сказал Давид: «Вот море, великое и необъятное, там пресмыкающиеся, которым нет числа, животные малые и большие»[248].

---

[244] Тора, Берешит, 14:1. «И было во дни Амрафела, царя Шинара, Ариоха, царя Елласара, Кедарлаомера, царя Эйлама, и Тидала, царя Гоима».
[245] См. Зоар, главу Берешит, часть 1, п. 313.
[246] Писания, Иов, 38:29. «Из чрева кого вышел лёд? И кто родил иней небесный?»
[247] См. Зоар, главу Берешит, часть 1, п. 344.
[248] Писания, Псалмы, 104:25.

215) И об этом сказано: «Кто побудил от востока праведность, призвал в спутники себе, передал ему народы и покорил царей?»[249] «Кто побудил от востока» – это Авраам. Авраам побудил высший небосвод, называемый МИ (מי), передать Хохму нижнему небосводу, называемому «ям (ים море)». «Праведность призвал в спутники себе» – это нижний небосвод из всех семи небосводов, который стал морем (ям ים).

«Передал ему народы». «Ему» – нижнему небосводу, который вершит возмездие, сокрушая ненавистников. И в нем прославился Давид, сказав: «И врагов моих обратил Ты ко мне спиной, и ненавистников моих уничтожил я»[250]. Объяснение. Свечение Хохмы уничтожает всех внешних и клипот. И поскольку только нижний небосвод получает свечение Хохмы, а не те шесть, которые находятся выше него, поэтому говорится, что он «вершит возмездие и сокрушает врагов», а также сказано: «Передал ему народы».

216) «Передал ему народы»[249] – те народы, которых преследовал Авраам, а Творец уничтожил их. «И покорил царей»[249] – тех ангелов, которые назначены над ними наверху. Ибо, когда Творец вершит суд в мире, Он вершит суд над всеми, наверху и внизу: над народами, находящимися внизу, и над их правителями, находящимися наверху, в небесах.

217) «Преследует их, пройдет с миром»[251]. «Преследует их» – это Авраам. Ибо Авраам преследовал их, а Творец проходил перед Ним, уничтожая их. «Пройдет с миром» – это Творец, который зовется «мир (шалом)».

218) «Путем, по которому ногами своими не ступал»[251]. Ни ангел и ни посланник не шли перед Авраамом, но только один Творец, как сказано: «Путем, по которому ногами своими». «Ногами своими» – это те ангелы, которые находятся под

---

[249] Пророки, Йешаяу, 41:2. «Кто побудил от востока праведность, призвал в спутники себе, передал ему народы и покорил царей? Он обратит их в прах мечом своим, в солому развеянную – луком своим».
[250] Писания, Псалмы, 18:41.
[251] Пророки, Йешаяу, 41:3. «Преследует их, пройдет с миром путем, по которому ногами своими не ступал».

Творцом, как сказано: «И стоять будут ноги Его в тот день»[252]. Ангелы называются «ногами Его». И можно заключить из сказанного: «Ногами своими», что ангелы не пройдут по пути Авраама, но только один Творец находится на пути его.

219) Другое объяснение. В час, когда Творец пробудил мир, т.е. Малхут, чтобы привести Авраама и приблизить его к Себе, это пробуждение было для Яакова, восточной стороны, поскольку Яаков в будущем должен произойти от него и произвести от него двенадцать колен, и все они были праведны перед Творцом. Значение сказанного: «Кто (МИ)», т.е. Бина, «побудил» мир, чтобы привести Авраама, «от востока» – ради востока, т.е. Яакова. Ибо Авраам, Ицхак, Яаков называются юг-север-восток.

220) «Праведность призвал в спутники себе»[249] – Творец всегда призывал Яакова, со дня, когда был создан мир. И поэтому эту праведность, т.е. Малхут, будет призывать, конечно же, «в спутники себе», чтобы соединиться с ним в своей работе и приблизить его к себе. Как сказано: «Народ, сопутствующий тебе»[253] – т.е. народ, соединенный с тобой. «В спутники себе» – означает: соединиться с ним.

221) Другое объяснение. «Кто побудил от востока»[249] – т.е. оттуда свет начинает светить. Ибо вся сила света, находящегося на юге, в Хеседе, – от востока, т.е. от Тиферет. Поэтому сказано: «Кто побудил» – свет юга, Хесед, «от востока», – т.е. от Тиферет, который побудил его. Ведь Тиферет получает и питается вначале, а затем передает шести окончаниям (ВАК), включенным в Тиферет, среди которых находится и юг, Хесед. И стремление верхнего небосвода, Бины, – отдавать востоку, Тиферет. Иными словами, получающий от Бины – это Тиферет, являющийся основой ВАК. А затем он передает окончаниям, в которых находится свет Хесед. Таким образом, юг получает не

---

[252] Пророки, Захария, 14:4. «И стоять будут ноги Его в тот день на Масличной горе, что перед Йерушалаимом, с востока; и расколется пополам Масличная гора – на запад и на восток, и откроется очень большая долина, и отодвинется половина горы к северу, и половина ее – к югу».

[253] Тора, Шмот, 11:8. «И сойдут все эти слуги твои ко мне, и поклонятся мне, говоря: "Уходи ты и весь народ, сопутствующий тебе! И только тогда я уйду!". И вышел он от Фараона, пылая гневом».

от Бины, а от востока. И поэтому сказано: «Кто (МИ) побудил от востока».

222) «Праведность призвал в спутники себе»²⁴⁹ – это запад, Малхут, которая всегда взывает к востоку, к Тиферет, и никогда не молчит. Как сказано: «Элоким, не безмолвствуй!» Ибо запад, Малхут, называемая Элоким, пробуждается к нему всегда. «Передал ему народы и покорил царей» – так как от него, от востока, он получает силы покорить все народы мира.

223) «Кто побудил от востока»²⁴⁹ – это Авраам, который брал пробуждение к Творцу только лишь «от востока». Ибо, когда он видел солнце, восходящее утром с восточной стороны, он брал себе это пробуждение, т.е. Творца. Говорил на солнце: «Это Царь, сотворивший меня», и поклонялся солнцу весь день. Вечером видел, как садилось солнце и начинала светить луна, и говорил на луну, что это она, безусловно, властвует над служением, которое он совершал весь этот день солнцу – ведь солнце померкло из-за луны и не светит. И поклонялся луне всю эту ночь.

224) Утром видел, что луна постепенно меркнет, и восточная сторона начинает светить. Говорил: «Конечно же, есть Царь, властвующий над всем этим, который правит ими». Когда увидел Творец стремление Авраама к Нему, Он раскрылся ему и говорил с ним. Как сказано: «Праведность призвал в спутники себе». «Праведность» – это Творец, который призывал его, говорил с ним и раскрывался ему.

225) Сказано: «Провозглашающий праведность, говорящий напрямую»²⁵⁴. Все речения Творца – истина. И поступает напрямую, ибо когда создал Творец мир, мир не мог устоять, а рушился со всех сторон. Сказал Творец миру: «В чем причина того, что ты рушишься?» Ответил Ему: «Владыка мира, я не могу устоять, поскольку нет у меня основы, на которой я мог бы стоять».

226) Сказал ему Творец: «Но ведь в будущем Я поставлю в тебе одного праведника, Авраама, который будет любить

---

²⁵⁴ Пророки, Йешаяу, 45:19. «Не тайно говорил Я в месте земли тьмы, не напрасно сказал Я потомкам Яакова: "Ищите Меня!" Я – Творец, провозглашающий праведность, говорящий напрямую».

Меня». И тогда смог выстоять мир в своем существовании. Сказано: «Вот порождения неба и земли, при сотворении их»[255]. Читай не «при сотворении их (бе-ибарам בהבראם)», а «при Аврааме (бе-Авраам באברהם)», потому что при Аврааме смог существовать мир[256].

227) «Говорящий напрямую»[254]. Обратился мир к Творцу: «Но ведь потомки Авраама в будущем разрушат Храм и сожгут Тору?!» Сказал ему Творец: «Один человек родится от него в будущем – Яаков. И выйдут из него двенадцать колен – все праведники». Сразу же стал существовать мир ради него. Это означает «говорящий напрямую», потому что прямота – это свойство Яакова, Тиферет.

228) Тут сказано: «Провозглашающий», «говорящий», потому что у каждого из этих слов есть особое значение. «Провозглашающий» – означает раскрытие, и это Малхут, называемая открывшимся миром. Она является внешней по отношению ко всем ступеню, и не является внутренней ступенью, как ступени, находящиеся выше нее. «Провозглашающий праведность» – это Малхут, являющаяся свойством «речь».

229) «Говорящий» – указывает на внутреннюю ступень, более высокую, чем Малхут, властвующую над «речью», над Малхут. И это означает: «Говорящий напрямую». «Напрямую» – высшая ступень, в которой находится Яаков, Тиферет. Как сказано: «Ты утвердил прямоту»[257]. И поэтому сказано здесь «говорящий», а не «провозглашающий», так как имеется в виду Тиферет, а не Малхут.

230) Ведь сказано: «И объявил Он вам союз Свой»[258]. И так же как сказано о сообщении союза, можно сказать о праведности. Сообщение – это также свойство союз, Есод, так как Тиферет и союз – одно целое. Но Есод – это ступень, которая

---

[255] Тора, Берешит, 2:4. «Вот порождения неба и земли при сотворении их, в день созидания Творцом Всесильным земли и неба».

[256] См. «Предисловие книги Зоар», статью «При сотворении их – при Аврааме», пп. 46-48.

[257] Писания, Псалмы, 99:4. «И могущество Царя в любви его к правосудию. Ты утвердил прямоту, правосудие и справедливость в Яакове Ты явил».

[258] Тора, Дварим, 4:13. «И объявил Он вам союз Свой, который повелел вам исполнять, десять речений, и начертал его на двух скрижалях каменных».

властвует над нижней, т.е. «провозглашающий праведность», и ее тоже можно назвать «сообщением».

И хотя сказано о речи, что она находится ниже всех, это высокая и важная ступень. «Речь» указывает, что она наполняется от всех ступеней, и она – высшая ступень. Объяснение. Хотя «речь» – это самая внешняя ступень, Малхут, однако Малхут называется речью лишь в то время, когда она, выстраиваясь, становится высшим внутренним парцуфом, наравне с Зеир Анпином, паним бе-паним. И тогда Зеир Анпин называется «голос», а Нуква – «речь». Таким образом, с одной стороны, «речь» означает Малхут, и она – самая внешняя и нижняя из всех, а с другой стороны, (речь) указывает на ее полное строение «паним бе-паним» с Зеир Анпином, и тогда она является высшей ступенью.

Всесильный, не безмолвствуй

231) Пробуждение высшего происходит только вследствие пробуждения нижнего, потому что пробуждение высшего зависит от стремления нижнего.

232) «Всесильный (Элоким), не безмолвствуй»²⁵⁹ – это пробуждение снизу, со стороны Нуквы, для того, чтобы править. Сказал Давид: «Всесильный (Элоким), не безмолвствуй» – в пробуждении по отношению к высшему, к Зеир Анпину, чтобы соединиться с правой линией, с его Хеседом.

233) Сказано: «Ибо вот, враги твои шумят, и ненавидящие Тебя подняли голову»²⁶⁰, «приняли единодушное решение, против Тебя заключили союз»²⁶¹. Ведь Нуква – это левая (сторона), Хохма без хасадим, а Хохма не может светить без хасадим, и потому все клипот и враги святости поднимают голову. Поэтому: «Всесильный (Элоким), не безмолвствуй» – в пробуждении по отношению к высшему, к Зеир Анпину, ибо тогда пробуждается правая Зеир Анпина и связывает ее с собой. И когда она соединяется с правой, т.е. Хохма в ней облачается в хасадим, содержащиеся в правой, тогда разбиваются ненавистники, так как свечение Хохмы уничтожает всех врагов святости. Как сказано: «Творец, десница Твоя величественна в силе, десница Твоя сокрушает врага»²⁶².

234) В час, когда объединились все эти цари, чтобы вести войну с Авраамом, они держали совет, как стереть его с лица земли. И поскольку они имели власть над Лотом, племянником Аврама, то немедленно пошли, как сказано: «И взяли племянника Аврама – Лота, вместе с имуществом его, и ушли»²⁶³. Зачем? Дело в том, что Лот по внешнему виду очень напоминал Авраама. Поэтому: «И ушли» – потому что вся эта война была из-за него (Авраама), и думали, что тем самым он уже в их руках.

---

[259] Писания, Псалмы, 83:2. «Всесильный, не безмолвствуй, не будь глух и безмятежен!»
[260] Писания, Псалмы, 83:3.
[261] Писания, Псалмы, 83:6.
[262] Тора, Шмот, 15:6.
[263] Тора, Берешит, 14:12.

235) Они хотели убить Авраама за то, что Авраам увел жителей мира от поклонения идолам и привел их к работе Творца. И поэтому они хотели убить его. И кроме того, Творец поднимал их во всём мире на войну с Авраамом с целью возвеличить имя Авраама в мире и приблизить его к Своей работе.

236) Когда Авраам собрался преследовать их, сказано: «Всесильный (Элоким), не безмолвствуй» – чтобы Нуква пробудилась к Зеир Анпину и подняла к нему МАН с целью притянуть Хесед, являющийся правой. Пока всё не соединится с Авраамом, Хеседом Зеир Анпина. И Хохма, содержащаяся в ней, облачается в хасадим, и восполняется свечение ее. И когда всё соединяется с Авраамом, терпят пред ним поражение все цари.

Малки-цедек, царь Шалема

237) «И Малки-цедек, царь Шалема, вынес хлеб и вино, и он был священником Творца Всевышнего»[264]. Когда возникло в желании Творца, Бины, создать мир, т.е. Зеир Анпин, извлек Он пламя одно от твердой искры, и вдохнул один дух в другой, и потускнело пламя, но так же сжигает. И извлек он из сторон бездны одну каплю, и соединил их в одно целое, каплю с пламенем. И создал ими мир, Зеир Анпин.

Объяснение. Для того, чтобы выяснить сказанное: «И Малки-цедек, царь Шалема, вынес хлеб и вино, и он был священником Творца Всевышнего», и смысл благословения, которым он благословил Авраама, необходимо знать во всех подробностях порядок подъема ЗОН в качестве МАН к Бине, чтобы восполнить ее свечение. И с помощью этого мы сможем выяснить смысл первого благословения: «Благословен Аврам Творцом Всевышним, Владыкой неба и земли!»[265] А затем необходимо выяснить порядок получения Зеир Анпином и его Нуквой мохин от Бины после их подъема туда. И с помощью этого мы выясним второе благословение: «И благословен Творец Всевышний, который предал врагов твоих в руки твои!»[266]

Известно, что в то время, когда Бина передает свойства ВАК в ЗОН, она сама должна тогда уменьшиться до состояния ВАК. И тогда она опускает три буквы ЭЛЕ (אלה) имени Элоким (אלהים) в ЗОН, а сама она остается с двумя буквами МИ (מי) де-Элоким (אלהים), представляющими собой ВАК без рош. И тогда она передает свойства ВАК в ЗОН. А когда она хочет передать ГАР в ЗОН, она поднимает буквы ЭЛЕ (אלה) из ЗОН, возвращая их на свою ступень, и ЗОН поднимаются вместе с ними. И тогда выходит левая линия в Бине, и пять букв Элоким (אלהים) становятся скрытыми в имени ее по причине отсутствия хасадим. И происходит разделение между двумя линиями в Бине, правой и левой. И тогда Зеир Анпин становится по отношению к ней свойством МАН, с экраном де-хирик, который, с одной стороны,

---

[264] Тора, Берешит, 14:18.
[265] Тора, Берешит, 14:19. «И благословил его, говоря: "Благословен Аврам Творцом Всевышним, Владыкой неба и земли!"»
[266] Тора, Берешит, 14:20. «"И благословен Творец Всевышний, который отдал притеснителей твоих в руки твои!" И дал ему десятину от всего».

уменьшает силу левой линии, а с другой стороны, умножает хасадим, и тогда он согласовывает между ними и соединяет их друг с другом[267].

После того, как Зеир Анпин восполняет три линии в Бине, удостаивается также и он этих трех линий. Ибо всей той меры, которую нижний вызывает в высшем, удостаивается и нижний. Зоар выясняет здесь передачу мохин де-ГАР в ЗОН. И это свойство ее собственных ГАР – т.е. когда она уже вернула к себе буквы ЭЛЕ (אלה), и выходит в ней свечение шурук, левая линия, вследствие чего перекрываются в ней света, и ей необходим подъем Зеир Анпина с его экраном, чтобы она произвела на него зивуг, выведя с его помощью среднюю линию, согласующую и восполняющую две ее линии.

Поэтому сказано: «Когда возникло в желании Творца, Бины, создать мир» – т.е. передать мохин де-ГАР миру, Зеир Анпину. «Извлек Он пламя одно от твердой искры» – т.е. она раскрыла силу суда, левой линии, подобную сжигающему огню, в котором нет хасадим. И тогда «вдохнул один дух в другой (руах бе-руах)» – нижний руах, Зеир Анпин, вдохнул в высший руах, в ЗАТ Бины, – т.е. Зеир Анпин поднялся в МАН со своим экраном в ЗАТ де-Бина, и стал в ней свойством руах, и это определяется как вхождение руаха в руах. «И потускнело пламя, но так же сжигает» – т.е. удвоились суды в ЗАТ Бины, поскольку прежде, чем происходит зивуг на экран Зеир Анпина, не только не исправляется огонь левой линии, но левая линия, уменьшаясь, еще и тускнеет до ВАК, что и означает Харан. Таким образом, «оно потускнело» – поскольку поднялся экран Зеир Анпина, «но так же сжигает» – ибо еще не вышел зивуг на экран для привлечения ступени хасадим.

А затем совершается зивуг высшего света на экран Зеир Анпина, на который выходит ступень хасадим, как сказано: «И извлек он из сторон бездны одну каплю» – т.е. экран второго сокращения, называемый «бездной», и ступень хасадим, среднюю линию, называемую «одна капля». Ибо три линии называются тремя каплями, и извлек в этом зивуге на экран, называемый «стороны бездны», «одну каплю» – ступень хасадим. «И соединил их в одно целое» – т.е. этой ступенью хасадим

---

[267] См. выше, п. 22, со слов: «Экран де-хирик...»

соединил две линии, правую и левую, в Бине, чтобы были как одна линия, т.е. установил мир между ними. И облачилась одна в другую, Хохма левой в хасадим правой, а также хасадим правой в Хохму левой. И этими мохин создал мир, Зеир Анпин, ибо вследствие того, что Зеир Анпин вызвал свечение этих мохин в Бине, удостоился их также и он.

238) После того как выход мохин в Бине и нисхождение их в Зеир Анпин выяснены в общем виде, это выясняется в частном виде. И говорится: «Это пламя поднимается и украшается в левой линии Бины». И эта капля, представляющая собой среднюю линию, поднимается и украшается в правой линии Бины. И тогда поднимаются одна в другую, и включаются две линии друг в друга. И меняются местами правая и левая:

1. Хасадим, имеющиеся в правой стороне, притягиваются и входят в левую сторону, а свечение Хохмы левой, подобное сжигающему пламени, облачается в хасадим и возвращается к подслащенному свечению Хохмы.

2. Свечение Хохмы, имеющееся в левой стороне, притягивается и входит в правую сторону, а хасадим, находившиеся в правой линии в ВАК, получили теперь ГАР от свечения левой.

Таким образом, свечение левой, светившее сверху вниз, теперь восходит, чтобы светить только снизу вверх. А свечение правой, которое светило до этого снизу вверх, после того как включилось в свечение левой, светит сверху вниз[268].

239) Соединились две линии Бины, правая и левая, друг с другом, и вышел от них полный руах, Зеир Анпин. Поскольку Зеир Анпин вызвал своим подъемом в Бину выход трех линий в Бине, удостоился также и Зеир Анпин этих трех линий. И поэтому сказано: «И вышел от них полный руах» – т.е. Зеир Анпин был создан от них в трех линиях. И выясняется, что «эти две стороны» – правая и левая (линии) Бины, «образовали одну» – включились друг в друга и стали в Зеир Анпине одной. «И она находится между ними» – и сам руах находится между ними в качестве средней линии, и поэтому вышли в нем три линии. «И они получают завершение друг в друге» – и все три линии Зеир Анпина получают завершение друг в друге, как и три линии Бины: левая увенчивается хасадим правой, и восполняется

---

[268] См. Зоар, главу Берешит, часть 1, п. 386, со слов: «И известно...»

Хохма в ней (левой), а правая увенчивается Хохмой в левой и восполняется ГАР. А средняя линия увенчивается хасадим правой, и достигает ГАР от правой. «Тогда есть совершенство наверху» – в Бине, «и совершенство внизу» – в Зеир Анпине. «И восполняется эта ступень» – ступень мохин Зеир Анпина.

240) Таким образом увенчивается первая «хэй ה» де-АВАЯ (הויה), Бина, буквой «вав ו» де-АВАЯ (הויה), Зеир Анпином. Ибо благодаря подъему Зеир Анпина в Бину раскрылись мохин в ней в виде «три выходят из одного». А «вав ו» де-АВАЯ увенчалась мохин, благодаря первой «хэй ה» де-АВАЯ (הויה), Бине, в виде «один удостаивается трех».

Тогда поднялась нижняя «хэй ה» де-АВАЯ, Нуква Зеир Анпина, к «вав ו» де-АВАЯ, Зеир Анпину, и соединилась с ним совершенной связью, т.е. получила от него мохин Бины. И тогда о нижней «хэй ה», называемой Малки-цедек, говорится: «Малки-цедек, царь Шалема (досл. царь совершенный)». Ибо теперь она стала «царем Шалема» – т.е. царем, властвующим в совершенстве. Когда считается Нуква Зеир Анпина «царем Шалема»? В День Искупления, когда Малхут поднимается и облачает Бину, и все паним излучают свет, – т.е. паним Нуквы светят так же, как и паним Бины.

241) «Малки-цедек» – это последний мир, Нуква Зеир Анпина. «Царь Шалема» – это высший мир, Бина, в то время, когда увенчиваются один другим – нижний мир увенчивается высшим миром, без разделения. И оба этих мира – как одно целое. И даже весь нижний мир становится одним целым с высшим миром. И это происходит потому, что в это время Нуква Зеир Анпина поднимается и облачает Бину; а любой нижний, поднимающийся к высшему, становится совершенно таким же, как и он. И поэтому становятся тогда оба мира, т.е. Нуква с Биной, как одно целое. Как сказано: «Вынес хлеб и вино»[264] – и оба они в нем. «Хлеб» означает свет хасадим правой, «вино» означает свечение Хохмы левой. Поэтому сказано: «Вынес хлеб и вино». Это учит нас тому, что два этих свечения находятся сейчас в Малки-цедеке – т.е. в Нукве, когда она облачает Бину.

И сказано: «И он был священником Творца Всевышнего»[264] – т.е. нижний мир пользуется хасадим соответственно высшему миру. «Он был священником» – это правая, т.е. свет хасадим, имеющийся в Нукве. «Творца Всевышнего» – это высший мир, Бина. И смысл сказанного: «Он был священником Творца Всевышнего» заключается в том, что Нуква пользуется светом хасадим, называемым «священник», ради «Творца Всевышнего», ради Бины. Ибо вследствие согласования в Бине средней линии, вышедшей на зивуг экрана де-хирик, Нуква Зеир Анпина становится носителем этого экрана. И поэтому Нуква пользуется свойством «священник» (коэн) для того, чтобы светить (светом) хасадим Творцу Всевышнему, Бине[269]. И поэтому благословляется также и Нуква (светом) хасадим.

242) Нижний мир, Нуква, получает благословения в то время, когда соединяется с Великим коэном, т.е. с правой линией Бины. И тогда, после того как Нуква получает благословения от Великого коэна, она благословляет Авраама, как сказано: «И благословил его, говоря: "Благословен Аврам Творцом Всевышним"»[265]. Подобно этому, коэн внизу, в этом мире, должен создать связи, чтобы произвести соединение и благословить это место, Нукву Зеир Анпина, чтобы она соединилась с хасадим, содержащимися в правой линии Бины. И благодаря этому соединяются вместе оба мира, Нуква и Бина, становясь одним целым.

243) «Благословен Аврам Творцом Всевышним, Владыкой неба и земли»[265] – это благословение, в котором надлежащим образом устанавливается намерение, с которым необходимо совершать все произносимые нами благословения. Ибо «благословен Аврам» – похоже на то, что произносится в каждом благословении: «Благословен Ты». «Творцом Всевышним» – похоже на то, что произносится в каждом благословении: «Творец Всесильный наш». «Владыкой неба и земли» – похоже на то, что произносится в каждом благословении: «Царь мира». Этот отрывок и является благословением.

«И благословил его, говоря: "Благословен Аврам Творцом Всевышним"»[265] – это порядок намерения снизу вверх. «И благословен Творец Всевышний, который отдал притеснителей твоих в руки твои»[266] – это порядок благословения сверху вниз.

---

[269] См. Зоар, главу Берешит, часть 1, п. 15, со слов: «"Воссияют" – это отиёт и некудот…»

Пояснение сказанного. Намерение в благословении, когда вначале опускается наполнение из Бины в ЗОН, для того чтобы они (ЗОН) могли подняться в Бину и породить в ней мохин, и это считается свойством «снизу вверх», когда ЗОН со своего места поднимаются вверх, в Бину, чтобы восполнить ее. И этот порядок действует в первой половине благословения, до слов: «Царь мира». А в конце притягивают наполнение «сверху вниз», от Бины к ЗОН и к нижним. И это – в конце благословения, после слов «Царь мира».

Всем достоянием ЗОН является получение мохин от Бины. И это происходит благодаря тому, что они поднимаются и восполняют мохин Бины средней линией, вышедшей на их экран в виде «три выходят от одного», и тогда удостаиваются также и ЗОН той меры свечения, которое они вызывают в Бине в виде «один удостаивается трех». И поэтому, если мы хотим притянуть какую-то ступень от Бины к ЗОН, необходимо сначала поднять ЗОН в Бину, чтобы они вызвали в ней дополнительные мохин, чтобы затем также и они получили то дополнение, которое вызвали в Бине. И подъемы ЗОН в Бину происходят с помощью букв ЭЛЕ (אלה) де-Элоким (אלהים), которые во время уменьшения Бины опускаются в ЗОН, а во время ее большого состояния (гадлут), когда она возвращает к себе буквы ЭЛЕ (אלה), вместе с ними поднимаются к ней также и ЗОН[270].

И поэтому выстраивается порядок первой половины благословения снизу вверх, для того чтобы, подняв ЗОН наверх, восполнить Бину. А слово «благословен» означает: «притянуть ЭЛЕ из катнута Бины, высшего благословения, опустив их в ХАГАТ Зеир Анпина, и это – три слова: "Ты (ата) – Творец (а-Шем) Всесильный наш (Элокейну)"». «Ты (ата)» – Хесед, «Творец (а-Шем)» – Тиферет, «Всесильный наш (Элокейну)» – Гвура. И после того, как нисходят ЭЛЕ в ХАГАТ Зеир Анпина, мы мысленно представляем, что Бина возвращает эти ЭЛЕ на свою ступень, и тогда поднимаются вместе с ними также и ЗОН и восполняют мохин в средней линии. И тогда называется Бина «Царь мира» – после того, как восполнились в ней мохин. А затем, во второй половине благословения, мы притягиваем эти мохин сверху вниз, от Бины к ЗОН и к нижним,

---

[270] См. выше, п. 237, со слов: «Известно, что...»

ибо той меры, которую вызвали ЗОН в Бине, удостаиваются также и они.

Поэтому сказано, что согласно благословению: «Благословен Аврам Творцом Всевышним, Владыкой неба и земли» устанавливается порядок всех благословений. «Благословен Аврам» – это как «благословен Ты», «Творцом Всевышним» – как «Творец Всесильный наш». Три слова: «Аврам Творцом Всевышним» – указывают на ХАГАТ Зеир Анпина, которые получают ЭЛЕ от высшего благословения, как три слова: «Ты (ата), Творец (а-Шем) Всесильный наш (Элокейну)». «Владыкой неба и земли» – это как «Царь мира». В час, когда Бина возвратила к себе ЭЛЕ, и поднялись вместе с ними также и ЗОН, восполнив в ней мохин, тогда называется Бина «Владыкой неба и земли», так же, как и в других благословениях, в которых называется тогда «Царь мира».

До сих пор: «И благословил его, говоря: "Благословен Аврам Творцом Всевышним"» – порядок намерения снизу вверх, когда поднимаются ЗОН со своего места наверх, чтобы восполнить Бину. А «Благословен Творец Всевышний» – порядок намерения сверху вниз, когда притягиваются мохин сверху, от Бины, вниз, в ЗОН. И как вторая половина благословения, так и остальные благословения. Как сказано: «И дал ему десятину от всего»[266] – означает, что дал Нукве десятину, чтобы прилепиться к месту, где налаживается связь внизу, в Малхут, оканчивающей свечение Нуквы, и не позволять включение внешних благодаря тому, что эта десятина (маасер) оканчивает ее свечение.

244) Сказано: «Давиду. К Тебе, Творец, душу свою возношу»[271]. Почему не сказано: «Псалом Давиду», или: «Давиду псалом»?

245) Но это о его собственной ступени он сказал: «Давиду». И вот восславление, которое он произнес о себе: «К Тебе, Творец, душу свою возношу». То есть «Тебе, Творец» – наверх, «душу мою» – это Давид, представляющий собой первую ступень, Малхут, первую снизу вверх, «возношу» – поднимаю.

---

[271] Писания, Псалмы, 25:1.

Как сказано: «Поднимаю взор свой к горам»[272]. Ибо во все дни Давида он старался поднять свою ступень к Бине, чтобы украсить ее наверху, в Бине, и соединиться там совершенной связью, как подобает.

246) Подобно этому сказано: «Давиду. Благослови, душа моя, (эт) Творца, и всё нутро мое – имя святое Его»[273]. «Давиду. Благослови, душа моя, (эт) Творца» – тоже сказано о его собственной ступени. «Эт» указывает на установление связи наверху с Биной. «И всё нутро мое» – это остальные полевые звери, сфирот Нуквы, как сказано: «Нутро мое взволновалось о нем»[274].

«Благослови, душа моя» – он сказал это о своей ступени, «(эт) Творца» – это совершенство всего, совокупность всего. «Эт (алеф-тав)» – это Малхут, «Творца (хэй)» – Зеир Анпин, «(эт) Творца» – полное единство Зеир Анпина и Нуквы.

249)[275] «Я, Я – Тот, кто стирает преступления твои ради Меня»[276]. Одно «Я» – на (горе) Синай, другое «Я» – в час сотворения мира. «Я» – это имя Малхут, и это – на (горе) Синай. Но при сотворении мира – это имя Бины, ибо при подъеме Малхут в Бину называется Бина именем «Я» так же, как и Малхут. «Я – Творец Всесильный твой»[277] – это на (горе) Синай. И еще одно «Я» – когда создал мир, как сказано: «Я создал землю»[278]. И здесь они включены вместе, Малхут и Бина, с целью указать, что не было разделения между высшим, Биной, и нижним, Малхут.

250) Не сказано: «Устраняет преступления твои», а сказано: «Стирает преступления твои»[276] – чтобы не появлялись больше в мире. А «ради Меня» – означает, чтобы раскрыть

---

[272] Писания, Псалмы, 121:1.
[273] Писания, Псалмы, 103:1.
[274] Писания, Песнь песней, 5:4.
[275] Пункты 247, 248 в данной редакции текста не приводятся.
[276] Пророки, Йешаяу, 43:25. «Я, Я – Тот, кто стирает преступления твои ради Меня, и грехов твоих не вспомню».
[277] Тора, Шмот, 20:2. «Я – Творец Всесильный твой, который вывел тебя из земли египетской, из дома рабства».
[278] Пророки, Йешаяу, 45:12. «Я создал землю, и человека на ней создал Я, руки Мои распростерли небеса, и всему воинству их Я указал».

милосердие, зависящее от Меня, как сказано: «Ибо Владыка милосердный Творец Всесильный твой»[279].

251) «Стирает преступления твои ради Меня». Грешники мира своими прегрешениями причиняют ущерб наверху. Ибо, когда грехи поднимаются, милосердие и высший свет, и питание благословениями не опускаются вниз. И эта ступень, Нуква, называемая «Я», не получает поэтому благословений свыше, чтобы питать нижних, и поэтому считается это ущербом у нее, и поэтому говорит она: «Ради Меня», чтобы не прекратились у Меня благословения, питающие всё.

252) Подобно этому сказано: «Смотрите же ныне, что Я – это Я»[280]. И там тоже первое «Я» указывает на Бину, а второе «Я» на Малхут, показывая, что нет разделения между Биной наверху и Малхут внизу.

253) Подобно этому, когда есть праведники в мире, благословения нисходят во все миры. Когда пришел Авраам, низошли благословения в мир. Благодаря ему пребывают благословения наверху, в высших мирах, и внизу, в нижних мирах, как сказано: «И благословляться будут тобою»[281] – нижние, и сказано: «Благословлю Я благословляющих тебя»[46] – высшие миры, ибо в час, когда передаются благословения вниз, они благословляются первыми, что и означает: «Благословлю Я благословляющих тебя».

254) Когда явился Ицхак, он сообщил всем, что есть суд и есть Судья наверху, чтобы взыскать с грешников. И он пробудил суд в мире, чтобы все жители мира боялись Творца. Когда явился Яаков, он пробудил милосердие в мире, и восполнил веру в мире, как надлежит. Ибо Авраам притянул Хесед, правую линию веры, Нукву, а Ицхак привлек в нее суд и Гвуру, левую ее линию. А Яаков восполнил ее привлечением милосердия, средней линии.

---

[279] Тора, Дварим, 4:31.
[280] Тора, Дварим, 32:39. «Смотрите же ныне, что Я – это Я, и нет Всесильного, кроме Меня. Я умерщвляю и оживляю, Я поражаю и исцеляю, и нет спасителя от руки Моей».
[281] Тора, Берешит, 12:3, «И благословлю Я тебя благословляющих, а злословящих тебя прокляну. И благословляться будут тобою все семейства земли».

255) О днях Авраама сказано: «Малки-цедек, царь Шалема»[264]. Когда украшается престол, Нуква, на месте ее, в Бине, становится Нуква, являющаяся царем Шалема (совершенства), без всякого изъяна, и эта Нуква несет питание всем мирам, как подобает. Как сказано: «Вынес хлеб и вино»[264] – т.е. не были прекращены благословения во всех мирах. «Вынес (оцѝ הוציא)», как сказано: «Да извлечет (тоцэ́ תוצא) земля»[282] – Нуква, извлекающая из высших ступеней питание и благословения всем мирам.

256) «И он был священником Творца Всевышнего»[264] – всё находится в высшем совершенстве, как подобает, т.е. в совершенстве Бины, называемой «Творец Всевышний». Это показывает, что так же, как грешники наносят вред миру, лишая его благословений, так же благодаря праведникам приходят благословения в мир, и благодаря им благословляются все живущие в мире.

257) «И дал ему десятину от всего»[266] – дал ему Малки-цедек от тех благословений, которые исходят «от всего», т.е. от Есода. Другими словами, Малки-цедек, т.е. Нуква, получила десятину, благословения, от Есода, и передала Аврааму. «От Есода», потому что он – то место, откуда все благословения нисходят в мир.

Другое объяснение. «И дал ему десятину от всего» – т.е. Творец дал Аврааму десятину. А десятина – это одна часть из десяти, или десять из ста, т.е. Малхут. И в катнуте у нее есть лишь одна сфира, Кетер, и он тогда – «одна из десяти» сфирот Зеир Анпина. А в гадлуте есть у нее полные десять сфирот, и тогда она – «десять из ста» сфирот Зеир Анпина. И Творец дал Аврааму эту ступень. Отсюда и далее Авраам входит в высшее существование, как подобает, т.е. навсегда удостаивается высшего постижения.

259)[283] Сказал рабби Шимон: «Каждый, не омывающий своих рук, как полагается, мало того, что наказывается за это свыше, он еще наказывается и внизу, в этом мире, тем,

---

[282] Тора, Берешит, 1:24. «И сказал Всесильный: "Да извлечет земля существо живое по виду его: скот, и ползучее, и животное земное по виду его". И стало так».

[283] П. 258 в данной редакции текста не приводится.

что навлекает на себя бедность. И как в случае с наказанием, так же и с наградой – награждается и наверху, и внизу. Тот, кто омывает руки свои как надлежит, вызывает на себя благословения свыше, т.е. высшие благословения пребывают над делом рук его как подобает, и также благословляется внизу богатством».

После этих событий

261)²⁸⁴ «После этих событий было слово Творца к Авраму»²⁸⁵. Посредством пробуждения снизу вызывается высшее пробуждение, как сказано: «Я – возлюбленному моему, и ко мне – стремление его»²⁸⁶. Ибо не возникнет пробуждение свыше прежде, чем он пробудится снизу. И благословения свыше присутствуют только тогда, когда могут находиться в нем по-настоящему, а на пустом месте они не могут быть.

262) Откуда нам это известно? Из примера с женой Овадияу. Элиша сказал ей: «Скажи мне, что есть у тебя в доме»²⁸⁷ – ибо благословения свыше не пребывают над пустым столом и на пустом месте. Как в случае с женой Овадияу: «И сказала она: "Нет у служанки твоей в доме ничего, кроме кувшинчика масла"»²⁸⁷. Что значит кувшинчик? Что было в нем только для того, чтобы обмакнуть мизинец, – ВАК без рош, называемые «мизинец», который напоминает укороченную «вав ו».

263) Сказал Элиша: «Это утешает меня, ибо мне неизвестно, чтобы высшие благословения могли пребывать на пустом месте. Но теперь, когда есть у тебя масло, это – то место, в котором будут находиться благословения». Откуда это известно? Сказано: «Подобно это доброму елею»²⁸⁸, а в конце сказано: «Ибо там заповедал Творец благословение, жизнь навеки»²⁸⁹. Отсюда видно, что в этом месте, т.е. в масле, пребывают благословения.

264) Но ведь слова: «Как роса Хермона, стекающая на горы Циона»²⁸⁹ предшествуют сказанному: «Ибо там заповедал Творец благословение»²⁸⁹. И сказано там не «масло», а «роса».

---

²⁸⁴ П. 260 в данной редакции текста не приводится.
²⁸⁵ Тора, Берешит, 15:1. «После этих событий было слово Творца к Авраму в видении такое: "Не бойся, Аврам, Я – защитник твой, а награда твоя очень велика"».
²⁸⁶ Писания, Песнь песней, 7:11.
²⁸⁷ Пророки, Мелахим 2, 4:2. «И сказал ей Элиша: "Что мне сделать для тебя? Скажи мне, что есть у тебя в доме?" И сказала она: "Нет у служанки твоей в доме ничего, кроме кувшинчика масла"».
²⁸⁸ Писания, Псалмы, 133:2. «Подобно это доброму елею на голове, стекающему на бороду, бороду Аарона, стекающему на край одежды его».
²⁸⁹ Писания, Псалмы, 133:3. «Как роса Хермона, стекающая на горы Циона. Ибо там заповедал Творец благословение, жизнь навеки».

Получается, что роса – место благословения, а не масло? Но как масло, так и роса – оба они являются одним свойством. Ибо росу эту Творец дает от высшего масла. И это масло выходит в правой стороне.

265) Их два, и вино, и масло, и они передаются двум сторонам: вино – левой стороне, а масло – правой стороне. И от правой стороны благословения выходят в мир. И оттуда происходит помазание Малхут святости, т.е. помазание царей Исраэля. И так как масло установилось сначала внизу, т.е. был у нее «кувшинчик масла», пробуждение снизу, это вызвало масло свыше – излияние высших благословений, пробуждение свыше. Как сказано: «Они подносили ей, а она наливала»[290].

266) Вследствие пробуждения свыше этого масла, оно должно излиться на Давида и Шломо, чтобы благословились сыновья их.

267) Мы изучаем в законе о «столе хлеба личного (паним)», от которого проистекают благословения и пропитание миру, что не подобает ему (столу) быть пустому даже на мгновение, чтобы не ушли оттуда благословения. И так же нельзя благословлять над пустым столом, ибо высшие благословения не пребывают над пустым столом.

268) Сказано: «Я – возлюбленному моему, и ко мне – стремление его»[286]. Вначале «я – возлюбленному моему», а затем «ко мне – стремление его». «Я – возлюбленному моему» – чтобы сначала исправить место для него посредством пробуждения снизу, а затем: «Ко мне – стремление его».

269) Шхина не находится с грешниками. Если же человек приходит очиститься и приблизить себя к Творцу, Шхина пребывает над ним. Поэтому сказано: «Я – возлюбленному моему» – вначале, а затем уже: «Ко мне – стремление его». Ибо после того, как человек приходит очиститься, его очищают.

270) «После этих событий»[285] – после того как Авраам преследовал царей, и Творец уничтожил их, Авраам, изумившись,

---

[290] Пророки, Мелахим 2, 4:5. «И ушла она от него, и заперла дверь за собою и за сыновьями своими – они подносили ей, а она наливала».

сказал: «Может быть, я упустил всю награду за то, что мог бы обратить этих людей к Творцу и поддержать их, чтобы приблизить к Нему, а теперь эти люди уничтожены из-за меня?!»

Тотчас ответил ему Творец: «Не бойся, Аврам. Я – защитник твой. А награда твоя очень велика»[285]. Иными словами, награду ты получаешь за них, за уничтожение их: ведь все они никогда не смогут удостоиться улучшения своих деяний.

Было слово Творца к Авраму в видении

271) «Было слово Творца к Авраму в видении такое...»²⁸⁵ «В видении» – т.е. в образе, представляющем собой ступень, на которой видны все формы. Прежде чем Авраам сделал обрезание, лишь одна ступень говорила с ним – видение, т.е. Нуква, о которой сказано: «Видит явление Всемогущего (Шадай)»²⁹¹.

272) Когда же он сделал обрезание, все ступени царили над той ступенью, которая зовется видением. И тогда говорил с ним Творец, как сказано: «Являлся Я Аврааму (Хесед), Ицхаку (Гвура) и Яакову (Тиферет) Владыкой Всемогущим (Есод и Малхут)»²⁹², так как все ступени от Хеседа и далее светят в Нукве. А прежде чем он сделал обрезание, не царили над ним эти ступени, чтобы говорить с ним, а царила одна лишь Нуква – «явление Всемогущего (Шадай)».

273) Но ведь сказано: «Явился Творец Авраму»²⁹³ – это ступень нефеш. И сказано: «И передвигался Аврам, направляясь все дальше к Негеву»²⁹⁴ – это руах. И сказано: «Построил он там жертвенник»⁶⁸ – это нешама²⁹⁵. Это высшие ступени, которых он достиг. Почему же сказано, что прежде чем он сделал обрезание, высшие ступени не царили над той ступенью, чтобы говорить с ним?

274) Дело в том, что прежде чем Авраам сделал обрезание, дал ему Творец мудрость, т.е. эти высшие ступени, чтобы познавать мудрость и сливаться с Творцом, – и он постиг тайну веры. Однако для разговора была у него одна лишь нижняя ступень – Нуква, о которой сказано: «Видит явление Всемогущего

---

²⁹¹ Тора, Бемидбар, 24:4. «Вот речение Билама, сына Беора, мужа прозорливого – речение того, кто слышит речи Всесильного, знает мысль Всевышнего, видит явление Всемогущего, падает и прорицает».
²⁹² Тора, Шмот, 6:3.
²⁹³ Тора, Берешит, 12:7. «И явился Творец Авраму и сказал: "Потомству твоему отдам Я эту землю". И построил он там жертвенник Творцу, который явился ему».
²⁹⁴ Тора, Берешит, 12:9. «И передвигался Аврам, направляясь все дальше к Негеву».
²⁹⁵ См. выше, п. 160.

(Шадай)»²⁹¹. Когда же он сделал обрезание, все высшие ступени воцарились над этой нижней ступенью, чтобы говорить с ним. И тогда взошел Авраам по всем ступеням.

275) Пока человек не обрезан, он не укрепляется в имени Творца. Когда же делает обрезание – включается в Его имя и укрепляется в нем. Но разве Авраам не укреплялся в нем прежде, чем сделал обрезание? Действительно, он укреплялся в нем, но не так, как подобает. Ибо из высшей любви, которой любил его Творец, Он приблизил его к Себе. И вместе с тем, это было не так, как подобает.

276) Затем повелел ему Творец сделать обрезание. И был дан ему союз – Есод, связь всех высших ступеней. Союз – это связь, чтобы все они были соединены вместе, включившись друг в друга. Союз – это соединение, в котором всё связано. И потому, прежде чем Авраам сделал обрезание, с ним говорили лишь в видении. И недоставало высших ступеней, так как недоставало союза, соединяющего вместе все ступени.

277) Когда Творец сотворил мир, Он сотворил его на союзе, как сказано: «Вначале (берешит ברא-שית) создал Всесильный...»²⁹⁶ Шит (שית) – это союз (брит ברית), так как Творец основал мир на союзе. И сказано: «Если бы не союз Мой днем и ночью, не установил бы Я законов неба и земли»²⁹⁷. Ибо это союз соединения – чтобы день и ночь, т.е. Зеир Анпин и Нуква, не разлучались²⁹⁸.

278) Творец сотворил мир на таком условии: если придут Исраэль и примут Тору, вы сможете существовать, а если нет, то Я возвращаю вас в бездну и хаос. И мир не мог существовать, пока не встали Исраэль у горы Синай и не получили Тору, – и тогда смог существовать мир.

279) С этого дня и далее Творец творит миры. Что они представляют собой? Соединения (зивуги) людей. Ибо с того времени Творец производит соединения (зивуги) и говорит: «Дочь

---

²⁹⁶ Тора, Берешит, 1:1.
²⁹⁷ Пророки, Йермияу, 33:25. «Так сказал Творец: "Если бы не союз Мой днем и ночью, не установил бы Я законов неба и земли"».
²⁹⁸ См. Зоар, главу Берешит, часть 1, п. 358, со слов: «Поэтому рабби Шимон говорит...»

такого-то с таким-то». Это и есть миры, которые Он творит, ибо каждое соединение (зивуг) является миром.

280) Сказано: «После этих событий было слово Творца к Авраму в видении»[285]. Эти события – слова Торы[299], как сказано: «Эти слова говорил Творец»[300]. Как там – это слова Торы, так и здесь – слова Торы. Смысл сказанного: после того, как человек приложил старания в этом мире, в этих словах, Творец извещает душу и встречает ее миром. Сказано об этом: «Не бойся, Аврам, Я – защитник твой»[285] – защищу тебя от всех дурных свойств преисподней.

281) «А награда твоя очень велика»[285], поскольку каждый, кто занимается Торой в этом мире, удостаивается и получает наследие и удел в мире будущем, как сказано: «Наследство любящим меня – есть»[301]. «Есть (ש)» – это будущий мир. «И сокровищницы их наполню» – в этом мире, богатством и всеми благами мира. Кто идет направо, удостаивается будущего мира. А кто идет налево, удостаивается богатства в этом мире.

282) Рабби Аба, придя из Вавилона, провозгласил: «Кто желает богатства и кто желает долгих дней в будущем мире, пусть пойдет и займется Торой!» Сошелся к нему весь мир, чтобы заниматься Торой.

Один холостяк, человек неженатый, жил у него по соседству. Однажды он пришел к нему и сказал: «Я хочу изучать Тору, чтобы обрести богатство». Сказал ему рабби Аба: «Разумеется, ты удостоишься богатства с помощью Торы». И он сидел и занимался Торой.

283) По прошествии какого-то времени он сказал: «Рабби, где же богатство?» Подумал рабби Аба: «Это означает, что он не действует во имя небес» и зашел к себе в комнату, чтобы собраться с мыслями, как быть с ним. Услышал какой-то голос, говорящий: «Не наказывай его, ибо станет он великим

---

[299] В данном случае на иврите «события» и «слова» обозначаются одним словом: דברים.
[300] Тора, Дварим, 5:18.
[301] Писания, Притчи, 8:21. «Наследство любящим меня – есть, и сокровищницы их наполню».

человеком». Вернулся к нему и сказал: «Сядь, сын мой, сядь, и я дам тебе богатство».

284) Тем временем зашел какой-то человек, и в руках его – золотой сосуд. Представил его взорам, и свет его озарил дом. Сказал: «Рабби, я хочу удостоиться Торы. Сам я не удостоился понять Тору, и ищу я, кто бы мог заниматься Торой за меня. Ибо есть у меня большое богатство, оставленное мне отцом, который, сидя за столом, расставлял на нем тринадцать золотых бокалов. А я хочу удостоиться заповеди изучения Торы, и я даю за это богатство».

285) Сказал (рабби) неженатому человеку: «Занимайся Торой, и этот человек даст тебе богатство». Дал ему этот человек золотой бокал. Сказал о нем рабби Аба: «Не сравнимы с ней ни золото, ни стекло, и не выменять ее за сосуд из червонного злата»[302]. Сел он и занялся Торой, а тот человек давал ему богатство.

286) Со временем овладело им изнутри страстное влечение к Торе. Однажды сидел он и плакал. Застал его рав плачущим и спросил: «О чем ты плачешь?» Он ответил: «Что же я отдаю за это богатство – жизнь в будущем мире! Не хочу я больше учиться для этого человека, а хочу удостоиться Торы для себя». Подумал рабби Аба: «Теперь видно, что он действует уже во имя небес».

287) Позвал он того человека и сказал ему: «Возьми свое богатство и отдай его сиротам и бедным. А я дам тебе больший удел в Торе из всего, что мы изучаем», и вернул ему золотой бокал. Ибо нет лучшей награды в мире, чем возможность заниматься Торой. И не нужно за нее ничего взамен, как сказано: «Не сравнимы с ней ни золото, ни стекло, и не выменять ее за сосуд из червонного злата»[302].

288) «После этих событий было слово Творца к Авраму в видении»[285]. Каждый раз, когда Тора говорит: «в видении (ба-махазэ במחזה)», речь идет об имени, раскрывшемся праотцам, – имени Шадай (שדי). Сказано: «Являлся Я Аврааму, Ицхаку и Яакову Владыкой Всемогущим (Эль Шадай)»[292], а также

---

[302] Писания, Иов, 28:17.

сказано: «Видит явление Всемогущего (Шадай)»[291]. Это и есть тот образ, в котором видны все высшие образы, подобно зеркальному стеклу, в котором видны все формы. И всё едино – образ и видение. Они – единое целое, только одно – перевод, а другое – святой язык.

289) Множество арамейских слов есть в Торе. И потому Онкелос получил разрешение перевести Тору тем языком, который Творец раскрыл в Торе. Язык этот непонятен ангелам высшего, и они не понимали его, когда Творец говорил с Авраамом.

290) Почему же Творец говорил с Авраамом на языке, который не понимали ангелы? Дело в том, что Авраам не был обрезан, был с необрезанной крайней плотью. И потому разговор шёл на языке перевода, непонятном для ангелов. Так же и о Биламе сказано: «Видит явление Всемогущего (Шадай)»[291]. Слово «видит (йехезэ́ יחזה)», относящееся к арамейскому языку, было непонятно ангелам-служителям, чтобы те не могли сказать, что Творец говорил с этим необрезанным нечестивцем. Ибо святые ангелы не нуждаются в языке перевода, и потому они не знали, что Творец говорил с Биламом.

291) Разве ангелы не знают языка перевода? Ведь Гавриэль обучил Йосефа семидесяти языкам, а перевод – это один из семидесяти языков. Они знают, но не беспокоятся за него и не следят за ним, ибо язык этот противен им более всех языков.

292) Но если он противен ангелам высшего, то почему Онкелос перевёл этим языком Тору, а Йонатан бен Узиэль – Писание? Однако же он противен только им (ангелам), и должно быть так, чтобы высшие ангелы не возревновали Исраэль. Нам же он не противен. А потому перевели Тору и Писание этим языком, и он не противен. Ведь в нескольких местах Торы написал Творец этим языком.

293) Из-за того, что он скрыт от высших святых ангелов, он и Аврааму раскрылся скрытым путём, дабы не обратили на него взор святые ангелы и не было у них предлога для обвинения в том, что Творец раскрылся человеку необрезанному.

294) Когда же Он раскрылся ему явно пред высшими ангелами? Когда дал ему знак святого союза. Тогда сказано: «И

говорил с ним Всесильный, сказав...»³⁰³ Всесильный (Элоким) – это святое имя. Здесь не сказано: «в видении», а приводится проявленное имя – Элоким.

295) «Сказав» означает – сказав и провозгласив на всех языках, т.е. Творец говорил с Авраамом так, чтобы это больше не было скрыто от ангелов. Причем не другим языком, т.е. перевода, а языком, на котором говорят все, – дабы они могли рассказать друг другу и не было бы у них повода для обвинений. Поэтому сказано: «И говорил с ним Всесильный, сказав...» Всесильный (Элоким), а не «в видении», ибо Он включил его в знак святого союза и приблизил его к Себе.

296) И потому не была дана ему буква «хэй ה», т.е. Шхина, пока он не сделал обрезание, так как она зовется подлинным союзом. И поэтому, когда он вступил в союз, в имя его была включена буква «хэй ה», как сказано: «Я – вот, союз Мой с тобою: ты будешь отцом множества народов. И не будешь ты больше называться Аврамом (אברם), но будет тебе имя Авраам (אברהם)»³⁰³.

---

[303] Тора, Берешит, 17:3-5. «И Аврам пал ниц, и говорил с ним Всесильный, сказав: "Я – вот, союз Мой с тобою: ты будешь отцом множества народов. И не будешь ты больше называться Аврамом, но будет тебе имя Авраам"».

Рабби Хия отправляется проведать рабби Эльазара

297) Рабби Хия отправился проведать рабби Эльазара. Повстречался ему рабби Хагай, спросил его: «Куда мой господин держит путь, проложенный перед ним?» Сказал ему (рабби Хия), что идет проведать рабби Эльазара. Сказал ему (рабби Хагай): «Я тоже пойду с тобой». Ответил ему (рабби Хия): «Если сумеешь понять разум и смысл того, что услышишь. А если нет, то возвращайся назад». Сказал ему (рабби Хагай): «Пусть не беспокоится мой господин об этом, много тайн Торы слышал я и смог справиться с ними».

298) Сказано: «Приношение Мне, хлеб Мой для возжиганий Мне»[304]. «Приношение Мне» – это жертва плоти, которая приносится, чтобы кровью жертвы искупить кровь человека, плотью жертвы – плоть человека. Ибо все жертвы приносятся только за плоть, т.е. для того, чтобы искупить плоть.

299) Если согрешил человек, в чем грех животного, о котором Творец сказал: «Когда человек принесет от вас жертву Творцу, то из животных»[305]? Однако же Творец создал дух человека и дух животного, и отделил их друг от друга. И потому сказано: «Дух сынов человеческих, который возносится ввысь, и дух животного, который нисходит вниз»[306], и они отделяются друг от друга.

300) Прежде чем согрешил Адам, «сказал Всесильный: "Вот, Я дал вам всякую траву семяносную"»[307]. Сказано: «Вам это будет в пищу»[307], но не более того, и не разрешалось есть животных. Когда же (Адам) согрешил и дурное начало вошло

---

[304] Тора, Бемидбар, 28:2. «Приношение Мне, хлеб Мой для возжиганий Мне, аромат благоухания Мне приносите строго в свое время».
[305] Тора, Ваикра, 1:2. «Когда человек принесет от вас жертву Творцу, то из животных, из крупного или мелкого скота, приносите жертву вашу».
[306] Писания, Коэлет, 3:21. «Кто знает дух сынов человеческих, который возносится ввысь, и дух животного, который нисходит вниз, в землю».
[307] Тора, Берешит, 1:29. «Сказал Всесильный: "Вот, Я дал вам всякую траву семяносную, какая на всей земле, и всякое дерево, у которого плод древесный, семяносный, вам это будет в пищу"».

в его тело и во все его порождения, (Творец) совершил над ними суд – навел на них потоп.

301) А затем явился Ноах и, увидев, что тело создано в месте дурного начала, принес жертву, как принес Адам. Сказано: «И обонял Творец аромат благоухания, и сказал Творец в сердце Своем: "Не буду больше проклинать землю за человека, ибо побуждение сердца человека дурно с юности его»[308]. Творец постановил так: отныне и впредь, поскольку тело уже вобрало в себя дурное начало, пусть наслаждается, сколько хочет, и ест мясо. И сказал: «Как зелень травяную даю вам всё»[309].

302) Когда человек ест мясо, его плоть наслаждается этой плотью, и они смешиваются между собой – плоть человека и плоть животного – и тело растет от нее. И из-за наслаждения, которое тело получает, вкушая плоть, оно совершает многочисленные прегрешения. Сказал Творец: «Плоть будет искуплением за тело», – т.е. плоть жертвы, «поскольку ел он плоть, и от нее увеличилась плоть», – в теле, «и из-за нее грешит». «Поэтому, да будет плоть жертвы искуплением за тело». И плоть, т.е. тело, вкушающее плоть, производит в теле кровь, и потому кровь, оставшаяся снаружи, оставшаяся от плоти жертвы, предназначена для искупления крови человека, которая образовалась от этой плоти животного. Сказано об этом: «Ибо кровь душу искупает»[310].

Внутренний смысл сказанного. Необходимо вспомнить то, о чем мы говорили ранее[311]. И мы выяснили, что кли «плоти» в каждом парцуфе является неполным, потому что Создатель исправил лишь ВАК кли «плоти» для привлечения ВАК света хая, т.е. для свечения снизу вверх; а ГАР кли «плоти», т.е. привлечение света сверху вниз, еще пребывают в разбиении, представляя собой клипот и нечистую сторону, которые не будут исправлены до конца исправления. И в этом смысл запрета

---

[308] Тора, Берешит, 8:21. «И обонял Творец аромат благоухания, и сказал Творец в сердце Своем: "Не буду больше проклинать землю за человека, ибо побуждение сердца человека дурно с юности его"».

[309] Тора, Берешит, 9:3. «Всё движущееся, что живет, будет вам для еды, как зелень травяную даю вам всё».

[310] Тора, Ваикра, 17:11. «Потому что душа тела – в крови, и Я предназначил ее вам для жертвенника, на искупление душ ваших, ибо кровь душу искупает».

[311] См. Зоар, главу Ноах, п. 130.

Древа познания, ведь (Адам) привлек света́ сверху вниз, чтобы восполнить ГАР кли «плоти»[311]. А смысл жертвоприношений для искупления грехов в том, что посредством МАНа, поднимающегося от жертвы, совершается высший зивуг. В начале нисходит зивуг от этих ГАР де-хая, и они тотчас аннулируются. Но с этого момента и до того, как они аннулируются, клипот получают наполнение, и посредством этого отделяются от святости[311].

Это означает, что Творец создал дух человека и дух животного, и отделил их друг от друга. И потому сказано: «Дух сынов человеческих, который возносится ввысь, и дух животного, который нисходит вниз»[306], и они отделяются друг от друга. Ибо только свойство человека становится исправленным для святости, и придается ему живой дух, чтобы светить снизу вверх. А дух животного опускается вниз, так как склонен получать только сверху вниз, в свойстве ГАР «плоти». Прежде чем согрешил Адам, «сказал Всесильный: "Вот, Я дал вам всякую траву семяносную"»[307]. Сказано: «Вам это будет в пищу», но не более того. То есть была позволена ему только трава, а не плоть, потому что дух животного опускается вниз, и плоть животного может повредить ему и ввести его в грех, и он тоже притянет наполнение сверху вниз, как в случае с Древом познания.

Когда же (Адам) согрешил и дурное начало вошло в его тело и во все его порождения, (Творец) свершил над ними суд – наслал на них потоп. А затем явился Ноах и, увидев, что тело создано в месте дурного начала, принес жертву, как принес Адам. Ведь после того как клипот пристали к телу вследствие вкушения от Древа познания, – т.е. у них всегда есть сила ввести его в грех, – нет иного исправления, кроме принесения жертвы. Посредством жертвоприношения, к силам скверны сверху вниз привлекается наполнение, относящееся к ним, и тогда они сразу отделяются от тела человека[311]. И после принесения жертвы, он может поднять МАН и совершить исправление, такое же, как при жертвоприношении, когда и сам будет есть мясо животного. И с помощью зивуга, который вызывает наверху своим вкушением, он отделяет клипот, как при жертвоприношении, о чем сказано: «Это стол, что пред Творцом»[312].

---

[312] Пророки, Йехезкель, 41:22. «Жертвенник деревянный в три локтя высотой и длиной в два локтя; и углы его, и верхняя доска его, и стены его – деревянные. И сказал он мне: "Это стол, что пред Творцом"».

И это означает сказанное: «Творец постановил так: отныне и впредь, поскольку тело уже вобрало в себя дурное начало, пусть наслаждается, сколько хочет, и ест мясо» – поскольку дурное начало, т.е. привлечение наполнения сверху вниз, уже вошло в тело, вкушение плоти животного больше не испортит его. И даже наоборот, если тело будет наслаждаться как подобает, т.е. поднимет МАН при вкушении, как при жертвоприношении, то отделит этим дурное начало от тела. И поэтому Творец разрешил телу наслаждаться, сколько хочет.

И поэтому сказано: «Когда человек ест мясо, его плоть наслаждается этой плотью, и они смешиваются между собой – плоть человека и плоть животного – и тело растет от нее», – ведь в результате смешения плоти животного и плоти человека, он поднимает МАН для высшего зивуга. В начале этого зивуга нисходят ГАР, которых недостает телу, и прежде чем зивуг прекратится, его получает также тело человека и растет от него, т.е. получает исправление для ГАР, недостающих плоти тела, так же как во время жертвоприношения. Поэтому сказано: «И тело растет от нее», т.е. получает гадлу́т. Однако если он не ест в святости и очищении, и его вкушение не сходно с жертвоприношением, тогда плоть животного, которую он ест, портит его еще больше. И потому сказано, что «из-за наслаждения, которое тело получает, вкушая плоть, оно совершает многочисленные прегрешения».

И все же разрешено ему есть, так как сказал Творец, что плоть жертвы будет искуплением за тело, т.е. нет другого искупления за грех с Древом познания, кроме плоти, которую человек ест в очищении. И потому сказано: «Поскольку ел он плоть, и от нее увеличилась плоть» – в теле. Если человек ест в очищении, плоть тела увеличивается от полноты зивуга в начале его. И сказано: «И из-за нее грешит» – т.е. если он ест не в очищении, то портит еще больше и грешит из-за нее. «Поэтому, да будет плоть жертвы искуплением за тело», – т.е. и после того, как он согрешил в силу вкушения плоти, нет иного исправления, искупающего тело, кроме как есть плоть в очищении.

Однако сама плоть животного не смешивается с телом человека, взращивая его, поскольку дух животного, опускающийся вниз, смешивался бы из-за этого с духом человека. А потому было произведено исправление, при котором плоть животного обращается в кровь в теле человека, и от нее растет тело человека, а не от плоти. И есть дополнительное исправление – нельзя употреблять в пищу кровь. А также исправление – окроплять (кровью) жертвенник, и это искупает кровь, образовавшуюся от плоти животного и находящуюся внутри тела. Поэтому кровь животного, оставшаяся снаружи, – это кровь, которую нельзя есть. Сказано о ней: «На землю выливайте ее, как воду»[313]. И она остается вне тела человека и предназначена для искупления крови человека, образовавшейся от этой плоти животного, т.е. она искупает образовавшуюся от плоти животного кровь, которая осталась в теле человека.

303) Сказано: «Приношение Мне, хлеб Мой для возжиганий Мне, аромат благоухания Мне»[304]. И сказано: «Приносите жертву вашу»[305]. «Приношение Мне» и «жертва ваша» – чем одно отличается от другого? «Приношение Мне» – это мирная жертва, приносимая за мир. «Жертва ваша» – это грехоочистительная и повинная жертва, приносимые за грех и вину. Таким образом, «приношение Мне» – это плоть, «хлеб Мой» – хлеб и вино, «аромат» – воскурение, «благоухание» – удовольствие, которое доставляет коэн своим намерением при упоминании во время жертвоприношения святого имени, и левиты намерением при вознесении песни и хвалы во время жертвоприношения.

304) «Мне приносите строго в свое время»[304]. «В свое время» – это указывает на желание, царящее в этот час, т.е. во время жертвоприношения, желание, которое пребывает тогда наверху, в Нукве.

305) Когда приносится жертва, все миры получают часть от нее, клипот рассеиваются во все стороны, ЗОН сближаются и сливаются в единстве, и лампады, т.е. высшие ступени, изливают свет. И провозглашается благоволение и дружелюбие во всех мирах. И Творец пребывает в полном единстве, как подобает.

306) Престол на трех опорах – что представляет собой каждая из них? Недаром сказал царь Давид, являющийся

---

[313] Тора, Дварим, 12:16. «Только крови не ешьте; на землю выливайте ее, как воду».

четвертой опорой престола: «Камень, отвергнутый строителями...»³¹⁴, намекнув тем самым и на три опоры, предшествовавшие Давиду, т.е. ХАГАТ. Где же эти строители отвергли Давида, как сказано: «Камень, отвергнутый строителями...»?

307) «Сыновья матери моей иссушили меня»³¹⁵. Царь Шломо сказал это о царе Давиде, которого отвергли его братья. И этот намек наводит на ответ. Давид сказал: «Камень, отвергнутый строителями...», когда у него были мохин обратной стороны, и братья в это время отвергли его.

308) Почему Творец посчитал, что лучше дать царство (Малхут) Йегуде, нежели всем его братьям? Однако же буквы святого имени Творца были начертаны в нем, ибо есть имя АВАЯ (הויה) в имени Йегуда (יהודה)³¹⁶. Творец оказал уважение его имени, и потому он унаследовал царство (Малхут). И еще: имя Йегуда (יהודה) состоит из букв святого имени Творца, но буквы «далет ד» в имени АВАЯ (הויה) нет. Буква «далет ד» в имени Йегуда (יהודה) – это царь Давид, который связан с именем Творца более всех жителей мира, как сказано: «Будут искать Творца своего и Давида, царя своего»³¹⁷. Таким образом, Давид связан со святым именем Творца. А кроме того, он – узел тфилин. Давид – это узел тфилин Творца, т.е. Нуква Зеир Анпина. Конечно же, буква «далет ד» в имени Йегуда (יהודה) – это царь Давид. И потому Давид связан со святым именем Творца. Ведь в имени Йегуда (יהודה) есть АВАЯ (הויה), т.е. Зеир Анпин, и есть «далет ד», т.е. царь Давид, Нуква Зеир Анпина.

309) Когда вошли, они сели перед ним. Молчал рабби Эльазар, и они тоже молчали. Вошел рабби Эльазар в свою комнату. Услышал там какой-то голос, сказавший: «Иди и скажи им то, что им нужно, ибо они праведники». Вернулся к ним. Сказал им: «Если кто-то из вас слышал какое-нибудь речение, пусть поведает мне». Ответили ему: «Мы надеемся получить чистое свечение от высшего светоча, а разум поймет».

---

³¹⁴ Писания, Псалмы, 118:22. «Камень, отвергнутый строителями, стал краеугольным».
³¹⁵ Писания, Песнь песней, 1:6.
³¹⁶ В имени Йегуда (יהודה) есть все буквы имени АВАЯ (הויה).
³¹⁷ Пророки, Ошеа, 3:5.

Рабби Хия отправляется проведать рабби Эльазара

310) Заговорил (рабби Эльазар), провозгласив: «А Творец – в чертоге Своей святости. Смолкни пред Ним, вся земля»[318]. Когда пожелал Творец, Бина, сотворить мир, ЗОН, называемые небом и землей, Он углубился в мысль, Хохму, Тору, произвел записи и привлек свет Хохмы к ЗОН, т.е. к небу и земле. Но мир не смог устоять, т.е. они не смогли получить свет из-за силы сокращения и суда, которая была в Малхут.

«Пока Он не создал возвращение – внутренний высший скрытый чертог». «Пока Он не создал возвращение» – т.е. пока не поднял Малхут в Бину. Тогда Бина называется возвращением, так как она уменьшилась до свойства «точка в чертоге». Тем самым подсластилось в Бине свойство суда Малхут, и она стала достойна получить свет Хохмы[319].

311) Когда был сотворен этот чертог по принципу «точка в чертоге», (Творец) взглянул на чертог и сделал пред Собой очертания, т.е. мохин, всего мира. Все свойства мохин происходят отсюда. Когда (Творец) хочет дать ЗОН мохин катнут, Он поднимает «йуд י» в свет (ор אור) чертога, и свет становится воздухом (авир אויר), т.е. мохин де-ВАК и руах. Когда же Он хочет дать ГАР, то выводит «йуд י» из воздуха (авир אויר) чертога, и воздух вновь становится светом (ор אור). Сказано об этом: «Творец – в чертоге Своей святости». Творец – это Бина, «в чертоге Своей святости» – это точка в чертоге.

И сказано: «Смолкни пред Ним, вся земля»[318] – т.е. Он сделал пред Собой записи и очертания всего мира. Записи – это мохин де-ВАК, а очертания – это мохин де-ГАР. «Всего мира» – ЗОН называются миром, и от этого чертога зависят размеры всех мохин.

Пожелал (Творец) сотворить небеса, т.е. Зеир Анпина, – взглянул на первый свет, т.е. на первый чертог, Абу ве-Иму[320], и облекся в него, и сотворил небеса. Сказано об этом: «Окутан светом, как плащом»[321]. А затем сказано: «Простирает небеса, как завесу»[321]. «Йуд י», т.е. Малхут, вошла в свет (ор אור)

---

[318] Пророки, Хавакук, 2:20.
[319] См. Зоар, главу Берешит, часть 1, п. 7.
[320] См. Зоар, главу Берешит, часть 1, п. 3.
[321] Писания, Псалмы, 104:2. «Окутан светом, как плащом, простирает небеса, как завесу».

чертога, и он стал воздухом (авир אויר) и называется тогда окутанным светом. И возникли тогда в Бине два чертога:

1. Первый чертог находится в ГАР Бины и называется высшие Аба ве-Има. Он всегда остается окутанным светом, так как «йуд י» не выходит из воздуха (авир אויר) этого чертога.

2. Второй чертог образовался в ЗАТ Бины и называется ИШСУТ. Желая дать Хохму, (Творец) выводит «йуд י» из воздуха (авир אויר) этого второго чертога, и он вновь становится светом (ор אור). И тогда дает свет Хохмы.

Известно, что Зеир Анпин всегда пребывает в свойстве укрытых хасадим, как Аба ве-Има, первый чертог. И поэтому сказано: «Окутан светом, как плащом», т.е. сначала облекается в укрытый свет от высших Абы ве-Имы, а затем «простирает небеса, как завесу», – это Зеир Анпин, так как Зеир Анпин всегда пребывает в укрытом свете.

312) Взглянул (Творец), чтобы сделать нижний мир – Нукву Зеир Анпина, которой нужен свет Хохмы, не получаемый от первого чертога. Сделал другой чертог – ИШСУТ, в котором «йуд י» выходит из воздуха (авир אויר) и входит в него. И исходя из него, взглянул и начертал пред Собой все миры внизу, т.е. все свойства мохин, которые им нужны, и сотворил их. Сказано об этом: «в чертоге Своей святости» – во втором чертоге.

«Смолкни (хас הס) пред Ним, вся земля»[318] – шестьдесят пять (хас הס) принимаются от Него. Число 65 (הס) Он начертал пред Собой – это число точек, т.е. сфирот, во всем мире, Нукве. Всего их шестьдесят пять точек согласно числовому значению букв «хэй-самэх הס». Шестьдесят – это шесть сфирот ХАГАТ НЕХИ, каждая из которых состоит из десяти. А пять – это половина Малхут, которой недостает пяти последних сфирот, расположенных ниже хазе[322]. Все эти шестьдесят пять точек Нуквы Он начертал пред Собой и передал ей в тот момент, когда сотворил мир, т.е. Нукву.

Когда речь идет о том, что Нуква получает от пятидесяти врат Бины, тогда в ней насчитывается сорок пять видов светов[322]. Здесь же насчитывается шестьдесят пять точек, поскольку речь идет о том, что она получает от семи нижних сфирот

---

[322] См. Зоар, главу Берешит, часть 2, п. 269, со слов: «Но ведь сказано...»

ХАГАТ НЕХИМ. И поэтому слава Творца, Шхина, есть лишь у тех, кто знает Его стези и идет ими путем истинным, как подобает. Иначе говоря, они не пробудят зивуг в месте от хазе Малхут и ниже, так как из-за недостатка пяти вышеупомянутых точек там нет места зивуга.

Благословите Творца, ангелы Его

315)³²³ «Благословите Творца, ангелы Его, исполняющие реченное Им, чтобы услышать голос речения Его»³²⁴. Счастливы Исраэль более всех остальных народов мира, ибо Творец избрал их из всех остальных народов, сделав их Своей долей и уделом. И потому дал Он им святую Тору, так как все они пребывали в едином желании на горе Синай и предварили действие услышанию, сказав «сделаем» прежде, чем «услышим»³²⁵.

316) После того, как они предварили действие услышанию, Творец призвал ангелов и сказал им: «До сих пор вы были предо Мною единственными в мире. Отныне и далее, вот, Мои сыновья на земле – товарищи вам во всем. Нет у вас права освящать Мое имя, пока Исраэль не соединятся с вами на земле. И тогда все вы вместе станете товарищами, чтобы освящать Мое имя». Потому что они предварили действие услышанию, подобно тому, как высшие ангелы делают на небосводе. Поэтому сказано вначале: «Благословите Творца, ангелы Его, исполняющие реченное Им»³²⁴, а затем: «чтобы услышать голос речения Его»³²⁴.

317) «Благословите Творца, ангелы Его»³²⁴ – это праведники на земле, которые так же важны Творцу, как и высшие ангелы на небосводе, потому что они «сильные воины», т.е. пересиливают свое начало, подобно воину, одолевающему врагов своих. «Чтобы услышать голос речения Его»³²⁴ – они каждый день удостаиваются услышать голос из высей и в любое время, когда они нуждаются в этом.

318) Кто сможет сравниться с ними, с этими высшими святыми? Счастливы те, кто может устоять пред ними. Счастливы те, кто может спастись от них. Управление Творца над ними (вершится) ежедневно. Как же нам устоять пред ними? И потому

---

³²³ Пункты 313 и 314 в данной редакции текста не приводятся.
³²⁴ Писания, Псалмы, 103:20. «Благословите Творца, ангелы Его, сильные воины, исполняющие реченное Им, чтобы услышать голос речения Его».
³²⁵ Тора, Шмот, 24:7. «И взял книгу союза, и прочитал вслух народу, и сказали они: "Все, что говорил Творец, сделаем и услышим!"»

Благословите Творца, ангелы Его

сказано: «Счастлив избранный Тобой и приближенный к Тебе, обитающий во дворах Твоих»[326]. И сказано: «Счастлив человек, чья сила в Тебе»[327].

---

[326] Писания, Псалмы, 65:5.
[327] Писания, Псалмы, 84:6.

И сказал Аврам: «Что Ты дашь мне?»

319) «Я – защитник твой»³²⁸. «Я (אנכי)» – это первая ступень, за которую Авраам взялся вначале. «И сказал Аврам: "Господин мой, Творец (АВАЯ), что Ты дашь мне?"»³²⁹ Господин мой (Адонай אדני) с наполнением – это «алеф אלף», «далет דלת», «нун נון», «йуд יוד», т.е. Нуква. Творец (АВАЯ הויה) написано с огласовкой Элоким, и это АВАЯ с таким наполнением – это «йуд יוד», «хэй הי», «вав ואו», «хэй הי», т.е. Бина. По какой причине два этих имени названы в одном изречении? Речь идет о соединении двух миров: высшего и нижнего. Господин мой (Адонай אדני) – это нижний мир, Нуква; а Творец (АВАЯ הויה) с огласовкой Элоким – это высший мир, Бина. В этом изречении оба они соединились друг с другом.

320) «Что Ты дашь мне? Ведь я отхожу бездетный»³²⁹ – т.е. у меня нет сына. А каждый, у кого нет сына в этом мире, зовется бездетным. Почему же Авраам сказал: «Что Ты дашь мне?» – словно он не верил в Творца?

321) Однако же сказал ему Творец: «Я – защитник твой»³²⁸ – в этом мире, «а награда твоя очень велика»³²⁸ – в мире будущем. Сразу пробудилась мудрость в Аврааме и сказал: «Что Ты дашь мне?»³²⁹ Ведь я знаю, что человек, не породивший сына, не получит награды, с которой придет в будущий мир. И потому он сказал: «Что Ты дашь мне? Ведь я отхожу бездетный»³²⁹. Не дашь же Ты мне то, чего я не удостоился? Отсюда следует, что человек, не удостоившийся сыновей в этом мире, не удостаивается в будущем мире вступить в пределы Творца.

322) А Авраам видел с помощью науки звезд, что он не породит. И сказано: «Вывел (Творец) его наружу, и сказал: "Посмотри-ка на небо и сосчитай звезды"»³³⁰. Сказал ему

---

[328] Тора, Берешит, 15:1. «После этих событий было слово Творца к Авраму в видении такое: "Не бойся, Аврам, Я – защитник твой, а награда твоя очень велика"».

[329] Тора, Берешит, 15:2. «И сказал Аврам: "Господин мой, Творец АВАЯ, что Ты дашь мне? Ведь я отхожу бездетный, а домоправитель мой – это Элиэзер из Дамаска"».

[330] Тора, Берешит, 15:5. «И вывел Он его наружу, и сказал: "Посмотри-ка на небо и сосчитай звезды. Сумеешь счесть их?" И сказал Он ему: "Таково будет потомство твое"».

И сказал Аврам: «Что Ты дашь мне?»

Творец: «Не смотри на науку звезд, лишь благодаря постижению Моего имени, т.е. Нуквы, будет у тебя сын», как сказано: «Таково будет потомство твое»³³⁰. «Таково (Ко כֹה)» – это постижение святого имени; оттуда у него была связь с сыном, а не от нечистой стороны, т.е. идолопоклонства.

323) Ко – это врата для принятия молитвы, т.е. Нуква, в которой человек найдет благословение и получит ответ на свою просьбу. Ко – это сторона, исходящая от Гвуры (преодоления), т.е. Нуква, которая строится от левой линии, Гвуры. Ибо от стороны Гвуры родился Ицхак, и эта сторона Гвуры зовется Ко. И оттуда появляются ростки и плоды в мире, а не от нижней стороны – звезд и созвездий.

324) И тогда «он поверил Творцу»³³¹, т.е. слился наверху в святости с именем Ко (כֹה), а не слился внизу с нечистой стороной. Он поверил Творцу, а не звездам и созвездиям. Он поверил Творцу, который обещал ему, что награда его весьма велика в будущем мире. Он поверил в Творца – в ту ступень, которая была дана ему, т.е. в имя Ко. Он поверил, что оттуда получит возможность породить потомство в мире.

325) «И Он засчитал ему это в праведность», т.е. засчитал этому имени Ко, хотя оно и представляет собой суд, – засчитал ему, как будто оно представляет собой милосердие.

Другое объяснение слов «Он засчитал ему это в праведность»: он провел связь, чтобы объединить высшую (ступень), т.е. Бину, с нижней, т.е. с Нуквой, – соединить их между собой. Нуква зовется справедливостью. А объединившись в одно целое с Биной, она привлекает от нее первую «хэй ה» имени АВАЯ (הויה). И тогда называется Нуква праведностью (цдака́ צדקה), и это справедливость (це́дек צדק) с буквой «хэй ה» от Бины. «Он засчитал ему это в праведность» – он связал высшего с нижним, и теперь это было засчитано ему в имени, т.е. «праведность (цдака́ צדקה)».

326) Авраам (אברהם) с буквой «хэй ה» порождает потомство, а Аврам (אברם) не порождает. Но ведь он породил Ишмаэля,

---

³³¹ Тора, Берешит, 15:6. «И он поверил Творцу, и Он засчитал ему это в праведность».

еще будучи Аврамом. Однако того сына, которого обещал ему Творец, он не породил, будучи Аврамом. Пока был Аврамом, он породил только внизу – Ишмаэля. Когда же нарекся Авраамом и вступил в союз, породил наверху, в святости. Поэтому Аврам порождает не в высшей связи, а внизу; тогда как Авраам порождает (сына), как сказано, установив связь наверху с Ицхаком.

Кто всемогущ, кроме Творца, и кто твердыня, кроме Всесильного нашего

327) Царь Давид сказал: «Кто всемогущ, кроме Творца, и кто твердыня, кроме Всесильного нашего?»[332] «Кто всемогущ, кроме Творца» – кто из всех правителей или повелителей способен что-то сделать, кроме Творца? Наоборот, они делают все лишь по указанию Творца, поскольку не вольны решать сами и не могут что-либо сделать. «Кто твердыня» – кто обладает такой силой, чтобы сам мог явить влияние и могущество, «кроме Всесильного нашего?» – напротив, все в руках Творца и они не могут делать ничего иначе, как с Его ведома.

328) Другое объяснение слов: «Кто всемогущ, кроме Творца?» Всё находится во власти Творца, а не так, как это представляется в картине звезд и созвездий, которые показывают одно, а Творец это делает в ином виде. «Кто твердыня (цур צור), кроме Всесильного нашего?» Нет живописца (цая́р צייר), подобного Творцу. Он совершенный художник, создающий и вырисовывающий одну форму внутри другой, т.е. плод в чреве матери, и завершающий эту форму во всех ее исправлениях, и вносящий в нее высшую душу (нефеш), подобную высшему исправлению.

329) Посредством семени человека, когда пробуждается его желание к Нукве, и Нуква пробуждается к нему, и оба они соединяются воедино, происходит от них один сын, состоящий из двух единых форм. И потому должен человек освящать себя в это время, чтобы форма эта находилась в совершенной картине, как подобает.

330) Как велики деяния Творца. Ведь искусство изображения человека подобно искусству изображения мира. Иными словами, человек содержит в себе всё деяние мира и называется малым миром. Каждый день Творец творит мир, осуществляя

---

[332] Писания, Псалмы, 18:32. «Кто всемогущ, кроме Творца, и кто твердыня, кроме Всесильного нашего?»

зивугим для каждого, как ему полагается. Это и значит творить миры. Он изобразил форму каждого, прежде чем они пришли в мир.

331) Сказано: «Вот книга порождений Адама»[333]. Разве у него была книга? Однако же Творец показал первому человеку каждое поколение и его проповедников. Как же Он показал ему все формы? Он показал ему их не в духе святости, пока им только предстоит прийти в мир, не так, словно человек глядит с мудростью, чтобы узнать то, чему предстоит прийти в мир, но (Адам) видел их всех воочию, в той форме, которую им предстоит принять в мире. Ибо со дня сотворения мира все души (нефашот), которым предстоит возродиться в людях, стоят пред Творцом в той самой форме, которую им предстоит принять в мире.

332) Так же и все праведники: после того как они покидают этот мир, все их души поднимаются. И Творец подготавливает там для каждого другую форму облачения, подобную той, в какую они были облачены в этом мире. И потому все души находятся пред Ним. И Адам видел их воочию.

333) Но ведь возможно и такое, что после того как он увидел их, они прекратили свое существование и исчезли? Однако, все деяния Творца существуют и стоят пред Ним, пока не приходит их время опуститься в мир. Сказано об этом: «И с теми, кто стоит здесь с нами сегодня, и с теми, кого нет здесь с нами сегодня»[334]. Иначе говоря, все люди, которым предстоит пребывать в мире, находились там.

334) Сказано: «И с теми, кого нет здесь с нами сегодня». То есть лишь те, кто родится от стоящих там. И потому не сказано: «стоит с нами сегодня» – это означало бы, что они стоят там с ними. Но сказано: «И с теми, кого нет здесь с нами сегодня» – это значит, что их нет с ними. Однако же, разумеется, все они стояли там, но, поскольку не были видны взору, то уточняет

---

[333] Тора, Берешит, 5:1. «Вот родословная (досл. книга порождений) Адама: в день сотворения Всесильным человека по подобию Всесильного Он создал его».

[334] Тора, Дварим, 29:14. «И с теми, кто стоит здесь с нами сегодня пред Творцом нашим, и с теми, кого нет здесь с нами сегодня».

Писание: «С нами сегодня» – т.е. хотя их и не видно. И потому нельзя было сказать: «Стоит с нами сегодня».

335) По какой причине они не были видны здесь, на горе Синай, как были видны Адаму, который видел их воочию? Ведь при даровании Торы всем поколениям еще более подобает быть видимыми воочию? Однако при даровании Торы Исраэлю, они видели и созерцали воочию иной образ и высшие ступени. Они стремились смотреть и видеть величие своего Владыки, и потому видели лишь высшее величие Творца, и никого другого, кроме Него.

336) Таким образом, все люди, которым предстоит пребывать в мире, стоят пред Творцом в тех самых формах, которые им предстоит принять. Сказано: «Бесформенным видели меня глаза Твои, и в книгу Твою все записаны будут»[335]. «Бесформенным видели меня глаза Твои»: в чем смысл того, что Творец видел (Давида) бесформенным? Дело в том, что другая высшая форма, стоявшая пред Ним до сотворения мира, была подобна ей. И потому Он видел ее. «И кто твердыня (цур צור), кроме Всесильного нашего?»[332] – т.е. найдется ли живописец (цаяр ציר), который смог бы изобразить всё, подобно Творцу.

337) «Кто всемогущ»[332]. Нуква, зовущаяся Всемогущим (Эль אל), – это совокупность всего, так как она включает все ступени: и ступени правой линии, т.е. хасадим, и ступени левой линии, т.е. гвурот. Объяснение. Писание говорит о времени, когда АВАЯ-Элоким соединены, как сказано: «Творец (АВАЯ) – Он Всесильный (Элоким)»[336]. Тогда Нуква включает все ступени справа и слева. Свою правую линию она получает от АВАЯ, а левая линия в ней – ее собственное свойство, имя Элоким. Сказано: «Кто всемогущ»[332] – это Нуква в своей правой линии. «Кроме Творца (АВАЯ)»[332] – она получает от имени АВАЯ, Зеир Анпина. «И кто твердыня»[332] – это Нуква в своей левой линии. «Кроме Всесильного нашего»[332] – это собственное свойство Нуквы, называющееся «Всесильный наш».

Но ведь имя Эль – это другая ступень, не относящаяся к правой линии, поскольку сказано: «Всемогущий (Эль) гневается

---

[335] Писания, Псалмы, 139:16.
[336] Тора, Дварим, 4:35. «Творец – Он Всесильный, нет никого кроме Него».

каждый день»³³⁷. А значит, свойство имени Эль – это гнев и гвурот (преодоление)? «Кто всемогущ, кроме Творца (АВАЯ)»³³² – здесь Нуква не одна, а соединена с АВАЯ, с Зеир Анпином, в зивуге, который никогда не прекращается. Писание говорит о том времени, когда ЗОН поднялись и облачили высших Абу ве-Иму. И тогда они пребывают в зивуге, который никогда не прекращается, подобно Абе ве-Име. Ведь нижний, поднявшийся к высшему, становится подобным ему.

И об этом сказано: «Кто всемогущ, кроме Творца, и кто твердыня, кроме Всесильного нашего?» Ибо твердыня, т.е. левая линия Нуквы, не одна, а всё тут едино, как сказано: «Знай же ныне и возложи на сердце свое, что Творец (АВАЯ) – Он Всесильный (Элоким)»³³⁸. Когда ЗОН поднимаются и облачают Абу ве-Иму, тогда создается это единство «Творец (АВАЯ) – Он Всесильный (Элоким)». И тогда все ступени включены в Нукву: правая линия – это имя Эль (Всемогущий), а левая линия – это имя Цур (твердыня), и они слиты воедино. А слова «Всемогущий (Эль) гневается каждый день» относятся к Нукве, находящейся на своем месте, до ее подъема в Абу ве-Иму, – когда в ней постоянно пребывают гвурот³³⁹.

---

[337] Писания, Псалмы, 7:12. «Всесильный судит праведника, и Всемогущий гневается каждый день».
[338] Тора, Дварим, 4:39. «Знай же ныне и возложи на сердце твое, что Творец – Он Всесильный на небесах, вверху, и на земле, внизу; нет иного».
[339] См. «Предисловие книги Зоар», п. 129, там эта фраза объясняется по-другому.

Видение Всемогущего и просто видение

338) Пока Авраам не сделал обрезания, Творец говорил с ним только в видении, что означает Нукву на своем месте. О ней сказано: «Всемогущий гневается каждый день»[337]. И сказано: «Было слово Творца к Авраму в видении»[340]. Это значит, в том отображении, Нукве, представляющем собой ступень, на которой видны все формы, все три линии: правая, левая и средняя. И видение – это ступень союза, т.е. Нуква, в которой светит союз.

339) Нуква называется видением, поскольку это – отображение, в котором видны все формы. Но ведь раньше было сказано, что пока Авраам не сделал обрезания, (Творец) говорил с ним только со ступени видения, над которой не царят другие ступени. А теперь говорится, что видение – это отображение, содержащее в себе все высшие ступени. Почему же до того, как он сделал обрезание, «было слово Творца к Авраму в видении»?

340) Ступень эта, конечно же, является отображением всех высших ступеней, и в отображении высших ступеней она была установлена. Также и в то время, когда Авраам не был обрезан, эта ступень находилась в отображении высших ступеней, и устанавливалась во всех цветах высших ступеней. А также это отображение тех цветов, что находятся под ней, под Нуквой. Справа – белый цвет, Хесед. Слева – красный цвет, Гвура. Цвет, включающий все цвета, – зеленый, Тиферет. И зовется Нуква видением, отображением всех высших цветов, – белого, красного и зеленого, – находящихся над ней.

И над этим, в этом отображении, представал (Творец) Аврааму и говорил с ним, хотя он и не был обрезан. Когда же он сделал обрезание, сказано: «Явился ему Творец (АВАЯ)»[341], так как имя АВАЯ соединилось с этим отображением, т.е. включились

---

[340] Тора, Берешит, 15:1. «После этих происшествий было слово Творца к Авраму в видении, и сказано так: «Не бойся, Аврам, Я щит тебе; награда твоя весьма велика».

[341] Тора, Берешит, 18:1.

в него (в отображение) сами высшие ступени. Тогда как до обрезания в него были включены только цвета.

341) «Видение Всемогущего (Шадай)»[342] – сказано о Биламе. А об Аврааме сказано просто «видение». «Видение Всемогущего» – это цвета́, что под Нуквой, представляющие собой ее отображение. А просто видение – это «хэй ה» имени АВАЯ (הויה), т.е. Нуква, в которой видны все высшие формы – три цвета. И потому сказано об Аврааме просто «видение». А о Биламе сказано «видение Всемогущего», т.е. оно само содержит три цвета: белый-красный-зеленый. И потому сказано, что это отображение цветов, находящихся под ней, под Нуквой. Таким образом, производится разделение между пророчеством Авраама, происходившим от трех цветов самой Нуквы, которая называется просто «видением», и пророчеством Билама, происходившим от отображения трех цветов, что под Нуквой, и называющемся «видением Всемогущего».

342) И поэтому, пока Авраам не сделал обрезания, эта ступень была для него просто видением. Когда же он сделал обрезание, сразу «явился ему Творец (АВАЯ)», так как все ступени АВАЯ видны на этой ступени, Нукве, представляющей собой суть ступеней. И ступень эта говорила с ним в совершенстве, ибо Нуква – это речь. И Авраам установил связь от ступени к ступени и вступил в знак святого союза как подобает, в совершенстве.

343) Сделав обрезание, Авраам вышел из клипы крайней плоти и вступил в святой союз, и увенчался святым венцом, и вступил в союз, на котором стоит мир, – и тогда мир существовал благодаря ему. Ведь сказано: «Если бы не союз Мой днем и ночью, не установил бы Я законов неба и земли»[343]. Таким образом, благодаря союзу обрезания существует мир. И сказано: «Вот порождения неба и земли при сотворении их»[344]. В выражении «при сотворении их (бе-ибарам בהבראם)» те же буквы, как и в словах «посредством "хэй ה" сотворил их (бе-хэй барам בה' בראם)», и также в словах «при Аврааме (באברהם)». Это указывает на то, что благодаря Аврааму сотворен мир. И

---

[342] Тора, Бемидбар, 24:4.
[343] Пророки, Йермияу, 33:25. «Так сказал Творец: "Если бы не союз Мой днем и ночью, законов неба и земли не установил бы Я"».
[344] Тора, Берешит, 2:4.

всё это одно целое, т.е. представляет собой одно целое с установлением союза обрезания. Поэтому мир сотворен «при Аврааме», так как он вступил в союз обрезания, о котором сказано: «Если бы не союз Мой днем и ночью»[343].

344) Когда Творец показал Адаму Ришону все поколения мира, увидел он, как одно поколение сменяет другое, и все они ждут в Эденском саду в той форме, которую им предстоит принять в мире. Когда же увидел Давида, у которого вовсе не было времени жизни, он удивился и отдал ему свои семьдесят лет. И поэтому у Адама осталось только девятьсот тридцать лет, а эти семьдесят лет, недостающие до тысячи, были отданы Давиду.

345) В этом заключается мудрость: у Давида есть лишь семьдесят лет, которые дал ему Адам, ибо всё, что происходит внизу, делается свыше, в высшем мире.

Творец осуществляет зивуги

346) Все души, которым предстоит прийти в мир, – это зивуги пред Ним. Каждая разделена на мужское и женское начало (захар и некева), и когда они приходят в этот мир, Творец осуществляет зивуги (супружескую связь), говоря: «Дочь такого-то – с таким-то, а такого-то – с тем-то».

347) Зачем Творец говорит: «Дочь такого-то с таким-то» – ведь сказано: «Нет ничего нового под солнцем»[345]? Напротив, всё уже сделано в действии начала творения, разве в каждом зивуге может быть нечто новое, чтобы объявлять: «Дочь такого-то с таким-то»? Но сказано: «Нет ничего нового под солнцем», однако выше солнца есть новое. Почему же Он объявляет здесь: «Дочь такого-то с таким-то»? Ведь сказано, что в тот момент, когда человек рождается и выходит в мир, ему определяется супруга.

348) Счастливы праведники, души которых венчаются пред святым Царем, прежде чем приходят в мир, чтобы облачиться в тело. В тот час, когда Творец выводит души в мир, все эти духи и души состоят из мужского и женского начала (захар и некева), соединенных вместе.

349) Они передаются в руки того ангела-правителя, который назначен над зачатием людей, и имя которому – Ночь. В час, когда они опускаются в мир и передаются в руки этого правителя, они расстаются друг с другом. И иногда одно (начало) опускается и облачается в людей раньше, чем другое.

350) Когда же приходит время их зивуга, Творец, знающий мужское и женское начало этих духов и душ, соединяет их подобно тому, какими они были вначале, до прихода в мир, и объявляет о них: «Дочь такого-то с таким-то». Соединившись, они становятся единым телом и единой душой, и становятся правой и левой линией, как подобает. Мужское начало – это правая линия тела и души, а женское начало – это их левая часть. И потому «нет ничего нового под солнцем»[345]. То есть,

---

[345] Писания, Коэлет, 1:9. «Что было, то и будет, и что творилось, то и будет твориться, и нет ничего нового под солнцем».

Творец осуществляет зивуги

хотя Творец и объявляет: «Дочь такого-то с таким-то», вместе с тем это не является новизной, а возвратом к тому, чем они были до прихода в мир. И поскольку это известно только Творцу, Он объявляет о них.

351) Мы учим, что зивуг (супружескую связь) для человека осуществляют лишь согласно его делам и путям. Если он честен в делах своих, то, конечно же, удостаивается соединиться со своей супругой, как они были соединены при выходе от Творца, до облачения в тело.

352) Если он честен в делах своих, то в каком месте ему надо искать супругу? Сказано: «Вовеки пускай продаст человек всё, что у него есть, и возьмет в жены дочь ученика мудреца»[346] – ведь залог Господина его находится в руках ученика мудреца, и у него человек, конечно же, найдет свою суженую.

353) Все те души, которые приходят с перевоплощением душ, не имея суженой, – могут приблизить свой зивуг благодаря милосердию, т.е. предупредить события и взять суженую другого. На это указали товарищи, сказав: «Не берут жену в срок, но освящают, дабы другой не опередил нас благодаря милосердию». Точно сказали они – именно другой. Объяснение. Перевоплотившийся, у которого нет супруги, спустившись и став обратной стороной, сам относится к свойству нуквы. И потому нет у него супруги. И зовется этот перевоплотившийся другим (ахэ́р אחר) – в знак того, что он происходит от обратной стороны (ахора́им אחוריים). Поэтому характерно для него брать суженую другого.

И потому трудны зивуги пред Творцом.
Если мужское и женское начало, соединяющиеся зивугом, являются двумя частями одной души, и они были разделены еще до прихода в мир, то почему сказано, что труден зивуг человека пред Творцом? Ведь речь здесь идет лишь о повторе уже сделанного. Однако выясняется, что есть перевоплощающиеся души, не имеющие супружеской пары, которые предупреждают события и берут суженую другого благодаря милосердию. А потом, если другой заслуживает своими делами, чтобы ему вернули его суженую, Творец должен взять у того и

---

[346] Вавилонский Талмуд, трактат Псахим, лист 49:1.

отдать этому. И трудно это пред Ним – отвергнуть одного ради другого. В любом случае, сказано: «Прямы пути Творца»[347]. И всё, что делает Творец, суть добро и искренность.

354) Те, кто приходит с перевоплощением душ и не имеют суженой, – откуда они берут супружескую пару? Случай с сыновьями Биньямина[348] доказывает, что перевоплощающиеся души должны предупреждать события благодаря милосердию и брать суженую другого. Об этом и сказано: «Дабы другой не опередил нас благодаря милосердию».

355) Разумеется, трудны зивуги (супружеские связи) пред Творцом, ибо нужно взять у того и отдать этому. Счастлив удел Исраэля, которых Тора учит путям Творца и всему утаенному и сокровенному, что скрыто пред человеком.

356) «Тора Творца совершенна»[349], ибо всё в ней. Счастлив удел того, кто занимается Торой и не расстается с ней. Ибо всякий, кто отлучается от Торы даже на час, словно расстается с жизнью в мире. Сказано: «Он – жизнь твоя и долгота дней твоих»[350]. И сказано: «Долгоденствие и годы жизни, и мир прибавят они тебе»[351].

---

[347] Пророки, Ошеа, 14:10.
[348] Пророки, Шофтим, 21.
[349] Писания, Псалмы, 19:8.
[350] Тора, Дварим, 30:20. «Чтобы любить Творца Всесильного твоего, слушая глас Его и прилепляясь к Нему; ибо Он жизнь твоя и долгота дней твоих, в кои пребывать тебе на земле, которую клялся Творец дать отцам твоим, Аврааму, Ицхаку и Яакову».
[351] Писания, Притчи, 3:1-2. «Сын мой, наставления моего не забывай, и заповеди мои да хранит сердце твое. Долгоденствие и годы жизни, и мир прибавят они тебе».

Ночь и полночь

357) «Народ твой, все праведники»[352]. Благословен Исраэль из всех народов – ведь Творец назвал их праведниками. Сто двадцать пять тысяч обладающих крыльями странствуют по всему миру, слышат голос и приобретают этот голос.

358) Нет в мире речи, у которой не было бы голоса, и он странствует по небосводу, его улавливают обладающие крыльями и поднимают этот голос в качестве МАНа к ЗОН. И судят – он хорош, или плох. Сказано об этом: «Птица небесная донесет голос»[353].

Объяснение. Праведники поднимают МАН, т.е. экран де-хирик, к средней линии, объединяющей Творца и Его Шхину[354]. И осуществляется это посредством добрых дел, совершаемых праведниками днем. Когда дела внизу прямы и человек усердствует в служении святому Царю, образуется из них лепет (הבל), поднимающийся наверх в качестве МАНа. И нет лепета, у которого не было бы голоса. Иными словами, он становится средней линией, называющейся голосом[355], и становится заступником пред Творцом, т.е. объединяет Творца и Его Шхину. А из всех дел, которые не являются служением Творцу, образуется суета (הבל), т.е. сокрушение духа, как сказано: «Всё суета и погоня за ветром»[356].

Таким образом, от всякого дела поднимается лепет, и этот лепет становится голосом. Если он хорош, то поднимает МАН, чтобы соединились Зеир Анпин и Нуква его. А ангелы, которые служат единству ЗОН, получая МАН от праведников и опуская для них (наполнение) со ступени зивуга, называются «птицы» или «обладающие крыльями». Они называются птицами, потому что у них есть лишь уровень ВАК, свет руах, зовущийся

---

[352] Пророки, Йешаяу, 60:21. «Народ твой, все праведники, навеки унаследуют землю, ветвь насаждения Моего, дело рук Моих для прославления».
[353] Писания, Коэлет, 10:20. «Даже в мыслях своих не кляни царя, и в спальных покоях своих не кляни богача, ибо птица небесная донесет голос и обладающий крыльями перескажет слово».
[354] См. выше, п. 5, со слов: «В час, когда пробуждается полночь...»
[355] См. Зоар, главу Ноах, п. 64.
[356] Писания, Коэлет, 1:14. «Видел я все дела, что делаются под солнцем, и вот всё суета и погоня за ветром».

воздухом. Это намек на то, что они парят в воздухе, как «птица небесная», когда получают МАН, зовущийся голосом. Об этом и сказано: «Птица небесная донесет голос»[353]. А после зивуга, когда они дают праведникам ступень зивуга, зовущегося речью, есть у них ГАР. Однако своими крыльями они уменьшают на этой ступени зивуга ГАР Хохмы, чтобы их не привлекли сверху вниз. И зовутся они крылатыми созданиями, как сказано: «Обладающий крыльями перескажет слово»[353]. «Перескажет» – означает переносить и передавать. Слово – это ступень зивуга, называемого «речь».

И это число, сто двадцать пять тысяч обладающих крыльями, соответствует ступени зивуга, которую они привлекают силой подъема МАН. Ибо зивуг исходит от трех линий. В двух линиях, правой и левой, есть полные (света́) НАРАНХАЙ, облаченные в пять сфирот КАХАБ ТУМ. Однако их средняя линия – это (свет) нефеш-руах, облаченный в две сфиры, Кетер и Хохму. И поскольку они являются свойством Зеир Анпина, каждая сфира которого исчисляется десятью, есть у них пятьдесят сфирот от правой линии и пятьдесят сфирот от левой линии – КАХАБ ТУМ, каждая из которых состоит из десяти. Но у них также есть двадцать от двух сфирот – Кетера и Хохмы в средней линии. Всего – сто двадцать. А от свойства Малхут, которая слита со средней линией, у них есть только половина Малхут от хазе и выше, и недостает им половины Малхут от хазе и ниже. Поэтому есть у них от нее лишь пять сфирот, а не десять. Вместе со ста двадцатью сфирот от трех линий, у них есть сто двадцать пять сфирот. А смысл названия «обладающие крыльями» в том, что они исправляют свет Хохмы и покрывают своими крыльями ГАР. И поскольку они служат вместо этой Хохмы, сфирот которой исчисляются тысячами, они обозначаются числом сто двадцать пять тысяч.

359) Когда судят об этом голосе? Иными словами, когда этот голос поднимается в качестве МАНа к ЗОН? В час, когда человек лежит и спит, а душа выходит из него и свидетельствует о человеке. Тогда судят об этом голосе, т.е. он поднимается в качестве МАНа, если душа свидетельствует о том, что он хорош. Сказано: «От лежащей на лоне твоем сомкни уста свои»[357], ибо она свидетельствует о человеке. «Лежащая на лоне» – это

---

[357] Пророки, Миха, 7:5.

душа. Обо всем, что человек делает весь день, душа свидетельствует ночью.

360) В начале первого часа ночи, когда истекает день и садится солнце, владелец ключей, т.е. Матат, правитель мира, назначенный над солнцем, дабы привлекать его свет в мир, вступает в двенадцать солнечных врат, открытых днем, – т.е. двенадцать дневных часов. После того как он прошел все их, на исходе двенадцатого часа, все эти врата запираются. Иными словами, завершается власть дня, и настает время правления ночи.

361) Тогда встает вестник и начинает возглашать, поскольку любое изменение происходит с вестником. Встает ангел Гавриэль, который и является вестником, и берет эти ключи, т.е. силы, происходящие от подслащенной Малхут, которая называется ключом (ми́фтеха)[358]. Днем они находятся во владении Матата, который с помощью этих ключей притягивает тьму, что и называется воззванием. Когда же он завершает воззвание, собираются все хранители мира и поднимаются из мира. И некому положить начало, т.е. привлечь небольшое свечение, так как все замолкают. Тогда внизу пробуждаются суды неподслащенной Малхут и проходят по миру. И луна начинает светить.

362) Причитающие, т.е. силы суда, вызывающие причитание и плач в мире, трубят и возносят вопль, и трубят снова. Тогда пробуждается пение, и ангелы поют пред своим Владыкой.

Объяснение. Есть двенадцать часов днем и двенадцать ночью. Это свойства Хохма-Бина-Тиферет-Малхут (ХУБ ТУМ), в каждом из которых нет ХУБ ТУМ, а есть лишь Хохма-Бина-Тиферет, ибо в каждом из них недостает Малхут. Таким образом, с одной стороны, есть Малхут, поскольку есть четыре лика ХУБ ТУМ, и это – Малхут, подслащенная в Бине. А с другой стороны, недостает Малхут, так как в каждом из них содержится не четыре, а три (сфиры), потому что Малхут в своем собственном свойстве скрыта.

---

[358] См. «Предисловие книги Зоар», статью «Манула и мифтеха (замок и ключ)», п. 42.

И мы уже выясняли[359], что если бы не это исправление, ЗОН не были бы достойны получить высшие света́. И потому есть исправление двенадцати дневных часов и исправление двенадцати ночных часов. Только днем они исправляются силами милосердия (Хесед), а ночью они исправляются силами суда, которые называются причитающими. И потому сказано, что причитающие, т.е. силы суда, вызывающие причитание и плач в мире, трубят и возносят вопль, и трубят снова, т.е. привлекают три линии. Первое трубление – это правая линия. Вопль – это прерывистое трубление, левая линия. А второе трубление – это средняя линия. Тем самым исправляется ночь за двенадцать часов, так как в каждой линии есть ХУБ ТУМ, итого двенадцать. Когда ночь исправляется таким образом, тогда пробуждается пение, и ангелы поют пред своим Владыкой, так как настало время вознести песнь. Это – три ночные смены, в которые ангелы возносят песнь[360].

Несколько носителей щитов стоят, чтобы защищать суды, и пробуждают суды в мире. В то время люди спят, а душа выходит из тела и свидетельствует, и должна предстать перед судом, ибо «нет на земле праведника, который бы не согрешил»[361]. А Творец проявляет милосердие к человеку, и душа возвращается утром на свое место.

363) В полночь, когда петухи не спят, северная сторона пробуждается ветром (руах). Это – левая линия в свечении шурук, т.е. свечение Хохмы, в котором нет хасадим, ГАР де-руах. Поднимается скипетр южной стороны, т.е. правая линия, хасадим, и совершает зивуг со свойством руах левой линии, и они включаются друг в друга. Тогда утихают суды левой линии, и она подслащается свойством хасадим. И тогда пробуждается Творец по своему обычаю, чтобы радоваться вместе с праведниками в Эденском саду.

364) В тот час благословен удел человека, встающего, чтобы наслаждаться Торой, ибо Творец и все праведники в Эденском

---

[359] См. Зоар, главу Берешит, часть 1, п. 3, со слов: «В свойстве суда...»
[360] См. Зоар, главу Берешит, часть 1, п. 411.
[361] Писания, Коэлет, 7:20.

саду слушают его голос, как сказано: «Обитающая в садах, товарищи внемлют голосу твоему! Дай и мне услышать его!»[362]

365) Более того, Творец протягивает ему нить милости, дабы он оберегался в мире, – чтобы высшие и нижние оберегали его. Сказано об этом: «Днем явит Творец милость Свою, а ночью – песнь Его со мною»[363].

366) «У каждого, кто в этот час занимается Торой, конечно же, есть постоянный удел в будущем мире».

Что значит постоянный? Ведь эти мохин происходят от ИШСУТ, зивуг которых прерывист и непостоянен. Однако каждую полночь, когда Творец пробуждается в Эденском саду, все насаждения, т.е. сфирот, в Эденском саду, Нукве, обильнее всего орошаются от того потока, который зовется потоком древним[364], потоком услад[365], от высших Абы ве-Имы. Воды его не иссякают никогда, так как зивуг Абы ве-Имы не прерывается. Если человек поднялся и занимается Торой, этот поток как будто изливается на его голову и орошает его среди насаждений в Эденском саду. И потому есть у него постоянный удел также и в мохин будущего мира, т.е. в ИШСУТ, так как мохин Абы ве-Имы включают в себя и мохин ИШСУТ.

367) Более того, поскольку все праведники в Эденском саду слушают его, ему выделяют долю в целительной влаге потока – в мохин высших Абы ве-Имы, и тогда у него есть постоянный удел в будущем мире, так как они включены в мохин Абы ве-Имы.

368) Рабби Аба был в пути. Вечером он вошел в деревню и, ложась, сказал хозяину: «Я встаю ровно в полночь, поэтому мне нужен петух, который разбудит меня».

---

[362] Писания, Песнь песней, 8:13.
[363] Писания, Псалмы, 42:9.
[364] Пророки, Шофтим, 5:21. «Поток Кишон их унес, поток древний, поток Кишон. Попирай, душа моя, мощь!»
[365] Писания, Псалмы, 36:8-9. «Как драгоценна милость Твоя, Всесильный! И сыны человеческие находят убежище в тени крыл Твоих, насыщаются от тука дома Твоего, и из потока услад Твоих поишь их».

369) Сказал ему хозяин: «Тебе не нужен петух, так как у меня в доме приготовлен опознавательный знак. Вот весы перед моей кроватью. Я наполняю сосуд водой и ставлю его на одну чашу весов. Через дыру в сосуде вода сочится капля за каплей, пока в самую полночь не вытечет вся. Тогда эта чаша весов поднимается, а вторая чаша соскакивает и с грохотом катится вниз. Шум от ее падения слышен по всему дому, и это – ровно полночь. Был здесь со мной один старец, который вставал каждую ночь и занимался Торой, и для этого он сделал этот опознавательный знак».

370) Сказано: «Полночь, встаю я благодарить Тебя»[366]. Что усмотрел Давид, сказав «полночь», а не «в полночь»? Конечно же, он сказал «полночь» Творцу, т.е. назвал Его «Полночь».

371) Зовется ли Творец Полночью? Да, ведь именно полночью предстает Творец и Его окружение, и тогда наступает время, когда Он входит в Эденский сад, чтобы радоваться с праведниками. Объяснение. Любое имя указывает на постижение, так как мы постигаем Творца через это имя. И поскольку свойственно Творцу раскрываться в Эденском саду в полночь, называет Его Давид именем «Полночь».

373)[367] В начале первого часа ночи пробуждаются все суды внизу – суды Малхут, не подслащенной в Бине, – и странствуют по миру. А ровно в полночь Творец пробуждается и является в Эденский сад, т.е. Нукву, и суды внизу исчезают, и нет их.

374) Все высшие пути, пути Бины, подслащающей Малхут, присутствуют не ночью, а лишь в самую полночь. Откуда нам это известно? От Авраама, о котором сказано: «И разделилась для них ночь»[368]. О египтянах сказано: «И было, в полночь...»[369] Ибо тогда подсластилась Нуква в Бине, и раскрылись ее света́. А Давид знал это, и потому сказал: «Полночь».

---

[366] Писания, Псалмы, 119:62. «Полночь, встаю я благодарить Тебя за справедливые законы Твои».
[367] П. 372 в данной редакции текста не приводится.
[368] Тора, Берешит, 14:15. «И разделился против них ночью, сам и рабы его (дословно: и разделилась для них ночь, для него и рабов его), и бил их, и преследовал их до Ховы, что по левую сторону от Дамесека».
[369] Тора, Шмот, 12:29.

375) Откуда Давид знал это? Дело в том, что Малхут Давида зависела от полуночного свечения мохин. И потому он встал в тот час и возгласил песнь. Поэтому именно так он и назвал Творца: «Полночь, встаю я благодарить Тебя»[366]. Ибо тогда все суды зависят от этого – только от подслащенной Нуквы в полночь, так как суды внизу уже исчезли. И лишь отсюда происходят суды Малхут, а не от нее самой, неподслащенной. Поэтому в тот час соединился с ней Давид, и встал, и возгласил песнь.

376) Повсюду ночь – это суд. И сказано: «Полночь», потому что в полночь пробуждается небесная Малхут.

377) Ночь – это время власти суда Малхут. И везде просто «ночь» – это суд. А здесь Давид говорит «полночь», потому что Малхут в это время питается в двух свойствах: суда и милосердия (Хесед). Разумеется, первая половина ночи – это суд, так как в другую половину светит лик со стороны Хеседа, и потому сказано: «Полночь» – т.е. о половине Хеседа.

379)[370] «Народ твой, все праведники»[352]. На каком основании сказано: «Народ твой, все праведники»? Неужели весь Исраэль – праведники? Ведь сколько нечестивцев есть в Исраэле, сколько грешников и сколько преступников, нарушающих заповеди Торы.

380) Благословенны Исраэль, приносящие желанную жертву пред Творцом – приносящие своих сыновей в жертву на восьмой день. Когда же им делают обрезание, они вступают в добрый удел Творца, как сказано: «Праведник – основа мира»[371]. Когда они вступают благодаря обрезанию в этот удел праведника, они называются праведниками. И, конечно же, все они праведники, так как все обрезаны, – даже грешники в Исраэле. Поэтому и сказано в Писании: «Народ твой, все праведники»[352].

381) И потому сказано: «Навеки унаследуют землю, ветвь насаждения Моего»[352] – Шхина называется землей. И также сказано: «Откройте мне врата справедливости, я войду в

---

[370] П. 378 в данной редакции текста не приводится.
[371] Писания, Притчи, 10:25.

них»³⁷², и сказано: «Это врата Творца, праведники войдут в них»³⁷³. Те, кто обрезан, называются праведниками. Объяснение. Земля – это Малхут. Когда они обрезаны, то зовутся праведниками, и открывают им врата справедливости – врата Малхут. Таким образом, весь Исраэль унаследуют землю, так как благодаря обрезанию открывают им врата.

«Ветвь насаждения Моего» – это поросль от тех насаждений, которые посадил Творец в Эденском саду. И эта земля – одно из тех насаждений. Насаждения эти представляют собой десять сфирот Эденского сада, а их Малхут называется «земля». И потому есть у Исраэля добрый удел в будущем мире, как сказано: «Народ твой, все праведники, навеки унаследуют землю».

---

[372] Писания, Псалмы, 118:19. «Откройте мне врата справедливости, я войду в них и возблагодарю Творца».
[373] Писания, Псалмы, 118:20.

Малая «хэй» и большая «хэй»

382) Почему Писание до сих пор не называло его Авраамом (אברהם)? Дело в том, что как мы уже выяснили, до сих пор он не был обрезан, а теперь сделал обрезание. Сделав обрезание, он соединился с этой буквой «хэй ה», т.е. со Шхиной. И Шхина воцарилась в нем, и потому он зовется тогда Авраам (אברהם), с «хэй ה».

383) «Вот порождения неба и земли при сотворении их (בהבראם)»[374]. Как мы знаем, это значит: буквой «хэй ה» сотворил их (בה׳ בראם), при Аврааме (באברהם) – т.е. ради Авраама был сотворен мир. Откуда разночтения в толкованиях выражения «при сотворении их»? Одно толкование указывает на Авраама, т.е. на свойство Хесед (милость), так как ради милости сотворен мир. А другое толкование говорит, что буквой «хэй ה» сотворил их (בה׳ בראם) – это Шхина, так как «хэй ה» указывает на Шхину. И одно здесь не противоречит другому, поскольку всё нисходит вместе – когда есть милость в мире, то и Шхина присутствует в мире, и наоборот. А потому два эти значения, – милость и Шхина, – едины. Мир сотворен ради милости и ради Шхины.

384) В чем различие между малой «хэй ה» в выражении «при сотворении их (בהבראם)»[374] и большой «хэй ה» в словах: «Творцу ли (הלה׳) воздаете это»[375]? Малая «хэй ה» – это седьмой год, Малхут; а большая «хэй ה» – это пятидесятилетие, Бина. И потому луна иногда бывает полная, а иногда она ущербна. Когда она облачает Бину, она – большая «хэй ה», и она полная. Но до того, как она облачила Бину, она – малая «хэй ה», и она ущербна. В лике луны обнаруживается и становится заметным различие между малой «хэй ה» и большой.

---

[374] Тора, Берешит, 2:4. «Вот порождения неба и земли при сотворении их, в день созидания Творцом Всесильным земли и неба».
[375] Тора, Дварим, 32:6. «Творцу ли воздадите это, народ неблагодарный и неразумный? Ведь Он твой Отец, обретший тебя, Он создал тебя и утвердил тебя».

Статьи о союзе обрезания

385) Благословенны Исраэль, которых Творец избрал из всех народов, дав им знак этого союза (брит). Ведь тот, у кого есть этот знак, не опускается в преисподнюю, если он хранил его, как подобает, и не предавал его чужой власти, т.е. нидé (нечистой), рабыне, чужеземке или блуднице, и не изменял имени Царя. Ведь тот, кто изменяет имени знака союза, подобен изменяющему имени Творца, как сказано: «Творцу изменили они, ибо чужих детей породили»[376].

386) Когда человек берет на руки (досл. поднимает) своего сына, чтобы ввести его в этот союз, Творец призывает свою свиту, высших ангелов, говоря: «Взгляните, как хорошо творение, которое Я создал в мире!» В это время появляется Элияу и облетает мир за четыре перелета[377].

387) Поэтому должен человек установить специальное кресло в честь Элияу и сказать: «Это трон Элияу!» А если не скажет, он не пребывает там. И он (Элияу) поднимается и свидетельствует перед Творцом[378].

388) Вначале сказано: «Зачем ты здесь, Элияу?»[379] И сказано: «Возревновал я за Творца... ибо нарушили союз с Тобою сыны Исраэля»[380]. Сказал Творец Элияу: «Клянусь, в любом месте, где запечатлят сыновья Мои этот знак святости на плоти своей – ты будешь являться там. И уста, засвидетельствовавшие, что Исраэль оставили завет, засвидетельствуют, что Исраэль выполняют завет». И Элияу был наказан Творцом, поскольку

---

[376] Пророки, Ошеа, 5:7.
[377] См. «Предисловие книги Зоар», п. 225.
[378] См. «Предисловие книги Зоар», п. 225, со слов: «Необходимо упомянуть...»
[379] Пророки, Мелахим 1, 19:9. «И вошел он там в пещеру, и ночевал в ней. И вот, слово Творца было к нему, и сказал Он ему: "Зачем ты здесь, Элияу?"»
[380] Пророки, Мелахим 1, 19:10. «И сказал он: "Возревновал я за Творца, Всесильного воинств, ибо нарушили союз с тобою сыны Исраэля. Жертвенники Твои разрушили они и пророков твоих убили мечом, и остался я один, и хотят они и мою душу отнять"».

выступил со словами обвинения против сыновей Его, сказав: «Ибо оставили завет Твой сыны Исраэля»[381].

391)[382] «Когда бывают беспорядки (праот) в Исраэле»[383] – что имели в виду Двора и Барак, начав свою песнь этими словами? Однако мы изучали, что мир держится только лишь на союзе, как сказано: «Если бы не Мой союз днем и ночью, не установил бы Я законов неба и земли»[384].

392) Поэтому, пока Исраэль поддерживают этот союз, законы неба и земли (тоже) поддерживаются. А как только Исраэль нарушают этот союз, союз неба и земли не поддерживается, и нет в мире благословений.

393) Другие народы господствовали над Исраэлем, только когда они перестали соблюдать этот союз. А как они перестали соблюдать? Совершали обрезание, но не делали прия́ (подворачивание), и не выявлялась святая плоть. И потому сказано: «И оставили (сыны Исраэля) Творца»[385]. И тогда: «И Он предал их в руки Сисры»[386]. Т.е. (другие) народы господствовали над ними лишь после того, как они нарушили союз, «И оставили Творца» на самом деле. Объяснение. Посредством «прия́» раскрываются буквы имени «йуд-хэй יה», т.е. высшие мохин. И поэтому «прия (פריעה)» – это буквы «пара́ йуд-хэй פרע יה (раскрыл Творец)». А поскольку они не делали прия, не раскрывалось над ними имя «йуд-хэй יה». И поэтому сказано: «И оставили Творца» на самом деле, т.е. оставили имя «йуд-хэй יה». До тех пор, пока не явилась Двора, и не вызвалась сама во имя всего Исраэля на это дело, т.е. на раскрытие мохин «йуд-хэй יה», называемых «прия́ (פריעה)». И тогда враги Исраэля покорились им.

394) Творец сказал Йеошуа: «Ведь Исраэль не обрезаны, так как не сделали прия (подворачивания) и не выявилась святая

---

[381] См. «Предисловие книги Зоар», п. 225, со слов: «Элияу облетает мир...»
[382] Пп. 389, 390 в данной редакции текста не приводятся.
[383] Пророки, Шофтим, 5:2. «Когда бывают беспорядки в Исраэле, если народ проявляет добрую волю – славьте Творца!»
[384] Пророки, Йермияу, 33:25.
[385] Пророки, Шофтим, 2:13. «И оставили (сыны Исраэля) Творца, и служили Баалу и Аштарот».
[386] Пророки, Шмуэль 1, 12:9. «Но те забыли Творца Всесильного своего, и Он предал их в руки Сисры, военачальника Хацорского, и в руки плиштим, и в руки царя Моавитского; и они воевали с ними».

плоть, и не соблюдают они союза Моего. А ты хочешь привести их в землю (Исраэля) и покорить их врагов. Вернись, обрежь сынов Исраэля во второй раз». И пока они не совершили прия и не раскрылся союз этот, они не вошли в землю (Исраэля), и не покорились враги их.

И здесь тоже: когда Исраэль добровольно пошли на этот знак союза, покорились им враги их, и благословения вернулись в мир. Поэтому сказано: «Когда бывают беспорядки (праот) в Исраэле»[383], – т.е. не делают прия, «если народ проявляет добрую волю»[383], – т.е. они добровольно пошли на соблюдение этого, – «славьте Творца»[383]. И поэтому песнь Дворы и Барака начинается с этой фразы.

395) Сказал Творец Моше: «Как же ты собираешься вывести Исраэль из Египта и покорить великого царя и властелина, если ты сам не соблюдаешь эту заповедь – ведь твой сын не обрезан?!» Тотчас же: «И хотел умертвить его»[387].

396) Спустился Гавриэль в огненном пламени, чтобы сжечь его, и ядовитому змею был подан знак проглотить его внутрь себя. Почему именно змею? Сказал ему Творец: «Ты собираешься убить великого и мощного змея – то великое чудовище, которое возляжит в своей реке, т.е. царя египетского, а сын твой не обрезан?!» Тотчас змею был подан знак убить Моше.

397) Пока не увидела Ципора и не обрезала своего сына. Как сказано: «И взяла Ципора кремень»[388]. Кремень – это исцеление. Что такое исцеление? Как сказано: «И обрезала крайнюю плоть своего сына»[388] – потому что дух святости раскрылся в ней, и благодаря этому Моше спасся от смерти.

398) «И сказал Йосеф своим братьям: "Подойдите же ко мне!" И они подошли. И сказал он: "Я Йосеф, брат ваш"»[389]. Зачем он

---

[387] Тора, Шмот, 4:24. «И было в пути на ночлеге – настиг Творец Моше и хотел умертвить его».

[388] Тора, Шмот, 4:25. «И взяла Ципора кремень, и обрезала крайнюю плоть своего сына, и положила к его ногам, и сказала: "Ибо нареченный по крови ты мне"».

[389] Тора, Берешит, 45:4. «И сказал Йосеф своим братьям: "Подойдите же ко мне!" И они подошли. И сказал он: "Я Йосеф, брат ваш, которого вы продали в Египет"».

подозвал их, ведь они были рядом с ним? Дело в том, что когда он сказал им: «Я Йосеф, брат ваш», – они удивились, потому что видели, что он поставлен на высшее правление. Сказал им Йосеф: «Правление это я заработал благодаря заповеди обрезания. Подойдите же ко мне». «И они подошли», – и он показал им знак союза обрезания. И сказал он: «Это то, что привело меня к правлению этому, ибо хранил я его».

399) Поэтому тому, кто хранит знак союза, правление остается за ним. Откуда мы это знаем? Из случившегося с Боазом. Сказал он: «(Как) жив Творец! Полежи до утра»[390]. Ибо злое начало искушало его, пока он не дал эту клятву: «(Как) жив Творец!», – и сохранил союз. Поэтому он удостоился того, что от него произошли цари и правители над царями, и царь Машиах, называемый именем Творца. Таким образом, если он хранит свой союз, не позволяя осквернить его, правление остается за ним.

400) И сказал Давид: «Если выступит против меня стан, не устрашится сердце мое... на Него (досл. на эту) я уповаю»[391]. «На эту (бе-зот בזאת)» – т.е. на знак союза, всегда доступный человеку, имеется в виду на ту, что наверху, т.е. на Малхут, называемую «эта (зот זאת)». И поэтому сказано: «На эту (бе-зот בזאת)», как сказано: «Вот (досл. эта) – знак союза»[392], «вот (досл. эта) – союз мой»[393]. И всё это на одной ступени. «Этот» и «эта» находятся на одной ступени и не разделяются. Союз, т.е. Есод, называется «этот». А Малхут называется «эта», только когда она соединена с союзом на одной ступени, как сказано: «Вот (эта) – союз мой»[393]. И о ней сказал Давид: «На эту (зот זאת) я уповаю»[391].

---

[390] Писания, Рут, 3:13. «Переночуй эту ночь, а утром, если выкупит он тебя, то хорошо, пусть выкупит, а если он не захочет выкупить тебя, то я тебя выкуплю, (как) жив Творец! Полежи до утра».

[391] Писания, Псалмы, 27:3. «Если выступит против меня стан, не устрашится сердце мое; если нагрянет война – на Него я уповаю».

[392] Тора, Берешит, 9:12. «И сказал Всесильный: "Вот знак союза, который я даю между Мною и между вами, и между всяким живым существом, которое с вами, для поколений вовеки"».

[393] Тора, Берешит, 17:10. «Вот союз мой, который вы должны соблюдать между Мною и между вами, и между потомством твоим после тебя: обрезан да будет у вас всякий мужчина».

401) Могут ли остальные жители мира тоже сказать, как Давид: «На эту я уповаю»³⁹¹? Почему только один Давид сказал так, и никто другой? Дело в том, что ступень «эта» опирается на Давида, и он указывает на нее, ведь имя «Давид» указывает на Малхут, и она – корона (кетер) его царства (малхут).

402) Из-за того, что Давид не оберегал, как подобает, «эту (зот)», царство было снято с него на все то время, пока он воевал с своим сыном, Авшаломом. И мы учим, что «эта (зот)» указывает на высшую Малхут и на Йерушалаим, город святости.

403) Когда Давид нарушил ее, иными словами, во время произошедшего с Бат-Шевой, раздался голос и сказал: «Давид, та связь, которая у тебя была» – т.е. с «этой», имеется в виду с Малхут и имеется в виду с Йерушалаимом, «разорвана, потому изгонят тебя из Йерушалаима и царство будет отнято у тебя». Как сказано: «Вот, Я наведу на тебя зло из дома твоего»³⁹⁴. «Из дома твоего» – именно из дома его, в полном смысле слова, т.е. из Нуквы, называемой «эта». И зло, о котором говорит Писание, заключается в том, что расстанется он с ней. Так и случилось. За то, что произошло, он был наказан: поскольку не уберег ступени «эта», т.е. союза, расстался он с ней. И если такое случилось с царем Давидом, что уж говорить об остальных жителях мира.

404) «Если бы Творец не помог мне, то совсем немного – и была бы душа моя в безмолвии»³⁹⁵. Чем заслужили Исраэль то, что они не спускаются в преисподнюю, подобно остальным народам, поклоняющимся идолам, и не отдаются в руки Думы, правителя преисподней? Благодаря этому знаку союза удостоились они такого.

405) Когда человек уходит из мира, многочисленные отряды клипот посылаются против него, чтобы причинить ему зло. Но подняв глаза и увидев этот знак, являющийся святым союзом, они оставляют его. И не отдают его в руки ангела Думы,

---

³⁹⁴ Пророки, Шмуэль 2, 12:11. «Так сказал Творец: "Вот, Я наведу на тебя зло из дома твоего, и возьму жен твоих на глазах у тебя, и отдам ближнему твоему; и будет он спать с женами твоими пред этим солнцем (открыто)"».

³⁹⁵ Писания, Псалмы, 94:17.

чтобы низвести в преисподнюю, ведь всякий, кого передали в его руки, безусловно, нисходит в преисподнюю.

406) Этого знака боятся как высшие, так и нижние. Суды зла не властны над человеком, если он удостоился сохранить этот знак. Ведь этим он соединился с именем Творца.

407) Когда царь Давид не уберег этот знак союза, и было отнято у него царство (малхут), и он был изгнан из Йерушалаима, он испугался, ибо подумал, что тотчас опустят его и отдадут в руки Думы, и он умрет в истинном мире. Другими словами, он не удостоится духовной жизни до тех пор, пока не было сообщено ему, как сказано: «И Творец снял грех твой – ты не умрешь»[396]. В тот же момент возгласил он: «Если бы Творец не помог мне, то совсем немного – и была бы душа моя в безмолвии (дума́)»[395], т.е. был бы отдан в руки ангела Думы.

408)[397] Что означает сказанное Давидом: «И даст мне видеть Его (ото́) и Его обитель»[398] – кто может видеть Творца? Но в тот момент, когда ему было определено наказание через Авшалома, Давид уже знал: это из-за того, что он не хранил этот знак надлежащим образом, т.е. в произошедшем с Бат-Шевой, и он наказан тем, что у него отнято царство (малхут). Ведь всё связано в единое целое, и этот знак указывает на всё – на высшую Малхут и Йерушалаим. И не называется праведником тот, кто не берег этого знака, как подобает, – поэтому он возносит свою молитву, говоря: «И даст мне видеть знак Его (ото́) и Его обитель»[398]. «Ото (אתו знак Его)» – это знак (от את) святого союза[399]. «Ибо боюсь я, что пропал у меня знак союза». Почему он думал, что пропал у него знак союза? Дело в том, что оба они – и Малхут, и Йерушалаим – опираются на знак союза. И поскольку он потерял Малхут (царство) и был изгнан из Йерушалаима, он думал, что и знак союза пропал у него. И поэтому он связал в своей молитве воедино «знак Его (ото)» и «обитель

---

[396] Пророки, Шмуэль 2, 12:13. «И сказал Давид Натану: "Согрешил я пред Творцом..." И сказал Натан Давиду: "И Творец снял грех твой – ты не умрешь"».
[397] Включает п. 409.
[398] Пророки, Шмуэль 2, 15:25. «И сказал царь Цадоку: "Возврати ковчег Всесильного в город. Если я обрету милость в глазах Творца, то Он возвратит меня и даст мне видеть Его и обитель Его"».
[399] В иврите «Его» и «знак Его» пишется одинаково – אותו.

Его». И «ото (знак Его)» – это знак союза, а «обитель Его» – это Малхут. Ибо он молился о возвращении Малхут, связанной с этим знаком, на свое место. И всё это – одно целое.

410) «И из плоти моей я увижу Творца (Элока)»[400]. Что значит: «Из плоти моей»? Надо было сказать: «И из себя». Однако именно «из плоти моей», из Есода «увижу я Творца». А что значат слова: «И священной плоти (досл. мяса) не будет у тебя»[401], т.е. святого союза? И сказано: «И будет союз Мой на вашей плоти»[402], – что означает Есод. Ибо все время, пока человек отмечен печатью (решимо) этого знака святости, т.е. пока знак союза запечатлен на нем, чтобы хранить его всегда, он видит из него Творца – именно из него. И святая душа включается в него – в знак союза.

411) А если он не удостоился, т.е. не уберег этот знак, сказано о нем: «От дыхания Творца (Элока) исчезают они»[403]. Ибо печать (решимо) Творца не была сохранена. А если (человек) удостоился и хранит его, Шхина не покидает его никогда.

412) Когда может существовать в нем (в человеке) Шхина? Когда он берет себе жену, и знак этот входит в свое место, т.е. в Шхину, и они соединяются воедино – захар и некева, или знак союза и Шхина. И они называются одним именем. И тогда над ними пребывает высшая милость (Хесед) – со стороны захара. Это Хесед, заключенный в имени Эль, который приходит, выходя из высшей Хохмы, и облачается в захара. И благодаря этим хасадим нуква подслащается.

413) Имя «Элока (אלוה)»: «Эль (אל)» в нем – это свечение Хохмы. «Вав ו» – это захар, «хэй ה» – некева. Когда захар и некева соединились воедино, они стали называться одним

---

[400] Писания, Иов, 19:26. «И под кожей моей вырезано это, и из плоти моей я увижу Творца».
[401] Пророки, Йермияу, 11:15. «Что возлюбленному Моему в доме Моем, если он свершает множество злых замыслов? И священного мяса (жертвоприношений) не будет у тебя, ибо совершая зло, ты радуешься».
[402] Тора, Берешит, 17:13. «Непременно будет обрезан тот, кто в доме твоем рожден, и тот, кто куплен за деньги твои, и будет союз Мой на вашей плоти запечатлен – вечный союз».
[403] Писания, Иов, 4:9. «От дыхания Творца исчезают они и от дуновения ноздрей Его погибают».

именем – «Элока (אלוה)». И святая душа включена в это место, и всё зависит от этого знака союза.

414) И поэтому сказано: «И из плоти моей увижу я Творца (Элока)»[400]. Потому что это совершенство всего. Именно из «плоти моей», т.е. из Есода, именно из знака союза. Поэтому счастливы Исраэль – праведники, соединяющиеся с Творцом. Счастливы они в этом мире и в мире будущем. О них сказано: «А вы, прилепившиеся к Творцу Всесильному вашему», потому и «живы все вы сегодня»[404].

422)[405] «Счастлив избранный Тобой и приближенный к Тебе, обитать будет он во дворах Твоих, насытимся благами дома Твоего, святостью Храма Твоего»[406]. Вначале сказано: «Во дворах Твоих», а потом «дома Твоего», и после этого «Храма Твоего» – одно внутри другого, и одно выше другого. И это три ступени Малхут снизу вверх, одна выше другой. Сначала: «Обитать будет во дворах Твоих», – это НЕХИ, находящиеся вне тела (гуф), и называемые «дворы». Как сказано: «И будет: кто останется в Ционе и кто уцелеет в Йерушалаиме, будет назван святым»[407]. Ведь главное в НЕХИ – это Есод, а Цион – это внутренняя часть Есода. А Йерушалаим – его внешняя часть. И оба они называются «дворы». «Насытимся благами дома Твоего» – это потом. После того как он достигает совершенства на ступени «двор», он удостаивается ступени «дом». Как сказано: «Мудростью (хохмой) устраивается дом»[408].

423) Не сказано: «Хохма (мудрость) устраивается, дом». И если бы так было сказано, вышло бы, что Хохма называется «дом». Но сказано: «Хохмой (мудростью) устраивается дом»[408], – т.е. Малхут получает Хохму, и тогда она называется «дом». Как сказано: «И река вытекает из Эдена, чтобы орошать

---

[404] Тора, Дварим, 4:4. «А вы, прилепившиеся к Творцу Всесильному вашему, живы все вы сегодня».
[405] Пункты 415-421 в данной редакции текста не приводятся.
[406] Писания, Псалмы, 65:5. «Счастлив избранный Тобой и приближенный к Тебе, обитать будет он во дворах Твоих, насытимся благами дома Твоего, святостью Храма Твоего».
[407] Пророки, Йешаяу, 4:3. «И будет, кто останется в Ционе и тот, кто уцелеет в Йерушалаиме, тот назван будет святым, – все, кто записан для жизни в Йерушалаиме».
[408] Писания, Притчи, 24:3. «Мудростью устраивается дом и разумом утверждается».

сад»⁴⁰⁹. Где «река вытекает из Эдена» – это Бина, вновь превращающаяся в Хохму. «Сад» – это Малхут, называемая тогда «дом».

424) «Святостью Храма Твоего»⁴⁰⁶ – это после того как он достиг совершенства на ступени «дом», и это совершенство всего. «Эйхаль (היכל Храм)» – это «эй коль (הי כל какое всё)», т.е. удостоившийся этой ступени удивляется и говорит: «Как же раскрылось это всё!» И всё вместе приходит здесь к своему завершению. Иначе говоря, всякая вещь находит здесь свое окончательное совершенство.

425) Слова: «Счастлив избранный Тобой и приближенный к Тебе, обитать будет (ишкон) он во дворах Твоих»⁴⁰⁶, доказывают нам, что каждый, кто приносит своего сына в жертву перед Творцом, т.е. обрезает его, – Творцу желанна эта жертва. И Он желает его, и приближает его к Себе и ставит обитель Свою (мишкан) в двух пределах Есода – т.е. в Ционе и Йерушалаиме, и охватывает и то и другое, ведь оба они соединяются воедино. Как сказано: «Во дворах Твоих», – и это, без сомнения, два двора.

426) Поэтому первые праведники, принося своих сыновей в эту жертву, т.е. для совершения обрезания, произносили: «Счастлив избранный Тобой и приближенный к Тебе, обитать будет он во дворах Твоих»⁴⁰⁶. И те, кто стояли с ними, говорили: «Насытимся благами дома Твоего, святостью Храма Твоего»⁴⁰⁶. После этого он благословлял: «Который освятил нас заповедями Своими и повелел нам ввести его в союз праотца нашего Авраама»⁴¹⁰. И стоящие вокруг них говорили: «Подобно тому, как ввел его в союз так да войдет он в Тору, в хупу и в добрые дела»⁴¹¹.

427) Вначале человек должен просить милосердия для себя, а затем для своего ближнего. Как сказано: «И совершит

---

⁴⁰⁹ Тора, Берешит, 2:10. «И поток выходит из Эдена, чтобы орошать сад, а оттуда разделяется он на четыре главных (течения)».
⁴¹⁰ Слова, произносимые во время обряда обрезания. «Благословен Ты, Творец Всесильный наш, Царь вселенной, который освятил нас заповедями Своими и повелел нам ввести его в завет нашего отца Авраама».
⁴¹¹ Слова, произносимые во время обряда обрезания.

искупление за себя»⁴¹² – сначала, а потом: «И за все общество Исраэля»⁴¹². Мы встали на этот путь, да будет он для нас хорошим и правильным. Поэтому заключающий союз (брит) должен сначала сам произнести эти просьбы о милосердии, а затем произнесут находящиеся с ним.

428)⁴¹³ Все это именно так, и верно говорит тот, кто произносит: «Счастлив избранный Тобой и приближенный к Тебе»⁴⁰⁶. А тот, кто не говорит так, исключает себя из десяти хупот, которые должен будет поставить Творец праведникам в будущем мире. И все они связываются в этом стихе. И поэтому десять слов веры есть в этом стихе: «Счастлив избранный Тобой и приближенный к Тебе, обитать будет он во дворах Твоих, насытимся благами дома Твоего, святостью Храма Твоего»⁴¹⁴. И из каждого слова образуется одна хупа. Счастлива ваша участь в этом мире и в будущем мире, ибо Тора соединяется в ваших сердцах, как будто бы вы сами стояли у горы Синай во время дарования Торы Исраэлю.

430) Каждый, кто приносит своего сына в эту жертву, для совершения обрезания, он словно совершил перед Творцом все жертвоприношения в мире и как будто построил перед Ним совершенный жертвенник. Как сказано: «Жертвенник земляной сделай Мне»⁴¹⁵.

431) Поэтому следует устроить жертвенник с помощью сосуда, наполненного землей, чтобы совершать над ним обрезания этого святого союза. И считается пред Творцом, будто бы он приносил «на нем жертвы всесожжения и мирные жертвы, мелкий и крупный скот»⁴¹⁵.

432) И совершение обрезания желаннее Творцу, чем все жертвоприношения, как сказано: «И приноси на нем твои

---

⁴¹² Тора, Ваикра, 16:17. «И никого не будет в шатре собрания, когда входит он, чтобы искупить в Святилище, пока он не выйдет; и совершит искупление за себя, и за свой дом, и за все общество Исраэля».

⁴¹³ Включает п. 429.

⁴¹⁴ В оригинале в этом стихе ровно 10 слов: «Ашрэ́й тивха́р вэтикарэ́в ишко́н хацерэ́ха нисбеа́ бэту́в бейтэ́ха кдош эйхалэ́ха».

⁴¹⁵ Тора, Шмот, 20:21. «Жертвенник земляной сделай Мне и приноси на нем твои всесожжения и твои мирные жертвы: твой мелкий и твой крупный скот. На всяком месте, где помяну имя Мое, Я приду к тебе и благословлю тебя».

всесожжения и твои мирные жертвы... на всяком месте, где помяну имя Мое»[415]. «Помяну имя Мое» – это обрезание, как сказано: «Тайна Творца – для боящихся Его, и союз Свой Он объявляет им»[416]. Ясно, что союз – это имя, ведь он говорит о нем: «И союз Свой Он объявляет им».

433) Всё это касается земляного жертвенника. И после него сказано: «А когда жертвенник из камней будешь делать Мне»[417]. Это указание на пришельца, присоединяющегося к Исраэлю. Поскольку принадлежит он народу жестоковыйному, черствому сердцем, называется он жертвенником из камней.

434) «Не клади их тесаными»[417] означает, что нужно вводить пришельца в работу Творца, и не делать ему обрезания до тех пор, пока он не забудет идолопоклонства, которым он занимался до этого, т.е. чтобы оно вышло из сердца его, и пока не сойдет с него крайняя плоть (т.е. черствость) сердца.

435) А если будет обрезан, и не снял он с себя эту черствость сердца, для того чтобы войти в святую работу Творца, то подобен будет каменному изваянию, которое обтесывают и с той и с другой стороны, но камень, как и прежде, остается камнем. Поэтому: «Не клади их тесаными»[417], – ведь если он остался в своей черствости, обрезание, которое сделано, не поможет ему.

436) Поэтому, благословенна доля приносящего эту жертву перед Творцом в радости и в желании, и нужно радоваться этой доле каждый день. Как сказано: «И возвеселятся все полагающиеся на Тебя, вечно ликовать будут»[418].

437) «И было Авраму девяносто лет и девять лет, и явился Творец Авраму»[419]. А разве до этого Творец не раскрывался

---

[416] Писания, Псалмы, 25:14. «Тайна Творца – для боящихся Его, и завет Свой Он объявляет им».

[417] Тора, Шмот, 20:22. «А когда жертвенник из камней будешь делать Мне, не клади их тесаными, чтобы ты не занес твоего меча над ним и не осквернил его».

[418] Писания, Псалмы, 5:12. «И возвеселятся все полагающиеся на Тебя, вечно ликовать будут, и покровительствовать будешь им, и радоваться будут Тебе любящие имя Твое».

[419] Тора, Берешит, 17:1. «И было Авраму девяносто лет и девять лет, и явил Себя Творец Авраму, и сказал Он ему: "Я Творец Всемогущий. Ходи предо Мною и будь непорочен"».

Аврааму? И кроме того сказано: «Было девяносто лет (шана) и девять лет (шаним)», – почему сначала сказано «шана (досл. год)», а потом «шаним (лет)»?

438) А дело в том, что во все дни до этого не сказано: «И явился Творец Авраму». Пока он не совершил обрезание и был замкнут, Творец не раскрывался ему как подобает. Теперь Он раскрылся ему как подобает, как сказано: «И явился». Дело в том, что Он хотел раскрыть в нем этот знак союза, являющийся святым Кетером.

439) И кроме того, Творец хотел произвести от него святое потомство. А святого не может быть, пока плоть его не обрезана. Поэтому сказал Творец: «Сейчас, когда ему девяносто девять лет, и приближается время, когда от него произойдет святое потомство» – т.е. он приближается к ста годам, «сначала он станет святым» – т.е. сделает себе обрезание, «а затем от него произойдет святое потомство». И поэтому Он считал дни его относительно этого, т.е. относительно этих девяти лет, так как он подошел к тому времени, когда способен породить в совершенстве, в отличие от всех предыдущих лет. И поэтому сказано о них не «девяносто лет (шаним)», а «девяносто лет (шана)».

440) Сказано: «Девяносто лет (шана) и девять лет (шаним)»[419]. Ибо все предыдущие дни, до того как он совершил обрезание, не были годами (шаним), а считаются, как один год (шана), ибо дни его не были днями. Теперь, когда он достиг этих лет, т.е. девяноста девяти лет, и сделал себе обрезание, они стали считаться годами, и сказано о них не «шана (год)», а «девять лет (шаним)».

441) «И сказал Он ему: "Я Творец Всемогущий (Эль Шадай)"»[419]. В чем причина того, что до сих пор Творец не говорил ему: «Я Творец Всемогущий (Эль Шадай)»? В том, что Творец сотворил внизу нижние кетеры, которые не святы. И все, кто не обрезан, оскверняются ими.

442) И есть в них, в этих нижних кетерах, записи (решимот). И в записи, имеющейся у них, видны только буквы «шин ש», «далет ד», т.е. там недостает буквы «йуд י» от имени Шадай (שדי). И поэтому они (необрезанные) оскверняются ими и

прилепляются к ним. Нижние короны противостоят десяти кетерам святости, как сказано: «Одно против другого создал Всесильный»⁴²⁰. И колдуны и демоны получают свои жизненные силы и все свое могущество от этих десяти нижних кетеров.

После совершения обрезания, они выходят из этих нижних кетеров и входят под крылья Шхины, и в них раскрывается «йуд י», святая запись, знак совершенного союза, и записывается в них имя Шадай (שדי) и достигает совершенного существования. Поэтому было сказано Аврааму: «Я Творец Всемогущий (Эль Шадай)»⁴¹⁹, но не было сказано до того, как ему было велено совершить обрезание.

443) «Ходи предо Мною и будь непорочен»⁴¹⁹. «Непорочен» означает совершенен. Ибо до сих пор в записи «шин-далет שד» не доставало буквы «йуд י». Поэтому Творец сказал ему: «Сделай обрезание, и дополнишь себя записью буквы "йуд י". И имя Шадай (שדי) будет полным в тебе». А тот, кто дополнил себя этой записью, достоин того, чтобы быть благословенным этим именем. Как сказано: «И Творец Всемогущий (Эль Шадай) да благословит тебя»⁴²¹.

444) Что такое имя «Эль Шадай»? Это имя, из которого исходят благословения. Оно управляет всеми нижними кетерами. И все страшатся его и дрожат от страха перед ним. Поэтому все, кто не свят, отдаляются от того, кто обрезан, и не властвуют над ним. И мало того, он еще и не спускается в преисподнюю, как сказано: «И народ твой, все праведники... навеки унаследуют эту землю»⁴²².

445) Сказано о рабби Шимоне и его учениках: «Счастливы вы в этом мире и в мире будущем. Все вы пребываете в святости. Все вы – сыны святого Творца. О вас сказано: "Этот

---

[420] Писания, Коэлет, 7:14. «В день благой радуйся, а в день несчастья – узри: одно против другого создал Всесильный, как говорят, для того, чтобы человек ничего не мог постичь после Него».

[421] Тора, Берешит, 28:3. «И Творец Всемогущий да благословит тебя, и плодовитым тебя сделает и умножит тебя, и будешь ты сообществом народов».

[422] Пророки, Йешаяу, 60:21. «И народ твой, все праведники, ветвь насаждения Моего, дело рук Моих для прославления, навеки унаследуют эту землю».

скажет: "Творцу принадлежу я", и тот назовется именем Яакова"⁴²³. Каждый из вас соединен и связан с высшим святым Царем. И вы назначены правителями и поставлены защитниками той страны, которая называется землей жизни» – т.е. Нуквы, облачающей высшую Иму, «и правители ее питаются манном святой росы».

446) «Благо тебе, земля, чей царь свободен!»⁴²⁴ Это высшая земля – Нуква, поднявшаяся наверх и облачившая Бину, – которая властвует над всей жизнью наверху, в Бине. И поэтому она называется «земля жизни». И о ней сказано: «Земля, о которой Творец Всесильный твой печется»⁴²⁵. И сказано: «В землю, где без скудости есть будешь хлеб, не будет у тебя недостатка ни в чем»⁴²⁶. И «не будет у тебя недостатка ни в чем», – потому что она получает от непрерывного зивуга. Ведь «Царь твой свободен» – это Творец, т.е. Зеир Анпин. Как говорится: «Сын Мой, первенец Мой, Исраэль»⁴²⁷.

Объяснение. Когда Зеир Анпин поднимается и облачает высших Абу ве-Иму, а Нуква поднимается и облачает Ишут, и они находятся паним бе-паним, Зеир Анпин называется Исраэль, как сказано: «Сын Мой, первенец Мой, Исраэль», и он называется свободным. А Нуква называется землей жизни, и тогда сказано о ней: «Не будет у тебя недостатка ни в чем»⁴²⁶. Ведь Зеир Анпин передает ей наполнение от непрерывного зивуга Абы ве-Имы.

447) Что такое «свободный»? Сказано: «Ибо юбилей это, святыней будет для вас»⁴²⁸. А юбилей (йове́ль) означает Бина.

---

⁴²³ Пророки, Йешаяу, 44:5. «Этот скажет: "Творцу принадлежу я", и тот назовется именем Яакова, а иной напишет рукой своей: "Творцу принадлежу" и прозовется именем Исраэля».

⁴²⁴ Писания, Коэлет, 10:17. «Благо тебе, земля, чей царь свободен и чьи сановники едят вовремя для укрепления сил, а не для опьянения».

⁴²⁵ Тора, Дварим, 11:12. «Земля, о которой Творец Всесильный твой печется, – непрестанно глаза Творца Всесильного твоего на ней, от начала года и до конца года».

⁴²⁶ Тора, Дварим, 8:9. «В землю, где без скудости есть будешь хлеб, не будет у тебя недостатка ни в чем, в землю, камни которой – железо и из гор которой добывать будешь медь».

⁴²⁷ Тора, Шмот, 4:22. «И передай Фараону, что так сказал Творец: "Сын Мой, первенец Мой, Исраэль"».

⁴²⁸ Тора, Ваикра, 25:12. «Ибо юбилей это, святыней будет для вас; с поля ешьте его урожай».

А также сказано: «И возгласите свободу на земле»[429]. Выходит, что вся воля идет от свойства «йовель», т.е. Бины. Поэтому, когда у Зеир Анпина есть мохин Бины, он называется свободным. Почему сказано: «свободный» (бен хорин), а не «вольный» (бен херут)?

Объяснение. Мохин свечения Хохмы называются «воля» (херут), поскольку с помощью этих мохин подчиняют все клипот и ситру ахра. И эти мохин Хохмы светят только лишь снизу вверх[430], ибо это ВАК де-ГАР. И они считаются светом некевы, ведь весь свет, который не светит сверху вниз, не является светом захара. И поэтому эти мохин называются «воля (херу́т)» – в женском роде, а не «свобода (хори́н)» – в мужском (на иврите). И без сомнения, это так: он должен быть «вольным» (бен херут), потому что эти мохин не передаются сверху вниз.

448) Почему же сказано «свободный» (бен хорин)? Когда соединяются «йуд י» и «хэй ה», сказано: «А река выходит из Эдена» – т.е. Зеир Анпина, «чтобы орошать сад»[431]. И нельзя сказать: «Когда они соединяются», ведь они непременно соединяются. И поэтому сказано: «свободный» (бен хорин). Объяснение. Слова «когда они соединяются» указывают на то, что их зивуг прерывается, и время от времени они соединяются. Но поскольку речь идет о высших Абе ве-Име, зивуг которых не прерывается, нельзя сказать: «Когда они соединяются», ведь они, безусловно, соединяются всегда. И когда Зеир Анпин получает эти мохин высших Абы ве-Имы, которые светят сверху вниз, он называется свободным (бен хорин).

Ведь высшие Аба ве-Има в момент своего зивуга с ИШСУТ, когда они передают им мохин свечения Хохмы, тоже считаются свойством мохин воли (херут), несмотря на то, что сами по себе являются лишь укрытыми хасадим. И это потому, что они включают в себя мохин ИШСУТ. И кроме этого, они передают наполнение сверху вниз, и поэтому они называются «свобода (хорин)» – в мужском роде. И поэтому Писание в этом случае

---

[429] Тора, Ваикра, 25:10. «И освятите пятидесятый год, и возгласите свободу на земле всем ее обитателям. Юбилеем будет это для вас, и возвратитесь вы каждый к своему семейству».
[430] См. выше, п. 7.
[431] Тора, Берешит, 2:10. «Река выходит из Эдена, чтобы орошать сад, и оттуда разделяется и образует четыре русла».

говорит о Зеир Анпине: «Благо тебе, земля, чей царь свободен, и чьи сановники едят вовремя»[424], – т.е. в радости, совершенстве и с желанием.

449) И сказано: «Горе тебе, земля, чей царь – отрок»[432]. Это земля, которая внизу, т.е. Нуква мира Брия, жена Матата[433]. Ведь все другие земли остальных народов-идолопоклонников были отданы правителям, поставленным над ними. И выше всех – тот, о ком сказано: «Отроком я был и состарился»[434]. И эти слова произнес правитель мира, т.е. Матат, называемый «отрок». И о нем сказано: «Горе тебе, земля, чей царь – отрок»[432]. Горе миру, (жители) которого питаются от стороны Матата. И когда Исраэль в изгнании, они питаются от него, подобно питающемуся от чуждой власти. Ведь Исраэль должны питаться от Творца, а не от него.

450) «И чьи сановники трапезничают спозаранку»[432], – а не в другие часы дня. В час, когда солнце сияет, и жители мира поклоняются солнцу, гнев может обрушиться на мир. И также в послеполуденный час гнев может обрушиться на мир, потому что это время суда[435]. И происходит это потому, что ее «царь – отрок»[432], т.е. Матат, называемый «отрок».

451) А вы, истинные праведники, высшие святые, сыны святого Царя, питаетесь не со стороны Матата, а от святого места наверху, т.е. от Нуквы Зеир Анпина, называемой «земля жизни». О вас сказано: «А вы, прилепившиеся к Творцу Всесильному вашему, живы все вы сегодня»[436].

452) «Воспою я Возлюбленному моему песнь Друга моего о винограднике Его»[437]. Сказано: «Песнь». Следовало сказать: «Наставление», ибо это слова наставления для Исраэля. И сказано: «Возлюбленному», «Другу моему». Следовало сказать:

---

[432] Писания, Коэлет, 10:16. «Горе тебе, земля, чей царь – отрок, и где сановники трапезничают спозаранку».
[433] См. Зоар, Берешит, часть 1, п. 272.
[434] Писания, Псалмы, 37:25. «Отроком я был и состарился, но не видел я праведника оставленного и детей его, просящих хлеба».
[435] См. Зоар, главу Берешит, часть 1, п. 141.
[436] Тора, Дварим 4:4.
[437] Пророки, Йешаяу, 5:1. «Воспою Возлюбленному моему песнь Друга моего о винограднике Его. Виноградник был у Возлюбленного моего на плодородном участке».

«Другу моему», как сказано: «Песнь Друга моего о винограднике Его». И также сказано: «Виноградник был у Возлюбленного моего на плодородном участке»[437]. Но во всей Торе нет места, которое называлось бы «плодородный участок (керен бен шемен)».

453) «Воспою я возлюбленному моему»[437], – это Ицхак, который был возлюбленным. И он называется возлюбленным еще до того, как появился в мире. Ведь о нем сказано: «Освятивший возлюбленного из чрева»[438].

454) Почему Ицхак называется возлюбленным? Потому что велика была любовь Творца к Ицхаку, который не появился, пока праотец Авраам не совершил обрезания и не стал называться непорочным, ведь тогда ему было сказано: «И будь непорочным», – и к его имени была добавлена буква «хэй ה» для достижения совершенства. И Саре тоже была дана буква «хэй ה». И он стал называться «Авраам אברהם», а она – «Сара שרה».

455) «Хэй ה» была дана Саре, – это правильно, но почему Аврааму был дана «хэй ה», а не «йуд י»? Ведь к его имени должна была прибавиться «йуд י», поскольку он – захар, и свойство «йуд י» относится к захару, а свойство «хэй ה» – к Нукве. Но дело в том, что тут кроется высшая тайна. Авраам поднялся наверх и приобрел свойства первой «хэй ה», т.е. Бины. Ведь в имени АВАЯ (הויה) первая «хэй ה» относится к свойству захар, а нижняя «хэй ה» относится к свойству некева. А «хэй ה», которую взял Авраам, – это первая «хэй ה», относящаяся к свойству захар, т.е. Бина.

Внутренний смысл сказанного. Авраам, Ицхак и Яаков – это три линии, исходящие из трех точек холам-шурук-хирик. А ЗОН – это средняя линия, точка хирик. И в двух линиях, правой и левой, т.е. в холаме и шуруке, у ЗОН нет ничего, так как это МИ (מי) ЭЛЕ (אלה) имени Элоким (אלהים), находящегося в Бине. Но поскольку «трое выходят из одного», т.е. три линии Бины вышли с помощью экрана де-хирик ЗОН, «один удостаивается всех трех», – ЗОН тоже удостоились двух линий, правой и левой линии Бины. И вместе со средней линией в них

---
[438] Вавилонский Талмуд, трактат Шаббат, лист 137:2.

самих – это три линии. Ведь нижний удостаивается всей той меры, которая благодаря нему светит в высшем.

И сказано: «И он называется "возлюбленный" еще до того, как появился в мире»[439]. Поскольку «возлюбленный» – это левая линия, в которой есть любовь между близкими. А все души происходят от ЗОН, которые называются «мир». Но в таком случае, непонятно: ведь левая линия не существует в мире, т.е. в ЗОН, а существует только лишь в Бине. Поэтому Ицхак берет свое начало от Бины еще до того, как выходит в мир, т.е. в ЗОН. И несмотря на то, что он выходит из ЗОН, в любом случае он рождается от Бины, у которой есть левая линия. Но дело в том, что при выходе своем он должен пройти через ЗОН. Ведь души относятся к уровню ниже ЗОН, и поэтому обязаны пройти через ЗОН, хотя корень их и находится в Бине.

Но почему же Ицхак называется возлюбленным? Иначе говоря, если он выходит из ЗОН и рождается от Авраама, как может быть, чтобы Ицхак происходил от левой линии, называемой «возлюбленный», ведь ЗОН и Авраам уже происходят от экрана де-хирик, т.е. от средней линии? Но мы уже говорили, что: «велика была любовь Творца к Ицхаку, который не появился, пока праотец Авраам не совершил обрезания, и тогда к его имени была добавлена буква "хэй" для достижения совершенства»[440]. Ведь «хэй», которая прибавилась к его имени, – это Бина. И это показывает нам, что Авраам поднялся наверх в Бину и взял свойство самой Бины[441]. И там, пока он находился в Бине, он родил Ицхака. И там он облачил правую линию Бины, т.е. холам, а Ицхака родил в левой линии Бины, т.е. в шуруке. И поэтому Ицхак рождается в свойстве «возлюбленный», т.е. в левой линии Бины выше ЗОН.

456) «Таким будет потомство твое»[442], – именно «потомство твое». Другими словами, «таким» (ко), т.е. свойством Малхут, будет потомство его. Ибо он начал входить в этот союз. А тот, кто начинает входить, входит в этот союз, т.е. в Малхут,

---

[439] См. выше, п. 453.
[440] См. выше, п. 454.
[441] См. выше, п. 455.
[442] Тора, Берешит, 15:5. «И Он вывел его наружу и сказал: "Взгляни же на небо и сочти звезды. Можешь ли счесть их?" И сказал Он ему: "Таким будет потомство твое"».

называемую «ко». И поэтому пришелец, совершивший обрезание, называется праведным пришельцем, ведь он не происходит от праведного поколения, которое совершило обрезание. И он начинает входить в союз, а каждый, кто начинает, входит в Малхут. И поэтому вошедший в Малхут, которая называется праведностью, именуется праведным пришельцем.

457) Поэтому об Аврааме сказано: «Таким будет потомство твое»[442], – т.е. именно твое потомство. Ведь именно «таким» (ко), а это нижняя «хэй ה», т.е. Малхут, будет у тебя потомство. И в Зоаре объясняется, как Малхут становится ему потомством. И говорится, что две буквы «хэй ה», Бина и Малхут, соединились вместе. Иными словами, после того, как Авраам поднялся в первую «хэй ה», нижняя «хэй ה», т.е. Малхут, поднялась к нему, и они соединились вместе. И они породили наверху в Бине две линии, МИ (מי) ЭЛЕ (אלה). Сначала, благодаря подъему Малхут в Бину, упали буквы ЭЛЕ (אלה) Бины, и она осталась с двумя буквами МИ (מי) имени Элоким (אלהים), что считается вхождением «йуд י» в свет Бины, и свет (ор אור) при этом становится свойством «воздух (авир אויר)». И это точка холам.

А потом Малхут опустилась из Бины на свое место, и буквы ЭЛЕ (אלה) вернулись в Бину, и возникла левая линия, шурук[443]. А то, что выходит из них в момент рождения левой линии – это «йуд י», выходящая из свойства «воздух (авир אויר)» Бины. И Бина вновь становится светом (ор אור) ГАР. Поэтому первая буква имени Ицхак (יצחק) – это «йуд י», свойство захар, так как свойство захар начинает распространяться от буквы «йуд». Захар – это мохин де-ГАР, которые распространяются благодаря выходу «йуд י» из свойства «воздух (авир אויר)».

И поэтому сказано: «Ибо в Ицхаке наречется тебе потомство»[444]. Именно в Ицхаке, который является левой линией и буквами ЭЛЕ, вернувшимися в Бину, а также «йуд י», которая выходит из свойства «воздух (авир אויר)», и Бина вновь становится светом (ор אור) ГАР. Не сказано: «В тебе», поскольку только в самом Аврааме нет совершенства, и он – МИ (מי) имени

---

[443] См. Зоар, главу Берешит, часть 1, п. 32, со слов: «После того, как эта "йуд י"...»

[444] Тора, Берешит, 21:12. «И сказал Всесильный Аврааму: "Да не будет худо в глазах твоих из-за отрока и из-за твоей рабыни. Во всем, что скажет тебе Сара, слушай ее голоса, ибо в Ицхаке наречется тебе потомство"».

Элоким (אלהים), которое уменьшилось из-за подъема нижней «хэй ה» в первую «хэй ה» и стало свойством ВАК. Однако во время рождения левой линии, т.е. Ицхака, Авраам тоже вернулся в свойство ГАР. И поэтому Писание уточняет, что именно «в Ицхаке наречется тебе потомство», и через него ты достигнешь совершенства, а не сам, ибо в тебе самом нет ГАР без Ицхака.

Ицхак породил наверху, как сказано: «Ты дашь истину Яакову»[445]. И Яаков является завершением всего. Объяснение. Ведь Яаков это средняя линия, т.е. Зеир Анпин, и поэтому он не должен был родиться наверху в месте Бины, подобно Ицхаку. Но поскольку Яаков является завершением всего, так как без средней линии не смогли бы светить две линии Бины, поэтому Ицхак родил Яакова наверху в месте Бины, и Яаков стал там свойством Даат, согласующим между Хохмой и Биной, т.е. Авраамом и Ицхаком.

458) Как может быть, чтобы Авраам включился в левую линию Ицхака, ведь сказано: «милость Аврааму»[445], – т.е. он соединен с правой линией? Дело в том, что доля его – Хесед (милосердие), так как он проявлял милосердие к жителям мира, но чтобы родить, он включается в левую линию и начинает отсюда. Ибо рождение возможно лишь от свечения Хохмы, которое достигается благодаря включению правой линии в левую, как сказано: «В Ицхаке наречется тебе потомство»[444], – а не в тебе.

И поэтому Авраам совершает обрезание в девяносто девять лет. Ведь сто лет – это десять сфирот, в каждой из которых по десять. А в келим десяти сфирот сначала растут высшие, т.е. начинаются с Кетера и заканчиваются на Малхут. И выходит, что исправление сотого года, т.е. Малхут де-Малхут, чрезвычайно тяжело. Поэтому Авраам совершает обрезание на девяносто девятом году, чтобы иметь возможность исправить сотый год.

459) И поэтому Ицхак, т.е. суровый суд, являющийся левой линией, которая перекрылась из-за недостатка облачения хасадим, явился, чтобы дать свою часть и породить среднюю

---

[445] Пророки, Миха, 7:20. «Ты дашь истину Яакову, милость Аврааму, о которой клялся Ты отцам нашим с давних времен».

линию, т.е. Яакова. И он называется Хесед, поскольку он притянул ступень хасадим на экран де-хирик – на среднюю линию, называемую Яаков. То есть он преумножил хасадим, и правая и левая линии включились друг в друга. И поэтому Яаков завершает всё с правой стороны и с левой стороны. С одной стороны, Авраам и Ицхак включились друг в друга в своих высших частях благодаря Яакову, т.е. средней линии; ведь этим завершились хасадим правой линии – и это первое завершение, относящееся к Яакову. С другой же стороны, им была дана способность порождать снизу вверх, и это второе завершение, относящееся к Яакову.

Иными словами, с этой стороны Хохма левой линии получила завершение благодаря облачению в хасадим правой, ведь Хохма тогда светит снизу вверх и становится способной к порождению. И всё это пришло к своему завершению благодаря Яакову. И это второе завершение, относящееся к Яакову. Таким образом, Яаков завершает как с правой стороны, так и с левой. И поэтому сказано: «Исраэль, в котором прославлюсь»[446]. Ибо в нем, т.е. в Исраэле, завершаются цвета, т.е. света, как сверху, так и снизу.

460) И поэтому говорится о песни во фразе: «Воспою я возлюбленному моему»[437], а не наставлении[447]. Это, конечно же, «песнь», так как слова «возлюбленному моему» указывают на порождение захара, и это Ицхак, мохин левой линии Бины, мира свойства захар[448]. Ведь Ицхак называется возлюбленным еще до того, как появился в мире[449], – до того, как он выходит через ЗОН, называемые «мир», т.е. будучи еще свойством левой линии Бины. И потому он – захар, как и Бина. Поэтому сказано тут: «Воспою», потому что пение относится к захару, т.е. к свойству ГАР.

461) А некоторые говорят, что: «Воспою я возлюбленному моему»[437] – это Авраам. Как сказано: «Что возлюбленному

---

[446] Пророки, Йешаяу, 49:3. «И сказал мне: "Ты раб Мой, Исраэль, в котором прославлюсь"».
[447] См. выше, п. 452.
[448] См. выше, п. 455.
[449] См. выше, п. 453.

Моему в доме Моем»[450] – где говорится об Аврааме. И также здесь «возлюбленному моему» – это Авраам. И Авраам получил в наследство владение полем, т.е. Малхут, которая называется здесь виноградником, и о ней сказано: «Песнь Друга моего о винограднике Его»[437].

462) «Песнь Друга моего о винограднике Его». «Друг мой» – это Творец, как сказано: «Друг мой светел и румян»[451]. И когда «Друг мой» упоминается вместе с «Возлюбленным моим», – это свойство захар. Объяснение. «Друг мой» – это Зеир Анпин, который упоминается вместе с «Возлюбленным моим», т.е. левой линией Бины, когда Зеир Анпин служит там средней линией. И тогда у Зеир Анпина есть эти мохин Бины, т.е. свойство захар. И от него, благодаря свечению левой линии Бины, он посадил виноградник, т.е. Малхут и Нукву Зеир Анпина. Как сказано: «Виноградник был у Друга моего»[437]. Ведь она образуется от левой линии Бины.

463) «На плодородном участке (ке́рен бен ше́мен)»[437] – это как сказано: «В юбилейный рог (керен йове́ль)»[452], что означает Малхут, подслащенная Биной. Ибо керен – это Малхут, а йовель – это Бина. И тот керен, который здесь, тоже упоминается вместе с захаром, называемым «плодородный (бен шемен)», и это тоже Бина. Отсюда мы видим, что зарождение и насаждение этого виноградника, Малхут, все это происходит благодаря ее подъему в Бину, т.е. в свойство захар. Как сказано: «И окопал его, и очистил его от камней»[453].

464) «Плодородный» (бен шемен) – подобно «свободному» (бен хори́н), т.е. свойство Бина. И оба они, «плодородный» и «йовель», являются одним – свойством Бина. И называется

---

[450] Пророки, Йермияу, 11:15. «Что возлюбленному Моему в доме Моем, если он свершает множество злых замыслов? И священного мяса (жертвоприношений) не будет у тебя, ибо, совершая зло, ты радуешься».

[451] Писания, Песнь песней, 5:10. «Друг мой светел и румян, отличен из десяти тысяч».

[452] Пророки, Йеошуа, 6:5. «И будет, когда затрубят в юбилейный рог, когда услышите звук рога, пусть весь народ закричит громким голосом; и обрушится стена города на своем месте, и поднимется народ, каждый со своей стороны».

[453] Пророки, Йешаяу, 5:2. «И окопал его, и очистил его от камней, и засадил его благородной лозою, и выстроил башню в нем, и давильню для винограда высек там. И надеялся Он получить виноград, а тот дал плоды дикие».

«шéмен» (масло), потому что оттуда, из Бины, исходит масло и гадлут для зажигания лампад. Пока этот керен, т.е. Малхут, не примет и не соберет их. И это называется также «керен йовель» (рог йовеля). И поэтому продолжалось царство (малхут) дома Давида, ибо он был помазан с помощью рога (керен)[454] и соединился с ним.

465) Как появился и родился виноградник «на плодородном участке (керен бен шемен)» благодаря его подъему в Бину? Сказано: «И окопал его»[453], – т.е. ограничил и оградил его вокруг, как кольцом, окружающим (его) со всех сторон. «И окопал его (йаазкеу)» происходит от слова «и́зка», т.е. кольцо. Этот стих описывает исправление виноградника от его катнута до гадлута, происходящее благодаря его подъему в Бину. Сначала, когда Малхут поднялась в Бину, считается, что «йуд י» вошла в свет (ор אור) Бины и он стал свойством «воздух (ави́р אויר)». И Бина уменьшилась до свойства ВАК, поскольку при этом упали из нее в ЗОН буквы ЭЛЕ (אלה), и она осталась с буквами МИ (מי). И ЗОН тогда тоже уменьшились до ВАК. И об этом состоянии говорит Писание: «И окопал его», – т.е. окружил его со всех сторон, сократил до ВАК, из-за «йуд י», которая вошла в свет (ор אור) Бины и он стал свойством «воздух (ави́р אויר)», ступенью руах, т.е. ВАК.

«И очистил его от камней»[453], – т.е. устранил из виноградника и из Своего надела всех великих, и всех правителей, и все нижние короны. То есть, с помощью подъема Малхут в Бину, когда она уменьшилась до ВАК без рош, Создатель устранил из Малхут все великие силы ситры ахра, которые были соединены с Малхут. Ведь после того, как она уменьшилась до ВАК, им нечем питаться от нее, «и тогда Он» – т.е. Бина, «взял виноградник в свой надел» – т.е. она соединилась с Биной и стала частью Бины. Как сказано: «Ибо доля Творца – народ Его, Яаков – удел наследия Его»[455]. Ведь когда Малхут становится частью Бины, Исраэль тоже становятся частью Бины, так как они соединены с ней.

---

[454] Пророки, Шмуэль 1, 16:13. «И взял Шмуэль рог с елеем и помазал его среди его братьев, и пребыл дух Творца на Давиде, с того дня и далее».
[455] Тора, Дварим, 32:9.

466) «И засадил его благородной лозою (сорэ́к שורק)»⁴⁵³. Как сказано: «Я засадил тебя благородной лозою, вся ты – семя истины»⁴⁵⁶. «Вся ты (куло́ כלה)» написано с «хэй ה», так же как пишется: «Вся "хэй" (כל ה)» – т.е. Малхут, «семя истины». Объяснение. «И засадил его благородной лозою (сорэк שורק)»⁴⁵³. Благодаря тому, что Бина опять опустила «йуд י» из свойства «воздух (ави́р אויר)» и вернула себе буквы ЭЛЕ (אלה), появилась левая линия, называемая «шурук (שורק)»⁴⁵⁷, что означает свет Хохмы без хасадим, и Бина передала эти мохин Малхут. И тогда сказано: «Вся ты – семя истины». Ведь свет Хохмы, которым Бина освещает виноградник, называется «истина». Из этого состояния, т.е. из света шурука, Авраам начал порождать наверху Ицхака⁴⁵⁷, так как он – свойство «шурук». И из этого вышло семя истины, ведь свечение Хохмы называется «истина». Как сказано: «Таким (ко) будет потомство твое»⁴⁴², – когда левая линия светит в Малхут, Малхут называется «ко»⁴⁵⁷. И всё это – одно понятие. То есть шурук, семя истины, рождение Ицхака, «таким (Ко) будет потомство твое», все они представляют собой одно понятие – свечение левой линии, исходящей из Бины.

Благословенна доля Исраэля, получающих такое большое наследство. Ведь эти мохин называются «наследство», так как находятся выше ЗОН, и ЗОН получают их от Абы ве-Имы в наследство. И так же Исраэль – подобно сыну, наследующему своему отцу и удостаивающемуся этого наследства, несмотря на то, что оно не является плодом его собственного труда. Так же и ЗОН удостаивается мохин Бины, несмотря на то, что нет у них там ничего своего. И так же Исраэль (получает) от ЗОН.

467) «И выстроил башню в нем»⁴⁵³. Что такое «башня»? Как сказано: «Несокрушимая башня – имя Творца, в ней укроется праведник и возвысится»⁴⁵⁸. Именно «в ней укроется праведник» – ведь в состоянии свечения шурук Малхут существовать не может, так как является свойством Хохмы без хасадим. А возведение башни означает облачение Хохмы в хасадим, и тогда «укроется праведник и возвысится», но не ранее того.

---

⁴⁵⁶ Пророки, Йермияу, 2:21. «Я засадил тебя благородной лозою, вся ты – семя истины; как же превратилась ты у Меня в одичавшую чужую лозу?!»

⁴⁵⁷ См. выше, п. 457.

⁴⁵⁸ Писания, Притчи, 18:10.

468) «И винодельню высек там»⁴⁵³. Это «врата праведности», как сказано: «Откройте мне врата праведности»⁴⁵⁹, – т.е. экран де-хирик, на который притягивается ступень хасадим и средняя линия. И без этого не светила бы Хохма. И поэтому в этих хасадим есть также и включение Хохмы. Что означает: «Откройте мне врата праведности»? Каждый, кто совершил обрезание в Исраэле, входит в обе и удостаивается обеих – и башни, и винодельни. «Башня» – это включение Хохмы в хасадим. «Винодельня» – включение хасадим в Хохму. Поэтому Давид просил: «Откройте мне врата праведности», – чтобы удостоиться обеих.

469) А тот, кто приносит своего сына в жертву, для совершения обрезания, вводит его в святое имя. И благодаря этому знаку существуют небо и земля, как сказано: «Если бы не Мой союз днем и ночью, законов неба и земли не установил бы Я»⁴⁶⁰. И устраивающий торжество удостаивается всего, и в этот день он удостаивается увидеть Творца паним бе-паним (лицом к лицу).

470) Счастлива наша участь, ведь мы удостоились этого дня! И счастлива твоя доля вместе с нами! И об этом сыне, родившемся у тебя, провозглашаю я, как сказано: «Каждого, названного именем Моим, и во славу Мою сотворил Я его, создал Я его и сделал Я его»⁴⁶¹. И сказано: «И все сыновья твои будут учениками Творца»⁴⁶².

475)⁴⁶³ Пал духом рабби Аба. Увидел его рабби Шимон, сказал ему: Всё, что у тебя на сердце, отражается на лице твоем». Ответил рабби Аба: «Не о себе сожалею я, а о том, что наказал Он их Вавилонским изгнанием».

Сказал ему рабби Шимон: «Они, ни в коем случае, не были наказаны. Но поскольку эти тайны были настолько раскрыты

---

⁴⁵⁹ Писания, Псалмы, 118:19. «Откройте мне врата праведности, я войду в них, возблагодарю Творца».
⁴⁶⁰ Пророки, Йермияу, 33:25. «Так сказал Творец: "Если бы не союз Мой днем и ночью, законов неба и земли не установил бы Я"».
⁴⁶¹ Пророки, Йешаяу, 43:7. «Каждого, названного именем Моим, и во славу Мою сотворил Я его, создал Я его и сделал Я его».
⁴⁶² Пророки, Йешаяу, 54:13. «И все сыновья твои будут учениками Творца, и велико (будет) благополучие сынов твоих».
⁴⁶³ Пункты 471-474 в данной редакции текста не приводятся.

между ними, им был вынесен суд – быть изгнанными среди тех товарищей, которые в Вавилоне, чтобы изучили они пути их, и тайны были бы укрыты между ними. И тайны эти раскроются только между нами, поскольку Творец согласился с нами, и эти вещи раскроются через нас».

476) В будущем Творец возвестит о сынах Своих: «Тогда прорвется, как заря, свет твой, и исцеление твое явится скоро»[464].

---

[464] Пророки, Йешаяу, 58:8. «Тогда прорвется, как заря, свет твой, и исцеление твое явится скоро, и пойдет пред тобой правда твоя, слава Творца будет следовать за тобой».

Глава Ваера

И явился ему Творец

1) Сказано: «Ростки показались на земле»[465]. Когда создал Творец мир, Он дал земле всю надлежащую ей силу. И всё было у земли, но она не произвела плодов в мире, пока не появился Адам (досл. человек). После того, как появился Адам, всё появилось в мире – то есть земля раскрыла зачатки и силы, находящиеся в ней, и тогда сказано: «Ростки показались на земле».

2) Подобно этому, небеса не давали силы земле, пока не появился Адам. Как сказано: «Никакая трава полевая еще не росла на земле, ибо дождя не посылал Творец»[466] – были скрыты в ней все эти порождения и не раскрывались, а небеса остановились и не изливались дождем на землю, потому что «человека не было» – не появился и не создан еще, и всё задерживается в своем развитии из-за него. Когда появился Адам, тотчас «ростки показались на земле», и все силы, которые были скрыты, раскрылись и отданы ей.

3) «Время воспевания пришло»[465] – было установлено исправление песнопений и восхвалений для воспевания перед Творцом, чего не было до создания Адама. «И голос горлицы слышен в земле нашей»[465] – это речь Творца, которой не было в мире прежде чем был создан Адам, а с появлением Адама, появляется всё.

4) После того, как согрешил, исчезло всё из мира, и стала проклятой земля, как сказано: «Проклята из-за тебя земля»[467].

---

[465] Писания, Песнь песней, 2:12. «Ростки показались на земле, время воспевания пришло и голос горлицы слышен в земле нашей».
[466] Тора, Берешит, 2:5. «Никакого же кустарника полевого еще не было на земле, и никакая трава полевая еще не росла: ибо дождя не посылал Творец на землю, и человека не было для возделывания земли»
[467] Тора, Берешит, 3:17. «А человеку сказал: "За то, что ты послушался голоса жены твоей и ел от дерева, о котором Я заповедал тебе, сказав: не ешь от него, проклята из-за тебя земля; со скорбью будешь питаться от нее все дни жизни твоей!"»

И сказано: «Когда станешь возделывать землю»⁴⁶⁸, сказано: «Колючки и терновник произрастит она тебе»⁴⁶⁹.

5) Появился в мире Ноах и ввёл топоры и точила в мире, словом, ввёл инструменты для обработки земли, поэтому сказано о нем: «Этот облегчит нам деяния наши и избавит от мучения рук наших»⁴⁷⁰ – поскольку даст нам инструменты и избавит от мучения рук наших, которые испытывали мы до сих пор. А потом: «И выпил он вина и опьянел, и обнажился внутри шатра»⁴⁷¹. И затем начали жители мира грешить перед Творцом, и исчезли силы земли, как вначале. Иными словами, все исправления Ноаха потеряли силу, и это продолжалось до тех пор, пока не пришел Авраам.

6) А когда появился Авраам, сразу же «ростки показались на земле»⁴⁶⁵, то есть исправились и раскрылись все силы земли. «Время воспевания (замир) пришло»⁴⁶⁵ – то есть в час, когда сказал ему Творец, чтобы он сделал себе обрезание. «Воспевание (замир, также обрезание ветвей)» означает отсечение, отсечение крайней плоти. Поскольку пришло то время, когда этот союз находится в Аврааме, и он сделал обрезание. И тогда осуществилось в нем сказанное: «Показались ростки». И мир пробудился к жизни. И речь Творца стала раскрываться ему. И об этом сказано: «И явился ему Творец»⁴⁷² – после того, как совершил обрезание.

7) Прежде чем Авраам сделал обрезание, Творец говорил с ним только с нижней ступени, называемой «ви́дение», – т.е. Нуква, когда она еще находится в свечении левой, как сказано: «Было слово Творца к Авраму в видении»⁴⁷³. И высшие ступени

---

⁴⁶⁸ Тора, Берешит, 4:12. «Когда станешь возделывать землю, она более не даст тебе силы своей; вечным скитальцем будешь ты на земле».

⁴⁶⁹ Тора, Берешит, 3:18. «Колючки и терновник произрастит она тебе, и будешь питаться полевою травою».

⁴⁷⁰ Тора, Берешит, 5:29. «И нарек ему имя Ноах, сказав: "Этот облегчит нам деяния наши и избавит от мучения рук наших над землею, которую проклял Творец"».

⁴⁷¹ Тора, Берешит, 9:21.

⁴⁷² Тора, Берешит, 18:1. «И явился ему Творец в Алоней Мамрэ, а он сидел у входа в шатер в самый разгар дня».

⁴⁷³ Тора, Берешит, 15:1. «После этих происшествий было слово Творца к Авраму в видении, и сказано так: «Не бойся, Аврам, Я щит тебе; награда твоя весьма велика».

Зеир Анпина не соединялись со ступенью Нуквы. А когда обрезал себя, тотчас «ростки» нижней ступени, «показались на земле». То есть нижняя ступень, называемая «видение», извлекла и исправила их, чтобы соединились в ней все высшие ступени.

Пояснение сказанного. Две линии ИШСУТ, правая и левая, не сочетаются зивугом и не включаются друг в друга иначе, как с помощью ступени хасадим, выходящей на МАН Зеир Анпина, согласующей между ними и включающей их друг в друга. И так же ЗОН после того, как поднялись в ИШСУТ и получили от них мохин: Зеир Анпин становится там правой линией, а Нуква – левой линией. И они отделены друг от друга, как обычно две линии, правая и левая, пока не поднимается к ним МАН с помощью душ праведников, и тогда выходит ступень хасадим на этот МАН праведников, приводящая к зивугу Зеир Анпин и Нукву[474]. И в то время, когда ЗОН отделены друг от друга, Нуква называется видением, потому что «вúдение» в переводе на язык Таргум (арамит) – это «видéние». А слово, приводимое в Писании на языке Таргум, указывает на мохин де-ахораим. И эти мохин левой линии в Нукве, до ее зивуга с Зеир Анпином, являются мохин де-ахораим.

Прежде чем Авраам поднял МАН в ЗОН, посредством выполнения заповеди обрезания, Зеир Анпин не был в зивуге с Нуквой, но они были отделены друг от друга. Зеир Анпин был в правой линии, а Нуква – в левой линии, и они были в разногласии друг с другом. Когда же он поднял МАН посредством выполнения заповеди обрезания, сразу же «ростки показались на земле», – свойства в экране, на которые был произведен зивуг де-акаа, выводящий ступень хасадим в средней линии, согласующей и объединяющей две линии, правую и левую, друг с другом. И эти свойства экрана называются «ростками», которые «показались на земле», в Нукве, благодаря подъему МАН с помощью заповеди обрезания. И когда появились эти силы и раскрылись в Нукве, она исправила себя с их помощью, создав в себе экран, готовый к зивугу, чтобы вывести ступень хасадим, соединяющую ее с ЗОН.

---

[474] См. Зоар, главу Берешит, часть 2, п. 253, со слов: «Пояснение сказанного...»

8) «Время воспевания (замир, также "обрезание ветвей") пришло» – время обрезания плохих ветвей пришло, ветвей «крайней плоти», ибо эта клипа властвовала прежде, чем он был обрезан. И была она, как сказано: «Ропщущий отвергает Властелина»[475]. «Голос горлицы слышен в земле нашей» – это голос, выходящий из той, которая является самой внутренней из всех. «Голос» – это Зеир Анпин. «Самая внутренняя из всех» – Има. То есть Зеир Анпин создается и выходит из нее. И «голос» этот, Зеир Анпин, «слышен в земле нашей» – Нукве. И Зеир Анпин производит зивуг с Нуквой благодаря подъему МАН с помощью заповеди обрезания. И это «голос» создает отчетливость слова в речи, то есть имеется в нем отчетливость произношения этой речи, и он придает ей совершенство. Зеир Анпин называется «голос», а Нуква называется «речь». И это говорит о том, что Зеир Анпин исправляет Нукву и строит ее во всем совершенстве.

9) Всё то время, пока Авраам не совершил обрезание, находилась над ним ступень Нуквы. После обрезания, сказано: «И явился ему Творец»[472].

10) «И явился ему Творец» – означает, что явился той ступени, которая говорила с Ним. Иначе говоря, Зеир Анпин, то есть АВАЯ, явился ему, т.е. Нукве, – чего не было до совершения обрезания, поскольку она была отделена от Зеир Анпина. Теперь же раскрылся голос, Зеир Анпин, и соединился с речью, Нуквой, когда Он говорил с Авраамом. И теперь Авраам получает наполнение от зивуга ЗОН, став строением для них обоих. И потому сказано здесь: «Явился ему Творец», что указывает на соединение (зивуг) ЗОН вместе.

11) «А он сидел у входа в шатер»[472]. «Он» – это Нуква, «сидел у входа в шатер» – т.е. она стала входом для всех ступеней. «Шатер (оэль)» от слов «когда светит (бэило)», как сказано: «Когда светит свеча Его над моей головой, в свете Его пойду я во тьме»[476]. «И явился ему Творец» – это означает, что «голос», Зеир Анпин, слышится и соединяется с «речью», Малхут, и раскрывается в ней.

---

[475] Писания, Притчи, 16:28. «Человек коварный распространяет раздор, а ропщущий отвергает Властелина».
[476] Писания, Иов, 29:3.

12) «А он сидел у входа в шатер». «Он» – это высший мир, Има, который готов светить ему, т.е. Нукве, называющейся входом в шатер, так как она становится входом для светов. «В самый разгар дня»[472] – когда светила правая линия, Хесед, ступень, с которой соединился Авраам.

Другое объяснение. «В самый разгар дня». То есть в час, когда ступени приблизились в страстном стремлении друг к другу, Зеир Анпин к Нукве, – тогда сказано о них: «В самый разгар дня».

13) Пока Авраам не сделал обрезание, он был замкнут в себе, т.е. не мог получать высшие света. Когда же совершил обрезание, раскрылось всё, – т.е. все света раскрылись ему. Потому что он избавился от своей замкнутости, и Шхина воцарилась над ним в совершенстве.

«А он сидел у входа в шатер»[472]. «Он» – это высший мир, Бина, царящая над нижним миром, Нуквой. «В самый разгар дня»[472] – в час, когда один праведник, Есод Зеир Анпина, страстно желает царить в нижнем мире, Нукве. Иными словами, в час, когда совершается зивуг ЗОН, мохин Бины царят в Нукве.

14) Тотчас «поднял он глаза свои»[177]. Сразу после того, как осуществился зивуг ЗОН, «поднял он глаза свои, и увидел: и вот, три человека стоят над ним»[477]. Это Авраам, Ицхак и Яаков, т.е. Хесед Гвура и Тиферет Зеир Анпина, стоящие над этой ступенью, Нуквой. И от них она получает пищу и питание.

15) Тогда, «увидел он и побежал навстречу им»[477], так как нижняя ступень, Нуква, страстно желает соединиться с ХАГАТ и испытывает радость от устремления за ними. Таким образом, «увидел он и побежал» сказано о Нукве, которая хотела соединиться с ними. «И поклонился до земли»[477] – чтобы, исправившись, стать престолом для них, потому что Нуква становится престолом для ХАГАТ Зеир Анпина, чтобы они царили над ней подобно человеку, сидящему на престоле.

---

[477] Тора, Берешит, 18:2. «И поднял он глаза свои, и увидел: и вот, три человека стоят над ним. И увидел он, и побежал навстречу им от входа в шатер, и поклонился до земли».

16) Сделал Творец царя Давида, Нукву, одной из опор высшего престола, подобно праотцам. Объяснение. Высший престол – это Бина. Праотцы – это ХАГАТ, три опоры престола. Зеир Анпин исправил Нукву, зовущуюся царем Давидом, чтобы она стала четвертой опорой престола. И Нуква находится на одной ступени с праотцами, с ХАГАТ, поскольку была установлена опорой престола, подобно им[478].

Хотя она и служит престолом для праотцев, но как же она установилась на одной с праотцами ступени, дополнив число опор в престоле до четырех? Это случилось лишь тогда, когда она соединилась с ними, чтобы стать одной из опор и установиться в высшем престоле. Поэтому царь Давид получил Малхут (царство) над Исраэлем в Хевроне на семь лет[479], чтобы соединиться с ними, с ХАГАТ. И мы уже выяснили, что «Давид не мог получить царство (Малхут), прежде чем соединится с праотцами, покоящимися в Хевроне»[480].

Объяснение. Сначала Нуква выстраивается в свойстве «два великих светила», т.е. на равной ступени с Зеир Анпином, с обратной его стороны. И тогда оба они служат одному Кетеру – Бине. Зеир Анпин получает правую сторону, а Нуква – левую сторону Бины, и тогда считаются ЗОН четырьмя ее опорами, а она называется высшим престолом. ХАГАТ Зеир Анпина являются тремя опорами престола, а Нуква – четвертая опора. При этом оба они равны друг другу. Однако эти мохин в отношении Нуквы представляют только мохин обратной стороны (ахораим). Но чтобы быть выстроенной в мохин лицевой стороны (паним), она уменьшается до малого светила – и тогда может получать от Зеир Анпина мохин де-паним. И в этом свойстве она становится престолом для Зеир Анпина, под ним[481]. Таким образом, Нуква проходит два периода: сначала она на равной ступени с Зеир Анпином, а затем уменьшается и становится меньше его.

---

[478] См. Зоар, главу Берешит, часть 1, п. 117, со слов: «И это два свойства...»
[479] Писания, Диврей а-ямим 1, 3:4. «Шестеро родились у него в Хевроне, и царствовал он там семь лет и шесть месяцев, и тридцать три года царствовал в Йерушалаиме».
[480] См. Зоар, главу Лех леха, п. 65.
[481] См. Зоар, главу Берешит, часть 1, пп. 111-118.

Во время (свечения) мохин де-паним она меньше его и является престолом для ХАГАТ Зеир Анпина. Однако во время (свечения) мохин де-ахораим, когда она соединилась с ХАГАТ Зеир Анпина на равном уровне, тогда она является одной из опор для установления в высшем престоле наравне с ХАГАТ Зеир Анпина. Ведь оба они тогда на равных служат высшему престолу – Бине. И если бы сначала Нуква не получила мохин де-ахораим в состоянии «два великих светила»[482], то не смогла бы потом получить мохин де-паним.

Поэтому сказано, что «царь Давид получил Малхут (царство) над Исраэлем в Хевроне на семь лет, чтобы соединиться с ними». Малхут Хеврона – это мохин де-ахораим, а Малхут всего Исраэля – это мохин де-паним. И если бы сначала царь Давид не получил Малхут (царство) в Хевроне, т.е. мохин де-ахораим, то не был бы достоин вовсе получения Малхут (царства) всего Исраэля, то есть мохин де-паним. Ибо сперва она должна соединиться на равном уровне с ХАГАТ со стороны ахораим, и без этого он не смог бы получить совершенную Малхут – мохин де-паним.

17) «И явился ему Творец в Алоней Мамрэ»[472]. В Алоней Мамрэ, а не в другом месте, так как Мамрэ дал ему совет об обрезании. Ведь когда Творец сказал Аврааму обрезать себя, пошел Авраам посоветоваться с товарищами. Сказал ему Анэр: «Тебе уже больше девяноста лет – и ты собираешься терпеть страдания?!»

18) Сказал ему Мамрэ: «Вспомни день, когда халдеи бросили тебя в горнило огненное. И голод, охвативший весь мир, как сказано: "И был голод на земле, и сошел Аврам в Египет"[483]. И тех царей, за которыми погнались твои люди, и ты поразил их[484]. Творец спас тебя от всех их, и никто не может причинить тебе зло. Встань и выполни заповедь своего Владыки». Сказал Творец Мамрэ: «Ты дал ему совет об обрезании. Клянусь, что откроюсь Я ему только в твоем чертоге». И поэтому сказано: «В Алоней Мамрэ».

---

[482] Тора, Берешит, 1:16.
[483] Тора, Берешит, 12:10.
[484] Тора, Берешит, 14:14. «И когда услышал Аврам, что родственник его пленен, выстроил он своих людей, триста восемнадцать человек, и погнался до Дана».

19) Душа человека, когда он спит ночью, поднимается с земли на небосвод и стоит там в высшем сиянии⁴⁸⁵, и Творец проверяет ее.

20) «Когда душа любого праведника стоит в месте пребывания славы Творца» – т.е., когда достойна получать свечение Хохмы, и это называется стоянием, «а достойна сидеть рядом с ней» – т.е. получать облачение хасадим, и это называется сидением, «Творец» – Зеир Анпин, «призывает праотцев» – ХАГАТ, три его линии, «и говорит им: "Идите и проверьте такого-то праведника, который пришел, и приветствуйте его миром от имени Моего"» – то есть, чтобы три линии дали ей свечение зивуга, называющееся миром. «От имени Моего» – это Нуква. А они отвечают: «Владыка мира, не подобает отцу наведываться к сыну. Сын должен наведываться к отцу, проявлять интерес и расспрашивать его».

Объяснение. Сначала Зеир Анпин светил душе свечением правой линии, которая называется Авраам, и это свечение холам; а затем он светил ей свечением левой линии, которая называется Ицхак, и это свечение шурук. И возникает расхождение между двумя линиями⁴⁸⁶. Тогда закрылась душа, и ушли свечения двух линий из души, вернувшись в Зеир Анпин, и сказали: «Владыка мира, не подобает отцу наведываться к сыну», так как душа закрылась и не может получать от него, но «сын должен наведываться к отцу, проявлять интерес и расспрашивать его». То есть сказали, что душа должна поднять МАН с помощью экрана де-хирик, и тогда пробудится средняя линия, Яаков, и душа сможет получить наше свечение.

21) И Творец призывает Яакова и говорит ему: «Ты, перенесший страдания в воспитании сыновей, иди и встреть лик такого-то праведника, который пришел сюда. И Я пойду вместе с тобой». Сказано об этом: «(Вот поколение призывающих Его,) ищущие лик твой, Яаков, сэла»⁴⁸⁷. И сказано не «ищущее», а «ищущие», так как это указывает на души праведников, и праотец Яаков встречает их лики, а они ищут его лик.

---
⁴⁸⁵ См. Зоар, главу Берешит, часть 2, п. 289.
⁴⁸⁶ См. Зоар, главу Берешит, часть 1, п. 44, со слов: «И сразу после выхода...»
⁴⁸⁷ Писания, Псалмы, 24:6. «Вот поколение призывающих Его, ищущие лик твой, Яаков, сэла».

Объяснение. «Яаков» – это средняя линия. «Сыновья» – рождение мохин. «Страдания от сыновей» – экран де-хирик, который понижает уровень с ГАР до ВАК[488], вызывая этим страдания. Однако невозможно породить сыновей, то есть мохин, без этого экрана.

И после того как душа подняла МАН, «Творец призывает Яакова» – т.е. вызывает экран де-хирик, на который выходит средняя линия, называемая Яаков, «и говорит ему: "Ты, перенесший страдания в воспитании сыновей"» – т.е. ты обычно привлекаешь мохин на экран де-хирик, произведи и теперь такой же зивуг для этой души. «Лик – это Хохма. «Встреча лика» – это облачение Хохмы в хасадим. Поэтому сказано: «Иди и встреть лик такого-то праведника, который пришел сюда» – то есть, чтобы он вывел ступень хасадим и облачил Хохму в хасадим, что и называется встречей лика. «И Я пойду вместе с тобой» – то есть, весь Зеир Анпин.

22) Праотец Яаков – это престол славы сам по себе. Творец заключил союз с Яаковом особо, что превышает заключение союза со всеми праотцами. И сделал его престолом славы для Своего присутствия – единственного из первых. Дело в том, что первые, т.е. Авраам и Ицхак, не могут светить без него. И потому Яаков включает в себя и их свечение и сам по себе становится престолом.

23) «Престолом славы наделяет их»[489]. Это праотец Яаков, которого сделал (Творец) особым престолом славы, чтобы получать Тору для душ праведников. «Престолом славы» означает, что учением Яакова, ставшего престолом славы, (Творец) «наделяет их» – души праведников.

24) Творец идет вместе с Яаковом в каждое новомесячье[490]. И когда душа видит славу зеркала, т.е. Шхину своего Владыки, она воздает благословение и преклоняется пред Творцом. Сказано об этом: «Благослови, душа моя, Творца!»[491]

---

[488] См. Зоар, главу Лех леха, п. 22, со слов: «Экран де-хирик...»
[489] Пророки, Шмуэль 1, 2:8.
[490] Как уже выяснилось выше, п. 21.
[491] Писания, Псалмы, 104:1. «Благослови, душа моя, Творца! Творец Всесильный, велик Ты необычайно, красотой и великолепием облекся».

25) Творец предстает перед душой, и душа провозглашает: «Творец Всесильный, велик Ты необычайно!»[492] И также восхваляет Творца за тело, оставшееся в этом мире, и говорит: «Благослови, душа моя, Творца, и все нутро мое»[492]. «И все нутро мое» – указывает на тело. То есть, сначала душа восхваляет Творца за собственное постижение и затем говорит: «Благослови, душа моя, Творца! Творец Всесильный, велик Ты необычайно»[491]. А затем восхваляет Его также за тело – и сияние души привлекается вниз и светит телу. И тогда она говорит: «Благослови, душа моя, Творца, и все нутро мое» – и это восхваления за свет тела (гуф).

26) И Творец идет вместе с Яаковом. Как сказано: «Явился ему Творец в Алоней Мамрэ»[472]. Яаков зовется Мамрэ. (Его) имя – Мамрэ, потому что Яаков унаследовал двести миров Эдена. И он – престол, т.е. он сам стал престолом славы. Мамрэ (ממרא) в числовом значении – двести восемьдесят один. Двести – это миры Эдена, которых удостоился Яаков, как сказано: «двести – стерегущим плоды его»[493]. А восемьдесят один – это числовое значении слова «престол (кисэ כסא)». Всего – двести восемьдесят один, числовое значение слόва Мамрэ. Двести миров Эдена – это Хохма, называемая Эден; а престол – это хасадим, облачающие Хохму. И потому сказано: «Явился ему Творец в Алоней Мамрэ». Отсюда и зовется Яаков Мамрэ, т.к. включает Эден и престол, составляющие имя Мамрэ. И потому «явился ему Творец».

27) «В Алоней Мамрэ»[472]. Алоней – значит могучий и мощный. И Мамрэ – это Яаков, как сказано: «Могучего Яакова»[494]. Он сидит у входа в шатер, как сказано: «Творец мой, кто будет жить в шатре Твоем?»[495] Иными словами, «вход в шатер» – это свечение правой линии, покрытые хасадим, свечение точки холам, буквы МИ (מי) имени Элоким (אלקים)[496],

---

[492] Псалмы, 103:1. «Благослови, душа моя, Творца, и все нутро мое – благослови имя святое Его!»

[493] Писания, Песнь песней, 8:12. «Виноградник мой предо мной; эта тысяча – тебе, Шломо, а двести – стерегущим плоды его».

[494] Тора, Берешит, 49:24. «Но твёрд остался лук его, и распространилась сила его при поддержке Могучего Яакова; оттуда оберегает камень Исраэля».

[495] Писания, Псалмы, 15:1. «Творец мой, кто будет жить в шатре Твоем? Кто обитать будет на горе святой Твоей?»

[496] См. Зоар, главу Берешит, часть 1, п. 9, со слов: «Эти три посева…»

подразумеваемые в выражении «Кто будет жить в шатре Твоем?» – в слове «кто (ми מי)».

«В самый разгар дня»[472]. Сказано: «Засияет вам, боящиеся имени Моего, солнце спасения, и исцеление – в покровах его»[497]. Это – свечение левой линии, свечение точки шурук, буквы ЭЛЕ (אלה) имени Элоким (אלקים), свечение Хохмы без хасадим, называющееся выходом солнца из укрытия, ибо свет Хохмы светит только в укрытии хасадим. Когда же (Хохма) светит без хасадим, она палит, как сказано: «В самый разгар дня». И тогда грешники наказываются ею, а праведники исцеляются ею, так как раскрывают МАН и притягивают хасадим для облачения Хохмы. И Зоар намекает таким образом, что смысл слов «разгар дня» кроется в словах: «Засияет вам, боящиеся имени Моего, солнце спасения, и исцеление – в покровах его». А значит, этот солнечный свет исцеляет лишь своими покровами – облачением хасадим, которые укрывают мощь солнца, подобно крыльям. И прежде, чем приходят эти покровы от средней линии, он – как палящий полуденный зной.

28) Когда душа пребывает в состоянии «разгар дня», Творец отправляется наполнить ее. Он переходит с места на место и проходит три места[498]: от входа в шатер, то есть от хасадим, скрытых в буквах МИ (מי), правой линии, – к разгару дня, ЭЛЕ (אלה), левой линии, а затем – к Яакову, средней линии.

И поскольку праотцы Авраам и Ицхак услышали, что Творец, Зеир Анпин, идет к душе, то есть почувствовали, что душа находится в состоянии «разгар дня», т.е. нуждается в месте облачения хасадим, они просят Яакова, чтобы он пошел вместе с ними и приветствовал душу миром, то есть чтобы на свой экран де-хирик он привлек ступень хасадим, которая согласует между Авраамом и Ицхаком. И тогда облачается Хохма в хасадим, что означает мир. И называется миром, так как до согласования ступени хасадим, две линии находятся в разногласии[499], но с помощью ступени хасадим, средней линии, устанавливается мир между ними.

---

[497] Пророки, Малахи, 3:20.
[498] См. Зоар, главу Берешит, часть 1, п. 12, со слов: «Это имя...»
[499] См. Зоар, главу Берешит, часть 1, п. 44, со слов: «И сразу...»

29) Тогда Авраам и Ицхак предстают пред душою. Иными словами, после того как Яаков дает хасадим, приветствуя (душу) миром, ей светят также две линии – Авраам и Ицхак. Сказано об этом: «Поднял он глаза свои, и увидел…» – речь идет о душе – «…и вот, три человека стоят над ним»[477]. Три человека – это праотцы Авраам, Ицхак и Яаков, которые встают над ним и видят добрые дела, содеянные этой душой, то есть видят МАН души́ и дают ей МАД.

«И увидел он, и побежал навстречу им от входа в шатер, и поклонился до земли» – так как (душа) увидела Шхину славы Его вместе с ними. Сказано об этом: «На запах умащений твоих добрых елеем изольется имя твое; оттого тебя девушки любят»[500]. «Запах» – это МАН, поднимаемый душой, чтобы привлечь свечение мира от Яакова, т.е. ступень хасадим. И тогда Хохма облачается в хасадим. И потому сказано: «Умащений твоих добрых», потому что мохин принимаются как доброе умащение. «Елеем изольется» – т.е. в знойный день, когда от души уходят две линии и не могут светить, елей, т.е. мохин, изливается из души (нешама) благодаря свечению точки шурук. Но потом, с приходом хасадим от Яакова, обретается свечение Хохмы от этой точки шурук. Ведь изливающийся елей означает, что во время свечения точки шурук постигается «имя Твое», то есть раскрывается Шхина – имя Творца. И вместе с тем, всё стремление души – привлечь хасадим правой линии, т.е. МИ. И потому завершается отрывок словами: «оттого тебя девушки любят». Хасадим, скрытые в свойстве МИ, в ГАР Бины, и именно оттуда души любят привлекать (свет). Это и разъясняется в отрывке о том, что увидел Авраам, – раскрытие Шхины посредством свечения шурук, после того как оно облачается в хасадим. И тогда он «побежал навстречу им», чтобы получать «от входа в шатер», то есть МИ. И это означает сказанное: «Оттого тебя девушки любят» – речь идет о хасадим, укрытых от Хохмы и называющихся девушками, которых любят души.

30) «И явился ему Творец в Алоней Мамрэ»[472] – здесь говорится о смертном часе человека.

---

[500] Писания, Песнь песней, 1:3.

Когда занемог рабби Элиэзер

32) Когда занемог великий рабби Элиэзер и собрался умирать, был день кануна субботы. Посадил он по правую руку от себя Оркенуса, сына своего, и начал раскрывать ему (знания) глубокие и скрытые. И Оркенус вначале не мог принять от него учение полностью, поскольку думал, что эти знания ему не по силам. А когда увидел, что учение отца по силам ему, получил от него сто восемьдесят девять высших тайн.

33) Когда он дошел до тайны мраморных камней, которые перемешиваются с высшими водами, заплакал рабби Элиэзер и прервал свою речь. Сказал: «Встань и отправляйся туда, сын мой». Спросил тот у него: «Зачем?» Ответил ему: «Вижу я, что скоро уйду из мира». И еще сказал: «Иди и скажи матери своей, что мои тфилин удалятся в высшее место» – то есть намекнул ей о своей кончине. «А когда я отойду от этого мира, и буду приходить сюда, чтобы повидать их, т.е. членов семьи, то пусть не плачут, ведь они мои высшие родственники, а не нижние. И человеческому разуму не постичь этого».

34) Еще сидели они, когда вошли мудрецы поколения навестить его. И проклял он их за то, что не пришли к нему, чтобы отдать себя служению ему, ведь сказано: «Важнее служение ей (Торе), чем изучение ее». Тем временем вошел рабби Акива. Спросил у него: «Акива, Акива! Почему не пришел ты для служения мне?!» Ответил ему: «Рабби, не было у меня свободного времени». Рассердился он и сказал: «Удивляюсь я тебе, умрешь ли ты собственной смертью?!» И проклял его тем, что смерть его будет тяжелее, чем у всех остальных. То есть, проклял и всех остальных мудрецов, не пришедших для служения ему, что не умрут они собственной смертью, и сказал, что смерть рабби Акивы будет самой тяжелой.

35) Заплакал рабби Акива и сказал ему: «Рабби, научи меня Торе». Открыл уста свои рабби Элиэзер, (чтобы поведать ему) о действии системы мироздания (маасе меркава), появился огонь и окружил их обоих. Сказали мудрецы: «Из этого следует, что недостойны мы и не заслужили этого» – услышать сейчас речи учения его. Вышли к наружному входу и сели там. Произошло то, что произошло, и огонь ушел.

36) Он учил его понятию «большое белоснежное пятно», тремстам установленным законам, и обучил его двумстам шестнадцати смыслам, скрытым в стихах «Песни песней». Из глаз рабби Акивы слезы текли ручьями. И огонь вернулся, окружив их, как и вначале. И когда они дошли до отрывка: «Подкрепите меня пастилою, освежите меня яблоками, ибо я больна любовью»[501], рабби Акива, не в силах больше выдержать, вознес свой голос в плаче и ревел, как бык, и не мог вымолвить ни слова из-за сильного трепета перед Шхиной, находившейся там.

37) И обучил он его всей глубине и высшим тайнам, содержащимся в «Песни песней». И взял с него клятву, что он не воспользуется ни одним отрывком, находящимся в ней, чтобы не разрушил Творец мир из-за этого. Ибо не желает Он, чтобы пользовались ею творения, из-за великой святости, содержащейся в ней. А затем вышел рыдающий рабби Акива. Слезы текли из глаз его. Вымолвил: «О горе, горе нам, рабби! Ведь мир останется сиротой без тебя?!» Вошли к нему остальные мудрецы и расспрашивали его, а он отвечал словами Торы.

38) Опечалился рабби Элиэзер, поднял руки свои, прижал к сердцу и произнес: «Горе миру! Высший мир снова забрал и упрятал все света и всё свечение нижнего мира» – как это было до его прихода в мир. «Горе вам, две руки! Горе вам, два учения! С этого дня мир забудет вас». И Зоар завершает на этом своё повествование, приводя слова рабби Ицхака: «Во все дни рабби Элиэзера Учение было светом в устах его, как в тот день, когда оно было даровано на горе Синай».

39) Сказал рабби Элиэзер: «Тору изучал я и мудрость постиг, и служение ученикам мудрецов исполнял я так, что если даже все жители мира станут переписчиками, не смогут записать это. И не испытывали ученики мои недостатка в мудрости учения моего. Но это всего лишь "соринка в глазу"» – т.е. это можно сравнить с каплей, которую выделяет глаз при попадании в него мельчайшей соринки. «И сам я не испытывал недостатка в мудрости учения учителей моих, но разве можно выпить море». И заканчивает Зоар: «И сказал это лишь для того, чтобы благодарность к его учителям была больше, чем к нему». То есть, сказал этим, что взял у своих учителей не более, чем можно

---

[501] Писания, Песнь песней, 2:5.

выпить из моря, и это мера бо́льшая, чем «мельчайшая соринка», упомянутая в отношении его учеников, – именно для того, чтобы благодарность к его учителям была больше, чем к нему.

40) Спросили у него о законе «сандалии левиратного брака», принимает ли мужчина нечистоту, пока не изошла душа его, «и скажет: "Чист"». И не было там рабби Акивы в час его кончины. На исходе субботы обнаружил его рабби Акива мертвым. Разорвал он одежды свои, и разодрал плоть свою, и кровь шла, стекая по его бороде, и он кричал и плакал. Вышел наружу и произнес: «Небеса, небеса! Передайте солнцу и луне: тот свет, что светил сильнее их, померк!»

41) В час, когда душа праведника хочет выйти из тела, она радуется, так как уверен праведник, что вместе со смертью он получит воздаяние за нее. Об этом сказано: «И увидел и побежал навстречу им»[502] – навстречу трем ангелам, которые явились вместе со Шхиной, чтобы взять душу его, с радостью встретив лик этих ангелов. В каком месте он встречает их? «При входе в шатер», как сказано: «И поклонился он до земли»[502] – Шхине, то есть душа поклонилась Шхине, явившейся ей.

---

[502] Тора, Берешит, 18:2. «И поднял он глаза свои, и увидел: и вот, три человека стоят над ним. И увидел он, и побежал навстречу им от входа в шатер, и поклонился до земли».

И вот, три человека[502]

45)[503] Управление и желание Царя, Шхины, проявляется в трех цветах: белый, красный, зеленый. И это три цвета, имеющиеся в глазе. Первый цвет показывает видимое глазу издали, и глаз не может быть явно уверен в том, что видит, поскольку это издали, пока глаз не обретает ограниченное поле зрения благодаря своему сужению. Поэтому сказано: «Издалека Творец являлся мне»[504] – это свечение средней линии с помощью экрана де-хирик, и нет другого раскрытия светов, кроме него.

46) Второй цвет – видение глаза во время его прикрывания, потому что этот цвет различим глазом только в состоянии частичного его прикрывания, которое он принимает, и это не является явным видением. Поскольку этот способ видения заключается в том, что закрывает глаз, а затем немного приоткрывает, и тогда воспринимает этот образ. И этот образ требует разгадки, для того чтобы быть уверенным в том, что воспринял глаз, так как этот образ неясен. И поэтому сказано: «Что видишь ты?»[505] И это – свечение левой линии из точки шурук, когда света находятся в скрытии из-за отсутствия хасадим[506].

47) Третий цвет – сияние зеркала, вообще невидимое, но только лишь во время вращения глаза. Ведь если глаз в закрытом состоянии, и им совершают вращательные движения, во время этого движения появляется светящее зеркало, и это – свечение правой линии, исходящее от точки холам. И находиться в третьем цвете глаз может, но только когда видит сияющее свечение в закрытом состоянии, и это – второй цвет в соединении с первым цветом.

---

[503] Пп. 42-44 в данной редакции текста не приводится.
[504] Пророки, Йермияу, 31:2. «Издалека Творец являлся мне: "Любовью вечной возлюбил Я тебя, и потому привлек Я тебя милостью!"»
[505] Пророки, Йермияу, 1:11. «И было слово Творца ко мне: «Что видишь ты, Йермияу?»
[506] См. Зоар, главу Берешит, часть 1, п. 9, со слов: «Второй посев. В момент, когда цвет...»

48) Поэтому сказано: «И была надо мной рука Творца»[507]. «А рука Творца надо мной крепка»[508]. Ибо видение происходит, когда глаз в закрытом состоянии, а это – преодоление (гвура) и сила. И первые два цвета постигаются истинными пророками, но только Моше, высший доверенный[509], удостоился созерцать третий цвет, «светящее зеркало».

Пояснение сказанного. Сказано: «И являлся Аврааму, Ицхаку и Яакову Владыкой Всемогущим, но своего имени Творец (АВАЯ) не дал Я им познать»[510]. Но ведь здесь сказано про Авраама: «И явился к нему Творец (АВАЯ)»[511] – значит, Он открылся в имени АВАЯ также и праотцам? И необходимо объяснить отличие между видением пророчества праотцами и видением пророчества Моше. Однако, несмотря на то, что сказано: «И явился к нему Творец (АВАЯ)», все же это – Шхина, «зеркало, которое не светит».

Мохин нисходят в трех линиях, исходящих из трех точек: холам, шурук, хирик. Холам – укрытые хасадим, МИ (מי) имени Элоким (אלהים). Шурук – ЭЛЕ (אלה) имени Элоким (אלהים), это скрытый свет, будучи светом Хохмы без хасадим. Пока не приходит хирик, ступень ВАК, согласующая между ними, в силу которой включаются две линии друг в друга. И холам – это Аба ве-Има, шурук – ИШСУТ, а хирик – Зеир Анпин[512].

Шхина, являющаяся желанием Царя, раскрывается пророкам в трех цветах, которые называются три цвета глаза. И оно (желание) начинается снизу вверх, со средней линии, точки хирик. Первый цвет – показывает видимое глазу издали, когда глаз не может быть уверен в том, что видит, потому что это далеко. И это цвет средней линии, ступень хасадим, выходящая

---

[507] Пророки, Йехезкель, 37:1. «И была надо мной рука Творца, и поднял меня Творец ветром и опустил посреди долины, а она – полна костей».

[508] Пророки, Йехезкель, 3:14. «И увлек меня дух и охватил меня, и шел я огорченный и возмущенный, а рука Творца надо мной крепка».

[509] Тора, Бемидбар, 12:6-7. «И сказал Он: "Слушайте слова Мои: если и есть у вас пророк, то Я, Творец, в видении открываюсь ему, во сне говорю Я с ним. Не так с рабом Моим Моше – во всем Моем доме доверенный он"».

[510] Тора, Шмот, 6:3.

[511] Тора, Берешит, 18:1. «И явился ему Творец в Алоней Мамрэ, а он сидел у входа в шатер в самый разгар дня».

[512] См. Зоар, главу Берешит, часть 1, п. 370.

на экран Зеир Анпина, первой стадии, и это – ступень ВАК, хасадим без Хохмы[513]. А зрение означает Хохма. И поэтому сказано, что «глаз не может быть явно уверен в том, что видит», так как глаз не может видеть отчетливо из-за того, что этот цвет далек от Хохмы, а именно Хохма является свойством «зрение».

«Пока глаз не обретает ограниченное поле зрения благодаря своему сужению» – т.е. пока этот цвет глаза не включается в левую линию, свечение точки шурук, и там глаз обретает ограниченное поле зрения в силу своего сужения, т.е. поскольку левая линия ограничена в хасадим, и ее Хохма не может светить без хасадим. Поэтому благодаря хасадим, когда скрытие левой линии получает от средней линии, чтобы освободиться от своего скрытия, в этой мере ее Хохма светит средней линии, и входит в нее Хохма, несмотря на то, что ее свойство – ВАК, и она далека от Хохмы. Таким образом, это – цвет средней линии, когда приобретается ограниченное поле зрения благодаря сужению и закрытости ее. И выражение «ограниченное поле зрения» указывает на то, что не светят в ней ГАР Хохмы, а только ВАК Хохмы[514]. А ВАК относительно ГАР определяется как «ограниченное поле зрения».

А фраза «издалека Творец являлся мне»[504] указывает на среднюю линию, которая сама по себе далека от Хохмы, так как является свойством ВАК. Но относительно ее включения в левую линию, сказано: «Издалека Творец являлся мне», поскольку зрение обретается именно в средней линии, т.е. издалека, и если бы не средняя линия, зрение не раскрылось бы вовсе[515].

И сказано: «Второй цвет – видение глаза во время его прикрывания». Второй цвет – это видение, т.е. свет Хохмы, имеющийся в этом цвете, «во время его прикрывания». Ведь это левая линия и свечение шурук, которая сама по себе скрыта и не светит из-за отсутствия хасадим, и поэтому цвет Хохмы в ней скрыт. И «этот цвет различим глазом только в состоянии частичного его прикрывания, которое он принимает, и это не является явным видением» – т.е. цвет Хохмы неразличим глазу,

---

[513] См. Зоар, главу Берешит, часть 1, п. 34, со слов: «Это разногласие...»
[514] См. Зоар, главу Берешит, часть 1, п. 320, со слов: «А затем...»
[515] См. Зоар, главу Берешит, часть 1, п. 321.

но лишь в состоянии частичного прикрывания, получаемого от первого цвета, то есть средней линии, и не светит явно. Иначе говоря, из-за отсутствия в нем хасадим не может светить иначе как включением средней линии, являющейся ВАК, чтобы получить от нее хасадим. И, конечно, она не может светить, но только с помощью частичного прикрывания, получаемого от первого цвета.

И потому сказано, что «не является явным видением» – не светит явно, т.е. в свойстве ГАР Хохмы, а только в свойстве ВАК Хохмы, которое не выявлено достаточно по сравнению с ГАР Хохмы. И с помощью свечения этого цвета, что является свечением шурук и левой линией, происходит прикрывание глаза. И поэтому «закрывает глаз» – т.е. сначала притягивается в него свечение Хохмы без хасадим, и от него глаз закрывается, и она (Хохма) не светит вовсе. «А затем немного приоткрывает» – а затем, благодаря включению первого цвета, приоткрывает его, принимая лишь слабое свечение. То есть, чтобы принимать свечение ВАК Хохмы, а не ГАР, и в этой мере обретает зрение – в мере ВАК Хохмы.

А второй цвет является свойством «сон». И он нуждается в «разгадке», потому что сам по себе он непонятен из-за отсутствия хасадим. Поэтому свечение его называется «свет ахораим (обратной стороны)», и это – свечение снов, о которых повествует Писание. И он ждет своей разгадки, свечения света хасадим, и тогда, с помощью облачения в хасадим, притягивается свет этого сна, чтобы воплотиться наяву. И с помощью разгадки, означающей облачение в свет хасадим от первого цвета, может существовать свечение Хохмы, которое получил глаз, в виде свечения шурук и левой линии. И если не может получить свет хасадим от первого цвета, не воплощается свет этого сна вообще, и неведом, словно его и не было вовсе. Именно поэтому называется свечение второго цвета «сон», так как он вообще не воплощается без разгадки. И это смысл вопроса «что ты видишь?», так как он непостижим прежде, чем есть разгадка.

И сказано: «Третий цвет – сияние зеркала, вообще невидимое, но только лишь во время вращения глаза». Третий свет – это свечение точки холам, укрытые хасадим, свет ХАГАТ Зеир Анпина, называемый «светящее зеркало». И этот свет вообще не виден глазу, «но только лишь во время вращения глаза», т.е. «когда глаз в закрытом состоянии» – в то время, когда глаз закрыт и не принимает свет, то есть в час, когда лишь только свечение шурук светит в нем, при совершении движения по трем точкам холам-шурук-хирик, и видно в этом движении также свечение холам, относящееся к свету, исходящему от «светящего зеркала», т.е. к хасадим, укрытым от Хохмы.

Но «и находиться в третьем цвете глаз может» – т.е. глаз не может оставаться в этом цвете точки холам, поскольку нуждается в хасадим, раскрывшихся в свете Хохма. «Но только когда видит сияющее свечение в закрытом состоянии» – когда глаз видит сияние, светящее в закрытом состоянии глаза, т.е. только облачает свечение Хохмы, содержащееся во втором цвете, и это свечение точки шурук в тех хасадим, которые он (глаз) постиг. И тогда в нем светит, главным образом, свет Хохмы. И поэтому он называется «зеркало, которое не светит», поскольку свечение точки холам не остается в нем.

«Поэтому сказано: "И была надо мной рука Творца"». Ибо вследствие того, что получает в основном от двух первых цветов, т.е. свечение хирик и шурук, которые ограничены, поэтому называется Нуква «рука Творца», что указывает на силу и преодоление (гвура). Как в выражении: «А рука Всесильного надо мной крепка»[508]. И поэтому сказано в заключение, что «первые два цвета постигаются истинными пророками» – т.е. два первых цвета светят, главным образом, в видении истинным пророкам, в свойстве «зеркало, которое не светит». «Но только Моше, высший доверенный, удостоился созерцать третий цвет, "светящее зеркало"» – и один лишь Моше удостоился созерцать высшее, которое совершенно невидимо, в виде свечения холам, т.е. свойство «светящее зеркало».

49) «И явился ему»[472] – означает, что Шхина является и раскрывается ему внутри тех ступеней, которые соединяются с ее свойствами: Михаэль – справа, Гавриэль – слева, Рефаэль – впереди, Уриэль – сзади. После того, как выяснено отличие пророчества Моше от пророчества праотцев, объясняется, что выражение «и явился ему» означает проявление Шхины в этих трех цветах, проявляющихся во время перемещения глаза. «И явился ему Творец (АВАЯ)»[472]. Имя АВАЯ указывает на образ, который светит только путем передачи Шхине во время

перемещения, поскольку тогда появляется «светящее зеркало», т.е. имя АВАЯ, во время притяжения правой линии, и это – свечение холам. Однако после перемещения оно остается в основном в двух линиях, правой и средней, ибо поэтому оно называется «зеркало, которое не светит». Поэтому «и явился ему» означает, что Шхина является и раскрывается ему, т.е. Нуква. А то, что сказано «Творец (АВАЯ)», указывает на передачу наполнения Нукве во время перемещения.

Два престола в Ацилуте. Высший престол, Бина, становящийся престолом для Хохмы, – т.е. только с помощью него раскрывается Хохма. Нижний престол, Нуква, – т.е. мохин Зеир Анпина раскрываются только с помощью этой Нуквы. Высший престол держится на четырех опорах, ХАГАТ Зеир Анпина и Нукве. ХАГАТ Зеир Анпина – три линии, притягиваемые от трех точек холам-шурук-хирик, которые светят в Бине. А Нуква – четвертая опора, получающая от них, и она расположена с обратной стороны ХАГАТ Зеир Анпина[516].

А затем, когда Нуква возвращается к мохин «паним бе-паним», и становится сама престолом для Зеир Анпина, и есть у нее четыре опоры – четыре ангела:

Михаэль, Гавриэль, Рефаэль, Уриэль. Михаэль, Гавриэль, Рефаэль исходят от трех линий ХАГАТ, трех опор высшего престола, и поэтому они здесь находятся в «паним», как и ХАГАТ, стоящие там в «паним». А Уриэль исходит от четвертой опоры высшего престола, Нуквы, расположенной там в «ахораим» ХАГАТ, и поэтому ангел Уриэль тоже находится здесь в «ахораим» Нуквы.

И поэтому сказано: «Внутри тех ступеней, которые соединяются с ее свойствами» – в четырех ступенях, которые соединились, чтобы быть четырьмя опорами высшего престола. А здесь, в Нукве, это четыре ангела. Четвертая опора, как и четвертая опора высшего престола, находится и там в «ахораим». Но здесь говорится о том времени, когда четыре ангела возносят престол к зивугу, т.е. во время перемещения глаза. Однако затем Нуква остается в другом положении, когда Уриэль приходит в свойстве «паним», Рефаэль – в свойстве «ахор»,

---

[516] См. выше, п. 16, со слов: «Хотя она и служит престолом...»

и в таком состоянии Нуква называется «зеркало, которое не светит».

И потому явилась к нему Шхина, среди дубов (алоним), являющихся сенью мира, чтобы явить перед ними первый союз, святую запись. Объяснение. Есть две точки в Малхут[517]:

1. Точка первого сокращения, центральная точка, относящаяся ко всему миру, как к местам поселения, так и к местам пустыни.

2. Точка второго сокращения, средняя точка только мест поселения, но не всего мира.

И им соответствуют два союза, соответствующие обрезанию и подворачиванию:

1. Первый союз соответствует центральной точке всего мира, и заключается в обрезании крайней плоти (брит).

2. Второй союз соответствует точке поселения, и заключается в подворачивании (прия).

«Алоней Мамрэ» – это суровые суды, исходящие от центральной точки во всем мире, и поэтому раскрылась над ним Шхина в «Алоней (досл. дубрава) Мамрэ». «И потому явилась к нему Шхина, среди дубов (алоним), являющихся сенью мира» – сень всего мира, которая против центральной точки всего мира, «чтобы явить перед ними первый союз» – обрезание крайней плоти, называемое святой записью, «которая была во всем мире символом веры» в свойстве Нуквы, называемой «вера». То есть, соответствующий первой точке, которая была центральной для всего мира, и от нее исходит первый союз – обрезание крайней плоти.

50) «А он сидел у входа в шатер»[472]. «Вход в шатер» – это место, которое называется союзом, свойством веры, то есть Нуква. «В самый разгар дня» – с этим соединен Авраам, который представляет собой силу правой линии, его ступени. Ибо есть два вида судов:

1. Суды нуквы, исходящие от силы сокращения, имеющегося в ней, и это – «вход в шатер».

2. Суды захара, исходящие от силы свечения точки шурук, и она – «самый разгар дня», когда солнце, свет Хохма, светит

---

[517] См. «Предисловие книги Зоар», п. 42, со слов: «Пояснение сказанного...»

без укрытия хасадим, и тогда от него исходит палящий зной. Как сказано: «Не смотрите, что смугла я, что солнце опалило меня»[518]. И это сила действия правой стороны, т.е. гвурот захар, называемых правой стороной.

И эти два вида судов называются «праведник» и «праведность».

51) «Вход в шатер» – это врата праведности, вхождение в веру, и это Нуква, суды нуквы. И она называется входом потому, что Авраам вошел тогда в этот список святости союза обрезания. И если бы не это, не смог бы войти в союз обрезания, поэтому он называется входом.

«В самый разгар дня»[472] – свойство праведника, ступень полного единства, в которое входит тот, кто обрезан и в ком сделана запись святости, поскольку устранена у него крайняя плоть, и он вошел в свечение двух этих ступеней, «праведник» и «праведность», ведущих к вере.

Объяснение. «Праведник» и «праведность» – это Есод и Малхут, но эти два понятия указывают на большой зивуг ЗОН для раскрытия мохин де-хая. И всё то время, пока есть удержание клипот и суды, не может раскрыться этот зивуг, и поэтому раскрытие этих мохин было бы невозможно до завершения исправления. И совет, чтобы это произошло, – заключить «союз обрезания». Ибо суды исходят как от свойства нуквы, так и от свойства захар, и они противоположны друг другу, и оба они не могут действовать в одном месте, потому что две противоположности не могут находиться в том же месте. Поэтому при пробуждении нижнего с помощью заповеди обрезания приводят два вида судов в одно место, в Есод высшего, и тогда они опровергают друг друга, что свойственно противоположностям, и происходит отмена их обоих, и поскольку они отменились, сразу же раскрывается зивуг «праведника» и «праведности», и раскрываются большие мохин.

И это действие «обрезания», потому что нож для обрезания исходит от судов нуквы. А крайняя плоть – это суды захара. И таким образом, нож устраняет крайнюю плоть так, что суды

---

[518] Писания, Песнь песней, 1:6.

нуквы отменяют суды захара. А иногда необходимо наоборот, чтобы суды захара отменили суды нуквы. Отрывок «И поток в руслах»[519] РАШИ комментирует так: «Две горы. На одной были расселины» – суды Нуквы, «а на другой – выступы, противостоящие впадинам» – суды захара. «Эмореи прятались в расселинах, чтобы поразить оттуда своими стрелами Исраэль, когда они будут проходить меж этих гор. Но Творец сделал чудо – две горы сомкнулись и стали одной. И вошли выступы одной» – суды захара, «в расселины другой» – в суды нуквы. «И эмореи были раздавлены». То есть, благодаря тому, что две противоположности сошлись в одном месте, отменились суды нуквы, так как эмореи, находящиеся внутри впадин, были уничтожены. Но здесь, при обрезании, главным требованием является – отменить суды захара, т.е. крайнюю плоть. Однако, на самом деле, они оба отменяются.

Поэтому сказано, что «"Вход в шатер" – это врата праведности», поскольку суды нуквы, называемой «шатер», отменяют и устраняют крайнюю плоть, т.е. суды захара. Таким образом, они стали вратами к совершенству Малхут, которая называется праведностью. Ибо вследствие того, что суды нуквы устранили клипу крайней плоти, Авраам приходит к получению этих святых мохин, раскрывающихся в зивуге «праведника» и «праведности», и поэтому они называются «врата».

«В самый разгар дня»[472] – это праведник. То есть, после того как суды нуквы устранили крайнюю плоть, которая была соединена с Есодом, «в самый разгар дня», раскрылось в нем имя «праведник» посредством подворачивания (прия). «Прия פריעה» – сочетание букв «пара (ערף раскрыл)» «йуд-хэй יה». Это ступень большого соединения «праведника» и «праведности», раскрывающего большие мохин после того, как устранены все суды и клипот посредством обрезания, раскрываются мохин «йуд-хэй יה» посредством подворачивания (прия), «и он вошел в свечение двух этих ступеней» – «праведник» и «праведность».

52) «И вот три человека» – это три ангела-посланника, которые облачаются в воздухе и опускаются в этот мир, приняв

---

[519] Тора, Бемидбар, 21:14-15. «О том сказано будет в книге битв Всевышнего: "Ваев в Суфе и русла Арнона. И поток в руслах, когда отклонился к селению Ар и примкнул к рубежу Моава"».

И вот, три человека

обличье человека. И они были подобны трем высшим, ХАГАТ Зеир Анпина, поскольку «радуга (кешет)», Нуква, проявляется лишь в трех цветах, белый-красный-зеленый, как и цвета ХАГАТ Зеир Анпина.

53) Три эти человека – это три цвета: белый, красный, зеленый. Белый цвет – это Михаэль, правая сторона, и он исходит от Хеседа Зеир Анпина, у которого белый цвет. Красный цвет – Гавриэль, левая сторона, исходящая от Гвуры Зеир Анпина, у которой красный цвет. Зеленый цвет – Рефаэль, он исходит от Тиферет Зеир Анпина, у которой зеленый цвет. И это три цвета радуги, без которых радуга, Нуква, не видна. Поэтому сказано: «И явился ему»[472], потому что раскрытие Шхины происходит в этих трех цветах. То есть, сказанное: «И вот, три человека»[520] является выяснением сказанного: «И явился ему Творец», где «и явился ему» означает, что ему раскрылась Шхина, и это раскрытие происходило посредством раскрытия трех цветов, о которых говорится в конце отрывка: «И вот, три человека стоят над ним»[520] – Михаэль-Гавриэль-Рефаэль, исходящие от трех линий Зеир Анпина, которые исходят из трех точек холам-шурук-хирик Бины[521].

54) И нужны все три ангела, потому что один исцелил его после обрезания, и это Рефаэль, ведающий врачеванием. А другой был вестником Сары, сообщившим ей о том, что она родит сына, и это Михаэль, поскольку он поставлен над правой стороной, и вся добродетель и благословения, имеющиеся в правой стороне, переданы в его руки.

55) И еще один – чтобы повергнуть Сдом. И это – Гавриэль, в левой стороне, поставленный над судами в мире. Потому что с левой стороны – суд, который действует через ангела смерти, правящего палачами Царя и приводящего в исполнение приговоры, вынесенные Гавриэлем.

56) И все они выполняют свою миссию так, как подобает каждому из них: ангел Гавриэль отправляется с поручением к святой душе (нешама), а ангел смерти отправляется с

---

[520] Тора, Берешит, 18:2. «И поднял он глаза свои, и увидел: и вот, три человека стоят над ним. И увидел он, и побежал навстречу им от входа в шатер, и поклонился до земли».

[521] См. выше, п.49, со слов: «Два престола...»

поручением к душе (нефеш) от злого начала. И вместе с тем, душа не выходит из тела, пока не увидит Шхину.

57) Когда Авраам увидел трех этих ангелов, соединяющихся вместе, он увидел при этом Шхину в трех ее цветах и поклонился, так как это – три цвета Зеир Анпина, в которые облачается Шхина. Сказано: «И поклонился до земли»[520]. Как сказано о Яакове: «И поклонился Исраэль в сторону изголовья постели»[522] – т.е. Шхине, так и здесь он поклонился Шхине.

58) И обратился к Шхине по имени Адни, сказав: «Господин мой (Адонай)!.. Не пройди мимо раба Твоего!»[523] – как к праведнику, Есоду Зеир Анпина, называемому Господин (Адон). Ведь тогда Шхина называется Господином всей земли, так как светит от этого праведника, называемого Господином (Адон), и светит своими цветами, исходящими от трех линий Зеир Анпина, потому что вместе с ними она получает свое завершение наверху.

59) Отсюда становится ясно, что нижнее зеркало, Шхина, осуществляет притяжение свыше, от Бины. Ибо эти цвета, т.е. три этих ангела, совершают притяжение светов сверху, от высших источников, трех линий самой Бины.

60) И поскольку они соединяются с ней и поддерживают ее во всем, она называется именем Адни, так как это имя полностью раскрылось Аврааму в свойстве высших светов Бины. И раскрылось ему в явном виде то, чего не было до совершения обрезания. Но прежде, чем он совершил обрезание, Творец не хотел производить от него праведное семя, а когда совершил обрезание, тотчас произошло от него праведное семя, Ицхак.

61) А когда он совершил обрезание, раскрылась над ним Шхина в этих трех ступенях святости, как сказано: «Разумные воссияют, как сияние небосвода»[524]. Ибо с установлением небосвода, парсы, КАХАБ (Кетер-Хохма-Бина) ТУМ (Тиферет

---

[522] Тора, Берешит, 47:31.
[523] Тора, Берешит, 18:3. «Господин мой! Если я обрел благоволение в очах Твоих, не пройди мимо раба Твоего!»
[524] Писания, Даниэль, 12:3. «Разумные воссияют, как сияние небосвода, а склоняющие к справедливости многих – как звезды, отныне и вечно».

и Малхут) Ацилута были разбиты и разделены, и образовались в них двенадцать парцуфов:

– Кетер поделился на четыре парцуфа, называемые Атик и Нуква, Арих Анпин и Нуква;

– Хохма и Бина поделились на четыре парцуфа, называемые высшие Аба ве-Има, Исраэль Саба ве-Твуна;

– Тиферет и Малхут поделились на четыре парцуфа, называемые большие ЗОН и малые ЗОН.

И поэтому эти двенадцать парцуфов называются «сияние небосвода», так как они вышли и образовались с помощью этого небосвода:

Первое сияние – сияние тех, кто светится при зажигании сияния.

Второе сияние – сияние, которое светит, зажигает и сверкает в разных сторонах.

Объяснение. Первое сияние – это парцуф Атик, а второе сияние – это его Нуква[525]. Сам Атик находится в свойстве неподслащенной Малхут, т.е. над небосводом, и он не разделен. Однако эта Малхут является корнем подслащенной Малхут, и она зажигает света Бины после того, как они погасли[526]. И сказано о важности парцуфа Атик, что его сияние светит при зажигании сияния, т.е. когда он зажигает сияние Бины, являющейся корнем всех мохин. И если бы не это зажигание, не было бы никаких мохин гадлута в Ацилуте.

О важности парцуфа Нуквы Атика дополнительно сказано, что она «зажигает и сверкает в разных сторонах» – т.е. она зажигает и светит, как в свойстве неподслащенной Малхут, так и в свойстве подслащенной Малхут. Потому что она уже установилась с небосводом, в свойстве «разделенный»[525], и поэтому светит всем сторонам. Но парцуф захар Атика не светит всем сторонам, а является лишь свойством зажигания, поскольку находится выше небосвода и относится к свойству «неразделенный»[525].

И таким же образом нам далее показывают достоинства всех двенадцати парцуфов Ацилута, и что все они включены в Зеир

---

[525] См. Зоар, главу Берешит, часть 1, п. 2, со слов: «Когда Малхут...»
[526] См. Зоар, главу Ноах, п. 241.

Анпин, а Зеир Анпин передает Нукве все эти ступени святости. Таким образом, хотя Авраам и получил наполнение только от Нуквы, тем не менее, он удостоился всех двенадцати высших ступеней, потому что все они были соединены с Нуквой в ее имени Адни. Однако до совершения обрезания, он удостаивался получить «речь» лишь от самой Нуквы, т.е. прежде, чем соединились с ней эти двенадцать ступеней.

62) «Сияние поднимающееся и опускающееся» – это парцуф Арих Анпин, так как свечение Атика не опускается в Ацилут[527].

«Сияние, сверкающее во всех сторонах» – это Нуква Арих Анпина, потому что Арих Анпин передает только Хохму без хасадим, но Нуква Арих Анпина, Малхут его, передает все свойства, т.е. также и хасадим.

«Сияние изливающееся и выходящее» – т.е. оно выходит из Эдена, Арих Анпина. И это Бина, которая вышла из рош Арих Анпина[528], из Эдена, и облачилась в четыре парцуфа: ГАР ее облачились в Абу ве-Иму, а ЗАТ ее – в ИШСУТ (Исраэль Саба ве-Твуна). И поэтому этот вид сияния, «сияние изливающееся и выходящее», он приводит к четырем этим парцуфам.

«Сияние, которое не прекращается никогда» – это два парцуфа, высшие Аба ве-Има, и зивуг у них непрерывный. И поскольку ГАР Бины облачаются в них, они находятся в хасадим, укрытых от Хохмы, как это свойственно Бине.

«Сияние, производящее порождения» – это два парцуфа, Исраэль Саба ве-Твуна, свечение которых непостоянно, в отличие от Абы ве-Имы, однако светят они свечением Хохмы. И не бывает зивуга порождения душ без света Хохма, поэтому они так важны.

63) «"Сияние скрытое и упрятанное" – сверкание всех сверканий, и все ступени в нем». «Сверкание всех сверканий» т.е. его сверкание больше всех сверканий, существующих в мирах. «И все ступени в нем» – так как оно (это сияние) включает все

---

[527] См. Зоар, главу Берешит, часть 1, п. 2, со слов: «А то, что...»
[528] См. «Предисловие книги Зоар», п. 13, со слов: «В час, когда...»

двенадцать ступеней Ацилута. И это два парцуфа – большие Зеир и Нуква (ЗОН), называемые вместе Зеир Анпин.

«Выходит и исчезает, скрыто и раскрывается, видит и не видит». Объяснение. Когда оно выходит и светит, оно исчезает, потому что свечение Зеир Анпина исходит от высших Абы ве-Имы, которые находятся в свойстве хасадим, укрытых от Хохмы, и поэтому, когда оно выходит и светит, то непременно исчезает, как Аба ве-Има. А когда оно скрыто и не светит, тогда оно в раскрытии – т.е. в то время, когда оно получает свечение шурук от Имы, свойство Хохмы, оно находится в раскрытии, но Хохма не светит без хасадим, и поэтому оно скрыто и не светит. Однако Хохму получает не для себя, так как является свойством ГАР Бины, а для Нуквы. «И поэтому сказано: «Видит и не видит». «Видит» – это свет Хохмы, называемый "ви́дение." И считается, что «видит», чтобы давать Нукве, но в отношении себя «не видит», а всегда находится в свойстве укрытых хасадим.

«Этот предел (сфар) – это источник колодца». «Этот предел» – т.е. граница этого парцуфа, предел означает «граница». «Источник колодца» – Нуква Зеир Анпина. «Граница» – это экран, установленный в кли Малхут, на который происходит зивуг де-акаа. «Лик человека» находится только в месте от хазе ЗОН и выше. Поэтому место зивуга находится там, а не от хазе и ниже[529]. А место от хазе ЗОН и выше называется большими ЗОН и называется просто Зеир Анпин, и этот парцуф мы здесь рассматриваем. А место от хазе ЗОН и ниже называется малыми ЗОН и называется просто парцуфом Нуква. И об этом говорится: «Этот предел» – экран, имеющийся в этом парцуфе, называемом ликом человека, «это источник колодца» – является источником для этого колодца, т.е. для Нуквы, поскольку она получает только от свечения зивуга, происходящего в этом экране. «Он выходит светить только днем» – так как Зеир Анпин светит днем, «и исчезает ночью» – т.е. не светит в это время, «и развлекается в полночь с душами праведников в Эденском саду» – это произведенные им порождения[530].

---

[529] См. Зоар, главу Берешит, часть 1, п. 82, со слов: «Пояснение сказанного...»
[530] См. выше, п. 20, со слов: «Объяснение. Сначала Зеир Анпин светил...»

64) «Сияние сверкающее и светящее всему всей совокупностью Торы» – это Хохма. «И это то, что проявляется, и все цвета скрыты в нем». «И это то, что проявляется» – т.е. при получении Хохмы, «и все цвета» – ХУБ ТУМ, «скрыты в нем» – так как это парцуф Нуквы, которая включает два парцуфа, расположенные ниже хазе и называемые «малые ЗОН». И нам известно, что Хохма в мире Ацилут может быть получена только в Нукве[531], и поэтому сказано о ней: «И это то, что проявляется...»

«И она называется по имени Адни. Три цвета проявляются ниже нее» – НЕХИ, «и три цвета выше» – ХАГАТ. Объяснение. Когда она поднимается выше хазе, к зивугу с Зеир Анпином, то становится четвертой по отношению к праотцам, и считается, что ХАГАТ Зеир Анпина находятся выше нее, а НЕХИ Зеир Анпина – ниже. И только те три, что находятся ниже нее, раскрываются и проявляются в свечении Хохмы, а не ХАГАТ, находящиеся выше нее.

«От трех этих высших» – ХАГАТ, «исходит все» – поскольку даже свечение Хохмы, находящееся в трех нижних, НЕХИ, исходит от ХАГАТ. Вместе с тем, «но сами они не видны» – потому что для себя они не получают Хохму. «И сверкает (это сияние) двенадцатью сияниями и светами, которое оно излучает» – т.е. она получает от Зеир Анпина все ступени двенадцати парцуфов, которые включает в себя Зеир Анпин. «И их тринадцать в одном (эхад אחד)[532], который содержит их в себе, в святом имени АВАЯ и в Бесконечности» – т.е. это двенадцать ступеней Ацилута, и вместе с объединяющим их свойством Бесконечности, их тринадцать. И также относительно двенадцати ступеней в Нукве – их тринадцать вместе с содержащим все их святым именем Зеир Анпина, в которое облачено свойство Бесконечности. Содержащий все их называется именем АВАЯ, а двенадцать ступеней Нуквы называются именем Адни.

65) Когда соединилось нижнее сияние, сияние двенадцати, называемое Адни, с высшим сиянием, Зеир Анпином, называемым АВАЯ, из них обоих образовалось одно имя, в котором истинные пророки постигают и созерцают, пребывая в этом

---

[531] См. Зоар, главу Берешит, часть 2, п. 30.
[532] У слова «эхад (אחד)» числовое значение – тринадцать.

высшем сиянии, и это имя АВАЯ-Адни, где буквы от каждого имени следуют попеременно. И с помощью него постигают видение скрытого, как сказано: «И как бы сверкание (хашмаль) изнутри огня»[533].

66) Вам, высшие, вознесенные и преисполненные блага, находящиеся с правой стороны, поведана эта тайна. «Девять точек, имеющихся в Торе» – т.е. Бина, и это три точки холам-шурук-хирик[534], каждая из которых состоит из всех трех, итого девять точек. «Они выходят» – из рош Арих Анпина, т.е. вследствие подъема Малхут в Бину[535], «и делятся» – на Кетер-Хохму и Бину-Тиферет-Малхут. Бина и ТУМ (Тиферет и Малхут) облачаются «в буквы» – т.е. ЗОН. И буквы совершают малые перемещения с помощью Бины и ТУМ де-Бина, облаченных в них, т.е. буквы получают от них мохин де-катнут, ВАК без рош[536]. А во время гадлута эти Бина и ТУМ Бины, которая включает девять точек, выводит из себя эти буквы, в которые она облачалась, и эти буквы распространяются от Бины и ТУМ де-Бина, которые называются «девять правителей», и остается девять точек в совершенстве своем, чтобы приводить в действие буквы – передавать им мохин, дающие движение и жизнь буквам, то есть ЗОН.

Сначала разделились девять точек, т.е. Бина, на две половины, когда нижняя их половина, Бина и ТУМ, опустилась и облачилась в буквы, т.е. в ЗОН, и тогда эти точки вызвали в буквах малые перемещения, означающие мохин де-катнут. А затем, во время гадлута, нижняя половина точек извлекла эти буквы, и буквы эти распространились от них, ибо Бина вернулась в рош Арих Анпина, и нижняя половина снова соединилась со своей верхней половиной, и снова стала целой, в десять сфирот, в келим и светах. И тогда смогли эти точки передать мохин де-гадлут буквам, то есть ЗОН[536].

---

[533] Пророки, Йехезкель, 1:4. «И увидел я: вот ураганный ветер пришел с севера, и большое облако и огонь разгорающийся, и сияние вокруг него, и как бы сверкание (хашмаль) – изнутри огня».
[534] См. выше, п. 53.
[535] См. Зоар, главу Лех леха, п. 10, со слов: «Объяснение. Вследствие подъема...»
[536] См. Зоар, главу Берешит, часть 1, п. 8, со слов: «Здесь имеется четыре исправления...»

Они перемещаются лишь тогда, когда выходят из рош Арих Анпина. Объяснение. Зачем Бине выходить из рош и уменьшаться до ВАК, а затем возвращаться в рош, чтобы передать мохин де-гадлут буквам? Почему она не передает им мохин де-гадлут прежде, чем вышла из рош Арих Анпина? Дело в том, что буквы могут перемещаться и получать мохин движения только когда эти точки выходят из рош Арих Анпина, и тогда опускается нижняя половина и облачается в буквы.

67) Эти буквы относятся к свойству Бесконечности, т.е. это Малхут свойства суда, на которую было сделано первое сокращение, чтобы она не получала в себя никакой прямой свет. Все буквы находятся в «тени Бесконечности», как буквы Зеир Анпина, так и Нуквы. Иначе можно было бы сказать, что первое сокращение Бесконечности относится к Нукве, т.е. Малхут, но Зеир Анпин, на который не было первого сокращения, не находится в тени Бесконечности. Поэтому говорится, что все буквы, даже буквы Зеир Анпина, находятся в тени Бесконечности. Ведь корень Зеир Анпина – от табура и ниже де-АК, где находится Малхут первого сокращения. И поэтому эти буквы недостойны получать в себя никаких мохин, но так же, как точки перемещаются, так же перемещаются и эти скрытые буквы.

Объяснение. После выхода Бины из рош Арих Анпина, упали ее Бина и ТУМ и облачились в буквы, и поэтому буквы сделались как один гуф с Биной и ТУМ, находящимися в них. И во время гадлута, точно так же как эти Бина и ТУМ снова поднимаются, переходя к Бине, и Бина возвращается в рош Арих Анпина, перемещаются вместе с ними и буквы, которые облачаются на них, и тоже поднимаются и подсоединяются к Бине, получая ее свет, как и ее Бина и ТУМ. Таким образом, со своей стороны буквы не готовы к перемещению, т.е. к получению мохин, но вследствие того, что половина келим Бины упали и облачились в них, они стали одним с ними телом (гуф) и получают мохин с помощью перемещения келим де-Бины.

«И хотя со своей стороны они не готовы к перемещению» – поскольку являются сокращенной Малхут[537], «раскрывается и не раскрывается всё скрытое, над которым пребывают буквы» – сокращенная Малхут. Это силы свойства суда от сокращенной

---

[537] См. Зоар, главу Берешит, часть 1, п. 3, со слов: «В свойстве суда...»

Малхут, они скрыты и упрятаны в буквах, и только свойство подслащенной в Бине Малхут раскрывается в них вследствие опускания половины Бины в них. И не подумай, что силы сокращенной Малхут упрятаны и скрыты так, что не раскрываются в них никогда. Поэтому сказано: «Раскрывается и не раскрывается всё скрытое», поскольку в час, когда они должны получить мохин, они упрятаны и скрыты, но иногда они раскрываются, – в тот момент, когда должны вывести среднюю линию[538].

68) Девять имен запечатлеваются в десяти. Объяснение. Из-за скрытия сокращенной Малхут, в них есть только девять сфирот, девять имен, и недостает десятого – Малхут. Однако говорится, что запечатлелись девять имен, и образовалось от них десять, поскольку Есод разделился на две сфиры и два имени – Адон и Шадай. Первое – это ЭКЕ (אהיה), т.е. Кетер. Второе – «йуд-хэй יה», Хохма. ЭКЕ Ашер ЭКЕ (אהיה אשר אהיה) – Бина. АВАЯ (הויה) с огласовкой Элоким – ИШСУТ. Эль (אל) – Хесед. Элоким (אלהים) – Гвура. АВАЯ (הויה) – Тиферет. Цваот (צבאות) – Нецах и Ход. Адон Шадай (אדון שדי) – оба в Есоде. Адон (אדון) – атара Есода, а Шадай (שדי) – это сам Есод.

69) Вот эти десять имен, запечатленных согласно своим свойствам. Все эти имена запечатлены и входят в один ковчег завета, являющийся именем Адни (אדני). И оно раскрылось Аврааму после обрезания – имя Адни, т.е. Нуква, после того, как она приняла в себя все десять имен, являющихся всеми ступенями, содержащимися в Ацилуте. Но до обрезания он достигал ступени «видение» только от одной Нуквы, без ее соединения с высшими ступенями.

70) Михаэль – имя правой, Хесед, принадлежит и служит имени Адни более, чем другие ангелы. В любом месте, где находится имя Адни, Михаэль тоже находится там. Уходит Михаэль – уходит Элоким, Нуква, вместе с Шадай, Есодом.

71) Вначале было три человека, которые облачились в форму воздуха и ели. Именно ели, поскольку их огонь пожирал и уничтожал всё, вызывая тем самым нисхождение духа к Аврааму. Сами они, конечно, огонь. И этот огонь скрывался за воздушной формой и не был виден. И та пища, которую они

---

[538] См. Зоар, главу Лех леха, п. 22, со слов: «Экран де-хирик...»

поглощали, была палящий огонь. И поглощали его, и Авраам получал нисходящий к нему вследствие этого дух.

72) И когда отдалилась Шхина, как сказано: «И вознесся Всесильный над Авраамом»[539], немедленно уходит вместе с ней Михаэль, о чем сказано: «Пришли два ангела в Сдом»[540]. Вначале сказано «три»[502], а сейчас «два»? Отсюда следует, что ангел Михаэль удалился вместе с вознесением Шхины, и осталось только два ангела.

73) Ангел, который явился Маноаху, спустился, облачившись в воздух, и явился ему. И это – ангел Уриэль, который не спустился с этими ангелами, которые были у Авраама, а спустился отдельно, чтобы сообщить Маноаху, из семейства Дана, что у него будет сын.

74) И поскольку Маноах не так важен, как Авраам, не написано, что он (ангел) ел. Ибо сказано: «Если удержишь меня, не буду есть от твоего хлеба»[541]. Сказано: «И было, когда вознеслось пламя... вознесся ангел Творца»[542]. А здесь сказано: «И вознесся Всесильный над Авраамом»[539], но об ангелах не сказано, что они вознеслись над Авраамом. И это потому, что вместе со Всесильным удалился также Михаэль, и остались Рефаэль и Гавриэль. И о них сказано: «Пришли два ангела в Сдом вечером»[540] – в час, когда миру угрожает суд. А затем один удалился, и остался один Гавриэль, чтобы повергнуть Сдом. Заслугой Авраама был спасен Лот, и потому он тоже удостоился прихода этих двух ангелов, и поэтому они явились к нему.

---

[539] Тора, Берешит, 17:22. «И кончил Он говорить с ним, и вознесся Всесильный над Авраамом».

[540] Тора, Берешит, 19:1. «И пришли два ангела в Сдом вечером, а Лот сидел во вратах Сдома. И увидел Лот, и поднялся им навстречу, и поклонился лицом до земли».

[541] Пророки, Шофтим, 13:16. «И сказал ангел Творца Маноаху: "Если удержишь меня, не буду есть от твоего хлеба, а если всесожжение приготовишь, Творцу вознеси его!" – Ибо не знал Маноах, что ангел Творца это».

[542] Пророки, Шофтим, 13:20. «И было, когда вознеслось пламя с жертвенника к небу, вознесся ангел Творца в пламени жертвенника. А Маноах и жена его видели это, и пали они на лица свои на землю».

Кто взойдет на гору Творца

76) «Кто взойдет на гору Творца, и кто встанет в месте святости Его?!»[543] Все живущие в мире не видят, ради чего они находятся в мире, то есть не пытаются узнать, ради какой цели они живут в мире, и дни уходят безвозвратно. И все эти дни, которые проживают люди в этом мире, возносятся и предстают пред Творцом, поскольку все они созданы, и есть у них реальная действительность. И откуда известно, что они сотворены? Потому что сказано: «Все дни, которые будут созданы»[544].

77) Когда подходят дни, чтобы удалиться из этого мира, все они близятся к тому, чтобы предстать пред высшим Царем, о чем сказано: «И близились дни Давида к смерти»[545]; «И близились дни Исраэля к смерти»[546].

78) Если человек в этом мире не проверяет и не интересуется, для чего живет, и каждый его день уходит впустую, то душа его, уходя из этого мира, не знает, каким путем поднимают ее. Ибо путь подъема наверх – в то место, где происходит свечение других высших душ, в Эденский сад – не дается всем душам. И к тому, что он притягивает к себе в этом мире, душа его стремится и после ухода из него.

79) Если человек тянется к Творцу, и стремится найти Его в этом мире, то и затем, когда он оставляет этот мир, он так же тянется к Творцу. И открывают ему путь восхождения наверх, в то место, где светят души, т.е. туда, куда устремлено было желание его каждый день в этом мире.

---

[543] Писания, Псалмы, 24:3.
[544] Писания, Псалмы, 139:16. «Неоформленным видели меня очи Твои, и в книге Твоей записаны все дни, которые будут созданы, а не один из них».
[545] Пророки, Мелахим 1, 2:1-2. «И близились дни Давида к смерти, и завещал он сыну своему, Шломо, сказав: "Я ухожу в последний путь, но ты крепись и будь мужчиной"».
[546] Тора, Берешит, 47:29. «И близились дни Исраэля к смерти, и призвал он своего сына Йосефа, и сказал он ему: "О, если обрел бы я милость в твоих глазах, то положил бы ты руку твою под мое бедро и содеял мне милость истинную: не хорони же меня в Египте!"»

80) Сказал рабби Аба: «Однажды передо мной предстал большой город, из тех, что были в древние времена. И мне рассказали о той мудрости, которую знали с древних времен. И отыскали свои книги мудрости и принесли мне одну книгу».

81) «И было написано в ней: "Подобно тому, как настроен человек в желании своем в этом мире, он привлекает к себе и дух свыше сообразно желанию, к которому прилепился. Если он направлял свое желание на высшую духовную сущность, то и притягивает к себе ту же сущность сверху вниз"».

82) «"А если его желание – прилепиться к иной стороне (ситра ахра), и направлял себя к ней, ту же сущность он притягивает сверху вниз к себе". И рассказывалось, что в притяжении чего-либо свыше всё в основном зависит от речи, и от действия, и от желания прилепиться, и тем самым притягивается сверху вниз та сторона, к которой он прилепился».

83) «И обнаружил я в этой книге описание всех действ и служений звездам и созвездиям, и что необходимо для служения им. И как необходимо направлять желание в них, чтобы притянуть их к себе».

84) «И подобно этому, если человек желает прилепиться к высшему духу святости, то зависит от его действия, речи и стремления к этому в своем сердце – сможет ли он притянуть его к себе сверху вниз и прилепиться к нему».

85) «И рассказывалось – тем же, к чему тянется человек в этом мире, привлекают его и когда он уходит из этого мира. И к чему прилепился и чем увлечен в этом мире, к тому же прилепляется он в истинном мире: если увлечен святостью, то и прилепляется к святости, если – скверной, то – к скверне».

86) «Если святостью, то влекут его в сторону святости, и прилепляется к ней наверху и становится служителем, назначаемым для служения Творцу среди всех ангелов. И так же он прилепляется наверху и встает среди тех праведников, о которых сказано: "И открою Я тебе законы пребывания среди тех, кто стоит здесь"[547]».

---
[547] Пророки, Захария, 3:7.

87) «И подобно этому, если к скверне прилепился в этом мире, тянут его в сторону скверны, и становится наряду с ними, прилепляясь к ним. И называются они губителями людей. И в час, когда он освободился от этого мира, берут его и опускают в ад. В то место, где судят нечестивцев, осквернивших себя и дух свой, а затем он прилепляется к ним. И он становится одним из тех губителей, которые разрушают мир».

88) «Сказал я им: "Сыновья мои, слова этой книги близки к словам Торы. Но вы должны отдалиться от этих книг, чтобы не склонилось сердце ваше к тем служениям и всем сторонам, о которых сказано здесь, и не отклонилось вдруг от работы Творца"».

89) «Ибо все эти книги путают людей. Ведь раньше люди были мудрыми, и унаследовали эту мудрость у Авраама, передавшего ее сыновьям наложниц. Как сказано: "А сыновьям наложниц своих дал Авраам дары"[548]. А затем эта мудрость повела их в разных направлениях».

90) «Но с потомством Ицхака, уделом Яакова, не произошло так. Как сказано: "И отдал Авраам все, что у него было, Ицхаку"[549]. И это – святой удел веры, к которому прилепился Авраам. И от этого удела и этой стороны происходит Яаков. Сказано о нем: "И вот Творец стоит над ним"[550]. И сказано: "...раб Мой Яаков"[551]. Поэтому должен человек тянуться за Творцом и прилепляться к Нему всегда, как сказано: "И к Нему прилепись"[552]».

---

[548] Тора, Берешит, 25:6. «А сыновьям наложниц, которые у Авраама, дал Авраам дары, и отослал он их от Ицхака, сына своего, при жизни своей, на восток, на землю восточную».
[549] Тора, Берешит, 25:5.
[550] Тора, Берешит, 28:13. «И вот, Творец стоит над ним и говорит: "Я Творец – Всесильный Авраама, отца твоего, и Всесильный Ицхака. Землю, на которой ты лежишь, – тебе отдам ее и потомству твоему"».
[551] Пророки, Йермияу, 30:10. «А ты не бойся, раб Мой Яаков, – сказал Творец, – и не страшись, Исраэль».
[552] Тора, Дварим, 10:20. «Творца, Всесильного твоего, бойся, Ему служи, и к Нему прилепись, и Его именем клянись».

91) Сказано: «Кто взойдет на гору Творца»[543], и сказано: «Тот, чьи руки чисты»[553] – кто не делал своими руками изваяния, и не прилагал рук своих к чему не надо. Чтобы не осквернились руки его и не осквернили собой также и тело, как те, кто оскверняют себя тем, что прикасаются руками своими к нечистому. И сказано: «И сердце непорочно»[553] – который не позволял желанию своему и сердцу тянуться к нечистой силе, но только устремляться к служению Творцу.

92) «И не была устремлена ко лжи душа его»[553]. Написано: «Душа его», но надо читать: «Душа моя» – это душа Давида, стороны веры, Нуквы Зеир Анпина. «Душа его» – это душа самого человека, и в этом различие между написанием и прочтением. Ведь когда человек умирает в этом мире, а душа его удаляется после правильных его поступков, благодаря им он удостаивается продолжать свой путь среди всех этих праведников, как сказано: «Ходить буду перед Творцом в краю живых»[554]. Поэтому говорит: «И поскольку "не была устремлена ко лжи душа его"[553], "получит благословение от Творца"[555]».

---

[553] Писания, Псалмы, 24:4. «Тот, чьи руки чисты и сердце непорочно, и не была устремлена ко лжи душа его; кто не дает клятв ложных».
[554] Писания, Псалмы, 116:9.
[555] Писания, Псалмы, 24:5. «Получит благословение от Творца и справедливость от Всесильного спасения своего».

И вот, три человека[556]

93) После того как Авраам сделал обрезание, он сидел, испытывая боль. И Творец открыто послал к нему трех ангелов, чтобы приветствовать его миром. Как же они открылись? Разве кто-то может видеть ангелов? Ведь сказано: «Делает Он ветры ангелами-посланниками Своими»[557].

94) Однако же, конечно, он (Авраам) видел их, так как они спустились на землю в обличье людей. Ибо они, конечно же, – святые духи; но, спускаясь в мир, они облекаются в воздух и в первоосновы покрова и облачения и предстают перед людьми в их же обличье.

95) Авраам видел их в людском обличье, и хотя испытывал боль от обрезания, вышел и побежал им навстречу, так как ему было присуще гостеприимство.

96) Конечно же, он видел их в обличье ангелов, как вытекает из слов: «Господин мой (Адонай אדני)!»[558]. И это имя Шхины «алеф-далет אד». «Алеф-далет אד» – это первые буквы имени Адонай (אדני). Ибо Шхина приходила, и эти ангелы были опорами ее и престолом для нее. Они представляют три цвета белый-красный-зеленый, находящиеся ниже Шхины, т.е. от ее хазе и ниже, и на любой ступени этот уровень считается находящимся ниже ступени. Ведь эти ангелы являются внешним свойством, находящимся ниже хазе Шхины.

97) И увидел теперь (Авраам), что это ангелы, потому что сделал обрезание. И не видел он этого ранее, пока не сделал обрезания. Ибо вначале он не знал и думал, что это люди, а потом узнал, что это ангелы, пришедшие к нему с миссией от

---

[556] Тора, Берешит, 18:2. «И поднял он глаза свои, и увидел: и вот, три человека стоят над ним. И увидел он, и побежал навстречу им от входа в шатер, и поклонился до земли».
[557] Писания, Псалмы, 104:4.
[558] Тора, Берешит, 18:3. «Господин мой! Если я обрел благоволение в очах Твоих, не пройди мимо раба Твоего!»

Творца, – когда они сказали ему: «Где Сара, жена твоя?»[559] и передали ему весть об Ицхаке.

98) Огласованные точками буквы слова «ему (אֵלָיו)» в выражении «И сказали ему: Где (איה)...» – это «алеф-йуд-вав איו». Сочетание «алеф-йуд-вав איו» указывает на находящееся выше, то есть указывает на Творца. И они спросили (Авраама) о Нем: «Где Он (איו)?», и тот сказал: «Вот, в шатре» – имея в виду, что он слит со Шхиной. Ибо здесь сказано: «Вот, в шатре», а в другом месте сказано: «Шатер неколебимый»[560]. Как там имеется в виду Шхина, так и здесь имеется в виду Шхина.

Если буквы «алеф-йуд-вав איו» в слове «ему (אֵלָיו)» уже огласованы, то почему далее написано: «Где она (איה)?». Дело в том, что соединение захара и нуквы (мужского и женского свойств) указывает на свойство веры, и потому они спросили о Творце: «Где Он (איו)?» и спросили о Шхине: «Где она (איה)?» Иными словами, они пробудили его к объединению Творца и Его Шхины. И тогда сказано в Писании: «И он сказал: "Вот, в шатре"» – ибо там находится связь всего, т.е. Нуква, называемая шатром, и там находится Творец.

99) Разве ангелы не знали, что Сара находится в шатре? Ведь спросили о ней: «Где она?» Однако ангелы в этом мире знают лишь то, что им поручено. «И пройду Я по земле египетской... Я – Творец»[561]. Сколько посланников и ангелов есть у Творца. Почему же Он сам прошел по земле египетской? – Потому что ангелы не знают, как отличить каплю первенца от той, которая не будет первенцем. И только сам Творец знает это.

---

[559] Тора, Берешит, 18:9. «И сказали они ему: "Где Сара, жена твоя?" И он сказал: "Вот, в шатре"».
[560] Пророки, Йешаяу, 33:20. «Посмотри на Цион, город собраний наших! Глаза твои увидят Йерушалаим, жилище мирное, шатер неколебимый; колья его не пошатнутся вовек, и ни одна из веревок его не оборвется».
[561] Тора, Шмот, 12:12. «И пройду Я по стране египетской в ту ночь, и поражу всякого первенца в стране египетской, от человека до животного, и над всеми божествами Египта совершу расправу, Я – Творец!»

100) «И начертаешь знак на лбах людей»⁵⁶². Зачем ангелам нужен этот знак? Но дело в том, что ангелы знают лишь то, что им поручено, – все те вещи, которые Творец в будущем принесет в мир. Они знают это потому, что Творец распространяет призывы по всем небосводам и извещает о том, что Он в будущем принесет в мир. И услышав эти обращения, ангелы знают об этом.

101) В час, когда губитель находится в мире, человек должен скрыться в своем доме и не показываться на рынке, чтобы не быть уничтоженным. Как ты говоришь: «Вы же, не выходите никто за дверь своего дома до утра»⁵⁶³, так как если от ангелов можно спрятаться, то нужно спрятаться. Однако от Творца прятаться не нужно. Сказано об этом: «"Если спрячется человек в тайнике, разве Я его не увижу?" – сказал Творец»⁵⁶⁴.

102) Почему же они спросили о ней? Ведь и после того как услышали, что она в шатре, не вошли туда, чтобы известить ее, а известили Авраама, оставаясь снаружи. Они не хотели сообщать свою весть при ней, и потому, когда Авраам сказал: «Вот, в шатре», (ангел) сразу же «сказал: "Я еще вернусь"»⁵⁶⁵, так как не хотели, чтобы слышала Сара. И действовали они согласно законам приличия – пока (Авраам) не пригласил их поесть, они не сказали ему ничего, чтобы сообщенная ему весть не оказалась вынужденной причиной для приглашения. Поэтому сначала сказано: «И они ели»⁵⁶⁶, и тогда уже сообщили ему эту весть.

103) Разве высшие ангелы едят? Однако же из уважения к Аврааму это выглядело так, словно они ели, т.е. делали вид,

---

⁵⁶² Пророки, Йехезкель, 9:4. «И сказал ему Творец: "Пройди посреди города, посреди Йерушалаима, и начертаешь знак на лбах людей, стенающих и вопиющих о всех гнусностях, совершающихся в нем».

⁵⁶³ Тора, Шмот, 12:22. «И возьмите пучок эзова, и обмакните в кровь, которая в чаше, и возложите на притолоку и на два косяка от крови, которая в чаше; вы же, не выходите никто за дверь своего дома до утра».

⁵⁶⁴ Пророки, Йермияу, 23:24. «Если спрячется человек в тайнике, разве Я его не увижу? – сказал Творец, – ведь и небо и земля полны Мною».

⁵⁶⁵ Тора, Берешит, 18:10. «И сказал: "Я еще вернусь к тебе в это же время, и будет сын у Сары, жены твоей". А Сара слышит у входа в шатер, который позади него».

⁵⁶⁶ Тора, Берешит, 18:8. «И взял масла и молока, и теленка, которого приготовил, и поставил пред ними, а сам стоял подле них под деревом, и они ели».

что едят. Рабби Эльазар считает, что они действительно ели, так как они – огонь, пожирающий огонь, а не просто делали вид, что ели. И съели всё, что дал им Авраам, потому что ели наверху со стороны Авраама. Ведь привлекать хасадим – значит есть наверху, а Авраам – это Хесед. И потому всё, что он дал им от своего свойства, свойства Хесед, – съели, ибо так они едят наверху, в небесах.

104) Всё, что ел Авраам, он ел в чистоте. Поэтому он подал ангелам, и они ели. Авраам соблюдал в своем доме законы чистоты и скверны. И нечистый человек даже не прислуживал в его доме, пока он не делал ему омовение, если у него было легкое осквернение, или пока не выдерживал его семь дней в его доме как подобает, если было тяжелое осквернение, а затем делал ему омовение.

105) Сказано: «Если будет у тебя человек, который нечист от случившегося ночью...»[567] В чем его исправление? «И будет: к вечеру пусть омоется водою»[568]. Если же случилось с ним другое, тяжкое осквернение, истечение слизи, или проказа, или нида́[569], и у него две нечистоты, то недостаточно ему омовения после излияния семени, совершенного в этот день к вечеру, но должен он выдержать семь дней, а затем омыться вторично. И неважно, случилось ли у него излияние семени до того, как он получил другую нечистоту, или после этого.

106) Авраам и Сара устраивали омовение каждому человеку: он – мужчинам, а она – женщинам. Авраам занимался очищением людей потому, что он чист и зовется чистым. Сказано: «Кто станет чистым от нечистого? Ни один»[570]. «Чистый» – это Авраам, происшедший от Тераха, который нечист.

107) Поэтому Авраам занимался омовением для исправления ступени «Авраам». Его ступень – это вода, хасадим, и потому он установил (обычай) очищать людей водою. Вот и

---

[567] Тора, Дварим, 23:11. «Если будет у тебя человек, который нечист от случившегося ночью, то пусть он выйдет вон из стана и не входит в стан».
[568] Тора, Дварим, 23:12. «И будет: к вечеру пусть омоется водою, и по заходе солнца может он войти в стан».
[569] Выделение у женщин крови из матки.
[570] Писания, Иов, 14:4.

приглашая ангелов, он сказал вначале: «Пусть же принесут немного воды»⁵⁷¹, чтобы укрепиться на ступени, где господствует вода, – на ступени Хесед.

108) И потому он очищал всех людей от всего – то есть очищал их от стороны идолопоклонства и очищал их от стороны скверны. И как он очищал мужчин, так (Сара) очищала женщин. Таким образом, все, кто приходит к нему, чисты от всего: как от идолопоклонства, так и от скверны.

109) В каждом месте, где жил Авраам, он сажал дерево. И нигде оно не всходило как подобает, кроме того времени, когда он жил в земле Кнаан. И по тому дереву он знал, кто соединился с помощью него с Творцом, а кто – с идолопоклонством.

110) Если человек соединялся с Творцом, дерево простирало ветви, покрывало его голову и бросало на него приятную тень. Если же человек соединялся с идолопоклонством, дерево отстранялось от него и ветви его поднимались вверх. Тогда Авраам знал, что это идолопоклонник, и предостерегал его, и не отступал от него, пока тот не соединялся с верой в Творца.

111) Того, кто чист, это дерево принимает, а того, кто нечист – не принимает. И тогда Авраам знает, что он нечист, и очищает его водою.

112) Под этим деревом был водный источник. Перед тем, кто нуждался в омовении, вода сразу поднималась и вздымались ветви дерева – и тогда знал Авраам, что он нечист и нуждается в немедленном омовении. Иными словами, у него только легкая нечистота и он не должен ждать семь дней. Если же человек не нуждался в немедленном омовении, вода пересыхала – и тогда знал Авраам, что он должен быть нечистым и ждать еще семь дней.

Внутренний смысл сказанного. Это дерево – Древо жизни, Зеир Анпин, т.е. средняя линия. А источник под ним – это экран де-хирик, который становится как неиссякаемый источник, создающий уровень хасадим. Его посредством он подчинил

---

⁵⁷¹ Тора, Берешит, 18:4. «Пусть же принесут немного воды, и омойте ноги ваши, и прилягте под деревом».

среднюю линию и включился в правую. А всё запретное и нечистая сторона, такие как идолопоклонство и скверна – происходят от левой линии, вследствие того, что хотят установить власть левой линии над правой и притянуть изобилие левой линии сверху вниз. И это является источником всех страданий в мире.

Таким образом, нечистому, соединившемуся с левой линией, необходимо то же самое исправление, которое произошло во время выхода левой линии. Она пребывала в несогласии (с правой) и ее света были перекрыты до тех пор, пока не был привлечен уровень хасадим на экран де-хирик в средней линии. Тогда хасадим возобладали над левой линией, и она покорилась и включилась в правую.

И точно так же у человека, который был сбит с пути нечистой стороной и прилепился к левой линии, чтобы притягивать ее наполнение сверху вниз, – у него нет иного исправления, кроме как получить уровень хасадим от средней линии. Тогда он включается в правую линию и очищается. Сказано о его исправлении: «И будет: к вечеру пусть омоется водою»[568], так как ему нужно снова привлечь левую линию, а также привлечь согласующее действие средней линии путем вхождения в воду. И это – ступень хасадим, выходящая на экран де-хирик, имеющийся под этим деревом. К вечеру он снова привлекает свечение левой линии, так как не бывает свечения левой линии при свете дня[572]. И омывается водою – то есть снова привлекает ступень хасадим в средней линии, которая подчиняет свечение левой линии и включает его в правую.

Известно, что в Нукве есть две точки: одна подслащена Биной и называется ключом (мифтеха), а другая, относящаяся к свойству суда от первого сокращения, не подслащена Биной и называется замком (манула). И для того, кто удостаивается слиться со средней линией, скрывается точка свойства суда, а точка свойства милосердия раскрыта для него в высшем управлении, по принципу: «если удостаивается, то становится добром». Если же не удостаивается, а прилепляется к власти левой линии, тогда раскрывается точка свойства суда в Нукве, которая была скрыта посредством первого сокращения,

---

[572] См. Зоар, главу Лех леха, п. 22.

произведенного на Малхут, недостойную получать прямой свет. И тогда все света воспаряют от нее, по принципу: «если же не удостаивается, то становится злом».

Таким образом, есть два вида нечистоты. Один – это легкая нечистота, как при излиянии семени, когда человек укрепляется в левой линии, но не до такой степени, чтобы проявилась точка манула, в которой действует правило: «если же не удостаивается, то становится злом». Поэтому недостает ему только согласующего действия средней линии посредством ступени хасадим – и он входит в воду и очищается. Второй вид – это тяжкое осквернение, когда из-за его слияния с левой линией уже раскрылась точка манула, изгоняющая все света из Нуквы, согласно правилу: «если же не удостаивается, то становится злом». И тогда он должен сначала подсластить Малхут в Бине в двух состояниях, в малом и большом, что и называется отсчетом семи дней.

Поэтому сказано: «Перед тем, кто нуждался в омовении, вода сразу поднималась и вздымались ветви дерева» – так как при легкой нечистоте он еще прилеплен к левой линии, которая и является нечистотой, и поэтому дерево поднимает вверх свои ветви, то есть не бросает на него тень. Ибо средняя линия, когда она включает две линии, правую и левую, друг в друга, она образует тень, то есть скрывает ГАР де-ГАР[573]. И потому, когда человек прилеплен к левой линии, у него вообще нет тени, и сказано, что дерево отводит от него ветви. Но источник, находящийся под деревом, т.е. средняя линия, поднимает к нему уровень хасадим, привлекаемый на него, чтобы он сразу вошел в воду. И линии включаются друг в друга, и он становится чист.

В отличие от этого, при тяжком осквернении, когда раскрывается над ним манула, вода в источнике пересыхает. Это значит, что нет зивуга на экран в средней линии, чтобы извлечь уровень хасадим. И вследствие раскрытия манулы прекратился зивуг, поскольку все то время, пока в ЗОН раскрыта манула, они недостойны получать высший свет. И потому пересыхает источник, пока (человек) не отсчитает семь дней, т.е. пока снова не подсластит Малхут в Бине, достигая в третий и седьмой день соответственно малого и большого состояния. Тогда

---

[573] См. Зоар, главу Лех леха, п. 26.

возобновляется зивуг на экран в средней линии, и источник обретает свою прежнюю силу, и человек входит в воду и очищается, так как недостает ему получить лишь согласующее действие средней линии, достигаемое омовением.

Это относится только к экрану де-хирик в средней линии ЗОН. Однако экран де-хирик в средней линии Бины не должен подслащаться в свойстве мифтеха, а зивуг для получения ступени хасадим происходит на свойство манула. Дело в том, что экран манулы ни в коем случае не может нанести вред тому, что выше источника его возникновения, то есть выше ЗОН, потому что первое сокращение было произведено только на Малхут, а также на Зеир Анпин, который действует вместе с ней, но вовсе не в Бине.

113) Ведь даже тогда, когда (Авраам) пригласил ангелов, он сказал им: «Прилягте под деревом»[571] – для того чтобы испытать и проверить их. Этим деревом проверял он всех жителей мира. И сказал он это ради Творца, т.е. Древа, несущего жизнь всему. И потому сказал им: «Прилягте под деревом» – т.е. под Творцом, а не под идолопоклонством.

114) Прегрешение Адама Ришона состояло в нарушении запрета: не есть от Древа познания добра и зла. И он отведал от него, принеся смерть всему миру. Сказано: «А теперь, как бы не простер он руки своей, и не взял также от Древа жизни, и не поел, и не стал жить вечно»[574]. Когда же пришел Авраам, он исправил мир с помощью другого древа – Древа жизни, и известил о вере всех жителей мира.

115) Сказал Рав: «Если мы рассматриваем эту главу, то должны рассматривать ее с мудростью. Если трактовать ее относительно души, то начало не похоже на конец, а конец – на начало». Иными словами, трудно разъяснить также и конец этой главы относительно души. Таким образом, конец ее не такой, как начало, начало не такое, как конец. Если же комментировать ее относительно ухода человека из мира, то продолжим рассматривать всю главу таким образом. И пока мы так или иначе прокомментируем эту главу, нужно продолжить разбор. Что значит «пусть же принесут немного воды, и омойте ноги

---

[574] Тора, Берешит, 3:22.

И вот, три человека

ваши»[571]? Что значит «а я возьму кусок хлеба»[575]? Что значит «и поспешил Авраам в шатер к Саре»[576]? Что значит «и к скоту побежал Авраам»?[577] Что значит «взял масла и молока»[578]?

116) Душа не нашла бы пользы для тела, если бы не жертвоприношения, на которые намекают вышеприведенные отрывки: «Пусть же принесут немного воды» и др. И хотя жертвоприношения отменены из-за разрушения Храма – не отменилась Тора. Человек может заниматься Торой, и это принесет ему еще больше пользы, чем жертвоприношения.

118)[579] Каждый, кто вслух упоминает в домах собраний и в домах учения о жертвах и жертвоприношениях и намеревается совершить их, – он заключает союз. И те ангелы, что напоминают о его грехах, дабы навредить ему, ничего не могут сделать ему, кроме добра.

119) Кто же подтвердит это? Эта глава подтверждает нам это. Ведь сказано: «И вот, три человека стоят над ним»[556]. Что значит «над ним»? Это значит: наблюдать за судом его. Когда увидела это душа праведника, «поспешил Авраам в шатер»[576]. Шатер – это дом учения. Что же он сказал: «Поторопись: три меры…»[576] – это жертвоприношения, на которые устремлена душа. И сказано: «И к скоту побежал Авраам»[577] – тогда они ублаготворены и не могут навредить ему.

---

[575] Тора, Берешит, 18:5. «А я возьму кусок хлеба, и подкрепите сердце ваше, потом уйдете: раз уж вы проходили близ раба вашего". И сказали они: "Сделай так, как говоришь"».
[576] Тора, Берешит, 18:6. «И поспешил Авраам в шатер к Саре, и сказал: поторопись, три меры лучшей муки замеси и сделай лепешки».
[577] Тора, Берешит, 18:7. «И к скоту побежал Авраам, и взял теленка, нежного и хорошего, и отдал отроку, и поторопил приготовить его».
[578] Тора, Берешит, 18:8. «И взял масла и молока, и теленка, которого приготовил, и поставил пред ними, а сам стоял подле них под деревом, и они ели».
[579] П. 117 в данной редакции текста не приводится.

120) Сказано: «И вот начался мор среди народа»[580], и также: «Сказал Моше Аарону: возьми совок...»[581] А также сказано: «И прекратился мор»[582]. Так же, как здесь говорится о неотложных действиях: «Неси скорее к общине», так и там сказано: «Поторопись: три меры...». Как там речь идет о жертве, принесенной ради спасения, так и здесь речь идет о жертве, принесенной ради спасения.

121) Однажды я встретил Элияу и попросил его: «Скажи мне, господин мой, то, что полезно знать людям». Он ответил мне: «Творец заключает союз, когда предстают пред Ним все ангелы, отвечающие за напоминание грехов человека. Но если человек будет помнить жертвоприношения, о которых заповедал Моше, и сосредоточит на них свое сердце и желание, все ангелы помянут его добром».

122) И еще сказал мне Элияу: «Когда на людей нападает мор, то заключается союз, и по всем небесным воинствам проходит воззвание – если сыновья Его войдут в дома собраний и в дома учения, что на земле (Исраэля), и всем сердцем и душой провозгласят о благовонных воскурениях, которые были у Исраэля, то мор отступит от них».

123) Сказано: «И сказал Моше Аарону: "Возьми совок и положи в него огня с жертвенника, и положи курения, и неси скорее к общине, и искупи их"»[581] Спросил его Аарон: «Зачем это?» Сказал Моше: «Ибо изливается гнев Творца»[581]. А затем говорится: «И поспешил в среду общества... и возложил он курения»[580], «и прекратился мор»[582], и тогда ангел-губитель не может властвовать, и мор проходит. Отсюда ясно, что воскурение отменяет мор.

124) Рабби Аха отправился в Кфар-Тарша и остановился там на ночлег. Все жители города шептались о нем, говоря:

---

[580] Тора, Бемидбар, 17:12. «И взял Аарон, как говорил Моше, и поспешил в среду общества, и вот начался мор среди народа. И возложил он курение, и искупил народ».

[581] Тора, Бемидбар, 17:11. «И сказал Моше Аарону: "Возьми совок и положи в него огня с жертвенника, и положи курения, и неси скорее к общине, и искупи их, ибо изливается гнев Творца, начался мор"».

[582] Тора, Бемидбар, 17:13. «И встал он между мертвыми и живыми, и прекратился мор».

«Великий человек пришел сюда. Давайте пойдем к нему». Пришли они к нему и спросили: разве не опасается он мора? Сказал он им: «Что за мор?» И они рассказали ему, что вот уже семь дней, как мор охватил город, и с каждым днем он усиливается и не проходит.

125) Сказал он им: «Пойдем в дом собрания и попросим милосердия у Творца». Не успели они дойти, как пришли люди и сказали им, что такой-то и такой-то умерли, а такой-то и такой-то находятся при смерти. Сказал им рабби Аха: «Сейчас нельзя так стоять – время действовать».

126) «Выделите сорок человек, самых непорочных, и пусть они поделятся на четыре группы по десять человек. И я с вами. Десять (пойдут) в этот угол города, десять – в этот угол города, и так – во все четыре угла города. И от всей души провозглашайте о благовонных воскурениях, которые Творец поручил Моше, а также о жертвоприношениях».

Объяснение. Есть пагуба и мор. О пагубе сказано: «Когда в городе три человека умирают за три дня друг за другом – это пагуба»[583]. А мор – это массовая смерть, как сказано в главе Корах: «И было умерших от мора четырнадцать тысяч семьсот»[584]. Во всех этих судах различаются два вида судов: суды свойства нуква (женские), называемые «вход в шатер», и суды свойства захар (мужские), называемые «самый разгар дня»[585].

Пагуба происходит от судов нуквы, по принципу: «если же не удостаивается, то становится злом», когда в нукве раскрывается свойство суда. И нужна молитва и раскаяние, чтобы снова подсластить ее свойством милосердия, какой она была до прегрешения. Мор же происходит от судов свойства захар, из-за преобладания левой линии над правой. Эти суды проистекают от Бины, которая является миром захар, т.е. свойством милосердия, потому здесь не нужна молитва, приводящая к подслащению Нуквы свойством милосердия, Биной. И наоборот, поскольку эти суды идут от свойства милосердия, от Бины, из местонахождения трех этих линий, то нужно поднять МАН

---

[583] Вавилонский Талмуд, трактат Таанит, лист 21:1.
[584] Тора, Бемидбар, 17:14. «И было умерших от мора четырнадцать тысяч семьсот, кроме умерших из-за Кораха».
[585] См. выше, п. 50.

посредством экрана де-хирик, привлечь среднюю линию и включить правую и левую линии друг в друга в самой Бине, а оттуда – к ЗОН. И это делается путем приношения воскурений или посредством провозглашения о нем в намерении.

И поэтому сказал он им: «Пойдем в дом собрания и попросим милосердия у Творца», – так как сначала рабби Аха подумал, что в городе пагуба, и нужна молитва, чтобы вернуть Нукву в свойство милосердия. И потому сказал им: «Пойдем в дом собрания», чтобы молиться. Но когда он услышал о массовой смерти, т.е. когда ему сказали, что такой-то и такой-то умерли, а такой-то и такой-то находятся при смерти, тогда он понял, что это мор. И поэтому сказал: «Сейчас нельзя так стоять – время действовать» – так как против мора молитва бесполезна, ибо нет тогда необходимости в подслащении свойством милосердия, а нужно только воскурение, чтобы раскрыть в нем среднюю линию и включить линии друг в друга. И всё это делается посредством воскурения или произнесения с намерением главы о воскурениях.

И то, что взял он с собой четырежды десять человек и наказал им читать вслух главу о воскурениях в четырех сторонах города, и делали они это трижды, – всё это нужно для того, чтобы привлечь тринадцать свойств святости от дикны Арих Анпина. И потому обошел он город трижды, ибо три раза по четыре (группы, организованных) из этих сорока человек – это двенадцать. И сказал: «И я с вами», – потому что сам он соответствовал тому одному (свойству), включающему остальные двенадцать. И вместе их было тринадцать.

127) Так они и сделали, а потом он сказал им: «Пойдем к тем, кто находится при смерти, и вы произнесете следующие отрывки: "Сказал Моше Аарону: возьми совок..."[581] "И взял Аарон..."[580] "И встал он между мертвыми..."[582]». И сделали это, и отступил от них мор.

128) И услышали они голос, который сказал: «Скрытие, первое скрытие подсластили наверху. И суд небес теперь не царит здесь, так как они умеют отменять его».

Объяснение. Две вещи они должны были исправить произнесением (главы) о воскурениях:

1. Поднять МАН к экрану де-хирик, на который выходит ступень хасадим, то есть средняя линия.
2. Привлечь зивуг на экран де-хирик и включить правую и левую линии друг в друга, и привлечь ГАР.

Однако, из-за грехов местных жителей, они успели только поднять экран де-хирик, ослабляющий силу левой линии[586]. И с помощью него отменились суды свойства захар, т.е. мор. Но вследствие этого они оказались во втором скрытии, упав в состояние ВАК без рош, так как еще не успели раскрыть зивуг на экран и привлечь ГАР. К этому и побудил их тот голос, сказавший: «Скрытие, первое скрытие подсластили наверху», – т.е. только первое скрытие, мор. «И суд небес теперь не царит здесь» – т.е. суды свойства захар, называющиеся небесами, больше не царят здесь, «так как они умеют отменять его» – ибо посредством воскурения они подняли экран де-хирик, отменяющий суды захар. Однако в результате они оказались во втором сокрытии, в ВАК без рош, и к этому их побудил голос.

Ослабело сердце рабби Аха, задремал он и услышал, как говорят ему: «Раз уж ты сделал одно, то сделай и другое. Иди и скажи им, чтобы они раскаялись, ибо грешны они предо Мною». Встал он и обратил их к полному раскаянию, и приняли они на себя (обязательство) никогда не оставлять Тору, и сменили название города, и назвали его Мата-Махси (מאתא מחסיא) – в честь Творца, который сжалился (חס) над ними.

Объяснение. После того как рабби Аха услышал голос, ослабело сердце его, и он задремал. Это говорит о том, что он тоже ощущал уход мохин. Тем самым известили его, что на него возложено обратить их к полному раскаянию, т.е. чтобы они привлекли ГАР посредством привлечения зивуга на экран и включения линий друг в друга, благодаря чему привлекается к ЗОН зивуг паним бе-паним (лицом к лицу). Это и означает раскаяние, как сказано: «Вернется "хэй ה" к "вав ו"». Поэтому сказано: «Раз уж ты сделал одно, то сделай и другое» – если ты привел их к свойству ВАК без рош, то должен указать им, чтобы они привлекли также и ГАР. И сказано: «И приняли они на себя (обязательство) никогда не оставлять Тору» – т.е. навсегда соединятся со средней линией, называемой Торой.

---

[586] См. Зоар, главу Лех леха, п. 22, со слов: «Экран де-хирик...»

«И сменили название города, и назвали его Мата-Махси (מאתא מחסיא)» – так как прежде (город) назывался Кфар-Тарша от слов «сдэ трашин (поле камней)» – т.е. поле, полное камней и не годное для засева, потому что жители его следовали левой линии. Но теперь, после того как они закрепились в средней линии и привлекли ГАР, – сменилось место и превратилось в Мата-Махси, в место, над которым Творец сжалился и дает им всё благо.

138)[587] «И сказал: "Я еще вернусь к тебе"»[588]. Нужно было бы сказать: «Он еще вернется» – ведь ключ этот, от посещения бездетных женщин, находится у Творца, а не у другого посланника.

139) Три ключа не были переданы посланнику: от рождения, от воскрешения мертвых и от дождей. А раз они не были переданы посланнику, то почему сказано: «Я еще вернусь»? Выходит, ангел вернется во время родов и навестит ее? Однако же Творец, который стоял над ними, сказал это. Вот почему сказано: «И сказал: "Я еще вернусь к тебе"».

140) Везде, где просто сказано «и сказал», «и призвал», но не сказано, кто говорит и кто призывает, и это ангел союза, т.е. Шхина. И всё говорится от Творца, потому что Шхина – это Творец. Вот почему сказано: «И сказал: "Я еще вернусь к тебе... и будет сын"» – так как это Творец, у которого ключ к бездетным женщинам, сказал: «Я еще вернусь».

---

[587] Пункты 129 – 137 в данной редакции текста не приводятся.
[588] Тора, Берешит, 18:10. «И сказал: "Я еще вернусь к тебе в это же время, и будет сын у Сары, жены твоей". А Сара слышит у входа в шатер, который позади него».

И будет сын у Сары

141) «И будет сын у Сары, жены твоей»[588]. Не сказано: «Будет сын у тебя» – дабы (Авраам) не подумал, что он будет от Агарь, как вначале. «Сын почитает отца, а раб – господина своего»[589]. «Сын почитает отца» – это Ицхак по отношению к Аврааму.

142) (Ицхак) проявил почтение к нему в час, когда (Авраам) связал его на жертвеннике и хотел принести в жертву. Ицхаку было тогда тридцать семь лет, а Авраам был стар. Если бы (Ицхак) толкнул его ногой, он не смог бы устоять перед ним. Но (Ицхак) почитал отца, и отец связал его, подобно овце, и он не восстал против него, дабы выполнить волю отца.

143) «А раб – господина своего» – это Элиэзер по отношению к Аврааму. Когда он отправил Элиэзера в Харан, тот полностью выполнил там волю Авраама и испытывал уважение к нему, как сказано: «И Творец благословил господина моего»[590]. А также: «И сказал он: "Я раб Авраама"»[591] – чтобы проявить почтение к нему.

144) Человек, который принес серебро, золото, драгоценные камни и верблюдов, и сам выглядел почтенно и представительно, не сказал, что он близкий Аврааму человек или его родственник, а сказал: «Я раб Авраама» – дабы вознести хвалу Аврааму и почтить его в их глазах.

145) Поэтому сказано: «Сын почитает отца, а раб – господина своего. Вы же, Исраэль, сыновья Мои, стыдно вам говорить, что Я – отец ваш, или что вы – Мои рабы. Если отец Я, где почтение ко Мне?»[589]. И потому сказано: «Будет сын» – это действительно сын, а не Ишмаэль. Это сын, почитающий отца, как подобает.

---

[589] Пророки, Малахи, 1:6. «Сын почитает отца, а раб – господина своего. Вы же, Исраэль, сыновья Мои, стыдно вам говорить, что Я – отец ваш, или что вы – Мои рабы. Если отец Я, где почтение ко Мне?»

[590] Тора, Берешит, 24:35. «И Творец весьма благословил господина моего, и он стал велик; и дал Он ему овец, и волов, и серебро, и золото, и рабов, и рабынь, и верблюдов, и ослов».

[591] Тора, Берешит, 24:34.

146) «И будет сын у Сары, жены твоей»⁵⁸⁸. «Сын у Сары» – потому что умерла она из-за него, услышав о принесении его в жертву. И за него болела душа ее, пока она не родила его. «И будет сын у Сары» – т.е., чтобы подняться ради него, когда Творец совершает суд над миром, ибо тогда «и Творец вспомнил о Саре»⁵⁹². Ведь в начале года родился Ицхак, поскольку (Творец) помнил о Саре ради Ицхака, и потому он – сын Сары.

Другое объяснение. «Будет сын у Сары» – так как свойство некева берет сына у свойства захар, и сын находится у Нуквы, и поэтому сказано: «Будет сын у Сары».

147) «А Сара слышит у входа в шатер, который (досл. и он) позади него»⁵⁸⁸. Что значит: «И он позади него»? Ведь следовало сказать: «И она позади него», – т.е., что она находилась позади ангела, принесшего весть. Но здесь имеется скрытый смысл. «А Сара слышит» как сказано «у входа в шатер» – слышит от нижней ступени, входа в веру, т.е. Шхины. Сказано: «И Он позади него» – т.е. высшая ступень, Творец, известила ее. Со дня своего появления в мире Сара не слышала от Творца ни слова, но только сейчас.

148) Другое объяснение: Сара сидела у входа в шатер, чтобы слышать, о чем они говорят, и услышала весть, переданную Аврааму. И потому сказано: «А Сара слышит у входа в шатер». «И он позади него» – то есть Авраам сидел позади Шхины.

149) «А Авраам и Сара стары, достигли преклонных дней»⁵⁹³. «Достигли преклонных дней» – это значит, что они достигли меры дней, которых удостоились тогда. Одному было сто лет, а другой – девяносто лет, и достигли они преклонных дней – той меры дней, что и надлежит. Преклонные дни – ибо пришел день, то есть склонился день к вечеру, ибо завершился. Так и здесь они «достигли преклонных дней» – т.е. завершились дни их.

150) «И прекратилось у Сары обычное для женщин» – и сразу она почувствовала вторую молодость, поскольку вернулось

---

⁵⁹² Тора, Берешит, 21:1. «И Творец вспомнил о Саре, как сказал, и сделал Творец для Сары, как обещал».

⁵⁹³ Тора, Берешит, 18:11. «А Авраам и Сара стары, достигли преклонных дней, и прекратилось у Сары обычное для женщин».

к ней «обычное для женщин». И потому сказала: «И господин мой состарился»[594] – то есть он неспособен породить, потому что стар. И не сказала о себе: «Я состарилась».

151) «Известен во вратах муж ее»[595]. Творец превознесен в величии Своем, ибо Он скрыт и недоступен в великом возвышении. Нет в мире, и не было со дня его сотворения никого, кто опирался бы на мудрость Его. И потому никто не сможет опираться на мудрость Его, так как Он скрыт и недоступен, и вознесен высоко-высоко. И все высшие и нижние не могут постичь Его, пока все они не скажут: «Благословенно величие Творца с места Его!»[596] Нижние говорят, что Шхина наверху, как сказано: «Над небесами величие Его»[597]. А высшие говорят, что Шхина внизу, как сказано: «Над всей землей величие Твое»[598]. Пока все высшие и нижние не скажут: «Благословенно величие Творца с места Его»[596] – потому что оно неизвестно, и не было никого, кто мог бы стоять на нем. Как же говорится: «Известен во вратах муж ее»[595]?

153) «Известен во вратах муж ее» – это Творец, который познается и постигается в соответствии с тем, какое место уделяет каждый в сердце своем по мере того, как может постигать в духе мудрости. И сколько он уделяет места в сердце, столько и познает в сердце своем. Поэтому сказано: «Известен во вратах (шаарим)» – в тех мерах (шиурим), которые каждый отводит в сердце. Однако нет никого, кто смог бы постичь и познать Его так, чтобы Он стал известен как подобает.

154) «Известен во вратах муж ее». Что это за врата? Сказано: «Вознесите, врата, главы ваши»[599]. Силою этих «врат», т.е.

---

[594] Тора, Берешит, 18:12. «И засмеялась Сара про себя, говоря: "После того, как я увяла, будет мне младость? И господин мой состарился"».
[595] Писания, Притчи, 31:23. «Известен во вратах муж ее, восседает со старейшинами земли».
[596] Пророки, Йехезкель, 3:12. «И понес меня дух, и услышал я позади себя голос, шум мощный: "Благословенно величие Творца с места Его!"»
[597] Писания, Псалмы, 113:4. «Возвышен над всеми народами Творец, над небесами величие Его».
[598] Писания, Псалмы, 57:6. «Поднимись над небесами, Творец, над всей землей величие Твое!»
[599] Писания, Псалмы, 24:7. «Вознесите, врата, главы ваши, и откройтесь, входы мира, и войдет Царь славы!»

высших ступеней, познается Творец. И если бы не было этих «врат», то невозможно было бы постигать Его.

155) Никто не сможет познать человеческую душу иначе, как с помощью тех органов тела и ступеней органов этого тела, которые раскрывают действия души. Поэтому душа познаваема и непознаваема. Познаваема посредством органов тела и непознаваема в своей сути. Так и Творец познаваем и непознаваем, ибо он – душа души (нешама ле-нешама), дух духа (руах ле-руах), скрытый и утаенный от всех. Но если человек удостоился этих врат, т.е. высших ступеней, открывающих вход в душу, то познается им Творец. Таким образом, Он познаваем посредством высших ступеней, т.е. Его деяний, и непознаваем со стороны Своей сути.

156) Есть вход для входа, ступень для ступени, и от них познается величие Творца. Вход в шатер – это вход в справедливость, то есть в Малхут, как сказано: «Откройте мне врата справедливости»[600]. Это первый вход – дабы войти в него в постижении. И в этом входе видны все остальные высшие входы. Кто удостоился этого входа, тот удостоился постичь его и все остальные входы вместе с ним, так как все они пребывают над ним.

157) А теперь, когда и нижний вход, называющийся входом в шатер, и вход справедливости неведомы, поскольку Исраэль пребывают в изгнании, – все входы ушли от него, и не могут они познавать и постигать. Но когда выйдут Исраэль из изгнания, будут все высшие ступени пребывать над входом справедливости, как подобает.

158) Тогда познает мир драгоценную высшую мудрость, которой не знал ранее. Сказано: «И снизойдет на него дух Творца, дух мудрости и понимания»[601]. Все они будут пребывать над этим нижним входом – входом в шатер, в Малхут. И все они будут пребывать над царем Машиахом, чтобы судить мир, как сказано: «Будет он судить бедных по справедливости»[602].

---

[600] Писания, Псалмы, 118:19. «Откройте мне врата справедливости, я войду в них, возблагодарю Творца».
[601] Пророки, Йешаяу, 11:2.
[602] Пророки, Йешаяу, 11:4.

И сказал: «Я еще вернусь»

159) Когда Авраам получил весть о рождении Ицхака, сообщала ему об этом ступень, называемая «вход в шатер», т.е. Малхут. «И сказал: "Я еще вернусь к тебе в это же время"»[603]. «И сказал» – но не указано, кто сказал. Это был вход в шатер[604]. «И сказал» без уточнения – это Шхина. «А Сара слышит у входа в шатер» – т.е. от ступени, которая сообщила Аврааму о том, чего она раньше не слышала. Как сказано: «А Сара слышит» эти слова «у входа в шатер», который принес весть и сказал: «Я еще вернусь к тебе».

160) Как благосклонен Творец к Аврааму. Ведь не произошел от него Ицхак, пока он не сделал обрезание. И только после того как он сделал обрезание, известили его об Ицхаке, поскольку тогда он является праведным семенем, тогда как до совершения обрезания он не был бы праведным семенем. А теперь он, как сказано: «Семя его, по виду его»[605] – т.е. праведен по виду его, как Авраам.

161) Пока Авраам не совершил обрезание, его семя не было праведным, так как выходило в крайней плоти и прилеплялось к крайней плоти внизу. А после того как он сделал обрезание, семя вышло в праведности и прилепилось к праведности наверху. И породил он наверху[606], и слился Авраам со своей ступенью, Хесед, как подобает. Когда Авраам породил Ицхака, тот вышел праведным. «И эти воды» – т.е. Авраам, свойство Хесед, «зачали и породили тьму»[607] – Ицхака, левую линию, которая до облачения в хасадим Авраама представляет тьму. И благодаря тому, что он произошел от Авраама, облачился (Ицхак) в его хасадим и стал светом.

---

[603] Тора, Берешит, 18:10. «И сказал: "Я еще вернусь к тебе в это же время, и будет сын у Сары, жены твоей". А Сара слышит у входа в шатер, который позади него».
[604] См. выше, п. 140.
[605] Тора, Берешит, 1:12. «И извлекла земля поросль, траву семяносную по виду ее, и дерево, дающее плод, в котором семя его, по виду его. И увидел Всесильный, и вот – хорошо».
[606] См. Зоар, главу Лех леха, п. 457.
[607] Мидраш Раба, книга Шмот, глава Бо, раздел 15, п. 22.

162) Почему Творец назвал его Ицхаком⁶⁰⁹? Не следует приписывать это словам (Сары): «Смех (цхок) сделал мне Всесильный»⁶⁰⁸. Ведь ясно, что еще до того как он вышел в мир, Творец назвал его Ицхаком, когда она еще не испытала этого чувства.

163) Огонь, т.е. левая линия и Гвура, вобрал воду – правую линию и Хесед. Таким образом, вода исходит со стороны Гвуры, а значит, левая и правая линии включились друг в друга. И тогда левая сторона стала вином, веселящим Всесильного и людей. И это требуется от левитов, происходящих от левой линии, которые радуют эту сторону, т.е. левую сторону, музыкальными инструментами и восхвалениями, соответствующими этой стороне. Ибо музыкальные инструменты и восхваления также происходят от левой стороны. Поэтому Ицхак – это веселье и смех, так как он произошел от левой стороны и слился с ней.

164) Ицхак – это радость и веселье, так как он сменил воду огнем, а огонь – водою. Иными словами, левая и правая линии взаимосвязаны, ибо он представляет левую линию, включенную в воду, то есть в правую линию и Хесед. И тогда слева привлекается вся радость и веселье. Поэтому Творец и назвал его Ицхаком, еще до того как он вышел в мир, и известил об этом Авраама.

165) Всем, кроме Ицхака, позволил Творец наречь имена. Даже жены нарекали имена своим сыновьям. Но здесь Творец дал наречь ему имя не матери, а Аврааму, как сказано: «И ты наречешь ему имя Ицхак»⁶⁰⁹. Ты, а не другой – чтобы сменить воду огнем, а огонь – водою, что означает включение левой линии в правую, а правой линии – в левую, дабы включить Ицхака в правую сторону (Авраама). Ибо дал он ему от своего свойства свойство милости (Хесед), называющееся водою и правой линией, и получил от него, от свечения левой линии, огонь. И включились они друг в друга. И благодаря этой взаимосвязи он дал ему имя Ицхак, согласно сказанному Творцом:

---

⁶⁰⁸ Тора, Берешит, 21:6. «И сказала Сара: "Смех сделал мне Всесильный; всякий, кто услышит, посмеется надо мною"».

⁶⁰⁹ Тора, Берешит, 17:19. «И сказал Всесильный: "Однако же Сара, жена твоя, родит тебе сына, и ты наречешь ему имя Ицхак, и заключу Я союз Мой с ним – союз вечный с ним и с потомством его после него"».

И сказал: «Я еще вернусь»

«И ты наречешь ему имя Ицхак», – т.е. чтобы тот установил с ним эту взаимосвязь. И тем самым стал (Ицхак) источником радости и смеха.

И встали оттуда те люди

166) Когда известили Авраама об Ицхаке, сказано: «И встали оттуда те люди и устремили взор...»[610] Сколько же блага проявляет Творец, управляя всеми творениями, и тем более, теми, кто идет Его путями. И даже когда желает судить мир, устраивает так, чтобы любящий Его удостоился чего-либо, прежде чем наступит суд в мире.

167) Если Творец любит человека, Он посылает ему подарок. Что же это за подарок? «Бедняк» – чтобы стать достойным через него. Когда же удостаивается через него, Творец протягивает ему одну нить милости (хесед), нисходящую с правой стороны, и простирает над его головой, и помечает его. Для того, чтобы когда придет суд в мир, остерёгся губитель вредить ему, так как поднимет глаза и увидит ту отметку – и тогда уйдет от него и будет осторожен с ним. Поэтому заранее дал ему Творец то, благодаря чему он этого удостоится.

168) Когда пожелал Творец произвести суд над Сдомом, Он удостоил сначала Авраама и послал ему подарок, трех ангелов, чтобы он мог удостоиться благодаря им спасти оттуда Лота, племянника своего. Сказано: «И вспомнил Всесильный об Аврааме, и выслал Лота от гибельного места»[611]. Не сказано: «вспомнил Лота», ибо он был спасен благодаря достоинствам Авраама. «Вспомнил», означает – помнил то, чего он удостоился ранее благодаря трем ангелам.

169) Кто удостаивается оказывать благодеяния людям, когда суд царит в мире, тому Творец помнит оказанное им благодеяние, ибо каждый раз, когда человек ведет себя достойно, это записывается ему наверху. И потому даже когда суд царит в мире, Творец помнит о том благодеянии, которое он удостоился оказать людям, как сказано: «Благодеяние избавляет от

---

[610] Тора, Берешит, 18:16. «И встали оттуда те люди и устремили взор на Сдом, и Авраам идет с ними проводить их».
[611] Тора, Берешит, 19:29. «И было, когда Всесильный истреблял города той долины, и вспомнил Всесильный об Аврааме, и выслал Лота из гибельного места, когда уничтожал города, в которых жил Лот».

смерти»⁶¹². Поэтому Творец заранее устроил Аврааму то, что будет зачтено ему в заслугу, и он спасет Лота своей заслугой.

170) «И встали оттуда те люди»⁶¹⁰ – то есть с трапезы, которую приготовил для них Авраам, и благодаря им это было зачтено ему в заслугу. Хотя они были ангелами, не нуждавшимися в трапезе, все равно благодаря им это было зачтено ему в заслугу. И от всего того угощения не осталось ничего – чтобы это было зачтено Аврааму в заслугу. Ведь сказано: «И они ели»⁵⁷⁸, так как их огнем было уничтожено и сожжено (угощение).

171) Ведь у трех этих ангелов, Гавриэль – это свойство «огонь», Михаэль – «вода» и Рефаэль – «ветер»; и потому один лишь Гавриэль мог сжечь угощение. Однако каждый из них включен в другого, таким образом, в каждом были огонь, вода и ветер. Поэтому обо всех сказано: «И они ели» – так как в каждом из них был огонь, в котором сгорело угощение.

«И видели они Всесильного, и ели, и пили»⁶¹³. Здесь «ели» означает, что питались от сияния Шхины. То же самое «и они ели» означает, что питались от той стороны, с которой слился Авраам, от правой линии, хасадим. И потому не оставили ничего от того, что дал им Авраам, – чтобы привлечь как можно больше хасадим.

172) Человек должен испить из чаши благословения, чтобы благодаря этому удостоиться высшего благословения. Так же и ангелы ели от того, что приготовил им Авраам, чтобы благодаря этому удостоиться питания со стороны Авраама, света хасадим, ибо с этой стороны привлекается пропитание для всех высших ангелов.

173) «И устремили взор» – это пробуждение милосердия, чтобы спасти Лота.

174) «И Авраам идет с ними проводить их»⁶¹⁰ – т.е. сопровождать их. Если Авраам знал, что это ангелы, то зачем ему сопровождать их? Но хотя он и знал, что это ангелы, однако

---

⁶¹² Писания, Притчи, 10:2. «Не принесут пользы сокровища неправедные, благодеяние же избавляет от смерти».
⁶¹³ Тора, Шмот, 24:11. «И на избранников сынов Исраэля не простер Он руки своей, и видели они Всесильного, и ели, и пили».

так же как привык поступать с людьми, так поступил и с ними, проводив их. Ибо так человек должен оказывать честь гостям. Ведь заповедь гостеприимства зависит от сопровождения, которое завершает дело, и заповедь засчитывается лишь тому, кто ее завершил.

175) Когда он шел с ними, чтобы проводить их, раскрылся над ним Творец. Сказано: «И Творец сказал: "Утаю ли Я от Авраама то, что сделаю?"»[614]. «Творец (АВАЯ)» – это Он и Его суд, Нуква, так как Творец шел с ними.

176) Когда человек сопровождает другого, он привлекает Шхину, чтобы она соединилась с ним и пошла с ним по пути для спасения его. И потому должен человек сопровождать своего гостя, поскольку тем самым он связывает его со Шхиной и привлекает к нему Шхину, дабы она соединилась с ним.

---

[614] Тора, Берешит, 18:17.

Утаю ли Я от Авраама?

177) И поскольку сопровождал их, было зачтено ему в заслугу. «И Творец сказал: "Утаю ли Я от Авраама то, что сделаю?"»[614] «Ведь Творец Всесильный не делает ничего, не открыв Своей тайны рабам Своим, пророкам»[615]. Счастливы праведники мира, которых пожелал Творец. Всё, что Он сделал в небесах и сделает в мире, Он делает посредством праведников, не утаивая от них ничего.

178) Ведь Творец желает приобщить к Себе праведников, которые будут предупреждать людей, чтобы те раскаялись в своих грехах и не были наказаны высшим судом. И чтобы у них не было предлога сказать Ему, что они не были предупреждены и не знали, Творец извещает их о том, что над ними свершится суд. Кроме того, тогда они не скажут, что Он наказывает их без суда.

179) Горе грешникам, которые не знают о грехах своих, не присматриваются, чтобы узнать, и не знают, как оберечься от них. А Творец, все деяния которого истинны, а пути справедливы, вершит все Свои деяния в мире лишь после того, как раскрывает их праведникам, дабы не было у людей претензий к Нему. И тем более сами люди должны вести свои дела так, чтобы другие не обвиняли их. Сказано об этом: «И будете чисты пред Творцом и пред Исраэлем»[616].

180) Праведники должны сделать так, чтобы у людей не было претензий к Творцу, и предупреждать их: если они грешат и не пытаются уберечь себя, у свойства суда Творца будет основание обвинить их. А спастись от свойства суда они могут, обратившись от грехов и совершая добрые деяния.

181) Творец отдал всю землю (Исраэля) Аврааму, чтобы у него были удел и наследие вечное. Сказано: «Всю землю, которую ты видишь, тебе дам Я и потомству твоему навеки»[617].

---
[615] Пророки, Амос, 3:7.
[616] Тора, Бемидбар, 32:22. «И покорена будет страна пред Творцом, а затем возвратитесь и будете чисты пред Творцом и перед Исраэлем, и достанется вам эта страна во владение пред Творцом».
[617] Тора, Берешит, 13:15.

А также сказано: «Подними же глаза свои и посмотри»[618]. А потом, желая искоренить и уничтожить Сдом и Амору, сказал Творец: «Я уже отдал эту землю Аврааму, и он – отец всем, как сказано: "Ибо Я сделаю тебя отцом множества народов"[619]. И не пристало Мне поражать сыновей, не известив их отца, которого Я назвал "Авраам, возлюбивший Меня"[620]. Поэтому Я должен известить его». Вот почему сказал Творец: «Утаю ли Я от Авраама то, что сделаю?»[614]

182) Взгляни на скромность Авраама. Хотя и сказал ему Творец: «Вопль на Сдом и Амору поистине великим стал»[621], и несмотря на то, что не торопился (Творец) известить его о совершении суда над Сдомом, не умолял Его (Авраам) спасти Лота и не вершить над ним суд, чтобы не просить вознаграждения за дела свои.

183) И хотя он не просил, отправил Творец (ангелов) к Лоту и спас его ради Авраама, как сказано: «И вспомнил Всесильный об Аврааме, и выслал Лота из гибельного места, когда уничтожал города, в которых жил Лот»[611].

184) «Города, в которых жил Лот»[611]. Они звались по его имени, потому что все были нечестивцами, и не нашлось ни одного достойного, кроме Лота. Отсюда следует, что всякое место, где живут нечестивцы, пустынно. Говорит Писание: «Города, в которых жил Лот» – это значит, что для всех остальных, кто там жил, они не считались жилым местом, а были словно пустынное, безлюдное место, так как все там были нечестивцами.

185) «Города, в которых жил Лот». Разве во всех них жил Лот? Однако поскольку ради него они жили в городах, и те не уничтожались, они назывались по его имени. Так может быть, это случилось по заслуге Лота? Нет, по заслуге Авраама.

---

[618] Тора, Берешит, 13:14. «И Творец сказал Авраму после того, как отделился Лот от него: "Подними же глаза твои и посмотри с места, на котором ты, на север и на юг, на восток и на запад"».

[619] Тора, Берешит, 17:5. «И не будешь ты больше называться Аврамом, но будет тебе имя Авраам, ибо Я сделаю тебя отцом множества народов».

[620] Пророки, Йешаяу, 41:8. «А ты, Исраэль, раб мой, Яаков, которого избрал Я, семя Авраама, возлюбившего Меня».

[621] Тора, Берешит, 18:20. «И сказал Творец: "Вопль на Сдом и Амору поистине великим стал, а грех их стал тяжким весьма"».

186) Служение праведнику защищает человека в мире, и хотя он грешник, но учится путям его и следует им.

187) Благодаря тому, что Лот соединился с Авраамом, хотя он и не учился у него всем делам его, однако научился у него благожелательно относиться к людям, как это делал Авраам. Вступив в их среду, Лот способствовал заселению всех этих городов всё то время, пока они были заселены. И потому сказано: «Города, в которых жил Лот»[611].

188) Шхина не отходила от Авраама в то время, когда Творец был с ним. Ведь сама Шхина говорила с ним, а не только Творец, так как на этой ступени явился ему Творец. Как сказано: «Являлся Я Аврааму… Владыкой Всемогущим (Эль Шадай)»[622] – это Шхина.

189) «И сказал Творец: "Вопль на Сдом и Амору поистине великим стал"»[621]. Вначале говорится: «И Творец сказал»[618], что означает – Он и Его суд, Шхина. А в конце говорится: «И сказал Творец»[621] – это высшая ступень, раскрывшаяся ему над нижней ступенью, то есть Шхиной.

190) «И Творец сказал: "Утаю ли Я от Авраама то, что сделаю?"»[614]. До этого сказано: «И встали оттуда те люди и устремили взор на Сдом»[610] – чтобы совершить суд над грешниками. А затем сказано: «Утаю ли Я от Авраама?»[614]

191) Творец не совершает суд над грешниками, не посоветовавшись с праведниками. Сказано: «От дыхания Всесильного они исчезают»[623], и сказано: «Утаю ли Я от Авраама?»[614]. Сказал Творец: «Разве совершу Я суд над грешниками, не посоветовавшись с душами праведников?» И обращается к ним: «Грешники согрешили предо Мной, совершу Над ними суд». Как сказано: «И сказал Творец: "Вопль на Сдом и Амору поистине великим стал, а их грех поистине стал тяжким весьма"»[621].

192) Душа стоит на своем месте и боится приблизиться к Нему и что-то произнести перед Ним, пока Он не велит Матату

---

[622] Тора, Шмот, 6:3. «Являлся Я Аврааму, Ицхаку и Яакову Владыкой Всемогущим, но имени Моего Творец (АВАЯ) не открывал Я им».

[623] Писания, Иов, 4:9. «От дыхания Всесильного они исчезают, и от дуновения ноздрей Его погибают».

приблизить ее к Нему, и она не скажет то, что хочет сказать. Как сказано: «И подошел Авраам, и сказал: "Неужели погубишь Ты праведного с нечестивым?"»[624]

193) Сказано: «Может быть, есть пятьдесят праведников в этом городе?»[625] Душа обращается к Нему, говоря: «Владыка мира! Ведь они изучали пятьдесят глав Торы, и хотя занимались ею не ради нее (ло лишма), есть у них награда в будущем мире, и они не попадут в ад». Сказано за этим: «И сказал Творец: "Если Я найду в Сдоме пятьдесят праведников внутри города, то Я прощу всему месту ради них"»[626].

194) Но ведь в Торе есть более пятидесяти глав – пятьдесят три главы? Однако, каждая из пяти книг Торы состоит из десяти речений, десяти изречений, которыми был создан мир. Итого – пятьдесят.

195) И снова обращается к Нему душа, говоря: «Владыка мира! Хотя они и не изучали Тору, ведь они получили наказание за свой грех в высшем суде и искупили вину?! Как сказано: "Сорок (ударов) можно дать ему, не более"[627]. И достаточно им перенесенного позора, чтобы искупить свою вину и не попасть в ад!» Что сказано после этого? «Не сделаю ради сорока»[628].

196) И снова обращается к Нему душа: «"Может быть, найдется там тридцать?"[629] Может быть, есть среди них тридцать праведников, постигших тридцать ступеней, на которые косвенно указывает отрывок: "И было: в тридцатый год"[630]. И они

---

[624] Тора, Берешит, 18:23.
[625] Тора, Берешит, 18:24. «Может быть, есть пятьдесят праведников в этом городе? Неужели Ты погубишь, и не простишь места сего ради пятидесяти праведников в нем?»
[626] Тора, Берешит, 18:26.
[627] Тора, Дварим, 25:3. «Сорок (ударов) можно дать ему, не более; ибо если даст он ему больше этих (сорока ударов), то унижен будет брат твой у тебя на глазах».
[628] Тора, Берешит, 18:29. «И продолжал он говорить с Ним, и сказал: "Может быть, найдется там сорок?" И сказал Он: "Не сделаю ради сорока"».
[629] Тора, Берешит, 18:30. «И сказал он: "Да не прогневается Владыка, и я договорю. Может быть, найдется там тридцать?"»
[630] Пророки, Йехезкель, 1:1. «И было: в тридцатый год, в пятый день четвертого месяца, – и я среди изгнанников при реке Квар, – открылись небеса, и увидел я видения Всесильного».

включены в тридцать два пути, и это – двадцать две буквы и десять сфирот. А иногда они включены в восемь».

Это тридцать два пути мудрости. Когда ЗОН, представляющие двадцать две буквы, поднимают МАН к Бине, представляющей собой десять сфирот, в ней создаются тридцать два свойства, тридцать два пути мудрости: двадцать два – от ЗОН, а десять – от самой Бины. Сама Бина желает только хасадим, но когда ЗОН поднимают к ней МАН, она поднимается в рош Арих Анпина и становится там Хохмой (мудростью), и называется тогда тридцатью двумя путями мудрости.

«А иногда они включены в восемь» – в Бину, у которой только восемь сфирот от собственного свойства и ниже, и ей недостает Кетера и Хохмы, то есть ее ГАР. И тогда она является не тридцатью двумя путями мудрости, а лишь тридцатью ступенями, так как лишена Хохмы. И на них намекают слова Авраама: «Может быть, найдется там тридцать?»

197) И снова обращается она: «"Может быть, найдется там двадцать?"[631] Когда дети дорастут до изучения Торы, будет для них наградой заниматься десятью речениями два раза в день. Ведь если человек растит сына для изучения Торы и водит его в дом учения утром и вечером, засчитывается ему, словно он выполнял Тору дважды в день». Что сказано? «И сказал Он: "Не истреблю ради двадцати"»[631].

198) И опять обращается: «Может быть, найдется там десять?»[632] И говорит она: «Владыка мира! Может быть, это будут те первые десять человек в доме молитвы, которые примут награду для всех, кто придет вслед за ними?» Что сказано? «И сказал Он: "Не истреблю ради десяти"»[632].

199) Это всё, что может сказать душа праведника о грешниках. И когда среди них никого не нашлось, сказано: «И удалился Творец, когда кончил говорить с Авраамом. А Авраам

---

[631] Тора, Берешит, 18:31. «И сказал: "Вот, я решился говорить Владыке. Может быть, найдется там двадцать?" И сказал Он: "Не истреблю ради двадцати"».

[632] Тора, Берешит, 18:32. «И сказал: "Да не прогневается Владыка, что заговорю я и на этот раз. Может быть, найдется там десять?" И сказал Он: "Не истреблю ради десяти"».

вернулся на свое место»⁶³³. Что это за место? Его возвышенная ступень.

200) Заповедано человеку молится за грешников, чтобы те обратились к добру и не попали в ад. Как сказано: «А я, когда болели они, одевался во вретище!»⁶³⁴

Запрещено человеку молиться об устранении грешников из мира. Ведь если бы Творец удалил Тераха из мира, когда тот занимался идолопоклонством, не явился бы на свет праотец Авраам, и не было бы ни колен Исраэля, ни царя Давида, ни царя Машиаха, и не была бы дарована Тора, и не появились бы на свет все праведники и их последователи, и не было бы пророков в мире. Когда же Творец видит, что из грешников ничего такого не выйдет, что сказано? «И пришли два ангела в Сдом»⁶³⁵.

---

⁶³³ Тора, Берешит, 18:33.
⁶³⁴ Писания, Псалмы, 35:13. «А я, когда болели они, одевался во вретище, мучил постом душу свою! И молитва моя – всё время внутри меня!»
⁶³⁵ Тора, Берешит, 19:1. «И пришли два ангела в Сдом вечером, а Лот сидел во вратах Сдома. И увидел Лот, и поднялся им навстречу, и поклонился лицом до земли».

Сойду же и посмотрю[636]

201) Кому сказал Творец: «Если так поступали – надо кончать с ними!»[636]? Ангелам? Когда говорил с Авраамом, указал ангелам? Но поясняется, что сказал Аврааму: «Надо кончать с ними!» – поскольку все эти места находились в его владении.

202) Аврааму? Но сказано: «Надо (вам)»[636] – во множественном числе. Почему сказал: «Надо (вам)»? И объясняется, что сказал Аврааму и Шхине, которая не покидала его, и поэтому сказал: «Надо (вам)».

Допустим, что сказал ангелам: «Если так поступали – надо (вам) кончать с ними!» Но как может быть, чтобы говорил с одним и указывал при этом другому? Это потому, что ангелы находились там для совершения возмездия, и поэтому сказал: «Надо (вам)».

203) Разве Творец сам не знал? Настолько, что вынужден был сказать: «Сойду же и посмотрю» – ведь всё раскрыто перед ним? Но «сойду же» означает – нисхождение со ступени милосердия на ступень суда. «И посмотрю» – это знак того, что будет надзирать за ними (и рассмотрит), каким судом их судить.

204) Итак, мы видим, что одно является добрым предзнаменованием, а другое – злым. Доброе предзнаменование, когда сказано: «И видел Всесильный сынов Исраэля, и ведал Всесильный»[637]. Злое предзнаменование, когда сказано: «Сойду же и посмотрю»[636], чтобы держать их под надзором (ступени) суда, и об этом сказал Творец: «Утаю ли Я от Авраама?»[614]

---

[636] Тора, Берешит, 18:21. «Сойду же и посмотрю: если по мере вопля, приходящего ко Мне, поступали – надо кончать с ними! А если нет, то буду знать».
[637] Тора, Шмот, 2:25.

Авраам будет народом

205) «А Авраам будет народом великим и могучим»[638]. В чем смысл этого благословения здесь? Оно показывает нам, что и тогда, когда Творец восседает в суде над миром, Он не меняется, ибо восседает в суде над одним и в милосердии над другим, и всё – в тот же миг и в тот же час. Сдому Он явил себя в суде, а Аврааму в то же время явил себя в милосердии и благословил его.

206) Сказано: «Пусть будет молитва моя к Тебе, Творец, во время благоволения!»[639] Отсюда следует, что иногда есть благоволение, а иногда его нет. Иногда Он слышит молитву, а иногда – нет. Иногда Его можно найти, а иногда – нет. Как сказано: «Ищите Творца, когда можно найти Его»[640].

207) В одном случае говорится по отношению к одному человеку, а в другом – по отношению к обществу. К одному (Творец относится) в разное время по-разному, а к обществу Он всегда относится с милосердием, даже когда восседает в суде. Здесь, отношение к одному месту в разное время меняется, а относительно всего мира Он всегда пребывает в милосердии и не меняется. И поэтому Авраама Он благословил, когда пребывал в суде над Сдомом, так как (Авраам) сопоставляется со всем миром. Сказано: «Вот порождения неба и земли при сотворении их»[641]. Буквы выражения «при сотворении их (беибарам בהבראם)» совпадают с буквами «при Аврааме (беАвраам באברהם)» – то есть ради него был создан мир, и он сравнивается со всем миром.

208) Числовое значение слова «будет (יהיה)» – тридцать. Тридцать праведников призвал Творец в мир, дабы пребывали они в каждом поколении, как призвал и Авраама. Сказано: «Вот

---

[638] Тора, Берешит, 18:18. «А Авраам будет народом великим и могучим, и благословляться будут им все народы земли».
[639] Писания, Псалмы, 69:14. «Пусть будет молитва моя к Тебе, Творец, во время благоволения! Всесильный, по великой милости Твоей, ответь мне истинным спасением!».
[640] Пророки, Йешаяу, 55:6. «Ищите Творца, когда можно найти Его. Призывайте Его, когда Он близок».
[641] Тора, Берешит, 2:4. «Вот порождения неба и земли при сотворении их, в день созидания Творцом Всесильным земли и неба».

порождения... при сотворении их (беибарам בהבראם)»⁶⁴¹. И мы выяснили, что это буквы выражения «при Аврааме (беАвраам באברהם)», ради которого был создан мир. И в каждом поколении есть тридцать праведников, ради которых создан мир, так же как он был создан ради Авраама.

209) «Из тридцати самый знатный»⁶⁴². Это тридцать праведников, которых Творец призвал в мир, дабы в каждом поколении у мира не было недостатка в них, а Бнайяу бен Йеояда, о котором сказано «из тридцати самый знатный», – один из них.

210) «Но к троим не приблизился» означает, что есть трое других, на которых стоит мир, и он не сравнивается с ними. «Но к троим не приблизился» – чтобы быть в их числе, как один из них. В число этих тридцати праведников он удостоился войти, «но к троим не приблизился» – т.е. не удостоился присоединиться к ним и быть их частью. Мы уже сказали, что числовое значение слова «будет (יהיה)» – тридцать, и потому Творец благословил (Авраама), так как он будет сопоставляться с этими тридцатью праведниками.

---

⁶⁴² Пророки, Шмуэль 2, 23:23. «Из тридцати самый знатный, а к троим не приблизился; поставил его Давид исполнителем своих приказаний».

Если по мере вопля, приходящего ко Мне, поступали[636]

211) Сказал Творец Аврааму: «"Вопль на Сдом и Амору поистине великим стал"[643], ибо дошло до Меня то, что они делают всему миру». Весь мир избегает входить в Сдом и Амору, как сказано: «Вырвался поток из места населенного, не ступит туда нога человеческая»[644]. «Вырвался поток из места населенного» – это значит, что поток, то есть Сдом, внезапно захлестывал мирских жителей, которые вступали туда. И все они (горожане), если видели, что кто-то давал другому есть и пить, то бросали его в глубь реки, а вместе с ним и человека, который получил от него еду и питье.

212) «Не ступит туда нога человеческая»[644] – потому что все жители мира избегали входить туда. А те, кто ступал туда, «доходят до истощения, удаляясь от человека»[644] – ослабляли их телесные силы и доводили до истощения голодом, не давая им есть и пить. И они изменялись до неузнаваемости, отличаясь от остальных жителей мира, как сказано: «Доходят до истощения, удаляясь от человека»[644]. И (жители мира) искали обходные пути, лишь бы не попасть туда. Даже птицы небесные старались не залетать туда. И потому все жители мира поносили Сдом и Амору и все эти города, так как все они друг друга стоили.

213) «Вопль на Сдом и Амору поистине великим стал». Спросил Авраам у Творца: «Почему?» Сказал ему (Творец): «Грех их стал тяжким весьма»[643]. «Сойду же и посмотрю: если по мере вопля, приходящего ко Мне, поступали – надо кончать с ними!»[636].

214) В той стороне, что под звуком града, поднимаются все заросли на склоне. Собираются они в одну каплю и входят в отверстия великой бездны, и пять становятся одним. Один он – когда есть чистые звуки и все стали одним, ибо голос снизу

---

[643] Тора, Берешит, 18:20. «И сказал Творец: "Вопль на Сдом и Амору поистине великим стал, а грех их стал тяжким весьма"».

[644] Писания, Иов, 28:4. «Вырвался поток из места населенного, не ступит туда нога человеческая; доходят до истощения, удаляясь от человека».

вошел в них и распространяется вместе с ними, как один. И этот голос поднимается и опускается, требуя распространения суда вниз. И тогда раскрывается Творец, чтобы управлять в свойстве суда.

Объяснение. Суды в мире делятся на две категории:
1. Происходящие от самой Малхут. Голос, поднимающийся от этих судов, называется нижним голосом, голосом Малхут.
2. Происходящие от Малхут, подслащенной в Бине. Голос, поднимающийся от этих судов, называется высшим голосом, голосом Бины, а также называется звуком града.

«В той стороне, что под звуком града» – т.е. под высшим голосом Бины, «поднимаются все заросли» – т.е. открываются и постигаются. «На склоне (букв. на плече)» – это мохин де-ГАР, относящиеся к обратной стороне тела, ибо звук града – это безраздельное добро без зла. И потому все запутанные суды получают с его помощью свое исправление. Все эти света собираются в одну каплю, состоящую из трех капель: холам, шурук, хирик. От капли шурук исходят все суды, пока она не соединится с каплей холам. «И входят в отверстия великой бездны» – под воздействием судов капли шурук они входят в отверстия великой бездны, то есть вливаются в суды Бины, высшего голоса.

Тогда все пять сфирот КАХАБ ТУМ включаются в один голос, и даже Малхут, нижний голос, тоже включается в этот высший голос, называющийся звуком града. А голос самой Малхут не слышен, ведь если бы ее голос раскрылся, ушли бы мохин. И потому сказано в Писании: «Если по мере вопля» – в единственном числе, так как здесь только один голос.

«Один он – когда есть чистые звуки» – все пять становятся одним голосом, когда есть чистые звуки, в которых не слышен грубый нижний голос. «И все стали одним» – все они становятся одним голосом, «ибо голос снизу» – голос самой Малхут, «вошел в них и распространяется вместе с ними, как один» – т.е. включился в них, и не слышен.

215) «И этот голос» – и тот высший голос, который слышен, «поднимается» – в точку холам, «и опускается» – в точку шурук, «требуя распространения суда вниз» – это суды,

исходящие из точки шурук, пока она не включилась в холам, чтобы иметь возможность распространиться и светить внизу.

«И этот голос поднимается и опускается, требуя суда. И тогда раскрывается Творец, чтобы управлять в свойстве суда» – в тот час, когда голос поднимается, требуя суда, т.е. когда преобладает точка шурук, раскрывается Творец, чтобы управлять в свойстве суда. Ибо раскрытие Творца – это свет Хохмы, а после включения линий друг в друга, она нисходит во время преобладания точки шурук, так как ни в одной линии, кроме нее, нет света Хохмы. И хотя в это время Он управляет в свойстве суда, однако после включения линий друг в друга Он светит свойством милосердия.

Таким образом, мы выяснили сказанное: «Сойду же»[636] – т.е. от точки холам, милости (Хесед), к точке шурук, к суду, что и называется нисхождением. «И посмотрю»[636] – потому что в точке шурук есть видение, свет Хохмы. «Если по мере вопля, приходящего ко Мне»[636] – это зов того самого одного голоса, который требует суда во время власти точки шурук. Раскрытие Хохмы происходит именно во время этого зова, так как Хохма не раскрывается ни в какой точке, кроме точки шурук.

216) «Если по мере вопля»[636]. От кого исходит этот вопль? От судебного приговора, требующего каждый день, чтобы открылся суд. Много лет ждал судебный приговор и взывал к Творцу за продажу братьями Йосефа, потому что судебный приговор взывает к раскрытию суда. Поэтому сказано в Писании: «Если по мере вопля, приходящего ко Мне»[636] – это взывание судебного приговора.

Объяснение. Судебный приговор – это свечение точки шурук в Нукве до ее включения в хасадим, и оно раскрывается только с проявлением суда. Йосеф – это свечение ГАР, и из-за продажи его братьями египтянам, ушли от них ГАР. Поэтому сказано: «Много лет ждал судебный приговор и взывал к Творцу за продажу братьями Йосефа» – т.е. (точка шурук) требовала суда за то, что отменилось ее свечение из-за продажи Йосефа, «потому что судебный приговор взывает к раскрытию суда» – так как она желала призвать к раскрытию суда, т.е. желала вернуть ГАР, отменяемые продажей Йосефа. И на то, что свечение ее раскрывается только с проявлением суда, указывают слова: «Судебный приговор взывает к раскрытию суда».

217) Что подразумевается под словами «приходящего ко Мне»[636]? Здесь такой же смысл, как и в сказанном: «Вечером она приходит, а утром возвращается»[645]. Иначе говоря, после того как выяснился смысл слов «если по мере вопля»[636], которые указывают на раскрытие свечения Хохмы посредством «взывания судебного приговора», выясняются слова «приходящего ко Мне»[636], сказанные в настоящем времени, что означает: приходит во время зивуга. Сказано: «Вечером она приходит» – это указывает на время зивуга, который получает от свечения шурук и называется вечером, так как находится под властью судов этого шурука. И это смысл сказанного[646]: «Встает она еще ночью»[647], и потому сказано: «приходящего ко мне»[636] в настоящем времени – то есть это происходит постоянно, так как началу каждого зивуга свойственна власть шурука в свечении левой линии.

---

[645] Писания, Эстер, 2:14. «Вечером она приходит, а утром возвращается в другой, женский дом под надзор Шаашгаза, евнуха царского, стража наложниц; и больше уже не войдет к царю, разве только если пожелает ее царь и позовет по имени».

[646] См. Зоар, главу Берешит, часть 1, п. 125.

[647] Писания, Притчи, 31:15. «Встает она еще ночью, раздает пищу в доме своем и урок служанкам своим».

Неужели погубишь праведного с нечестивым?

218) «И подошел Авраам и сказал: "Неужели погубишь Ты праведного с нечестивым?"»[648] Кто знал милосердного отца, подобного Аврааму? О Ноахе сказано: «И сказал Всесильный Ноаху: "Конец всякой плоти пришел предо Мною"»[649]. И промолчал (Ноах), и не сказал ничего, и не просил о милосердии. Но Авраам, когда сказал ему Творец о вопле на Сдом и Амору[643], сразу же подошел и сказал: "Неужели погубишь Ты праведного с нечестивым?"»

219) Однако и Авраам не все сделал в совершенстве, как должно. Ноах ничего не сделал: он не попросил о праведниках, как Авраам, и не попросил о грешниках, как Моше. Авраам потребовал суда как должно: чтобы не погиб праведник с грешником, и начал с пятидесяти праведников и дошел до десяти. Сделал, но не завершил, так как не просил о милосердии в том случае, когда нет праведников, так же как и в случае, когда они есть. Сказал Авраам: «Я не хочу требовать вознаграждение за свои дела» – т.е. сам не верил, что вознаграждение его достаточно велико, чтобы просить за свои заслуги освободить грешников от суда.

220) И единственный, кто все сделал в совершенстве, как должно – это Моше. Когда Творец сказал ему: «Быстро сошли они с пути»[650], сразу же «стал умолять Моше Творца Всесильного своего»[651], пока не сказал: «И теперь, простишь ли Ты грех их? Если же нет, то сотри и меня из книги Твоей, которую

---

[648] Тора, Берешит, 18:23. «И подошел Авраам и сказал: "Неужели погубишь Ты праведного с нечестивым?"»

[649] Тора, Берешит, 6:13. «И сказал Всесильный Ноаху: "Конец всякой плоти пришел предо Мною, ибо земля наполнилась злодеянием из-за них. И вот, Я истреблю их с землею"».

[650] Тора, Шмот, 32:8. «Быстро сошли они с пути, который Я заповедал вам, – сделали себе литого тельца, и пали ниц перед ним, и принесли ему жертвы, и сказали: "Вот божество твое, Исраэль, которое вывело тебя из страны египетской!"»

[651] Тора, Шмот, 32:11. «И стал умолять Моше Творца Всесильного своего, и сказал: "Зачем, Творец, гневаться Тебе на народ твой, который вывел Ты из страны египетской мощью великой и дланью могучей?"»

Ты написал»[652]. И хотя все они согрешили, он не ушел оттуда, пока Творец не сказал ему: «Простил Я по слову твоему»[653].

221) Но Авраам считался лишь с тем, были ли среди них праведники. И когда не оказалось среди них праведников – не молился. Поэтому не было больше в мире человека, который защищал бы свое поколение, как Моше, верный его поводырь.

222) «И подошел Авраам и сказал: "Неужели погубишь Ты праведного с нечестивым?"»[648] То есть он подготовил себя к тому, чтобы попросить этого: «Может быть, найдется там пятьдесят (праведников)»[654]. Он начал с пятидесяти, с самого начала, и дошел до десяти – до конца всех ступеней. Ибо на каждой ступени есть пять уровней, один под другим, соответствующие пяти свойствам экрана.

На уровне Кетера есть пятьдесят сфирот: пять сфирот КАХАБ ТУМ, в каждой из которых десять сфирот. На уровне Хохмы есть только сорок сфирот, поскольку недостает там десяти сфирот Кетера. На уровне Бины есть тридцать сфирот, поскольку недостает также десяти сфирот Хохмы. На уровне Тиферет есть двадцать сфирот, поскольку недостает также десяти сфирот Бины. А на уровне Малхут есть только десять сфирот, и она – конец всех ступеней.

223) «До десяти, за которых молился Авраам» – это десять дней между Началом года (Рош а-шана) и Судным днем (Йом Кипур), в течение которых исправляются десять сфирот Малхут, чтобы подняться к Бине. Поэтому он начал молиться с пятидесяти и дошел до десяти – т.е. до десяти сфирот Малхут, исправляющихся во время десяти дней раскаяния. А дойдя до десяти, сказал: «Отсюда и ниже, где Малхут не подслащена Биной, – это место, в котором не находится раскаяние» – т.е. оно не подслащается Биной, называемой раскаянием (возвращением тшува). И потому он не продолжил просить за то, что ниже десяти.

---

[652] Тора, Шмот, 32:32.
[653] Тора, Бемидбар, 14:20. «И сказал Творец: "Простил Я по слову твоему"».
[654] Тора, Берешит, 18:24.

И пришли два ангела в Сдом

224) Сказано: «И пошел Творец, когда окончил говорить с Авраамом»[655]. После того как Шхина удалилась от Авраама, и он вернулся на свое место, тогда «и пришли два ангела в Сдом вечером»[656], ибо один ангел удалился со Шхиной, и остались эти два.

225) Увидев их, Лот побежал за ними. Разве всех, кто приходил в его город, он вводил в свой дом и давал им есть и пить? И горожане не убили его?

226) Ведь когда дочь Лота дала кусок хлеба одному бедняку, и им стало известно об этом, они намазали ее медом и посадили на крышу, пока пчелы не заели ее до смерти.

227) Но поскольку дело было ночью, он подумал, что горожане не увидят его. И все же, когда (ангелы) вошли к нему в дом, все они собрались и окружили дом.

228) Почему Лот побежал за ангелами? Он побежал им навстречу, когда увидел с ними образ Авраама. Сказано: «И увидел Лот и побежал им навстречу»[656] – так как увидел Шхину, пребывающую над ними.

229) «И увидел Лот и побежал им навстречу»[635], «и сказал: "Вот, господа мои! Заверните в дом раба вашего"»[657]. «Господа мои (адонай)», пишется «алеф-далет-нун-йуд אדני», – это имя Шхины. Однако в Торе сказано не «побежал им навстречу», а «поднялся им навстречу»[656]. Как мы видим, по мнению Зоара «поднялся им навстречу» означает «поднялся и побежал им навстречу», а иначе следовало бы сказать «поднялся при виде них». Сказано «заверните»[656], но разве не следовало

---

[655] Тора, Берешит, 18:33. «И пошел Творец, когда окончил говорить с Авраамом; Авраам же вернулся на свое место».
[656] Тора, Берешит, 19:1. «И пришли два ангела в Сдом вечером, а Лот сидел во вратах Сдома. И увидел Лот, и поднялся им навстречу, и поклонился лицом до земли».
[657] Тора, Берешит, 19:2. «И сказал: "Вот, господа мои! Заверните в дом раба вашего и ночуйте, и омойте ноги ваши, и встанете рано поутру, и пойдете в путь свой". И сказали: "Нет, мы тут на улице переночуем"».

сказать – «зайдите»? Однако он хотел провести их вокруг дома, чтобы они не вошли в дом обычным путем, и горожане не увидели их. И потому он сказал: «Заверните».

230) Сказано: «Ибо Он в концы земли смотрит, под всеми небесами видит»[658]. Насколько люди должны всматриваться в деяния Творца и заниматься Торой днем и ночью. Ведь благодаря каждому, кто занимается Торой, Творец славится наверху и внизу. Потому что Тора – это древо жизни для всех, кто занимается ею, чтобы наполнять их жизнью в этом мире и в мире будущем.

231) Сказано: «Ибо Он в концы земли смотрит» – дабы давать им пропитание и обеспечивать их всем необходимым. «Земля» – это Малхут. «Концы земли» – все, происходящие от нее, поскольку Он присматривает за ней постоянно, как сказано: «Глаза Творца Всесильного твоего на ней от начала года и до конца года»[659].

232) Ведь что сказано об этой земле, т.е. Малхут: «Издалека приносит хлеб свой»[660]. А затем она дает пищу и пропитание всем зверям полевым – т.е. ангелам миров БЕА. И сказано: «Встает она еще ночью, раздает пищу в доме своем и урок служанкам своим»[661].

233) И об этом сказано: «Ибо Он в концы земли смотрит, под всеми небесами видит»[658] – видит всех жителей мира, чтобы давать им пропитание и обеспечение, сколько требуется каждому. Как сказано: «Открываешь руку Свою и насыщаешь всякого живущего благоволением»[662].

234) «Ибо Он в концы земли смотрит»[658] – чтобы наблюдать дела людей и присматривать за всем, что люди делают в мире. «Под всеми небесами видит»[658] – наблюдает и видит каждого.

---

[658] Писания, Иов, 28:24.
[659] Тора, Дварим, 11:12. «Земля, о которой Творец Всесильный твой заботится всегда, глаза Творца Всесильного твоего на ней от начала года и до конца года».
[660] Писания, Притчи, 31:14. «Она подобна кораблям купеческим – издалека приносит хлеб свой».
[661] Писания, Притчи, 31:15.
[662] Писания, Псалмы, 145:16.

235) Когда увидел Творец дела Сдома и Аморы, отправил Он тех же ангелов уничтожить Сдом. Сказано: «И увидел Лот»[656] – т.е. увидел Шхину. Кто же способен смотреть на Шхину? Однако он увидел свет, который сиял и поднимался над их головами, и тогда сказал: «Вот, господа мои (адонай)»[657], пишется «алеф-далет-нун-йуд אדני», и это – имя Шхины[663]. И к Шхине, т.е. к этому свечению, сиявшему над их головами, он обратился: «Заверните в дом раба вашего»[657].

236) «И ночуйте, и омойте ноги ваши»[657]. Авраам сделал не так – сначала он сказал: «Омойте ноги ваши»[664], а затем: «Я возьму кусок хлеба»[665]. Лот же сказал: «Заверните... и ночуйте»[657], а затем «омойте ноги ваши»[657] – чтобы люди не узнали о них. То есть, если обнаружат их, то решат, что они пришли к нему только сейчас, поскольку еще не омыли ноги с пути.

237) «И сказали: "Нет, мы тут на улице переночуем"»[657]. Ибо так поступали гости, пришедшие туда, – ночевали на улице, если не было человека, который взял бы их в дом. И поэтому сказали: «Нет, мы тут на улице переночуем»[657]. Сказано: «Но он очень их упрашивал»[666].

238) Когда Творец вершит суд в мире, один посланник совершает его. Однако здесь, при уничтожении Сдома, мы видим двух посланников, как сказано: «И пришли два ангела в Сдом». Разве недостаточно одного ангела? Но он и был один. Писание говорит о двух ангелах, так как один был призван вывести Лота и спасти его, а другой – истребить город и уничтожить землю. Поэтому только один (посланник) был при уничтожении Сдома.

---

[663] См. выше, п. 229.
[664] Тора, Берешит, 18:4. «Пусть же принесут немного воды, и омойте ноги ваши, и прилягте под деревом».
[665] Тора, Берешит, 18:5. «А я возьму кусок хлеба, и подкрепите сердце ваше, потом уйдете: раз уж вы проходили близ раба вашего". И сказали они: "Сделай так, как говоришь"».
[666] Тора, Берешит, 19:3. «Но он очень их упрашивал, и они завернули к нему, и зашли к нему в дом. А он приготовил для них питье и испек опресноки, и они ели».

Эденский сад и преисподняя

239) «Вот те народы, которых оставил Творец, чтобы испытать ими Исраэль»[667].

Смотрел я на этот вечный мир: мир держится лишь на тех праведниках, которые властвуют над желанием своего сердца. Сказано: «Свидетельством для Йосефа поставил Он его»[668]. Почему удостоился Йосеф этой ступени и этого царства? – потому что преодолел свою природу. А каждого, кто преодолевает свою природу, ждет небесное царство.

240) Творец создал злое начало лишь для того, чтобы испытать им людей, как сказано: «Если встанет среди вас пророк... и даст вам знамение или чудо, и появится знамение и чудо, о котором он говорил, чтобы сказать: "Пойдем за богами иными", – не слушай слов этого пророка, ибо испытывает вас Творец Всесильный ваш»[669].

241) Зачем же нужно испытание – ведь все дела человеческие известны Ему? Для того чтобы людям нечего было сказать затем в свое оправдание. Ведь смотри, что сказано: «А Лот сидел во вратах Сдома»[656] – т.е. сидел, чтобы испытывать людей. И сказано: «А нечестивые – как море разбушевавшееся»[670]. Даже в час суда над нечестивым, он показывает дерзость свою и пребывает в своем нечестии, как сказано: «Еще не легли они, как жители города, жители Сдома, окружили дом»[671].

242) Так же как создал Творец Эденский сад на земле, создал на земле и преисподнюю. И так же как создал Эденский сад наверху, создал наверху и преисподнюю. Эденский сад на земле, как сказано: «И насадил Творец Всесильный сад в Эдене

---

[667] Пророки, Шофтим, 3:1. «Вот те народы, которых оставил Творец, чтобы испытать ими Исраэль, – всех, кто не знал войн кнаанских».
[668] Писания, Псалмы, 81:6. «Свидетельством для Йосефа поставил Он его, когда вышел тот в землю египетскую. Язык, которого не понимал, услышал я».
[669] Тора, Дварим, 13:2-4.
[670] Пророки, Йешаяу, 57:20. «А нечестивые – как море разбушевавшееся, когда не может утихнуть оно, и извергают воды его ил и грязь».
[671] Тора, Берешит, 19:4. «Еще не легли они, как жители города, жители Сдома, окружили дом; от юноши до старца, весь народ, со всех концов».

с востока»⁶⁷². Преисподнюю на земле, как сказано: «В страну тьмы, подобную мраку тени смертной»⁶⁷³.

243) Эденский сад наверху, как сказано: «Но будет душа господина моего завязана в узле жизни у Творца Всесильного твоего»⁶⁷⁴. И сказано: «А дух вернется к Всесильному, который дал его»⁶⁷⁵. Преисподнюю наверху, как сказано: «И души врагов твоих Он выбросит, как из пращи»⁶⁷⁴.

244) Эденский сад наверху – для душ завершенных праведников, чтобы получать питание от высшего большого света. Преисподняя внизу, для тех грешников, которые не приняли союз обрезания, и не поверили в Творца и законы Его, и не соблюдали субботу. И это те идолопоклонники, которые наказываются огнем, как сказано: «Из огня выйдут и огонь пожрет их»⁶⁷⁶.

245) Преисподняя наверху, для тех преступных в Исраэле, которые нарушили заповеди Торы, и не вернулись к раскаянию, и вытесняются они наружу, пока не получат наказание свое. И расхаживают они кругом по всему миру, как сказано: «Кругом нечестивые расхаживают»⁶⁷⁷.

246) И там они наказываются на двенадцать последующих месяцев. Находятся они в одном пределе с теми, кто получил смертный приговор, каждый – в месте, полагающемся ему. А грешники из идолопоклонников всегда наказываются огнем и

---

⁶⁷² Тора, Берешит, 2:8. «И насадил Творец Всесильный сад в Эдене с востока, и поместил Он там Адама, которого создал».
⁶⁷³ Писания, Иов, 10:22. «В страну тьмы, подобную мраку тени смертной, где нет устройства, а свет – как тьма».
⁶⁷⁴ Пророки, Шмуэль 1, 25:29. «И поднялся человек преследовать тебя и искать души твоей, но будет душа господина моего завязана в узле жизни у Творца Всесильного твоего, и души врагов твоих Он выбросит, как из пращи».
⁶⁷⁵ Писания, Коэлет, 12:7. «И прах вернется в землю, как и был, а дух вернется к Всесильному, который дал его».
⁶⁷⁶ Пророки, Йехезкель, 15:7. «И обращу лицо Мое против них: из огня выйдут и огонь пожрет их».
⁶⁷⁷ Писания, Псалмы, 12:9. «Кругом нечестивые расхаживают, когда возвышается низость сынов человеческих».

водой, и больше не поднимаются, как сказано: «И огонь их не погаснет»[678].

247) Грешники получают наказание в преисподней, как сказано: «И Творец пролил на Сдом и Амору дождь из серы и огня»[679]. И они больше не поднимутся и не восстанут в день Суда, как сказано: «Которые уничтожил Творец в гневе Своем и в ярости Своей»[680]. «В гневе Своем» – в этом мире, «и в ярости Своей» в мире будущем.

248) Грешники, изменившие союзу обрезания в них, и публично осквернявшие субботу, и осквернявшие праздники, и отвергшие Тору, и отрицавшие возрождение мертвых и тому подобное, опускаются в преисподнюю, что внизу, и наказываются там и уже больше не поднимаются.

249) Но восстанут в день Суда, и восстанут при возрождении мертвых. И сказано о них: «И пробудятся многие из спящих во прахе земном, одни – для вечной жизни, другие – на поругание и вечный позор»[681]. «Позор», когда все скажут: «Не желаем их больше видеть». О праведниках же в Исраэле сказано: «А народ Мой – все праведники, навеки унаследуют землю»[682].

---

[678] Пророки, Йешаяу, 66:24. «И выйдут и увидят трупы людей, отступивших от Меня, ибо червь их не изведется и огонь их не погаснет, и будут они мерзостью для всякой плоти».

[679] Тора, Берешит, 19:24. «И Творец пролил на Сдом и Амору дождь из серы и огня, – от Творца, с небес».

[680] Тора, Дварим, 29:22. «Сера и соль, пожарище – вся земля; не засевается она, и не растет и не поднимается из нее ни одной травинки – как после уничтожения Сдома и Аморы, Адмы и Цвоима, которые уничтожил Творец в гневе Своем и в ярости Своей».

[681] Писания, Даниэль, 12:2.

[682] Пророки, Йешаяу, 60:21. «А народ Мой – все праведники, навеки унаследуют землю. Ветвь насаждения Моего, дело рук Моих для прославления».

И Творец пролил на Сдом...

250) «И Творец пролил на Сдом и Амору дождь из серы и огня»⁶⁷⁹. Сказано: «Вот, день Всесильного приходит – жестокий, гневный и яростный, чтобы превратить землю в пустыню и истребить грешников с нее»⁶⁸³. «Вот, день Всесильного» – это нижняя палата суда, т.е. суды, исходящие от Малхут, когда она пребывает в свечении левой линии. И это – точка шурук до ее включения в хасадим с помощью средней линии, и называется она судебным приговором⁶⁸⁴. «Приходит»⁶⁸³ объясняется так же, как и «приходящего ко Мне»⁶⁸⁵ – т.е. приходит всегда, к началу каждого зивуга⁶⁸⁶. «Приходящего ко Мне», так как Я не вершу суд, пока он не входит и не получает разрешение. И уже выяснялось подобное в высказывании: «Конец всякой плоти пришел предо Мною»⁶⁸⁷ – т.е. пришел получить разрешение⁶⁸⁸.

Объяснение. Мы уже выяснили, что два действия свойственны каждому зивугу⁶⁸⁹. И первое действие – это получение разрешения. Нуква не соглашается на зивуг с Зеир Анпином, пока он не привлекает к ней свечение левой линии, свечение точки шурук. И потому привлечение свечения левой линии определяется как получение разрешения для совершения зивуга⁶⁸⁹. И потому здесь сказано: «Так как Я не вершу суд, пока он не входит и не получает разрешение». Ибо в тот момент, когда Зеир Анпин получает разрешение от Нуквы, т.е. в тот момент, когда он привлекает к ней свечение левой линии, в то же мгновение все вершащие суд получают позволение от Зеир Анпина ввести в действие суды, так как нет свечения левой линии без раскрытия судов. Потому и называется она судебным приговором⁶⁸⁴.

---

⁶⁸³ Пророки, Йешаяу, 13:9. «Вот, день Всесильного приходит – жестокий, гневный и яростный, чтобы превратить землю в пустыню и истребить грешников с нее».

⁶⁸⁴ См. выше, п. 216.

⁶⁸⁵ Тора, Берешит, 18:21. «Сойду же и посмотрю: если по мере вопля, приходящего ко Мне, поступали – надо кончать с ними! А если нет, то буду знать».

⁶⁸⁶ См. выше, п. 217.

⁶⁸⁷ Тора, Берешит, 6:13. «И сказал Всесильный Ноаху: "Конец всякой плоти пришел предо Мною, ибо земля наполнилась злодеянием из-за них. И вот, Я истреблю их с землею».

⁶⁸⁸ См. Зоар, главу Ноах, п. 78.

⁶⁸⁹ См. Зоар, главу Берешит, часть 1, п. 215.

И это значит «пришел предо Мною»⁶⁸⁷ – чтобы получить разрешение, потому что он приходит в начале каждого зивуга.

251) «Вот, день Всесильного приходит – жестокий, гневный и яростный, чтобы превратить землю в пустыню и истребить грешников с нее»⁶⁸³. Это губитель, действующий внизу, – ангел смерти. Когда он забирает душу, то зовется жестоким. И сказано: «Гневный и яростный, чтобы превратить землю в пустыню»⁶⁸³ – это Сдом и Амора, которые были низвергнуты и стали пустыней. «И истребить грешников с нее»⁶⁸³ – это жители той земли.

252) Сказано после этого: «Ибо звезды небесные и созвездия их не засияют светом своим»⁶⁹⁰ – так как с небес Он излил на них огонь и истребил их из мира. А затем сказано: «Сделаю человека дороже чистого золота»⁶⁹¹ – это Авраам, которого Творец поднял над всеми жителями мира.

253) Рабби Йегуда связывает эти строфы со днем разрушения Храма. В этот день померкли высшие и нижние, померкли звезды и созвездия. А рабби Эльазар относит их к тому дню, когда Творец возродит собрание Исраэля из праха ко времени избавления. День тот будет известен наверху и внизу, как сказано: «И будет день один – известен он будет Творцу»⁶⁹². День этот – день возмездий, когда Творец совершит возмездие над остальными народами-идолопоклонниками.

254) И после того, как Творец совершит возмездие над остальными народами-идолопоклонниками, сказано: «Сделаю человека дороже чистого золота»⁶⁹¹. Это царь Машиах, который возвысится и прославится над всеми жителями мира, и все жители мира будут служить и преклоняться пред ним, как сказано: «Пред ним падут на колени жители пустыни. Цари Таршиша и островов преподнесут дары»⁶⁹³.

---

⁶⁹⁰ Пророки, Йешаяу, 13:10. «Ибо звезды небесные и созвездия их не засияют светом своим, солнце померкнет при восходе своем, и луна не засветит светом своим».
⁶⁹¹ Пророки, Йешаяу, 13:12.
⁶⁹² Пророки, Зехария, 14:7. «И будет день один – известен будет он Творцу: не день и не ночь. И при наступлении вечера будет свет».
⁶⁹³ Писания, Псалмы, 72:9-10. «Пред ним падут на колени жители пустыни, и враги его лизать будут прах. Цари Таршиша и островов преподнесут дары, цари Шевы и Севы принесут подарки».

255) Хотя в этом пророчестве и говорится о Вавилоне, вместе с тем в нем говорится обо всем. Ведь сказано в этой главе: «Так помилует Творец Яакова»[694], а также сказано: «И возьмут их народы и приведут в место их»[695]. Таким образом, это пророчество относится не только к Вавилону.

256) «И Творец (ве-АВАЯ) пролил на Сдом...»[679] – это ступень нижнего суда, получающего позволение свыше. «И Творец (ве-АВАЯ)» – это Он и Его суд. Он – это Зеир Анпин, а Его суд – это Нуква, нижний суд. Ступень нижнего суда – это судебный приговор. Вот почему сказано: «И Творец (ве-АВАЯ)». Ведь Зеир Анпин тоже упоминается в этом действии, так как судебный приговор не начал суд над Сдомом, пока не получил разрешение свыше, от Зеир Анпина, на которого указывает имя АВАЯ.

И суд действовал с милосердием, как сказано: «от Творца (АВАЯ) с небес»[679]. АВАЯ – это милосердие, чтобы суд вершился в милосердии. Милосердие мы наблюдаем в сказанном: «И было, когда Всесильный истреблял города той долины, вспомнил Всесильный об Аврааме, и выслал Лота из гибельного места»[696]. А затем от Лота произошли целых два народа[697], и он удостоился того, что произошли от него царь Давид и царь Шломо.

257) «И было, когда выводили их наружу, сказал: "Беги ради души своей"»[698]. В час, когда суд царит в мире, человек не должен находиться на рынке. Ведь когда воцаряется суд, он не делает различия между праведником и грешником. Поэтому человек не должен находиться там. И потому укрылся Ноах в ковчеге – чтобы не смотреть на мир, когда вершится суд. А также сказано: «Вы же, не выходите никто за дверь дома своего

---

[694] Пророки, Йешаяу, 14:1.
[695] Пророки, Йешаяу, 14:2.
[696] Тора, Берешит, 19:29. «И было, когда Всесильный истреблял города той долины, вспомнил Всесильный об Аврааме, и выслал Лота из гибельного места, когда уничтожал города, в которых жил Лот».
[697] См. Тора, Берешит, 19:37-38.
[698] Тора, Берешит, 19:17. И было, когда выводили их наружу, сказал: "Беги ради души своей, не оглядывайся назад"».

до утра»⁶⁹⁹ – пока не свершится суд. И потому сказано: «Беги ради души своей, не оглядывайся назад»⁶⁹⁸.

258) Суд, при котором Творец навел потоп, и суд над Сдомом – оба они были судами преисподней, ибо грешники в преисподней наказываются водой и огнем.

259) Сдом был осужден судом преисподней, как сказано: «И Творец пролил на Сдом и Амору дождь из серы и огня, – от Творца, с небес»⁶⁷⁹. Один город был приговорен к наказанию водой, а другой – к наказанию огнем. И то, и другое – суд преисподней. Грешники в преисподней наказываются двумя этими видами судов, ибо есть снежный ад, и это вода, а есть огненный ад.

260) Суд над грешниками в преисподней длится двенадцать месяцев, и там они отбеливаются, т.е. очищаются. А затем Творец поднимает их из преисподней, и они сидят у входа в преисподнюю, видя входящих туда грешников, которых судят. И они просят о милосердии для них. А потом Творец жалеет их, поднимает от входа в преисподнюю и приводит в место, которое им требуется. С того дня и далее тело успокаивается во прахе, а душа наследует свое место, как и подобает.

261) Даже поколение потопа было наказано не чем иным, как огнем и водой. Холодная вода опускалась сверху, а кипящая вода (поднималась) снизу, из бездны. И были они осуждены двумя судами, так как высший суд вершится двумя судами: водой и огнем. Вот почему были в Сдоме сера и огонь, ведь сера, как известно, образуется в воде.

262) Восстанут ли жители Сдома в будущем для Судного дня? Те, кто жил в Сдоме и Аморе, не восстанут для суда в будущем, во время возрождения мертвых. Сказано: «Сера и соль, пожарище – вся земля; не засевается она, и не растет и не поднимается из нее ни одной травинки – как после уничтожения Сдома и Аморы, Адмы и Цвоима, которые уничтожил Творец в гневе Своем и в ярости Своей»⁶⁸⁰. «Которые уничтожил Творец» – в

---

⁶⁹⁹ Тора, Шмот, 12:22. «И возьмите пучок эзова и обмакните в кровь, которая в чаше, и возложите на притолоку и на два косяка от крови, которая в чаше; вы же, не выходите никто за дверь своего дома до утра».

этом мире, «в гневе Своем» – в мире будущем, «и в ярости Своей» – когда Творец произведет возрождение мертвых.

263) Как земля их пропала навсегда и на веки вечные, так и они пропали навсегда и на веки вечные. Суд Творца – это суд за суд, мера за меру. Они не возвращали душу бедняка с помощью еды и питья – так и Творец не возвращает им душу для мира будущего.

В Зоаре сказано очень точно – для будущего мира, поскольку это обусловлено тем, что происходит с их землей. И земля их пропала лишь на время шести тысяч лет – и называется тогда «навсегда и на веки вечные». Однако в конце исправления возвратится Сдом к началу своему, как сказано: «И сестры твои, Сдом с дочерьми ее, возвратятся к началу своему»[700]. И поэтому об их душах он тоже говорит не в связи со временем возрождения мертвых, а только относительно будущего мира, существующего лишь на протяжении шести тысяч лет.

264) Они отказывались давать милостыню, которая называется жизнью, – так и Творец не дал им жизнь в этом мире и в мире будущем. Как они перекрывали жителям мира их пути и тропинки, так и Творец перекрыл им пути-тропинки милосердия, не сжалившись над ними в этом мире и в мире будущем.

265) Все жители мира восстанут при возрождении мертвых, и поднимутся для Суда. О жителях же Сдома сказано: «Эти – на поругание и вечный позор»[701]. Но Творец милосерден: раз уж Он осудил их в этом мире и они получили суд, на будущее они осуждаются не всеми судами, а лишь малой их частью.

266) Сказано: «И выслал Лота из гибельного места, когда уничтожал города, в которых жил Лот»[696]. Что значит «когда уничтожал города, в которых жил Лот» – разве он не жил только в одном из них? Однако во всех (городах) поселился Лот, как сказано: «Лот поселился в городах окрестности и раскинул шатры до Сдома»[702]. Однако никто не принимал его, кроме царя Сдома, принявшего его в Сдоме ради Авраама, который

---

[700] Пророки, Йехезкель, 16:55.
[701] Писания, Даниэль, 12:2. «И пробудятся многие из спящих во прахе земном: эти – для вечной жизни, а эти – на поругание и вечный позор».
[702] Тора, Берешит, 13:12.

вернул ему людей и имущество, потерянные им в войне четырех царей[703].

267) «"Белая голова (рош)"» – Арих Анпин, «установил престол» – Бину, «на столбах драгоценного камня и жемчуга» – ХАГАТ Зеир Анпина и Нуква, представляющие собой четыре основания престола, т.е. Бины.

268) «Среди (драгоценных) камней есть одна жемчужина» – Нуква Зеир Анпина, «которая хороша и красива». «Это место собрания дыма и огня, горящего семьюдесятью ликами» – левое свечение в Нукве до ее включения в правую линию, и тогда она является местом судов, называемых «огнем пылающим»[704] и «дымом горнильным»[705]. «Над одеждами»[706] – место хранения одеяний, украшений и тому подобного. «Семьдесят ликов, пылающих в каждой стороне» – в четырех сторонах мира, т.е. ХУБ ТУМ.

269) Эти семьдесят ликов проясняются из трех цветов: белого, красного и зеленого. А черного цвета, цвета Малхут, там нет. Эти искры включаются в искры, сверкающие в четырех сторонах мира, ХУБ ТУМ. Иными словами, хотя в этих семидесяти ликах содержатся только три лика лев-бык-орел, т.е. ХАГАТ, и недостает там лика человека, Нуквы, вместе с тем, когда они включаются друг в друга, Нуква тоже включается в ХАГАТ, и три лика есть в каждом из них, даже в Нукве.

Таким образом, есть три лика в лике льва, три лика в лике быка, три лика в лике орла и три лика в лике человека – всего двенадцать ликов. И в каждом из ХУГ ТУМ есть три лика, и в каждом из ХУГ ТУМ недостает лика человека и недостает цвета Нуквы. Поэтому их двенадцать – ХУБ ТУМ, в каждом из которых есть три цвета. И здесь есть сильная искра с левой стороны, которая находится в небесах, т.е. в Зеир Анпине. В результате

---

[703] См. Тора, Берешит, 14.
[704] Писания, Псалмы, 104:4. «Делает Он ветры посланниками Своими, служителями Своими – огонь пылающий».
[705] Тора, Берешит, 19:28. «И окинул он взором Сдом и Амору, и всю землю равнины, и увидел – вот поднимается дым с земли, как дым горнильный».
[706] Пророки, Мелахим 2, 10:22. «И сказал он тому, кто поставлен над одеждами: "Вынеси одежды для всех поклоняющихся Баалу"».

свечения этой искры каждое из двенадцати свойств получает от Зеир Анпина шесть окончаний (ВАК) – ХАГАТ (Хесед-Гвура-Тиферет) НЕХИ (Нецах-Ход-Есод).

Итак, три свойства выяснились в этих семидесяти ликах:
1. Их основа – это три цвета ХУБ ТУМ, и недостает там Нуквы.
2. Благодаря их включению друг в друга, эти три свойства есть также и в Нукве, и потому три эти цвета стали двенадцатью свойствами.
3. Они соединены с Зеир Анпином, и каждое из двенадцати свойств получает шесть сфирот ХАГАТ НЕХИ.

И поэтому они стали семьюдесятью свойствами, так как шесть раз по двенадцать – это семьдесят два. Но основные в них – только семьдесят, называемые «семьдесят членов Синедриона», и два свидетеля. От этих семидесяти ликов происходят семьдесят ангелов, представляющих судебную палату Малхут. И суд в этих семидесяти свойствах утих, и книги раскрыты. Иными словами, хотя книги, в которых записан суд, раскрыты и видны всем, вместе с тем суд утих и не действует вовсе. И это – Малхут свойства суда, скрытая в них по принципу: «если удостаивается человек, то становится добром».

270) Отсюда исходят стрелы, мечи, копья и огонь башни. Ибо три цвета, происходящие от трех точек холам-шурук-хирик, включились во все четыре, даже в Нукву.

Поэтому, когда она пребывает в судах свечения левой линии, силой ее точки холам привлекаются стрелы, поражающие издалека. А вследствие подъема Малхут в Бину, Бина разделилась надвое, и упала ее нижняя половина, и свет ГАР удалился от нее. И Бина это делает специально, как в примере с орлом, который милосерден к сыновьям своим, и говорит он: «Пусть лучше стрела попадет в меня, но в сыновей моих не попадет».

Силой ее точки шурук привлекаются мечи, поражающие с близкого расстояния. Все суды, что в точке шурук, привлекаются, как известно, в силу приближения света ГАР Хохмы. Силой ее точки хирик привлекаются копья, включающие оба свойства. Они поражают с близкого расстояния, подобно мечу, и их также метают, и они поражают издали, подобно стреле, – так как включают они оба свойства.

Совокупность трех этих судов образует в Нукве свойство «пылающий огонь», и он называется огнем башни, т.е. Нуквы. И в Нукве удерживается сильный огонь, нисходящий с неба, от Зеир Анпина. И когда удерживается высший огонь, т.е. суды Зеир Анпина, в судах внизу, в семидесяти судах Нуквы, никто больше не может преодолеть гнев и возмездие этих судов в Нукве.

271) «Глаза горят, словно языки пламени». «Он» – Зеир Анпин, «опускается с ними в мир» – т.е. с этими горящими глазами. «Горе тому, кто встретит его, когда он препоясан мечами» – судами, которые исходят от точки шурук и называются мечами. «В руке его острый меч, и он не пожалеет ни хорошего, ни плохого. Ибо судебный приговор этих семидесяти» – цветов, «ниспосылается левою рукой» – с разрешения единства, так как объединилась с ним сторона небес.

272) «Он обращается в многочисленные суды и каждый день обращается во множество цветов» – т.е. каждый раз они принимают иную форму. Всевозможные суды, имеющиеся в сосуде гнева Творца, видны в нем, и суды эти восседают на вершине мира, а люди, по глупости своей, не замечают их.

273) Сера и огонь – это отходы воды и огня, которые кипящим потоком хлынули с небес, и, соединившись друг с другом, опустились на Сдом. Ибо небеса – это огонь и вода, правая и левая линии, соединившиеся с Зеир Анпином. Слово «небеса (шамаим שמים)» составляют буквы слов «огонь (эш אש)» и «вода (маим מים)». Вследствие грехов нижних они разделились, и произошло столкновение между огнем и водою, то есть двумя линиями: правой и левой, в результате чего они расплавились. Отходы правой линии – это сера, а отходы левой линии – это огонь. И два этих вида судов, соединившись, опрокинули Сдом.

274) «Десять имен исправлений в царском владении» – десять сфирот, «десять, а не девять и не одиннадцать». И вместе с тем, «достигают они большого счета» – т.е. семидесяти двух имен. «Семьдесят цветов, пылающих в каждой стороне выходят из этих имен» – из семидесяти двух имен. «Семьдесят цветов запечатлелись и стали семьюдесятью именами ангелов», относящихся к свойству небес. Иначе говоря, они выходят из

семидесяти двух имен небес, т.е. Зеир Анпина. И в них есть три свойства, соответствующие трем линиям Зеир Анпина.

Поэтому те, которые исходят от правой линии, выстраиваются в прямом алфавитном порядке. Исходящие от левой линии, выстраиваются в обратном алфавитном порядке и указывают на суд. А исходящие от средней линии выстраиваются в порядке девяти точек: камац, патах, цере, сэголь, шва, холам, хирик, шурек и шурук, который называют мэлафум.

275) И это – Михаэль, Гавриэль, Рефаэль, Нуриэль. Камац (קמץ) – Кдумиэль (קדומיאל), Малькиэль (מלכיאל), Цадкиэль (צדקיאל). Патах (פתח) – Пдаэль (פדאל), Тумиэль (תומיאל), Хасдиэль (חסדיאל). Цере (צֵרִי) – Цуриэль (צוריאל), Разиэль (רזיאל), Йофиэль (יופיאל). Сэголь (סגול) – Стутарья (סטוטריה), Гзариэль (גזריאל), Ватриэль (ותריאל), Лемаэль (למאל). Хирик (חִרְק) – Хезкиэль (חזקיאל), Раатиэль (רהטיאל), Кдошиэль (קדשיאל). Шва (שְׁבָא) – Шмаэль (שמעאל), Бархиэль (ברכיאל), Ахиэль (אהיאל). Холам (חלם) – Ханиэль (חניאל), Леадиэль (להדיאל), Маханиэль (מחניאל). Шурук (שֻׁרֶק) – Шамшиэль (שמשיאל), Реавиэль (רהביאל), Камшиэль (קמשיאל). Шурек (שֻׁרֶק) – Шамарэль (שמראל), Реатиэль (רהטיאל), Крашиэль (קרשיאל).

276) Ааниэль (אהניאל). Баркиэль (ברקיאל). Гадиэль (גדיאל). Думиэль (דומיאל). Адариэль (הדריאל). Вадрагзия (ודרגזיה). Зеариэль (זהריאל). Ханиэль (חניאל). Теариэль (טהריאל). Яазриэль (יעזריאל). Краиэль (כריאל). Ламдиэль (למדיאל). Малькиэль (מלכיאל). Неариэль (נהריאל). Сания (סניה). Анаэль (ענאל). Патхиэль (פתחיאל). Цуриэль (צוריאל). Кнаэль (קנאל). Рамиэль (רמיאל). Шеариэль (שעריאל). Тавхиэль (תבכיאל).

277) Тфурия (תפוריא). Шахниэль (שכניאל). Ранаэль (רנאל). Кмария (קמריה). Цурия (צוריה). Пасисия (פסיסיה). Ириэль (עיריאל). Самхиэль (סמכיאל). Нариэль (נריאל). Медония (מדוניה). Лесания (לסניה). Камасрия (כמסריה). Яриэль (יריאל). Тасмасия (טסמסיה). Ханиэль (חניאל). Зхариэль (זכריאל). Вадариэль (ודריאל). Инаэль (הינאל). Днаваэль (דנבאל). Гадиэль (גדיאל). Бадаэль (בדאל). Адирирон (אדירירון). Адни (אדני) – над всеми.

278) «Когда все, как один, соединяются силой высшего» – Зеир Анпина, «то называются "и АВАЯ (ве-АВАЯ והויה)"», что означает: «всё в единой общности» – Зеир Анпин, Нуква и

семьдесят ангелов, что под ней. «От Творца (АВАЯ), с небес»[679] – это святое имя, запечатленное в семидесяти других именах, содержащихся в свойстве «небеса», Зеир Анпине. И это имя семидесяти двух (имен), что в мохин Зеир Анпина, и основная часть его – семьдесят. И это семьдесят (имен) Зеир Анпина, властвующие над семьюдесятью судами Нуквы[707], и они называются «и АВАЯ (ве-АВАЯ והויה)». А семьдесят имен, пребывающих в святости, т.е. в мохин Зеир Анпина, это АВАЯ (הויה) без «вав ו», и они называются небесами.

279) Семьдесят судов Нуквы получают от семидесяти имен Зеир Анпина. Имя «и АВАЯ (ве-АВАЯ והויה)», включающее семьдесят судов, получает от имени АВАЯ (הויה), т.е. от семидесяти имен Зеир Анпина. Нижние, т.е. семьдесят судов, зависят от высших – от семидесяти имен Зеир Анпина. И всё это – одна связь, т.е. они соединяются друг с другом и светят одновременно. И благодаря этому раскрывается Творец в Своей славе. И это свойство «небеса», семьдесят имен, АВАЯ (הויה) без «вав ו». И это семьдесят два имени, которые образуются из трех отрывков: «И двинулся»[708], «И вошел»[709], «И простер»[710].

280) «Вав-хэй-вав והו», «йуд-ламэд-йуд ילי», «самэх-йуд-тэт סיט», «айн-ламэд-мэм עלם», «мэм-хэй-шин מהש», «ламэд-ламэд-хэй ללה», «алеф-хаф-алеф אכא», «каф-хэй-тав כהת», «хэй-зайн-йуд הזי», «алеф-ламэд-далет אלד», «ламэд-алеф-вав לאו», «хэй-хэй-айн ההע». Первая часть.

«Йуд-зайн-ламэд יזל», «мэм-бэт-хэй מבה», «хэй-рэйш-йуд הרי», «хэй-куф-мэм הקם», «ламэд-алеф-вав לאו», «каф-ламэд-йуд כלי», «ламэд-вав-вав לוו», «пэй-хэй-ламэд פהל», «нун-ламэд-хаф נלך», «йуд-йуд-йуд ייי», «мэм-ламэд-хэй מלה», «хэт-хэй-вав חהו». Вторая часть.

---

[707] См. выше, п. 270.
[708] Тора, Шмот, 14:19. «И двинулся ангел Всесильного, шедший перед станом Исраэля, и пошел позади них: столп облачный двинулся впереди них и встал позади них».
[709] Тора, Шмот, 14:20. «И вошел он между войском египетским и станом Исраэля, и было облако и мрак, и осветил ночь; и не сближались один с другим всю ночь».
[710] Тора, Шмот, 14:21. «И простер Моше руку свою над морем, и гнал Творец море сильным восточным ветром всю ночь, и сделал море сушею, и расступились воды».

«Нун-тав-хэй נתה», «хэй-алеф-алеф האא», «йуд-рэйш-тэт ירת», «шин-алеф-хэй שאה», «рэйш-йуд-йуд רייי», «алеф-вав-мэм אום», «ламэд-хаф-бэт לכב», «вав-шин-рэйш ושר», «йуд-хэй-вав יהו», «ламэд-хэй-хэт להח», «каф-вав-куф כוק», «мэм-нун-далет מנד». Третья часть.

«Алеф-нун-йуд אני», «хэт-айн-мэм חעם», «рэйш-хэй-айн רהע», «йуд-йуд-зайн ייז», «хэй-хэй-хэй ההה», «мэм-йуд-хаф מיך», «вав-вав-ламэд וול», «йуд-ламэд-хэй ילה», «самэх-алеф-ламэд סאל», «айн-рэйш-йуд ערי», «айн-шин-ламэд עשל», «мэм-йуд-хэй מיה». Четвертая часть.

«Вав-хэй-вав והו», «далет-нун-йуд דני», «хэй-хэт-шин החש», «айн-мэм-мэм עמם», «нун-нун-алеф ננא», «нун-йуд-тав נית», «мэм-бэт-хэй מבה», «пэй-вав-йуд פוי», «нун-мэм-мэм נממ», «йуд-йуд-ламэд ייל», «хэй-рэйш-хэт הרח», «мэм-цади-рэйш מצר». Пятая часть.

«Вав-мэм-бэт ומב», «йуд-хэй-хэй יהה», «айн-нун-вав ענו», «мэм-хэт-йуд מחי», «далет-мэм-бэт דמב», «мэм-нун-куф מנק», «алеф-йуд-айн איע», «хэт-бэт-вав חבו», «рэйш-алеф-хэй ראה», «йуд-бэт-мэм יבמ», «хэй-йуд-йуд היי», «мэм-вав-мэм מום». Шестая часть.

«Благословенно имя величия царства Его вовеки».

281) «Это – семьдесят имен, властвующих над семьюдесятью нижними ступенями» – т.е. «и АВАЯ (ве-АВАЯ והויה)» с «вав ו». «А это – семьдесят имен» – АВАЯ (הויה) без «вав ו», называемые небесами, т.е. Зеир Анпин. «Это семь небосводов» – семь сфирот Зеир Анпина, каждая из которых состоит из десяти, «которые поднимаются к семидесяти именам святого имени» – АВАЯ. И об этом сказано: «И Творец (ве-АВАЯ) пролил»[679] – это семьдесят судов Нуквы. «От Творца (АВАЯ) с небес»[679] – это семьдесят имен святого имени АВАЯ.

282) Тайна из тайн передана мудрецам. От этого имени, «небеса», вышла сокровенная тайна, называемая «Адам (человек)». Тело его состоит из двухсот сорока восьми органов. Объяснение. От небес, т.е. от Зеир Анпина, в котором есть мохин семидесяти двух имен, происходит человек. И потому сотворены в человеке двести сорок восемь органов, соответствующих

двумстам шестнадцати буквам семидесяти двух имен и тридцати двум путям мудрости.

283) Количество букв семидесяти двух имен – двести шестнадцать. Ибо в каждом имени есть три буквы, а трижды семьдесят два – это двести шестнадцать. «Это имя» – семьдесят два, «сокровенная тайна, совокупность всей Торы», содержащееся «в двадцати двух буквах и десяти речениях» – в гематрии тридцать два. И это – тридцать два пути мудрости. Это имя из двухсот шестнадцати букв вместе с тридцатью двумя путями, которые включились в него, вместе составляют двести сорок восемь. И это – двести сорок восемь органов тела.

Объяснение. ЗОН – это двадцать две буквы и десять речений, т.е. десять сфирот Бины. Мохин этих семидесяти двух (имен) раскрываются только в то время, когда ЗОН поднимают МАН к Бине, и соединяются двадцать две буквы ЗОН с десятью сфирот Бины. И поэтому, такой подъем МАН называется тридцатью двумя путями мудрости, или тридцатью двумя тропинками мудрости. Это значит, что вся Хохма, раскрывающаяся в мире Ацилут, раскрывается только этими путями.

И поскольку эти мохин вызывает Зеир Анпин, они запечатлеваются в нем в виде двухсот сорока восьми свойств, что указывает на тридцать два пути и двести шестнадцать букв, раскрывающихся с помощью тридцати двух путей. И это – двести сорок восемь органов тела. И мы увидим далее, что и сам Зеир Анпин называется Адам, и это указывает на распространение в нем этих мохин.

284) «Поэтому он» – Зеир Анпин, «называется человеком (адам), который властвует на престоле» – т.е. над семьюдесятью судами и происходящими от них семьюдесятью ангелами, которые называются престолом. Сказано: «А над образом этого престола – образ, подобный человеку, на нем сверху»[711]. Зеир Анпин, называющийся Адам, находится над престолом, то есть над Нуквой и семьюдесятью судами в ней. Сказано: «Творец пролил на Сдом»[679] – это Нуква и ее семьдесят судов, престол. «От Творца с небес»[679] – это Зеир Анпин над престолом.

---

[711] Пророки, Йехезкель, 1:26. «Над сводом же, который над головами их – образ престола, подобный камню сапфиру, а над образом этого престола – образ, подобный человеку, на нем сверху».

285) Судебный приговор Сдому был вынесен за то, что они отказывались давать милостыню, как сказано: «Руки́ бедного и нищего она не поддерживала»[712]. И потому суд их пришел с небес, ибо милостыня и небеса – суть одно. Сказано: «Выше небес милость Твоя»[713]. Таким образом, милостыня и милость берут начало выше небес. И поскольку милостыня зависит от небес, суд их также пришел с небес, как сказано: «От Творца с небес»[679].

Есть суды нуквы и суды захара[714]. Суды Сдома – это суды захара, «с небес», от Зеир Анпина, так как судебный приговор был вынесен им за то, что отказывались давать милостыню. Этот изъян затрагивает Зеир Анпина, поскольку они препятствовали ему давать подаяние и милость Нукве. И поэтому судили их тоже судом захара.

286) Суд Исраэля тоже приходит с небес, как сказано: «Злодеяние дочери народа моего превышает грех Сдома»[715]. Йерушалаим зовется сестрой Сдома, как сказано: «Вот в чем было злодеяние сестры твоей, Сдом»[712]. И потому суд их приходит с небес – один суд со Сдомом, за то, что отказывались давать милостыню. Различие лишь в том, что Сдом повержен и не будет восстановлен, а Йерушалаим разрушен и будет восстановлен.

Внутренний смысл сказанного. Содомские города притягивали ГАР свечения левой линии, что было их собственным свойством. А свойство Йерушалаима – только ВАК свечения левой линии. До содомского греха мохин свечения левой линии были выстроены наверху как и должно быть: наверху ГАР, за ними ВАК, а за ними суд[716].

Когда же согрешил (Сдом) и им был вынесен судебный приговор, (Творец) перевернул ступени снизу вверх посредством мохин свечения левой линии. Наверх Он поднял судебный

---

[712] Пророки, Йехезкель, 16:49. «Вот в чем было злодеяние сестры твоей, Сдом: гордость, пресыщение хлебом, праздность была (свойственна) ей и дочерям ее, и руки́ бедного и нищего она не поддерживала».
[713] Писания, Псалмы, 108:5.
[714] См. выше, п. 50.
[715] Писания, Эйха, 4:6.
[716] См. выше, п. 216.

приговор, и только он способен вызвать зивуг⁷¹⁷, как сказано: «Вечером она приходит»⁷¹⁸. За ним идут ВАК де-мохин, а за ними ниже всех упали келим ГАР де-мохин. И когда опрокинул Творец ступени наверху, опрокинуты и внизу содомские города, представлявшие три первые сфирот (ГАР), которые упали ниже всех.

И это исправление, совершенное посредством свечения левой линии, сохраняется до состояния окончательного исправления. И об этом времени сказано: «И сёстры твои: Сдом с дочерьми ее возвратятся к началу своему»⁷¹⁹. Ибо тогда вернутся высшие ступени к первоначальному порядку: ГАР наверху, за ними ЗАТ, а в конце – судебный приговор. И хотя Йерушалаим и Сдом судятся одним судом, все же есть между ними большое различие.

Ведь в силу того, что содомские города относятся к свойству ГАР, они были перевернуты и ликвидированы до конца исправления, тогда как Йерушалаим, который относится к свойству ВАК, не был перевернут, так как ВАК мохин левой линии остались после свечения левой линии на своем месте, посередине, и в них никогда не будет перемены. А разрушены они из-за своего прегрешения, и высший зивуг временно прервался, до тех пор, пока они не раскаются.

Поэтому сказано, что если Исраэль раскаются, Йерушалаим будет восстановлен даже до окончательного исправления. А Сдом не будет восстановлен, так как переворот его не будет отменен до окончательного исправления.

---

⁷¹⁷ См. выше, п. 217.
⁷¹⁸ Писания, Эстер, 2:14. «Вечером она приходит, а утром возвращается в другой, женский дом под надзор Шаашгаза, евнуха царского, стража наложниц; и больше уже не войдет к царю, разве только если пожелает ее царь и позовет по имени».
⁷¹⁹ Пророки, Йехезкель, 16:55. «И сёстры твои: Сдом с дочерьми ее возвратятся к началу своему, и Шомрон с дочерьми ее возвратятся к началу своему, и ты с дочерьми твоими возвратитесь к началу своему».

И оглянулась жена его позади него

287) «И оглянулась жена его позади него»[720] – позади Лота. А позади него шёл губитель. Куда бы не шёл Лот, губитель удерживался от нанесения вреда. А то место, из которого Лот уже ушёл, оставив его позади себя, губитель переворачивал. Поэтому сказал ему губитель: «Не смотри назад, потому что идя за тобой, я буду причинять вред». И потому сказано: «Взглянула жена его позади него», и увидела губителя, и тогда превратилась в соляной столп. Ибо пока губитель не видит лица человека, он не вредит ему. Но поскольку жена Лота повернула лицо, чтобы посмотреть «позади него», сразу же «стала соляным столбом»[720].

---

[720] Тора, Берешит, 19:26. «И оглянулась жена его позади его и стала соляным столбом».

Землю, где не будешь в скудости

289) Сказано: «Землю, где не в скудости будешь есть хлеб в ней, и не будешь в ней иметь недостатка ни в чем»[721]. Почему «в ней» сказано дважды? Творец разделил все народы и земли согласно назначенным над ними правителям. В земле же Исраэля властвует не ангел и не другой правитель, а сам Творец. Поэтому народ, над которым не властен никто, кроме Творца, Он привел в землю, над которой не властен никто, кроме Творца.

290) Сначала Творец дает пропитание земле Исраэля, а затем – всему миру. Таким образом, все остальные народы-идолопоклонники получают в скудости. Но с землей Исраэля дело обстоит иначе, поскольку земля Исраэля получает питание первой, а затем уже весь мир питается остатками.

291) Вот почему сказано: «Землю, где не в скудости будешь есть хлеб в ней» – но в щедрости, во всем изобилии. «Будешь есть в ней» – а не в другом месте. «В ней» означает – в святости этой земли. «В ней» царит высшая вера, «в ней» царит высшее благословение, а не в другом месте. И потому в отрывке дважды сказано «в ней», чтобы намекнуть на всё это.

292) Сказано: «Как сад Творца, как земля египетская, до подходов к Цоару»[722]. До сих пор еще не было известно из сказанного, подобна ли египетская земля саду Творца, подобна ли земля Сдома саду Творца и называется ли сад Творца Эденским садом. Однако же сад Творца – это Эденский сад, в котором есть изобилие и услада для всех. Таким был Сдом, и таким был Египет. Так же как саду Творца не требуется орошение человеком, так же и Египту не требуется чье-либо орошение, потому что река Нил поднимается и орошает всю землю египетскую.

---

[721] Тора, Дварим, 8:9. «Землю, где не в скудости будешь есть хлеб в ней, и не будешь в ней иметь недостатка ни в чем; землю, чьи камни железо, а из гор ее высекать будешь медь».

[722] Тора, Берешит, 13:10. «И поднял Лот свои глаза и увидел всю равнину Ярдена, что вся она до истребления Творцом Сдома и Аморы была орошаема как сад Творца, как земля египетская, до подходов к Цоару».

293) Сказано: «И будет: то из племен земли, которое не поднимется в Йерушалаим, чтобы поклониться Царю, Владыке воинств, – не будет над ними дождя»[723]. Таково их наказание – они лишены дождя.

И сказано: «Если же племя египетское не поднимется и не придет, то для них не так»[724] Обрати внимание, что не сказано здесь: «не будет над ними дождя», так как дождь не шел в Египте, и они не нуждаются в нем. Наказание же их таково: «Будет поражение, которым поразит Творец народы» – поскольку египтянам не нужен дождь. И также Сдом был «как сад Творца»[722]. Все услады мира были в нем, и потому они не хотели, чтобы другие люди наслаждались там, и не принимали гостей.

294) Жители Сдома были нечестивы как сами по себе, так и с имуществом, а не из-за их доброй земли, – ибо не желали давать милостыню. Всякий человек, недоброжелательно относящийся к бедняку, заслуживает того, чтобы лишить его жизни в мире, и к тому же нет ему жизни в мире будущем. Всякий же, кто добросердечно относится к бедняку, заслуживает существования в мире, и мир будет существовать благодаря его заслугам, и дается ему жизнь и долголетие в мире будущем.

---

[723] Пророки, Зехария, 14:17. «И будет: то из племен земли, которое не поднимется в Йерушалаим, чтобы поклониться Царю, Владыке воинств, – не будет над ними дождя».

[724] Пророки, Зехария, 14:18. «Если же племя египетское не поднимется и не придет, то для них не так – будет поражение, которым поразит Творец народы, которые не взойдут праздновать праздник суккот».

И взошел Лот из Цоара

295) «И взошел Лот из Цоара и поселился на горе, и две дочери его с ним»[725]. Взошел из Цоара, так как видел, что Цоар близок к Сдому, и потому взошел оттуда.

296) Творец посылает все причины в мире и наводит губительные света, совершающие деяния Его, а затем изменяет их и придает им иной вид. Как сказано: «И Он изменяет обстоятельства по замыслу Своему, чтобы они исполняли всё»[726]. Обычно Творец сначала посылает губительные света, производящие действия разрушения, а затем изменяет и исправляет их.

297) Как же Он изменяет их? Творец посылает замыслы и подстраивает причины для их изменения так, что они становятся отличными от прежних. В соответствии с действиями людей, и соответственно совершаемым ими поступкам, Он изменяет действие губительных светов. То есть поступки людей приводят к тому, чтобы изменить их действие во всём, что Творец «повелит им в мире»[726]. И они принимают всевозможные формы в мире, сообразно поступкам людей. Как в случае с Аммоном и Моавом, которые появились на свет в результате такого дурного поступка, а в итоге от них произошли все цари Йегуды и царь Машиах.

298) «И Он изменяет обстоятельства по замыслу Своему, чтобы они исполняли всё»[726]. Творец указывает причины и приводит к осуществлению деяний в мире. И когда уже люди думают, что эти деяния осуществятся, Творец изменяет эти деяния, по сравнению с тем, что представляли они в начале. Вначале деяния выходят в испорченном виде, но затем Творец их изменяет и исправляет. А бывает так, что сначала выходят дела хорошие и достойные существования, но портятся из-за поступков людей, а потом уже изменяет их Творец, если люди раскаиваются.

---

[725] Тора, Берешит, 19:30. «И взошел Лот из Цоара и поселился на горе, и две его дочери с ним; ибо он боялся селиться в Цоаре. И поселился он в пещере, он и две его дочери».

[726] Писания, Иов, 37:12. «И Он изменяет обстоятельства по замыслу Своему, чтобы они исполняли всё, что Он повелит им в мире».

299) «По замыслу Своему (бе-тахбулотав ⁶⁷²(בתחבולתָו» написано без «йуд י», в единственном числе⁷²⁷. И Он, подобно гончару, делающему сосуды из глины. Пока камни вращаются перед Ним, если захочет сделать в одном виде, делает так, захочет сделать в другом виде, делает иначе, а если пожелает, то может превратить один сосуд в другой. И все это потому, что камни вращаются перед Ним.

300) Так Творец изменяет деяния, верша их «по замыслу Своему (бе-тахбулотав (בתחבולתָו)», – без буквы «йуд י», в единственном числе. Этот замысел – нижний суд, Нуква Зеир Анпина, называемая «камни, вращающиеся пред Ним». Поскольку мохин приходят к Нукве и передаются от нее посредством трех точек, называющихся тремя местами⁷²⁸, Нуква при этом словно обращается в трех местах. И потому Он изменяет келим, превращая одно кли в другое.

301) И всё это – «в соответствии с действиями людей». Если люди совершают добрые дела, то эти вращающиеся камни вращают вправо, к милости (Хесед). И тогда дела, совершаемые в мире, идут во благо жителям мира, как подобает, – ведь в мир нисходят милосердие и всё благо. И камни постоянно вращаются в правую сторону, не останавливаясь, и мир вращается в ней, получая деяния от правой линии, т.е. хасадим.

302) Если же люди готовы согрешить, тогда замысел Его, т.е. Нукву, которая постоянно вращалась и находилась в правой стороне, Творец теперь обращает причины и келим, бывшие вначале в правой стороне, в левую сторону.

303) Тогда обращаются камни, и совершаются в мире дела во вред людям. И камни вращаются в левую сторону, пока люди не возвратятся к добрым делам, потому что замысел, называемый «камни», зависит от поступков людей. И потому сказано: «По замыслу Своему, чтобы они исполняли всё»⁷²⁶. Ибо замысел этот, т.е. камни, зависит от деяния людей, и не остается на месте, а всегда обращается вправо или влево.

---

⁷²⁷ תחבולותיו – замыслы Его. תחבולותָו без буквы «йуд י» – замысел Его.
⁷²⁸ См. Зоар, главу Берешит, часть 1, п. 12, со слов: «Это имя содержится в трех местах...»

304) Творец вызывает причины и поступки в мире, чтобы делать всё как подобает. И всё это исходит от сути и корня наверху и нисходит вниз, в мир. Творец приблизил Авраама к Себе, и произошел от него Ишмаэль, который еще не был обрезан при рождении от него, и потому, родившись внизу, он не был восполнен знаком святого союза.

305) Затем изменил Творец причины Своих замыслов, и Авраам совершил обрезание и заключил союз, и восполнил свое имя, и стал зваться Авраамом (אברהם) с буквой «хэй ה». И высшая «хэй ה» имени АВАЯ (הויה), добавленная к его имени, т.е. Бина, увенчала его водой от ветра.

306) Когда он восполнил свое свойство, сделав обрезание, от него произошел Ицхак, и он был святым семенем, и установил связь наверху, по принципу «огонь от воды», как сказано: «Я насадил тебя, благородной лозой, всецело истинным семенем»[729]. То есть, он не только установил связь с левой стороной, но и включился в правую.

Объяснение. Прежде чем (Авраам) совершил обрезание, он находился под влиянием губительных светов. И в это время он породил Ишмаэля, причем породил его внизу, во внешнем свойстве, так как это оставшееся от «плавления серебра» – отходы правой линии. А затем сказано: «И Он изменяет обстоятельства по замыслу Своему» – т.е. Творец изменял причины над ним до тех пор, пока он не сделал обрезание и не удостоился правой линии Бины, называемой «вода».

Однако он получил эту воду не напрямую от Бины, а от Зеир Анпина, называемого «руах (ветер)»[730]. Это и означает, что «высшая "хэй ה" увенчала его водой от ветра» – т.е. Бина увенчала его своей правой линией, т.е. Хеседом, называемым «вода». И получил он ее через Зеир Анпин, называемый «руах (ветер)», путем передачи. И тогда произошел от него Ицхак, который установил связь наверху с Биной, т.е. получил левую линию от Бины. Но он получил ее не напрямую от Бины, а по принципу «огонь от воды», – т.е. получил ее от Авраама,

---

[729] Пророки, Йермияу, 2:21.
[730] См. Зоар, главу Лех леха, п. 455, со слов: «Внутренний смысл сказанного...»

свойства «вода», и потому включился в него, как сказано: «Авраам породил Ицхака»[731].

307) От Лота и дочерей его произошли два отдельных народа, связавшихся с нечистой стороной. И потому Творец указывает причины и управляет кругооборотами в мире, дабы всё было так, как и должно быть, и всё было связано со своим местом в святости, – то есть, чтобы смогли произойти от них цари Йегуды и царь Машиах.

308) Лот был достоин того, чтобы Творец произвел эти два народа от него и его жены. Однако чтобы связать их с предназначенным им местом, (Творец) произвел их от дочерей Лота. И вино послужило причиной их рождения, как сказано: «И они напоили отца своего вином в ту же ночь»[732]. Это вино предназначалось им в ту ночь в пещере, и если бы не вино, эти народы не появились бы в мире.

Пояснение сказанного. Вначале нужно понять два объяснения сказанного: «И Он изменяет обстоятельства по замыслу Своему»[726]. Дело в том, что в исправлениях миров есть два вида переворота:

Первый вид – это переворот Сдома и Аморы, ибо такие ГАР свечения левой линии являлись пагубными светами.

Второй вид переворота – это обращение камней, которое меняет келим, превращая одно кли в другое. И это переворот Моава и Аммона: если рассматривать их со стороны рождения, то они представляли собой самые скверные клипот из всех народов – до такой степени, что им было запрещено входить в общество Творца[733].

Сказано: «И Он изменяет обстоятельства по замыслу Своему»[726]. И вышли из них все цари и царь Машиах, так как два этих народа зародились под влиянием пьянящего вина, т.е.

---

[731] Тора, Берешит, 25:19. «Вот родословие Ицхака, сына Авраама: Авраам породил Ицхака».

[732] Тора, Берешит, 19:33. «И они напоили отца своего вином в ту же ночь, и пришла старшая, и легла с отцом своим, а он не знал, когда она легла и когда встала».

[733] Тора, Дварим, 23:4. «Да не войдут аммонитяне и моавитяне в собрание Творца, и десятое поколение их да не войдет в собрание Творца вовеки».

под влиянием первородного змея, так как это похоже на грех Древа познания.

И потому он открыто привлек ГАР свечения левой линии, то есть света, в которых раскрыта Хохма и свойство ГАР, чтобы привлекать света сверху вниз, как в случае с Древом познания. И это привлечение совершила старшая дочь, от которой родился Моав, чье идолопоклонство – это Пэор[734] (букв. распахнутый), и оно совершается открыто. Намек в том, что само имя Моав открывает всем, что родился он от своего отца (ме-ав).

И известно, что вследствие притягивания ГАР левой линии раскрывается Малхут свойства суда. Поэтому младшая дочь привлекла только ВАК, в которых уже была раскрыта Малхут свойства суда. Но вместе с тем две клипы ГАР и ВАК были связаны друг с другом и получали друг от друга. И поскольку привлечение младшей дочери было смешано с Малхут свойства суда, отвергающей все мохин, все дела ее совершались в скрытии.

И поэтому было запрещено Аммону и Моаву входить в общество Творца – ибо нечистота их была велика. Моаву это было запрещено потому, что он происходил от ГАР свечения левой линии, которые не только привлекаются в тяжких судах, но и раскрывают Малхут свойства суда. А Аммону это было запрещено потому, что содержалась в нем Малхут свойства суда.

Однако, в противоположность этому, устанавливается Нуква святости, когда нижние совершают добрые дела, и света, в которых раскрыта Хохма, светят в ней ниже хазе снизу вверх, и с помощью этого устраняется клипа Моава.

И таким же образом включаются друг в друга линии Хохмы и хасадим, и свечение Хохмы устанавливается во всем совершенстве. И укрытые света светят в ней выше хазе, в месте ГАР. А также Малхут свойства суда исправляется и скрывается там, от хазе и выше, и не воздействует никаким судом. И этим устраняется клипа Аммона.

---

[734] Тора, Бемидбар, 25:3. «И прилепился Исраэль к Баал-Пэору, и воспылал гнев Творца на Исраэль».

А Малхут, подслащаемая свойством милосердия и называемая ключом, исправляется от хазе Нуквы и ниже. Сказано: «Если человек удостоился, то становится добром, а если не удостоился – то злом». Ведь нарушается тогда исправление в Нукве, и света светят в судах левой линии, и возвращаются к власти клипот Моава и Аммона, неся миру тяжкие суды.

Поэтому сказано: «Творец указывает причины и приводит к осуществлению деяний в мире»[735] – т.е. в Нукве, называемой «мир», и исправляет ее светами, укрытыми от хазе и выше, и светами, открытыми от хазе и ниже. Он делает это в строении Нуквы, чтобы установилось в ней свечение Хохмы. И линии, таким образом, включаются друг в друга, а Хохма облачается в хасадим, и может тогда существовать.

Когда же люди уверены в существовании мохин и не оберегают больше пути свои, и грешат, притягивая света, открывающиеся в месте выше хазе, «Творец изменяет эти деяния»[735], и тогда возвращаются клипот Моава и Аммона на свои места, и света левой линии несут миру тяжкие суды.

Поэтому сказано: «Если люди совершают добрые дела, то эти вращающиеся камни вращают вправо»[736] – Творец тогда исправляет вращающиеся камни, т.е. Нукву, так, чтобы раскрытые света светили ниже хазе, и тогда Хохма облачается в хасадим, и властвует правая линия.

«Если же люди готовы согрешить, тогда замысел Его, т.е. Нукву, которая постоянно вращалась и находилась в правой стороне, Творец теперь поворачивает в левую сторону»[737]. И тогда возвращаются клипот Моава и Аммона на свои места, и властвует левая линия. Ибо Он «обращает причины и келим, бывшие вначале в правой стороне, в левую сторону»[737]. То есть укрытые света были наверху и раскрытые внизу, и теперь они перевернулись: раскрытые света́ оказались наверху, а укрытые – внизу. И в таком виде власть левой линии несет тяжкие суды.

---

[735] См. выше, п. 298.
[736] См. выше, п. 301.
[737] См. выше, п. 302.

«От Лота и дочерей его произошли два отдельных народа, связавшихся с нечистой стороной»[738] – связались с местом, им соответствующим. То есть света, раскрытые выше хазе, – это клипа Моава, а света, укрытые ниже хазе, – это клипа Аммона. «И потому Творец указывает причины и управляет кругооборотами в мире, дабы всё было так, как и должно быть»[738] – т.е. указывает, как изменить порядок в Нукве, называющейся миром, чтобы укрытые света светили в ней наверху, а раскрытые – внизу.

309) Моаву и Аммону они (дочери) сами нарекли имена. Она назвала его Моав (מואב) потому, что он произошёл от отца (ме-ав מאב). Старшая дерзко сказала: «Моав – он от отца моего». А младшая тоже родила сына и нарекла ему имя Бен-Ами (сын народа моего), скромно сказав: «Бен-Ами – сын народа моего», и не сказала, от кого он произошёл.

310) Вначале сказано: «А он не знал, когда она легла и когда встала (у-вкума́ וּבְקוּמָהּ)»[739] – с буквой «вав ו» в слове «встала». И точка над «вав ו» указывает, что помощь свыше присутствовала в этом действии, и от него в будущем произойдёт царь Машиах. Поэтому слово «встала» дополнилось буквой «вав ו». А про вторую (дочь) сказано: «И когда встала (у-вкума́ וּבְקֻמָהּ)»[740] без «вав ו», так как не исходила от неё часть Творцу, как от старшей.

Поэтому только о другой, о старшей, сказано «и когда встала (у-вкума́ וּבְקוּמָהּ)» с наполнением «вав ו» и точкой над ней. И хотя от младшей (дочери) тоже произошли цари, так как Наама-аммонитянка была женою Шломо и матерью Рехавама, однако главное – это царь Давид, и он царь Машиах.

311) «А он не знал, когда она легла и когда встала»[739] – то есть не знал, что в будущем Творец произведёт от него царя Давида и царя Шломо, а также всех остальных царей и царя

---

[738] См. выше, п. 307.
[739] Тора, Берешит, 19:33. «И они напоили отца своего вином в ту же ночь, и пошла старшая, и легла с отцом своим, а он не знал, когда она легла и когда встала».
[740] Тора, Берешит, 19:35. «И напоили они и в эту ночь отца своего вином, и пошла младшая, и легла с ним, а он не знал, когда она легла и когда встала».

Машиаха. Сказано о Рут: «И встала прежде, чем один может узнать другого»[741]. В тот день, разумеется, встала она, так как соединился с ней Боаз, чтобы «восстановить имя умершего в его уделе»[742], и были произведены от него все эти цари и все самые именитые люди в Исраэле.

312) Взгляни на скромность Авраама – ведь даже вначале, когда пожелал Творец свершить суд над Сдомом, и он просил о милосердии к ним, вместе с тем он не просил у Него о милосердии к Лоту. И после того, как сказано: «И увидел – вот поднимается дым с земли, как дым горнильный»[743], он не просил за Лота и не сказал Творцу о нем ничего. И также Творец не сказал ему ничего, дабы не подумал Авраам, что из-за этого Творец убавит что-то из его заслуг.

313) Разве Авраам совсем не дорожил Лотом в сердце своем – мы же видим, как он самоотверженно вел войну с четырьмя сильными царями?! Однако поскольку Авраам любил Творца и видел, что дела Лота еще не достаточно беспорочны, не хотел Авраам, чтобы ради него Творец поступился чем-то Своим, и потому не попросил о милосердии к нему ни в начале, ни в конце.

314) «И взошел Лот из Цоара»[744] – говорится о злом начале, которое никогда не исчезнет в людях, до того времени, о котором сказано: «И удалю Я каменное сердце из вашей плоти»[745]. И хотя видит оно, что люди наказаны судом преисподней, все же возвращается опять к людям, как сказано: «И взошел Лот из Цоара» – из теснины (цаара) преисподней, даже оттуда оно поднимается, чтобы совращать людей.

315) Три вида управления действуют в человеке:
1. Управление разумом и мудростью, и это сила святой души.

---

[741] Писания, Рут, 3:14.
[742] Писания, Рут, 4:5.
[743] Тора, Берешит, 19:28. «И окинул он взором Сдом и Амору, и всю землю равнины, и увидел – вот поднимается дым с земли, как дым горнильный».
[744] Тора, Берешит, 19:30. «И взошел Лот из Цоара и поселился на горе, и две его дочери с ним; ибо он боялся селиться в Цоаре. Поселился он в пещере, он и две его дочери».
[745] Пророки, Йехэзкэль, 36:26.

2. Управление страстью, когда стремится ко всем дурным наслаждениям, и это сила страсти.

3. Управление, направляющее людей и сдерживающее тело, и оно называется душой тела, и это сила сдерживающая.

316) Злое начало всегда властвует только с помощью этих двух сил. Душа вожделеющая – это та, которая всегда гоняется за злым началом. И это, как сказано: «И сказала старшая младшей: "Отец наш стар..."»[746] – душа вожделеющая побуждает другую, и соблазняет ее, также и тело, привязаться к злому началу.

И говорит она: «"Давай, напоим отца нашего вином, и ляжем с ним"[746]. Что есть у нас в этом мире?! Давай устремимся за дурным началом, и за страстным желанием этого мира». И что они делают? Обе соглашаются привязаться к нему, как сказано: «И они напоили отца своего вином»[739], и чтобы пробудить дурное начало, они пресыщаются едой и питьем.

317) «И пришла старшая, и легла с отцом своим»[739]. Когда человек лежит на постели своей ночью, душа вожделеющая пробуждает дурное начало, и помышляет о нем, и он прилепляется ко всем дурным помыслам, пока она не начнет проникаться этим. То есть оно привносит в сердце человека эту дурную мысль, и она пристает к нему, и находится все еще в его сердце, и он не перестает заниматься ею до тех пор, пока эта страсть не пробудит силу тела, как вначале, прилепиться к дурному началу, и тогда довершается зло. Как сказано: «И зачали обе дочери Лота от отца своего»[747].

318) Злое начало прельщается всегда только едой и питьем, и, развеселившись от вина, оно властвует в человеке. О праведнике сказано: «Праведник ест для насыщения души»[748], и никогда не пьянеет. Об ученике мудреца, который пьет,

---

[746] Тора, Берешит, 19:31-32. «И сказала старшая младшей: "Отец наш стар и нет на земле мужчины, чтобы войти к нам по обычаю всей земли. Давай напоим отца нашего вином, и ляжем с ним, и наживем себе потомство от отца нашего"».

[747] Тора, Берешит, 19:36. «И зачали обе дочери Лота от отца своего».

[748] Писания, Притчи, 13:25. «Праведник ест для насыщения души, а чрево грешников не наполнится».

сказано: «(Как) золотое кольцо в носу свиньи»[749]. И мало того, он поносит этим имя небес.

Как обычно ведут себя грешники? «Вот — веселье и радость!»[750] — вино теперь властвует в человеке, «забивай скот, режь овец!»[750]. Сказано о них: «Горе тем, кто с раннего утра ищут пьяного веселья»[751] — желая пробудить дурное начало, ведь дурное начало пробуждается только под воздействием вина. Как сказано: «И они напоили отца своего вином»[739].

319) Сказано: «А он не знал, когда она легла и когда встала»[739] — т.е. злое начало не следит за ней, «когда она легла» — в этом мире, «и когда встала» — в мире будущем, а пробуждается вместе с силой тела, чтобы служить его влечениям в этом мире.

В час, когда грешники входят в преисподнюю, вводят злое начало, чтобы надзирать за ними, как сказано: «И Лот вошел в Цоар»[752] — в теснину (цаара) преисподней. И вышел он оттуда, чтобы испытывать людей. Как сказано: «И взошел Лот из Цоара»[744] — из теснины (цаара) преисподней.

320) «И поселился на горе»[744]. «На горе» означает, что он сделал местом своего пребывания гору, т.е. тело, которое пустынно, подобно горе, и нет от него пользы. «И две его дочери с ним»[744] — это две силы.

«Ибо он боялся селиться в Цоаре»[744] — страх и тревога охватили его, когда увидел он теснину преисподней, в которой притесняются грешники, и думал, что и он получит наказание там, но когда увидел, что не получил там наказание, он вышел оттуда и начал искушать людей следовать ему.

---

[749] Писания, Притчи, 11:22. «(Как) золотое кольцо в носу свиньи — женщина красивая и безрассудная!»
[750] Пророки, Йешаяу, 22:13. «А вот — веселье и радость! Забивай скот, режь овец, чтобы есть мясо и пить вино! Есть будем и пить, ибо завтра умрем!»
[751] Пророки, Йешаяу, 5:11. «Горе тем, кто с раннего утра ищут пьяного веселья и задерживаются до ночи — вино разжигает их».
[752] Тора, Берешит, 19:23. «Солнце взошло над землей, и Лот вошел в Цоар».

321) Рав Уна, предостерегая людей от опасности, говорил им: «Сыновья мои! Остерегайтесь посланника преисподней!» И кто же он? Это злое начало, посылаемое преисподней.

322) Что означает сказанное: «У пиявки две дочери: "дай", "дай"»[753]? Это две дочери Лота – душа вожделеющая, и душа, сочувствующая телу, которая всегда устремляется за дурным началом. Сказано о Лоте: «Ибо он боялся селиться в Цоаре»[744]. И сказано: «У пиявки две дочери: "дай", "дай"»[753]. У слова «боя́лся (ира́ ירא)» то же числовое значение, что и у слова «пиявка (алука́ עלוקה)».

Если он боялся, то зачем же он начал совращать людей? Но таков путь порочного, когда он видит зло, то в эту минуту боится, а затем возвращается к своему злу, и ничего не пугается. Ибо злое начало, в час, когда оно видит суд над грешниками, испытывает страх. Но когда выходит наружу, не пугается ничего.

323) Сказано: «И сказала старшая младшей: "Отец наш стар"»[746]. Что означает – «отец наш стар»? Это злое начало, называемое старым, как сказано: «Царь старый, да глупый»[754]. И называется старым, потому что рождается с человеком.

Это вожделеющая душа говорит другой: «"Отец наш стар"[746], устремимся за ним и соединимся с ним» – как и все остальные грешники в мире. «И нет на земле мужчины, чтобы войти к нам»[746] – нет праведника на земле, и нет человека, властвующего над своим злым началом. «Много грешников на земле, не только мы одни грешны, сделаем "по обычаю всей земли"[746]» – поскольку они грешники, и до сего дня это обычай всей земли. «"Давай напоим отца нашего вином"[746], предадимся радостям этого мира, "есть будем и пить"[750], и напьемся вина и соединимся с нашим отцом» – с дурным началом, «и ляжем с ним»[746].

---

[753] Писания, Притчи, 30:15.
[754] Писания, Коэлет, 4:13. «Лучше отрок бедный, но умный, чем царь старый, да глупый, не умеющий остерегаться».

А святая душа возносит вопль: «И эти тоже одурманены вином и распутничают в пьяном веселье»[755].

324) Сказано: «И они напоили отца своего вином»[739] – грешники обычно тянутся к вину, дабы побаловать и пробудить дурное начало. И не успеет еще порадоваться, опьяненный вином, как оказывается лежащим в постели. Тотчас: «И пошла старшая, и легла с отцом своим»[739]. Она ложится с ним, и, вожделея, предается всяческим дурным искушениям, и дурное начало соединяется с ней, и сливается с ней, и не замечает, что она с ним делает, как сказано: «А он не знал, когда она легла и когда встала»[739].

«Когда она легла» – в этом мире, «и когда встала» – в грядущем будущем. «Когда она легла» – в будущем мире, для того чтобы дать отчет в своих действиях. «И когда встала» – в день Суда, как сказано: «И пробудятся многие из спящих во прахе земном»[756]. И во всем этом не следит за ней дурное начало, но соединяется с ней, и она соединяется с ним. А затем она побуждает другую. После того, как большое искушение соединилось с дурным началом, приходит другая и сливается с ним.

325) «И они напоили отца своего вином»[739] – чтобы пробудить дурное начало, и она соединяется с ним. И этим довершается дурное дело, и обе они понесли от злого начала, как сказано: «И зачали обе дочери Лота от отца своего»[747]. Пока их действия не принесут результат – одна порождает зло, и другая порождает зло. Таковы пути грешников к соединению со злым началом. И тогда оно убивает человека, препровождает его в преисподнюю и вводит туда. А затем поднимается наверх, чтобы соблазнять людей. А тот, кто знает его, спасается от него и не соединяется с ним.

326) Это похоже на банду разбойников, подстерегающую людей на дорогах, чтобы грабить и убивать их. И они выбирают одного из своих, кто умеет прельщать людей и приветливо

---

[755] Пророки, Йешаяу, 28:7. «И эти тоже одурманены вином и распутничают в пьяном веселье; жрец и пророк шатаются в пьяном чаду, сбились с пути из-за вина, они отуманены хмелем, путаются в видениях, ошибаются на суде».

[756] Писания, Даниэль, 12:2. «И пробудятся многие из спящих во прахе земном, одни – для вечной жизни, другие – на поругание и вечный позор».

разговаривать с ними. И тот первым отправляется навстречу им и разыгрывает из себя верного слугу, вкрадываясь в доверие этих глупцов, и они, уверившись в его любви и обходительности, радуются его присутствию.

А он, развлекая их разговорами, ведет их путем, где обитают разбойники. И когда приходит туда вместе с ними, он же первый их и убивает, после того как сдает их в руки разбойникам, чтобы покончить с ними и отнять все их богатство. И кричат они, взывая: «Горе нам за то, что послушались мы злого начала и его обходительных речей!» И после того, как покончил с ними, он поднимается оттуда и отправляется прельщать людей, как и раньше. Но люди разумные, видя, как он вышел им навстречу и пытается их обольстить, признают в нем того, кто охотится за их душами, и убивают его, и идут другим путем.

Так действует злое начало. Выходит из банды разбойников, поднимается из преисподней, чтобы встречать людей и встречать их обходительными льстивыми речами. И об этом сказано: «И взошел Лот из Цоара и поселился на горе»[744] – подобно разбойникам подстерегать людей. Он подходит к ним, а эти глупцы верят в него и в его любовь. Но сам он собирается обольстить их, и служит им как верный слуга, предоставляя им красивых запрещенных женщин, позволяя им делать зло людям, освобождает их от бремени Торы и тягот небесного правления.

И глупцы видят так, и уверены в его любви, пока он идет с ними, и ведет их путем, где обитают разбойники, путем преисподней, и от него нет возможности уклониться, ни вправо, ни влево. И когда он приходит туда вместе с ними, то первый же их и убивает, и превращается в ангела смерти и вводит их в преисподнюю, и опускает к ним ангелов-губителей. А они кричат и взывают: «Горе нам, что послушались мы злого начала!» – т.е. сожалеют они, но не поможет им это, ибо сожаление и раскаяние помогает только при жизни, а не после смерти.

И после того, как покончил с ними, он поднимается оттуда и отправляется прельщать людей. Люди разумные, когда видят его, узнают и преодолевают его, пока не добиваются власти над ним, и оставляют этот путь, и направляются другим путем, чтобы спастись от него.

327) Рав Йосеф, спустившись в Вавилон, увидел юношей, у которых не было жен, которые входили к красивым женщинам, находясь среди них, и не грешили. Сказал он им: «Разве не боитесь вы злого начала?» Ответили они ему: «Мы происходим не от примеси зла, из святая святых мы высечены». Иными словами, они сказали ему, что у их родителей не было посторонних мыслей, когда они возникли из крови, а были мысли святые и освященные, и потому они не боятся злого начала.

328) Каждый, кто входит в город и видит красивых женщин, пускай опустит глаза и скажет: «Произошел я от уважаемых родителей. Тяжкая помеха, клипа, несущая мысли о женщинах, выйди, выйди из меня». Ибо он – святой плод субботы, то есть родился от субботнего зивуга. А клипот не могут пристать к тому, кто родился от субботнего зивуга. Входящий в город обязан произнести это заклинание, так как он разгорячен усилиями в пути, и потому злое начало может овладеть им.

Аммон и Моав

329) «И взошел Лот из Цоара»[744] – волей Царя отделился от правой стороны один из отходов отпечатавшейся формы и соединился с отходами золота, находящимися с левой стороны. Внутри нечистоты было место пребывания его, и стал он одной из форм Дерева.

Объяснение. Правая линия – это укрытые хасадим. В ней нет свечения Хохмы, и на своем месте в Бине она является свойством ГАР, так как (Бина) не получает Хохму, будучи свойством «хафец хесед». Однако когда хасадим распространяются вниз к нижним, нуждающимся в свечении Хохмы, в них обнаруживаются отходы.

Потребность в свечении Хохмы создает в них ощущение недостатка, а к каждому месту, где есть недостаток, прилепляются клипот. Поэтому недостаток считается отходами, и это – отходы правой линии. Но в отношении святости это не считается недостатком, а отпечатавшейся формой места получения – ведь если бы не было этого недостатка и пустоты, то там никогда не образовалось бы место получения для светов. Однако клипот считают это отходами.

И чтобы восполниться, эти отходы начинают соединяться «с отходами золота, находящимися с левой стороны» – потому что там светит Хохма без хасадим, а отсутствие хасадим считается отходами левой линии. Однако отходы правой линии получают там восполнение, так как больше не испытывают недостатка Хохмы. Поэтому сказано: «И стал он одной из форм Дерева» – т.е. (этот вид отходов) стал завершенной формой Дерева ступеней, Нуквы. Однако «внутри нечистоты было место пребывания его» – так как свечение левой линии без правой светит в месте нечистоты, и отходы золота – это нечистота.

330) Когда захотел Ицхак, левая линия святости, пробудиться в мире с помощью строгого суда, он укрепился и отделил ступени левой линии от их жизненного наполнения, тем, что перевернул корни пяти городов Сдома наверх: ГАР ступеней левой линии он сбросил вниз, а приговор суда поднял наверх.

Тогда разрушились ступени левой линии клипот, а левая линия святости присоединилась к правой и включилась в нее. Поэтому укрепилась правая линия, Авраам, так как включила в себя левую и получила от нее ГАР. И вместе с тем были исправлены также ее отходы, так как они больше не должны прилепляться к отходам золота. Таким образом, он отделил эту форму от нечистоты.

331) Первородный змей проник внутрь плодов этого Дерева. И этого вина выпил (Лот), породив две ступени, связанные друг с другом. И эти ступени обращены в сторону нечистоты. Одна называется Малкам, а другая называется Пэор[757].

Объяснение. Это отходы правой линии, которые вследствие соединения с отходами золота, приняли одну из форм Дерева, Нуквы Зеир Анпина, а после переворота Сдома вернулись к святости, став теперь плодом этого Дерева. И они отведали пьянящего вина, т.е. первородный змей проник в них и искушает притянуть ГАР Хохмы, так же как и в случае с Древом познания. И тогда, вследствие этого действия, плод порождает две клипы: Малкама и Пэора, т.е. два вида идолопоклонства.

332) Одна (клипа) – это скрытый совет, а другая – открытый совет. Пэор относится к открытому совету, и все его дела, т.е. поклонение, ведутся открыто. Малкам же скрыт и таен, и все его дела, т.е. поклонение, ведутся тайно. От этих двух отделилось множество разнообразных видов скверны, которые окружают великое море, Нукву, и все свойства нечистоты.

Объяснение. Вследствие совращения змея притянулись две клипы – ГАР и ВАК свечения левой линии. И в свойстве нечистоты Пэор – это ГАР, а Малкам – это ВАК. И они следуют в порядке, противоположном Нукве святости, как и свойственно нечистоте, которая противоположна святости.

В Нукве святости ГАР от хазе и выше укрыт от свечения Хохмы, а от хазе и ниже открыт, то есть свечение Хохмы раскрывается там. И есть в ней две точки: мифтеха (ключ) и манула (замок). Мифтеха скрыта в ее ГАР, а манула открыто властвует в ней – в ВАК от хазе и ниже.

---

[757] См. Тора, Бемидбар, 25:3. «И прилепился Исраэль к Баал-Пэору».

Эти две клипы противоположны друг другу, так как клипа Пэора, свойство ГАР от хазе и выше, открыта, а клипа Малкама, то есть ВАК от хазе и ниже, укрыта. Кроме того, в клипе Пэор от хазе и выше правит мифтеха, а в клипе Малкама от хазе и ниже правит неподслащенная Малхут свойства суда.

333) И то, что происходит в мирах, происходит также и в душах внизу. Лот, отходы правой линии, отделился от Авраама и поселился среди жителей Содома, которые являются отходами золота с левой стороны, и получил от них свое совершенство в мирах. Когда же начался над ними суд, и они были повергнуты, вспомнил Творец Авраама и отослал оттуда Лота. Тогда отделился он от скверны Сдома и вернулся к праведности.

334) Дочери напоили его вином, вместе с которым проник в него первородный змей, и породили два народа: один прикрыто, т.е. Аммон, а второй открыто, Моав. Ступень Аммона – идолопоклонство, Малкам, скрытый совет. Ступень Моава – Пэор, полностью открытый (совет).

335) Такими же были и его дочери. Одна сказала: «"Бен Ами (сын народа моего)"[758] – есть сын у меня от народа моего». И не сказала, от кого он, поскольку он происходит от свойства «скрытие». А другая сказала: «"Моав"[759], т.е. этот – от отца, от отца своего (мэ-ав) родила я его», ибо ступень его – Пэор, раскрытие.

336) И с обоими, с Аммоном и Моавом, связан царь Давид. Ибо в дальнейшем Рут произошла от Моава, и произошел от нее царь Давид. А от Аммона увенчался царь Давид тем венцом, который свидетельствует о происхождении Давида, как сказано: «Возложил на него корону и свидетельство»[760]. Корона эта

---

[758] Тора, Берешит, 19:38. «И младшая тоже родила сына, и она нарекла ему имя Бен Ами. Он отец сынов Аммона по сей день».
[759] Тора, Берешит, 19:39. «И родила старшая сына, и она нарекла ему имя Моав. Он отец Моава по сей день».
[760] Пророки, Мелахим 2, 11:12. «И вывел он (Йеояда) царского сына, и возложил на него корону и свидетельство, и сделали его царем, и помазали его, и рукоплескали, и восклицали: "Да живет царь!"»

была от Малкама, то есть ступени сынов Аммона, как сказано: «И взял венец Малкама»⁷⁶¹.

337) Малкам – это ступень сынов Аммона, как сказано: «И был он на голове Давида»⁷⁶¹. Оттуда произошло свидетельство для сыновей его навеки, и по нему узнавался тот из сынов Давида, кто достоин царствования.

Если он мог удержать эту корону на голове, то, безусловно, признавали, что он из рода Давида. И даже в день, когда родился, он мог удержать эту корону на голове, хотя была она весом в талант золота и с драгоценным камнем. А другой человек, не его рода, не мог ее удержать. Потому и сказано о Йоаше: «И возложил на него корону и свидетельство»⁷⁶⁰.

338) С двумя этими ступенями был связан царь Давид. Они – мощь его царства, одерживающая верх над всеми остальными народами. И если бы не был включен в их сторону, он не смог бы одержать верх над ними. Все ступени остальных народов мира были включены в Давида, дабы преодолевать их и усиливаться над ними.

339) «И взошел Лот из Цоара и поселился на горе, и две его дочери с ним»⁷⁴⁴. Сказано: «У пиявки две дочери: "Дай", "Дай!"»⁷⁵³ – это две дочери злого начала, побуждающие злое начало властвовать над телом. Одна – душа (нефеш), всегда взращиваемая в теле, а другая – душа (нефеш), стремящаяся к дурным вожделениям. И во всех дурных вожделениях этого мира она – старшая, а первая – младшая.

340) Злое начало всегда соединяется лишь с этими двумя душами с целью прельстить людей, чтобы они поверили в него, и оно смогло привести их в то место, где посылают смертельные стрелы, пронзающие их, как сказано: «Пока не рассечет стрела печень его»⁷⁶².

---

⁷⁶¹ Пророки, Шмуэль 2, 12:30. «И взял венец Малкама, с головы его, – весу в нем талант золота, – и драгоценный камень, и был он на голове Давида».
⁷⁶² Писания, Притчи, 7:23. «Пока не рассечет стрела печень его; как птичка спешит в силки, не зная, что на погибель свою».

341) Это напоминает разбойников, занимающихся грабежом и скрывающихся в опасном месте в горах. Они знают, что люди избегают ходить в такие места. Что же они сделали? Выбрали из своей среды того, у кого самый утонченный язык, по сравнению с остальными, кто умеет прельщать людей, чтобы он отделился от них и сел рядом с прямой дорогой, в том месте, где проходят все жители мира.

Когда он приходит к жителям мира, он начинает завязывать дружбу с ними, пока не завоюет их расположение, и тогда приводит в опасное место, где находятся разбойники, которые убивают их. Таков путь злого начала: оно прельщает людей, пока не поверят ему, и тогда приводит их в место, где посылают смертельные стрелы.

Она сестра моя

342) «И отправился оттуда Авраам в землю южную»⁷⁶³. Все переходы его были больше в южную сторону, к свойству Хесед, чем к другим сторонам. С мудростью он делал это, чтобы соединиться с южной стороной, со свойством Хесед.

343) «И сказал Авраам о Саре, жене своей: "Она сестра моя"»⁷⁶⁴. Не следует человеку полагаться на чудо. Если Творец и совершает однажды чудо для человека, не следует ему полагаться на чудо в другой раз, так как чудеса не случаются ежечасно.

344) Если человек вступает в место, где вред очевиден, то аннулируются все его прошлые заслуги. Как сказано: «Недостоин я всей этой милости и истины»⁷⁶⁵. Почему же Авраам, поднявшись из Египта и спасшись однажды, вверг себя теперь в беду, как и вначале, снова сказав: «Она сестра моя»?

345) Однако, Авраам вовсе не полагался на себя, так как видел Шхину, которая всегда пребывала в шатре Сары и не уходила оттуда. И поскольку Шхина была там, Авраам положился на нее и сказал: «Она сестра моя». Как написано: «Скажи мудрости: "Ты сестра моя"»⁷⁶⁶ – т.е. Шхине, которая называется мудростью (хохма), и потому сказал: «Она сестра моя».

346) «И явился Всесильный Авимелеху»⁷⁶⁷. Разве Творец является грешникам? Сказано: «И явился Всесильный (Элоким)

---

⁷⁶³ Тора, Берешит, 20:1. «И отправился оттуда Авраам в землю южную, и поселился он между Кадешем и Шуром, и проживал он в Граре».
⁷⁶⁴ Тора, Берешит, 20:2. «И сказал Авраам о Саре, жене своей: "Она сестра моя". И послал Авимелех, царь Грара, и взял Сару».
⁷⁶⁵ Тора, Берешит, 32:11. «Недостоин я всей этой милости и истины, которые Ты сотворил рабу Твоему; ибо я с посохом моим перешел этот Ярден, а теперь у меня два стана».
⁷⁶⁶ Писания, Притчи, 7:4. «Скажи мудрости: "Ты сестра моя", и учением назови разум».
⁷⁶⁷ Тора, Берешит, 20:3 «И явился Всесильный Авимелеху во сне ночью и сказал ему: "Вот ты умрешь, потому что женщина, которую ты взял, замужняя"».

Биламу»⁷⁶⁸, «И явился Всесильный (Элоким) Лавану»⁷⁶⁹. Но ведь они были грешниками. Однако речь идет о правителе, посланнике, который был поставлен над ними. У каждого народа есть правитель на небесах, так как все ангелы, выполняя миссию Творца, получают имя Элоким, поскольку исходят от стороны суда, а имя Элоким указывает на суды. И потому сказано: «И явился Всесильный Авимелеху во сне ночью»⁷⁶⁷ – только ангел, назначенный над его народом, а не Творец.

347) «Язык истины упрочится вовеки»⁷⁷⁰ – это Авраам, все слова которого в начале и в конце были истинны. «А язык лжи – на миг»⁷⁷⁰ – это Авимелех.

348) Написано об Аврааме: «И сказал Авраам о Саре, жене своей: "Она сестра моя"»⁷⁶⁴. Так же, как в Египте, когда он сказал о Шхине, которая была с Сарой: «Она сестра моя»⁷⁷¹. Вот и здесь сказал он: «Она сестра моя»⁷⁶⁴ – о Шхине. И Авраам всё делал с мудростью.

349) В чем смысл того, что Шхина зовется сестрой? Поскольку Авраам происходит от правой стороны, он сказал: «Она моя сестра». Сказано: «Сестра моя, подруга моя, голубка моя, чистая моя»⁷⁷². И потому Авраам всегда называл ее «сестра моя», так как слился с ней, и никогда они не разлучатся друг с другом.

Объяснение. Авраам – это свойство Хесед, который в гадлуте поднимается и становится Хохмой, т.е. свойством высшие Аба ве-Има, зивуг которых постоянен. И когда Шхина поднимается туда, она тоже пребывает с Авраамом в непрерывном зивуге. И тогда Шхина зовется «сестра моя», а не «жена моя», так как сестра происходит от правой стороны, а жена (ишá אשה) – от левой стороны, от свойства «огонь (эш אש)» с «хэй ה»⁷⁷³.

---

⁷⁶⁸ Тора, Бемидбар, 22:9.
⁷⁶⁹ Тора, Берешит, 31:24.
⁷⁷⁰ Писания, Притчи, 12:19. «Язык истины упрочится вовеки, а язык лжи – на миг».
⁷⁷¹ Тора, Берешит, 12:19. «Почему сказал ты: "Она моя сестра", и я взял было ее себе в жены?! Теперь же – вот жена твоя, бери и уходи!»
⁷⁷² Писания, Песнь песней, 5:2.
⁷⁷³ См. Зоар, главу Ноах, п. 232.

350) В конце сказано: «И к тому же, на самом деле она сестра моя, дочь отца моего, но не дочь матери моей»[774]. Разве так и было в действительности? Ведь она была дочерью Арана[775]. Однако же всё говорил он о Шхине: «Она сестра моя». Вначале, как сказано: «Скажи мудрости: "Ты сестра моя"»[776], а затем сказано: «И к тому же, на самом деле...»[774] Что значит «к тому же»? Он добавил разъяснение к тому, что сказал вначале. «Сестра моя, дочь отца моего»[774] – это значит, что Шхина является дочерью высшей мудрости, высших Абы ве-Имы, называющихся Аба. И потому зовется Шхина его сестрой, а также называется мудростью (хохма).

«Но не дочь матери моей»[774]. Мать исходит от места, являющегося началом всего и скрытого от всех, – Арих Анпина. От него исходит Бина, которая снова становится Хохмой, облачаясь в ИШСУТ[777], называющиеся Има. И Шхина – не дочь, а она сама, как Има (мать), поскольку облачает ее. И поскольку она левая линия со стороны Имы, «стала она моей женой»[774] в братстве и дружбе. Сказано: «Правая рука его обнимает меня»[778], так как желает хасадим правой линии, чтобы ее Хохма облачилась в хасадим. И всё это – Хохма.

Об этом и добавил разъяснение. Он назвал ее своей сестрой со стороны Абы ве-Имы, в отношении которых она – дочь и сестра, и может быть женою, так как исходит от правой стороны. Однако со стороны ИШСУТ, т.е. Имы, она не дочь и не сестра, а жена (ишá אשה), «огонь (эш אש)» с «хэй ה», и готова к зивугу.

351) Вначале, когда они сошли в Египет, (Авраам) сказал: «Она сестра моя», чтобы соединиться с верой. Он назвал ее сестрой, чтобы они не ошиблись на ступенях, находящихся вне святости. Так и в случае с Авимелехом, он сказал: «Она сестра моя», чтобы они не отклонились от веры, как и должно быть.

---

[774] Тора, Берешит, 20:12. «И к тому же, на самом деле она сестра моя, дочь отца моего, но не дочь матери моей, и стала она моей женой».
[775] См. Тора, Берешит, 11:26. «Терах жил семьдесят лет и родил Аврама, Нахора и Арана».
[776] Писания, Притчи, 7:4.
[777] См. Зоар, главу Берешит, часть 1, п. 6.
[778] Песнь песней, 2:6.

352) Ибо Авимелех и все жители той земли пошли путем идолопоклонства, а Авраам прилепился к вере. Поэтому, вступив туда, он сказал о Шхине: «Она сестра моя». Как сестра никогда не расстается с братом, так и здесь – Авраам был слит со Шхиной так, что не расстался бы с нею никогда. Ибо жена может расстаться с мужем, но сестра не расстается с братом, как и два брата не смогут расстаться друг с другом никогда.

Ведь брат и сестра происходят от высших Абы ве-Имы, зивуг которых не прекращается никогда. И потому брат и сестра тоже не расстаются никогда. Но муж и жена происходят от ИШСУТ, зивуг которых прерывается и непостоянен, а потому муж и жена тоже могут расстаться друг с другом.

353) Поэтому сказал Авраам: «Она моя сестра», так как все они испытывали влечение к светам звезд и созвездий и служили им, а Авраам был привержен к вере. И сказал он о Шхине «сестра моя», так как не разлучался (с ней) никогда. И это мы также видим из правила: «И из-за сестры своей, девственницы»[779], предписанного коэну. И это место, в котором пребывает Авраам, правая линия и Хесед. И потому Шхина для него называется девственной сестрой, так как в правой стороне Шхина называется сестрой, а также дочерью.

354) Сказано: «(Эт) Творца Всесильного твоего бойся, Ему служи, и с Ним слейся, и Его именем клянись»[780]. «Эт» – это ступень из десяти сфирот снизу вверх, т.е. Нуква, место боязни Творца. И потому сказано: «Бойся», поскольку там, в Нукве, человек должен бояться своего Владыки, так как она – суд.

355) «Ему служи»[780]. «Ему (отó אותו)» – это высшая ступень, Есод Зеир Анпина, стоящая над Нуквой. И они никогда не расстаются друг с другом. «Эт (את)» и «ото (אותו)» слиты друг с другом и не расстаются. «Ото (אותו)» – это место союза, «вечный знак (от אות)»[781], Есод (основа). Ибо работа не находится на ступени «эт (את)», так она не предназначена для служения,

---
[779] Тора, Ваикра, 21:3. «И из-за сестры своей, девственницы, близкой ему, которая не была замужем, из-за нее примет нечистоту».
[780] Тора, Дварим, 10:19.
[781] Тора, Шмот, 31:17. «Суббота – вечный знак союза между Мною и сынами Исраэля, напоминание о том, что шесть дней создавал Творец небо и землю, а в седьмой день – прекратил и пребывал в покое».

а для боязни. Служение же ведется наверху, в Есоде Зеир Анпина, который называется (אותו). И потому сказано: «Ему (אותו) служи».

356) «С Ним слейся»[780]. Сливайся с местом, которому свойственно слияние. Это – тело, находящееся посередине, средняя линия, Тиферет, расположенная посередине, между двух рук: Хеседа и Гвуры, т.е. между двух линий, правой и левой.

«И Его именем клянись»[780] – это седьмое место в порядке ступеней, когда Нуква находится в состоянии субботы. Объяснение. Нуква называется «эт (את)» благодаря единству ступеней «эт (את)» и «ото (אותו)». Это единство относится к правой линии, которая получает от высших Абы ве-Имы. И называется она «и Его именем клянись (תישבע)». Когда она получает от средней линии мохин субботы, тогда называется седьмой (שביעי).

357) Поэтому сливался Авраам с верой, со Шхиной, со ступенью «сестра», когда сошел в Египет и когда отправился в землю плиштим.

Это подобно человеку, который хочет спуститься в глубокую яму и боится, что не сможет выбраться из нее. Что сделал он? Привязал одну веревку над ямой и сказал: «Завязав этот узел, я могу входить туда отныне и впредь». Так и Авраам, когда захотел сойти в Египет, прежде чем сойти туда, он завязал узел веры, чтобы закрепиться с его помощью, а потом сошел туда.

358) Так же он поступил и тогда, когда вступил в землю плиштим. И об этом сказано: «Язык истины упрочится вовеки, а язык лжи – на миг»[770]. Это – Авимелех, который сказал: «В непорочности сердца моего и в чистоте рук моих я это сделал»[782]. Что же ответил ему Творец: «Знал и Я, что ты сделал это в непорочности сердца твоего»[783]. И «в чистоте рук» не сказано, как сказал Авимелех. В таком случае Авимелех солгал,

---

[782] Тора, Берешит, 20:5. «Ведь он сказал мне: "Она сестра моя", а она сама также сказала: "Он брат мой". В непорочности сердца моего и в чистоте рук моих я это сделал».

[783] Тора, Берешит, 20:6. «И сказал ему Всесильный во сне: "Так как знал и Я, что ты сделал это в непорочности сердца твоего, то удержал Я тебя от согрешения предо Мною, и потому не дал тебе прикоснуться к ней"».

сказав: «В чистоте рук моих», и потому сказано о нем: «А язык лжи – на миг»⁷⁷⁰.

359) Сказано: «Но́ги приверженцев Его охраняет Он»⁷⁸⁴. «Приверженцев Его (хасидав חסידו)» написано без буквы «йуд י», что означает одного приверженца, Авраама, с которого (Творец) не снимал Своей охраны никогда. «Ноги» здесь указывают на жену Авраама, с которой Творец посылал Свою Шхину, и охранял всегда.

360) «Ноги приверженцев Его (хасидав חסידו) охраняет Он». «Приверженцев Его (хасидав חסידו)» написано без буквы «йуд י» и означает одного – Авраама, с которым Творец шел всегда, чтобы ему не могли причинить вред. «А нечестивые во тьме погибнут»⁷⁸⁴ – это ангелы, которых убил Творец в ту ночь, когда Авраам преследовал их.

361) Сказано: «Во тьме погибнут». Это – ночь, т.е. Нуква, которая установила связь с тьмой и убила их. Авраам преследовал, а ночь убила их. Сказано: «И разделился против них ночью, он и рабы его, и поражал их»⁷⁸⁵.

«Разделился против них ночью» – это Творец, отделивший милосердие от суда, чтобы совершить возмездие за Авраама. И потому сказано: «Нечестивые во тьме погибнут». «Поражал их», следовало сказать: «Поражали их», во множественном числе, так как Авраам и рабы его поражали их. Однако это был Творец, который поражал их.

«Ибо не силой крепок человек»⁷⁸⁴ – но он (Авраам) и Элиэзер были одни. А числовое значение имени Элиэзер (אליעזר) – триста восемнадцать. Это и есть триста восемнадцать «уроженцев дома его»⁷⁸⁶, о которых говорит Писание.

---

⁷⁸⁴ Пророки, Шмуэль 1, 2:9. «Но́ги приверженцев Его охраняет Он, а нечестивые во тьме погибнут, ибо не силой крепок человек».

⁷⁸⁵ Тора, Берешит, 14:15. «И разделился против них ночью, он и рабы его, и поражал их и преследовал их до Ховы, что по левую сторону от Дамесека».

⁷⁸⁶ Тора, Берешит, 14:14. «И услышал Аврам, что родственник его взят в плен, и вооружил воспитанников своих, уроженцев дома его, триста восемнадцать, и преследовал до Дана».

362) Там, где может быть нанесен вред, пусть не полагается человек на чудо. И нет большей угрозы вреда, чем когда Авраам пошел за четырьмя царями, чтобы преследовать их и вести с ними войну.

Почему же он надеялся на чудо? Когда Авраам пошел на это, он не собирался вести войну и не надеялся на чудо. Но беда, в которой оказался Лот, заставила его выйти из дома, и он взял с собой серебро, чтобы выкупить его. А если не смог бы выкупить его, то умер бы вместе в ним в плену. Однако когда вышел (Авраам), он увидел Шхину, что светила пред ним, и несколько воинств ангелов вокруг нее. Тотчас же он погнался за ними, и Творец убил их, как сказано: «Нечестивые во тьме погибнут»[784].

363) «Ноги приверженцев Его охраняет Он» – это Авраам. Когда он вышел сражаться с царями, соединился с ним Ицхак, и они пали пред ним. А если бы Ицхак не соединился с Авраамом, он не смог бы покончить с ними. Сказано: «Нечестивые во тьме погибнут, ибо не силой крепок человек»[784]. Хотя сила всегда находится в правой линии, у Авраама, вместе с тем, если бы правая линия не включилась в левую, в Ицхака, то цари не были бы отброшены пред ним.

364) «Ноги приверженцев Его охраняет Он»[784]. Когда человек любит Творца, Творец любит его во всем, что он делает, и охраняет пути его, как сказано: «Творец будет охранять исход и приход твой отныне и вовеки»[787].

365) До чего же Авраам был предан Творцу. Куда бы он ни шел, он не думал о своем вовсе, а лишь о том, как слиться только с Творцом. И потому «ноги приверженцев Его охраняет Он». И это его жена, так как «ноги» указывают на его жену, о которой сказано: «Авимелех не приближался к ней»[788]. А также сказано: «И поэтому не дал Я тебе прикоснуться к ней»[783].

366) О Фараоне сказано: «И поразил Творец Фараона... по слову (Сары)»[789]. Сара говорила Творцу: «Бей», и Творец бил.

---

[787] Писания, Псалмы, 121:8.
[788] Тора, Берешит, 20:4.
[789] Тора, Берешит, 12:17. «И поразил Творец фараона и дом его большими язвами по слову Сарай, жены Аврама».

И потому сказано: «Ноги приверженцев Его охраняет Он, а нечестивые во тьме погибнут»[784]. Это Фараон и Авимелех, над которыми Творец свершил суды ночью, во тьме. «Ибо не силой крепок человек»[784]. «Человек» – это Авраам, как сказано: «Теперь же возврати жену этого человека»[790].

---

[790] Тора, Берешит, 20:7. «Теперь же возврати жену этого человека, ибо он пророк. И он помолится за тебя, и выздоровеешь. Если же ты не вернешь, то знай, что умрешь ты и все твои».

Стоящий справа, чтобы обвинять

367) «И показал Он мне первосвященника Йеошуу, стоящего пред ангелом Творца»[791]. Это Йеошуа сын Йеоцадака. Ангел Творца – это место, называющееся Црор[792], с которым связана душа праведника. Все души праведников находятся там. И это – ангел Творца, о котором говорится в Писании.

368) «И Сата́на, стоящего справа от него, чтобы обвинять его»[791]. Это злое начало, которое непрестанно блуждает по миру, забирая души и лишая духа жителей мира, и обвиняя творения наверху и внизу. Так было, когда Навухаднецар бросил первосвященника Йеошуу в огонь вместе с лжепророками. Тогда Сатан обвинял его наверху, чтобы он сгорел вместе с ними.

369) Таков обычай Сата́на – обвинять только в час опасности. И когда бедствие царит в мире, ему позволено обвинять и вершить суд. И даже без суда, как сказано: «Но некоторые гибнут без суда»[793]. «Обвинять» – когда он обвинял, то все либо спасались, либо сгорали. Ибо в то время, когда губителю дано позволение уничтожать, у праведника не больше шансов спастись от него, чем у грешника.

370) Поэтому, когда в городе царит суд, человек должен поскорее скрыться, прежде чем будет застигнут губителем. Ибо когда губитель пребывает в этом месте, он поступает с праведником так же, как с грешником. И тем более, когда все трое были вместе: первосвященник Йеошуа с двумя лжепророками: Ахавом, сыном Колаи, и Цидкияу, сыном Маасэй[794]; а Сата́н требовал либо всех сжечь, либо всех освободить. Ведь когда совершается чудо, оно не может быть чудом лишь наполовину,

---

[791] Пророки, Зехария, 3:1. «И показал Он мне первосвященника Йеошуу, стоящего пред ангелом Творца, и Сата́на, стоящего справа от него, чтобы обвинять его».
[792] Букв. связка, узел.
[793] Писания, Притчи, 13:23. «Много хлеба на ниве бедных, но некоторые гибнут без суда».
[794] См. Пророки, Йермияу, 29:21. «Так сказал Властелин воинств, Всесильный Исраэля, об Ахаве, сыне Колаи, и о Цидкияу сыне Маасэй, которые пророчествуют вам ложь именем Моим: "Вот, Я предам их в руки Навухаднецара, царя Вавилона, и он убьет их на глазах ваших"».

а наполовину – судом. Но оно должно быть в одинаковой степени либо полностью чудом, либо судом.

371) Когда рассекал Творец море для Исраэля, Он заставлял море расступаться, и они шли по суше, а воды возвращались с другой стороны, затопляя египтян, и они погибали. Выходит, с одной стороны – чудо, а с другой – суд, хотя были-то все вместе?

372) Именно поэтому рассечение Конечного моря было нелегким для Него. Ведь когда Творец одновременно совершает чудо и суд – это бывает не в одном месте и не в одном доме. И если совершается в одном месте, как при рассечении Конечного моря, то это нелегко для Него. Ибо всё наверху вершится в совершенстве, всё является единым целым и происходит в одном месте, будь то чудо или суд, и не делится пополам: наполовину – чудо, а наполовину – суд.

373) А потому Творец не вершит суд над грешниками, пока не станет полным их грех, – чтобы какую-то часть из них не пришлось спасать от суда. Сказано: «Ибо еще не полон грех эмореев»[795]. И сказано: «Полной мерой Ты возражаешь ему, отсылая его»[796]. И потому Сатан обвинял Йеошуу, чтобы он сгорел вместе с ними, дабы не вышло наполовину суда и наполовину чуда, – пока не сказал ему: «Разгневается Творец на тебя, Сатан»[797]. Кто сказал ему: «Разгневается Творец»? Ангел Творца сказал Сатану: «Разгневается Творец на тебя, Сатан».

374) Написано: «И сказал Творец Сатану: "Разгневается Творец на тебя, Сатан"»[797]. Выходит, Творец сказал это, а не ангел? Однако и о Моше сказано при описании раскрытия в кусте: «Явился ему ангел Творца в пламени огня»[798]. А также

---

[795] Тора, Берешит, 15:16. «Четвертое же поколение возвратится сюда, ибо еще не полон грех эмореев».
[796] Пророки, Йешаяу, 27:8. «Полной мерой Ты возражаешь ему, отсылая его; прогоняешь тяжким дуновением Своим в день восточного ветра».
[797] Пророки, Зехарья, 3:2. «И сказал Творец Сатану: "Разгневается Творец на тебя, Сатан. Разгневается на тебя Творец, избравший Йерушалаим! Ведь он головня, спасенная из огня"».
[798] Тора, Шмот, 3:2. «И явился ему ангел Творца в пламени огня из куста терновника. И увидел он, что терновник горит огнем, но не сгорает».

сказано: «Увидел Творец, что он подходит смотреть»[799]. В одном случае сказано «ангел Творца», в другом – «ангел», а в третьем – «Творец». Так же и здесь, хотя и говорится сначала: «Сказал Творец Сатану» – это мог быть ангел, как в случае с Моше.

И потому он сказал ему: «Разгневается Творец на тебя, Сатан», и не сказал: «Я разгневаюсь на тебя». Ведь если бы это говорил Творец, Он должен был бы сказать ему: «Я разгневаюсь на тебя, Сатан». Однако говорил это ангел.

375) Подобно этому, в день, когда вершится суд в мире и Творец восседает на престоле суда, присутствует при этом Сатан и обвиняет наверху и внизу. Он присутствует для того, чтобы уничтожить мир и забрать души людей, ибо он Сатан (обвинитель), он ангел смерти.

---

[799] Тора, Шмот, 3:4-5. «И увидел Творец, что он подходит смотреть, и воззвал к нему Творец из терновника, и сказал: "Моше! Моше!" И он сказал: "Вот я". И сказал Он: "Не подходи сюда; сними обувь твою с ног твоих, ибо место, на котором ты стоишь, это земля святая"».

И обезглавят там телицу в долине

376) Сказано: «Пусть отведут старейшины того города телицу в долину... и обезглавят там телицу в долине»[800]. По закону, обезглавить ее надо топором.

377) Горе миру, который тянется за телицей, и за это ее нужно обезглавить. Ибо с того дня, как змей, искушению которого поддался Адам Ришон, стал властвовать над Адамом и властвовать над жителями мира, он готов обвинять мир. И мир не может избежать наказания смертью, пока не придет царь Машиах.

Объяснение. Меч ангела смерти – это раскрытие в теле человека точки манула, недостойной получать свет, как сказано: «Если не удостоился человек, то становится злом». Точка эта не будет исправлена до возрождения мертвых, и потому не может мир избежать наказания. А Творец оживит спящих во прахе, как сказано: «Уничтожит Он смерть навеки»[801]. И сказано: «И дух нечистоты удалю с земли»[802]. Но до этого времени (змей) готов отнять душу у всех людей в этом мире.

378) У всех жителей мира душа выходит под воздействием ангела смерти, т.е. с раскрытием точки манула. Может быть, и душа того, кто найден убитым[803], вышла посредством ангела смерти? Это не так. Напротив, тот, кто убил его, вывел его душу еще до того, как пришло время власти ангела смерти, – т.е. до того как настало время раскрыться в нем точке манула. И ангел смерти не может больше властвовать над ним и умертвить его.

Своим убийством убийца поднимает силу сокращения, заключенную в свойстве манула, к келим свойства мифтеха в Малхут,

---

[800] Тора, Дварим, 21:4. «Пусть отведут старейшины того города телицу в долину Эйтан, которая не обрабатывается и не засевается, и обезглавят там телицу в долине».
[801] Пророки, Йешаяу, 25:8. «Уничтожит Он смерть навеки, и утрет Творец слезу с каждого лица».
[802] Пророки, Зехария, 13:2. «И будет в день тот, – слово Повелителя воинств, – истреблю имена идолов с земли, и не будут они более упомянуты, а также лжепророков, и дух нечистоты удалю с земли».
[803] См. Тора, Дварим, 21:1. «Если найден будет убитый на земле, которую Творец Всесильный твой, дает тебе во владение, лежащий в поле, и неизвестно, кто убил его».

т.е. к келим Бины. И возвращается Малхут к точке, где нет светов жизни. И с таким изъяном в Малхут убийца забирает душу убитого человека. Получается, что грех убийства добавляет силу нечистоты также и в чистых келим от Бины.

379) Поэтому сказано: «Земле не искупиться...»[804] Убийцам мало того, что змей зла готов возводить напраслину на мир и обвиняет всегда, даже если не согрешили. И тем более, если у него отнимают то, что он должен забрать, это ограбление ангела смерти добавляет нечистоту, и повреждает также чистые келим Малхут, происходящие от Бины, изгоняяя света из всего парцуфа Малхут.

Поэтому сказано: «Земле не искупиться... разве только кровью пролившего ее»[804] – т.е. нужно искупить землю, Малхут, и вернуть ей ГАР ее светов, ушедших из нее из-за прегрешения убийцы.

Но Творец жалеет Своих сыновей, и потому они приносят в жертву телицу, чтобы посредством этого исправить две вещи:
1. Лишение убитого человеческой души, вследствие чего ушли света ГАР из Малхут, и нужно вернуть ей ГАР.
2. Чтобы (змей) не обвинял мир. Ибо после того как к ней привлечены ГАР посредством первого исправления, у змея есть сила обвинять мир, и он преграждает света мира, пользуясь своей связью с этими ГАР, привлекаемыми от левой линии. И потому, чтобы отвести обвинение, нужно второе исправление.

380) Бык, корова, теленок, телица – все они относятся к высшему свойству. И потому исправляют его с помощью телицы, как сказано: «Руки наши не проливали этой крови, и глаза наши не видели»[805]. «Не проливали» – и также не были причиной его смерти. И благодаря этому нет обвинителя против них. И на все это Творец дает совет миру.

Объяснение. Мы уже сказали, что два исправления нужны для греха убийства:
1. Снова привлечь ГАР к Малхут.

---
[804] Тора, Бемидбар, 35:33. «Земле не искупиться от крови, пролитой на ней, разве только кровью пролившего ее».
[805] Тора, Дварим, 21:7. «И возгласят, и скажут: "Руки наши не проливали этой крови, и глаза наши не видели"».

2. Отвести обвинение от ГАР Малхут.

Первое исправление осуществляется посредством того, что приводят телицу и отводят ее в долину Эйтан. И свечение левой линии называется ликом быка[806]. В нем есть четыре ступени ХУБ ТУМ: бык, корова, телец и телица. Каждое свойство исправляет свойство, соответствующее ему. И поскольку здесь нужно исправить Малхут, приводят телицу, которая соответствует Малхут, – чтобы вызвать наверху притягивание мохин де-ГАР левой линии к Малхут.

Но когда ГАР левой линии притягиваются к Малхут, существует угроза обвинения Сатана, так как он связан с левой линией. Поэтому нужно второе исправление, чтобы отвести обвинение, и это – обезглавливание телицы в долине. Вследствие этого обезглавливания отменяются ГАР де-ГАР свечения левой линии, и остаются только ВАК де-ГАР. Тогда у Сатана больше нет связи с этими мохин.

И известно, что для любого исправления свыше надо пробудить снизу действие и речь. Поэтому нужно, чтобы и старейшины сказали: «Руки наши не проливали этой крови»[805]. Тем самым они снова привлекают к Малхут ГАР, ушедшие от нее из-за греха кровопролития. Это соответствует действию по приведению телицы в долину Эйтан, т.е. первому исправлению. «И глаза наши не видели»[805] – это скрытие ГАР, называемых видением. Тем самым они отводят обвинение змея от свечения левой линии. И это – второе исправление, соответствующее действию по обезглавливанию телицы. Первое исправление – чтобы привлечь ГАР левой линии, а второе исправление – чтобы отвести обвинение Сатана.

---

[806] См. Зоар, главу Берешит, часть 1, п. 191.

Начало года и День искупления

381) В день Начала года и в День искупления, когда суд присутствует в мире и Сата́н собирается обвинять Исраэль, они обязаны в это время пробудиться для шофара и вызвать звук, состоящий из воды, огня, воздуха, т.е. ХАГАТ, которые становятся в нем одним целым, и вознести во всеуслышание этот звук из шофара.

Объяснение. Двенадцать месяцев года – это исправление Малхут от начала (рош) и до конца (соф). И поскольку ее соф полностью не завершается вплоть до окончательного исправления, нужно каждый год исправлять ее снова. И поэтому в каждый Рош а-шана мы начинаем исправление Малхут сначала, т.е. как она была создана в четвертый день начала творения, как сказано: «И создал Всесильный два великих светила»[807], и тогда она была в совершенстве ГАР свечения левой линии, т.е. свечения шурука, или Хохмы без хасадим.

И поэтому жаловалась луна, что не могут два царя пользоваться одной короной, так как не могла выдержать отсутствие хасадим. И в этом же состоит обвинение Сатана, ибо его обвинение связано с Малхут, чтобы притягивать суды всё то время, пока светит ГАР левой линии. И связь Сатана и его обвинение нужно отвести от Малхут в это время.

А поскольку в Рош а-шана раскрывается ГАР левой линии, Сатан собирается обвинить Малхут. И чтобы отвести обвинение Сатана, нужно совершить действие отмены ГАР де-ГАР свечения левой линии, как это происходит во время обезглавливания телицы и во время произнесения старейшинами: «И глаза наши не видели»[805], во время второго исправления, производимого там. И действие это – тот звук, который мы возносим с помощью шофара. И известно, что есть два вида звуков:
1. Голос Малхут, не подслащенной Биной.

---

[807] Тора, Берешит, 1:16. «И создал Всесильный два великих светила: светило большое для правления днем и светило малое для правления ночью, и звезды».

2. Голос Бины или Малхут, подслащенной Биной, и тогда голос ее – как голос Бины[808], а голос Бины возносят, чтобы уменьшить ГАР де-ГАР.

Это означает сказанное: «И вознести во всеуслышание этот звук из шофара» – т.е. Бины, называемой шофаром. И это экран де-хи́рик, на который выходит средняя линия, объединяющая две линии, правую и левую, друг с другом. Звук состоит из трех линий: вода, огонь, воздух. И с помощью этого экрана три линии становятся едины, и посредством этого уменьшается ГАР де-ГАР левой линии. И тогда снимается обвинение Сатана с Малхут.

382) «И этот голос поднимается до того места, в котором находится престол суда» – т.е. до ГАР левой линии, с которыми связано обвинение, «и ударяет в него» – т.е. уменьшает ГАР де-ГАР, имеющийся там. И Малхут поднимается с престола суда на престол милосердия. И после того как доносится этот голос снизу, исправляется голос Яакова наверху, и это ступень хасадим, выходящая на экран средней линии, называемой Тифе́рет или Яаков, и называется милосердием. И тогда Творец пробуждается в милосердии.

И так же как Исраэль пробуждают снизу звук, состоящий из огня, воды, воздуха, которые выходят из шофара, так же соответственно им пробуждается звук наверху, в высшем шофаре, Бине. Ибо сила трубления – это огонь, а звук производится воздухом, и с воздухом выходит также испарина и дыхание, т.е. свойство воды. И они пробуждают три высшие линии в Бине, от которой притягиваются мохин в Зеир Анпин и в Малхут. А голос, состоящий из огня-воды-воздуха и поднявшийся снизу, т.е. экран, исправился. И одно выходит снизу, т.е. экран, и другое сверху, ступень хасадим, выходящая на экран, и исправляется мир, т.е. Малхут, и присутствует милосердие.

383) И обвинитель находится в замешательстве – ведь он думал править в мире с помощью суда и обвинения. И он не мог вообразить, что ГАР левой линии когда-нибудь уменьшится, и исчезнут его власть и обвинение. И он видит, что пробуждается

---

[808] См. «Предисловие книги Зоар», п. 171, со слов: «И вот первое исправление...»

милосердие. Он в замешательстве, и сила его ослабевает, и он не может ничего сделать, и Творец судит мир с помощью милосердия. И смысл суда заключается не в уменьшении ГАР левой линии с помощью звука шофара, а в том, что милосердие соединилось с судом, и суд над миром ведется с милосердием.

Объяснение. Во время подъема голоса шофара снизу, т.е. подъема МАН экрана де-хирик, вышла ступень хасадим, средняя линия, на экран, называемый Яаков, и это свойство милосердия, и мир получает милосердие от средней линии. И поэтому уменьшение ГАР левой линии не считается судом, ведь без этого не раскрылось бы милосердие в мире.

384) Сказано: «Трубите в шофар в новомесячье, во время скрытия (луны), – для праздничного дня нашего»[809]. «Во время скрытия», – когда укрывается луна, то есть Малхут. Ибо тогда из-за свечения левой линии правит змей зла и может вредить миру. А когда пробуждается милосердие трублением в шофар, поднимается луна и уходит оттуда, от свечения левой линии, так как уменьшились ГАР благодаря звуку шофара. А Сатан в замешательстве и не может править, и отходит от луны, и больше не приближается туда.

Ибо после уменьшения ГАР левой линии ему больше нечего вытянуть из нее, и незачем обвинять. И поэтому в день Новолетия нужно ошеломить Сатана, и это подобно состоянию пробудившегося ото сна, который не понимает ничего.

385) В День искупления следует вести себя с Сатаном спокойно и доставить ему удовольствие через козла отпущения, которого приносят ему в жертву, то есть его отправляют в пустыню, где его (Сатана) место. И тогда он становится добрым заступником Исраэля. Но в день Новолетия он находится в замешательстве и ничего не понимает и не может сделать. Ибо он видит пробуждение милосердия, поднимающегося снизу, и милосердия, которое дается сверху, и луна, Малхут, поднимается между ними. Тогда он приходит в замешательство, и ничего не понимает и не может властвовать.

---

[809] Писания, Псалмы, 81:4. «Трубите в шофар в новомесячье, во время скрытия (луны), – для праздничного дня нашего».

386) Творец судит сынов Исраэля с милосердием и жалеет их, и предоставляет им время, эти десять дней от Начала года до Дня искупления, чтобы принять всех, возвращающихся к нему, и простить им грехи их, и поднимает их к святости Дня искупления.

387) И поэтому, для исправления всего, указал Творец Исраэлю исполнять заповедь трубления в шофар:

1. Чтобы не правил ими тот, кто не должен. То есть устранить власть Сата́на и его обвинение.
2. Чтобы суд не властвовал над ними, а пребывало милосердие. И удостоились бы они все милосердия Его на земле (Исраэля), как сказано: «Как отец жалеет детей»[810]. И всё зависит от пробуждения нижних в действии и в речи.

---

[810] Писания, Псалмы, 103:13. «Как отец жалеет детей, так Творец жалеет боящихся Его».

И Творец вспомнил о Саре[811]

388) «Голова (рош) твоя – как Кармэль и пряди волос на голове твоей, как пурпур; – царь пленен кудрями!»[812] Творец создал правителей наверху и правителей внизу. Когда Творец придает величие высшим правителям, обретают величие цари внизу. Он придал величие правителю Вавилона, обрел величие злодей Навухаднецар, как сказано: «Голова его из чистого золота»[813]. И весь мир находился под властью его, и сын его, и сын сына.

«Голова твоя – как Кармэль»[812] – это Навухаднецар, как сказано: «В тени его укрывались звери полевые»[814]. «И пряди волос на голове твоей, как пурпур»[812] – это Бельшацар, как сказано: «Одет будет в пурпур»[815]. «Царь пленен кудрями»[812] – это Эвиль Меродах, пребывавший в заключении до того времени, пока не умер его отец, Навухаднецар, и тогда царствовал вместо него.

389) Семь вещей были сотворены прежде чем был создан мир. Первая из них – престол величия, как сказано: «Утвержден издревле престол Твой, испокон веков Ты»[816]. И сказано: «Престол величия возвышен изначально»[817] – т.е. он был началом, предшествовавшим всему.

---

[811] Тора, Берешит, 21:1. «И Творец вспомнил о Саре, как сказал, и сделал Творец для Сары, как обещал».
[812] Писания, Песнь песней, 7:6. «Голова твоя, как Кармэль и пряди волос на голове твоей, как пурпур; – царь пленен кудрями!»
[813] Писания, Даниэль, 2:32-33. «(Вот) идол этот: голова его из чистого золота, грудь и руки из серебра, чрево и бедра из меди, голени из железа, а ступни его частью из железа, а частью из глины».
[814] Писания, Даниэль, 4:9. «Листья его прекрасны и плоды обильны, и пища на нем – для всех, в тени его укрывались звери полевые, в ветвях его жили птицы небесные, и от него питалось все живое».
[815] Писания, Даниэль, 5:7. «Закричал царь во весь голос, чтобы привели лекарей, звездочетов и магов. И заговорил царь, и сказал мудрецам Бавэльским, что любой, кто прочтет эту надпись и объяснит мне ее смысл, одет будет в пурпур, и золотое ожерелье будет на шее у него, и будет он властвовать над третью царства».
[816] Писания, Псалмы, 93:2.
[817] Пророки, Йермияу, 17:12. «Место святилища нашего, престол величия, возвышено изначально».

И взял Творец чистую душу от престола величия, чтобы светила телу. Как сказано: «Голова твоя – как Кармэль»[812] – это престол величия, стоящий во главе всего. «И пряди волос на голове твоей, как пурпур»[812] – это душа, нисходящая от него. «Царь пленен кудрями»[812] – это тело, заключенное в могилу и разлагающееся во прахе, и остается от него всего лишь горсть праха, из которой будет возведено все тело. И когда Творец поминает тело, Он говорит земле извлечь его наружу, как сказано: «И земля изрыгнет мертвых»[818].

390) Те умершие, которые покоятся в земле (Исраэля), оживают первыми, как сказано: «Оживут Твои умершие»[818]. «Восстанут мертвые тела»[818] – те, кто похоронен вне пределов этой земли. «Пробудитесь и ликуйте, покоящиеся во прахе»[818] – те, кто умер в пустыне.

Почему Моше умер за пределами этой земли? Это показывает всем жителям мира, что так же, как Творец оживит Моше, Он оживит все поколение, получившее Тору. И о них сказано: «Я помню о благосклонности ко Мне в юности твоей, о любви твоей, когда ты была невестою, как шла ты за Мною по пустыне, по земле незасеянной»[819].

391) «Пробудитесь и ликуйте, покоящиеся во прахе»[818] – это праотцы и умершие за пределами этой земли. Он воссоздаст их тело и они под землей переместятся в землю Исраэля. И там они получат свою душу, а не за пределами этой земли, как сказано: «Посему пророчествуй и скажешь им: "Вот Я открываю погребения ваши, и подниму Я вас из погребений ваших, народ Мой, и приведу вас в землю Исраэля. И вложу дух Мой в вас – и оживете"»[820].

---

[818] Пророки, Йешаяу, 26:19. «Оживут Твои умершие, восстанут мертвые тела! Пробудитесь и ликуйте, покоящиеся во прахе, ибо роса рассветная – роса Твоя, и земля изрыгнет мертвых».

[819] Пророки, Йермияу, 2:2. «Иди и возгласи во всеуслышание Йерушалаиму, говоря, что так сказал Творец: "Я помню о благосклонности ко Мне в юности твоей, о любви твоей, когда ты была невестою, как шла ты за Мною по пустыне, по земле незасеянной"».

[820] Пророки, Йехезкель, 37:12-13. «Посему пророчествуй и скажешь им, что так сказал Творец: "Вот Я открываю погребения ваши, и подниму Я вас из погребений ваших, народ Мой, и приведу вас в землю Исраэля. И вложу дух Мой в вас – и оживете. И дам вам покой на земле вашей, и узнаете, что Я, Творец, сказал и сделаю, – слово Творца"».

392) Душа берется от престола величия, который находится во главе всего, как сказано: «Голова твоя – как Кармэль»[812]. «И пряди волос на голове твоей, как пурпур»[812] – это душа, т.е. пряди этой головы. «Царь пленен кудрями»[812] – это тело, заключенное в могилу. Одно – это тело, другое – Сара, а третье – Царь. И творец вспоминает о ней в то время, о котором Он говорил. Как сказано: «И вспомнил Творец о Саре, как сказал»[811] – он поминает тело в установленное время, чтобы посредством него были помянуты праведники.

393) В грядущем будущем Творец сделает тело таким же красивым, как красота Адама Ришона, когда он вошел в Эденский сад, как сказано: «И Творец будет вести тебя всегда, и насыщать в чистоте душу твою, и кости твои укрепит, и будешь ты, как сад орошенный»[821].

Когда душа пребывает в величии своем, она наполняется высшим светом и облачается в него. И когда она войдет в тело в грядущем будущем, она войдет с тем же самым светом. И тогда тело будет сиять подобно сиянию небосвода, как сказано: «Разумные воссияют, как сияние небосвода»[822]. И люди постигнут совершенное знание, как сказано: «И наполнится земля знанием Творца»[823].

«И Творец будет вести тебя всегда, и насыщать в чистоте душу твою»[821] – это высший свет, «и кости твои укрепит»[821] – это поминание тела, «и будешь ты, как сад орошенный и как источник, воды которого не иссякают»[821] – это знание Творца. И тогда узна́ют создания, что входящая в них душа, это душа жизни, наслаждающаяся душа, которая получила наслаждение свыше, и дают усладу телу. И все поражаются ей и говорят: «Как прекрасна ты, и как ты приятна средь наслаждений, любовь!»[824] Такой будет душа в грядущем будущем.

---

[821] Пророки, Йешаяу, 58:11. «И Творец будет вести тебя всегда, и насыщать в чистоте душу твою, и кости твои укрепит, и будешь ты, как сад орошенный и как источник, воды которого не иссякают».

[822] Писания, Даниэль, 12:3. «Разумные воссияют, как сияние небосвода, а склоняющие к справедливости многих – как звезды, отныне и вечно».

[823] Пророки, Йешаяу, 11:9. . «Не будут делать зла и не будут губить на всей Моей святой горе, и наполнится земля знанием Творца, как полно море водами».

[824] Писания, Песнь песней, 7:7.

394) И сказано: «Царь пленен кудрями»⁸¹², а после этого сказано: «Как прекрасна ты, и как ты приятна»⁸²⁴. Одновременно насладит Творец в будущем Свой мир и Свои создания, как сказано: «Радоваться будет Творец деяниям Своим»⁸²⁵.

И тогда мир наполнится весельем, которого нет сейчас, как сказано: «Тогда наполнятся уста наши смехом»⁸²⁶. И сказано: «Смех сделал мне Всесильный»⁸²⁷. И в то время люди вознесут песнь, и это – «время смеяться»⁸²⁸.

И это день, в который Творец будет радоваться вместе со Своими созданиями, и не было такой радости со дня сотворения мира. И праведники, которые останутся в Йерушалаиме, больше не обратятся в прах, как сказано: «И будет, кто останется в Ционе и кто уцелеет в Йерушалаиме, тот назван будет святым»⁸²⁹ – именно оставшиеся в Ционе и Йерушалаиме.

395) Но, в таком случае, они малочисленны. Однако, все те, кто остались на святой земле Исраэля, считаются во всем, как и те, кто находится в Йерушалаиме и Ционе. Иначе говоря, вся земля Исраэля считается как Йерушалаим, и это следует из сказанного: «И когда вступите вы на землю»⁸³⁰, и все относится к ней.

396) Почему мертвым, которых Творец возродит в будущем, Он не дает душу в месте, где они захоронены, но они должны будут войти в землю Исраэля для возрождения? Поклялся Творец восстановить Йерушалаим, и не будет он больше разрушен вовеки. Поэтому Творец в будущем воссоздаст Свой мир, и

---

⁸²⁵ Писания, Псалмы, 104:31. «Да будет слава Творца вовеки, радоваться будет Творец деяниям Своим».

⁸²⁶ Писания, Псалмы, 126:2. «Тогда наполнятся уста наши смехом и язык наш – пением. Тогда скажут между народами: "Великим благом вознаградил их Творец!"»

⁸²⁷ Тора, Берешит, 21:6. «И сказала Сара: "Смех сделал мне Всесильный; всякий, кто услышит, посмеется надо мною"».

⁸²⁸ Писания, Коэлет, 3:4. «Время плакать и время смеяться, время скорбеть и время плясать».

⁸²⁹ Пророки, Йешаяу, 4:3. «И будет, кто останется в Ционе и кто уцелеет в Йерушалаиме, тот назван будет святым, – все, кто записан для жизни в Йерушалаиме».

⁸³⁰ Тора, Ваикра, 19:23. «И когда вступите вы на землю и посадите всякое дерево плодовое, то необрезанными считайте его плоды».

восстановит Йерушалаим, опустив его уже отстроенным свыше, для того, чтобы не был он больше разрушен.

И поклялся Он, что не будет больше изгнана Кнессет Исраэль, и поклялся, что не будет разрушено строение Йерушалаима, как сказано: «Не скажут тебе более – покинутый, и о земле твоей не скажут более – пустошь»[831]. В любом месте, где «не» сказано дважды, речь идет о клятве, как сказано: «Чтобы впредь не была истреблена всякая плоть от воды потопа, и не будет более потопа, чтобы губить землю»[832]. И сказано: «Как клялся Я о водах Ноаха»[833]. И отсюда видно, что дважды сказанное «не» означает клятву.

Творец в будущем воссоздаст Свой мир так, что не будет изгнана Кнессет Исраэль, и не будет разрушено строение Храма. И поэтому душу свою они могут получить только в месте, существующем вовеки, чтобы душа существовала в теле вечно. И это означает сказанное: «Кто останется в Ционе и кто уцелеет в Йерушалаиме, тот назван будет святым»[829].

397) И поэтому Он свят, Йерушалаим свят, оставшиеся в Йерушалаиме святы. Он свят, как сказано: «Свят Повелитель воинств»[834], и сказано: «Велик в среде твоей Святой Исраэля»[835]. Йерушалаим свят, как сказано: «И уходили от святого места»[836]. Оставшиеся в нем святы, как сказано: «И будет, кто останется в Ционе и кто уцелеет в Йерушалаиме, тот назван

---

[831] Пророки, Йешаяу, 62:4. «Не скажут тебе более – покинутый, и о земле твоей не скажут более – пустошь, ибо назовут тебя желанным Мне и страну твою – обитаемой, так как желал тебя Творец, и земля твоя обитаема будет».

[832] Тора, Берешит, 9:11. «И заключу союз Мой с вами, чтобы впредь не была истреблена всякая плоть от воды потопа, и не будет более потопа, чтобы губить землю».

[833] Пророки, Йешаяу, 54:9. «Ибо это у Меня воды Ноаха: как клялся Я о водах Ноаха, что не пройдут они более по земле, так поклялся Я не гневаться на тебя и не упрекать тебя».

[834] Пророки, Йешаяу, 6:3. «Свят, свят, свят Повелитель воинств, наполнена вся земля величием Его!»

[835] Пророки, Йешаяу, 12:6. «Ликуй и пой, жительница Циона, ибо велик в среде твоей Святой Исраэля».

[836] Писания, Коэлет, 8:10. «Видел я также нечестивцев, которых похоронили, и приходили и уходили от святого места, и они были забыты в том городе, где так поступали; это тоже суета».

будет святым»⁸²⁹. Так же как существует первый «свят»⁸³⁴, так и два других «свят»⁸³⁴ существуют.

398) Что означает сказанное: «Еще сидеть будут старики и старухи на площадях Йерушалаима, каждый с посохом своим в руке его – от долгих лет»⁸³⁷? Что же хорошего в том, чтобы передвигаться при этом, как сказано: «Каждый с посохом своим в руке его»? Однако, праведники в грядущем будущем будут оживлять мертвых, как пророк Элиша, как сказано: «И возьми посох мой в руку свою, и пойди»⁸³⁸.

И сказано: «И положи посох мой на лицо отрока»⁸³⁸. Сказал ему Творец: «То, что предстоит сделать праведникам в грядущем будущем, ты хочешь сделать сейчас?» И сказано: «И положил посох на лицо отрока – но не было ни голоса, ни слуха»⁸³⁹. Однако праведники в грядущем будущем смогут это выполнить, как сказано: «Каждый с посохом своим в руке его» – для того, чтобы оживлять с помощью него мертвых, из тех, кто перешел от народов мира. Сказано о них: «Ибо юным умрет столетний, и столетним грешник проклят будет»⁸⁴⁰. И конец этой цитаты свидетельствует о верности сказанного: «От долгих лет»⁸³⁷.

399) «И сказала Сара: "Смех сделал мне Всесильный"»⁸²⁷. Сказано: «Веселитесь с Йерушалаимом и радуйтесь ему, все любящие его! Возрадуйтесь с ним радостью, все скорбящие о нем»⁸⁴¹. Не было такой радости у Творца со дня сотворения мира, как та радость, которую Ему предстоит испытать вместе с праведниками в грядущем будущем. И каждый указывает пальцем и говорит: «Это – Всесильный наш, на которого мы надеялись, и Он спасет нас! Это Творец, на Него уповали мы,

---

⁸³⁷ Пророки, Зехария, 8:4. «Так сказал Повелитель воинств: "Еще сидеть будут старики и старухи на площадях Йерушалаима, каждый с посохом своим в руке его – от долгих лет"».

⁸³⁸ Пророки, Мелахим 2, 4:29. «И сказал он Гэйхази: "Опояшь чресла свои и возьми посох мой в руку свою, и пойди. Если встретишь кого, не приветствуй его, и если кто будет тебя приветствовать, не отвечай ему. И положи посох мой на лицо отрока"».

⁸³⁹ Пророки, Мелахим 2, 4:31. «Гэйхази пошел впереди них и положил посох на лицо отрока – но не было ни голоса, ни слуха. И возвратился он навстречу ему, и доложил ему, сказав: "Не пробудился отрок"».

⁸⁴⁰ Пророки, Йешаяу, 65:20. «Не будет там больше юного летами или старца, который не достиг полноты дней своих, ибо юным умрет столетний, и столетним грешник проклят будет».

⁸⁴¹ Пророки, Йешаяу, 66:10.

будем же веселиться и радоваться помощи Его!»[842]. И сказано: «Славьте Творца, ибо великое сотворил Он; известно это по всей земле»[843].

400) Царь Давид объяснял это так: «Скроешь лицо Свое – испугаются, заберешь дух их – умрут»[844]. Отсюда видно, что Творец не делает зла ни одному человеку, но лишь когда тот не видит Его, умирает сам, как и сказано: «Скроешь лицо Свое – испугаются, заберешь дух их – умрут». А потом: «Пошлешь дух Твой – создаются они»[845]. И затем: «Да будет слава Творца вовеки, радоваться будет Творец делам Своим»[846]. И тогда смех (будет) в мире, как сказано: «Тогда наполнятся уста наши смехом и язык наш – пением»[826], а также: «И сказала Сара: "Смех сделал мне Всесильный"»[827] – чтобы радоваться спасению Его.

401) Все то время, пока тело находится в этом мире, оно далеко от завершенности. Когда он праведник и идет прямыми путями, и умирает в прямоте своей, называется боровшимся за свою завершенность. А когда приходит время возрождения мертвых, он борется, чтобы не сказали, что это не то, которое оживил Творец. А после того, как он стал живым и радуется вместе со Шхиной, и Творец удаляет скорбь из мира, как сказано: «Уничтожит Он смерть навеки, и утрет Творец слезу с каждого лица»[847]. И тогда он называется Ицхак, из-за смеха и радости, которые будут у праведников в грядущем будущем.

403)[848] «И вспомнил Творец о Саре, как сказал»[811]. Следовало сказать: «И помянул Творец Сару», как сказано: «И помянул Всесильный Рахель»[849]. Но вспоминание может быть только о

---

[842] Пророки, Йешаяу, 25:9. «И скажет в тот день: "Вот Всесильный наш, на которого мы надеялись, и Он спасет нас! Это Творец, на Него уповали мы, будем же веселиться и радоваться помощи Его!"»
[843] Пророки, Йешаяу, 12:5.
[844] Писания, Псалмы, 104:29. «Скроешь лицо Свое – испугаются, заберешь дух их – умрут и в прах свой возвратятся».
[845] Писания, Псалмы, 104:30. «Пошлешь дух Твой – создаются они, и обновляешь Ты лицо земли».
[846] Писания, Псалмы, 104:31.
[847] Пророки, Йешаяу, 25:8. «Уничтожит Он смерть навеки, и утрет Творец слезу с каждого лица, и позор народа Своего устранит Он на всей земле, ибо так сказал Творец».
[848] П. 402 в данной редакции текста не приводится.
[849] Тора, Берешит, 30:22. «И помянул Всесильный Рахель, и услышал ее Всесильный, и отверз Он утробу ее».

том, что было раньше. А раньше было, как сказано: «Я еще вернусь к тебе в это же время»[850], и об этом Он вспомнил сейчас. И если бы не было слов «как сказал»[811], то можно было бы сказать, что речь идет о поминании. Однако Он вспомнил о том, что сказал: «К сроку вернусь Я к тебе»[851].

404) Праведник – тот, кто удостоился взойти к этому высшему величию, образ его запечатлен на престоле величия. И также образ каждого праведника находится наверху, в Эденском саду, так же, как был он внизу, в этом мире, чтобы заверить его в получении святой души во время возрождения тела в этом мире.

405) Сказано: «Солнце, луна остановились в обители своей»[852]. Это означает, что тело и душа находятся наверху в высшей палате святости и светят в том же виде, в каком они находились на земле, в этом мире. И питание такого вида, этого мира, наслаждает душу. И он должен будет облачиться в «эцем луз» (основную кость), которая остается существовать в земле до воскрешения мертвых, и земля принимает ее в себя, выбрасывая ее отходы наружу. И это форма, называемая святостью.

406) А когда такая форма этого мира находится наверху, она является в каждое новомесячье, чтобы преклониться перед святым Царем. Как сказано: «И будет: в каждое новомесячье»[853]. А святой Царь извещает ее, говоря: «К сроку вернусь Я к тебе»[851], – к тому времени, когда Он должен воскрешать мертвых. То есть пока она не будет помянута в то время, которое возвещено ему. Как сказано: «И вспомнил Творец о Саре, как сказал»[811]. И это день, когда Творец радуется делам Своим, как сказано: «Радоваться будет Творец деяниям Своим»[825].

---

[850] Тора, Берешит, 18:10. «И сказал: "Я еще вернусь к тебе в это же время, и будет сын у Сары, жены твоей". А Сара слышит у входа в шатер, который позади него».

[851] Тора, Берешит, 18:14. «Ужели для Всесильного недоступное есть? К сроку вернусь к тебе, как в пору сию, и у Сары сын».

[852] Пророки, Хавакук, 3:11. «Солнце, луна остановились в обители своей, при свете стрел Твоих ходят, при сиянии блестящих копий Твоих».

[853] Пророки, Йешаяу, 66:23. «И будет: в каждое новомесячье и в каждую субботу приходить будет всякая плоть, чтобы преклониться предо Мной, – сказал Творец».

407) «И было: после этих речей Всесильный испытал Авраама... и сказал Он: "Возьми же сына твоего"»[854]. Это можно сравнить с мастером, добывающим серебро из источников земли. Вначале он помещает руду в палящий огонь, пока не выйдет из нее вся грязь земная и не останется серебро. Но это еще не совершенное серебро. Он снова помещает его в огонь, как вначале, и очищает его от примесей, и тогда это совершенное серебро, в котором нет ничего чужеродного.

408) Так и Творец помещает это тело под землю, пока оно не разложится целиком и не выйдет из него вся мерзкая нечистота. И остается от него всего лишь горсть праха. И тело снова образуется из него. Но это всё еще не совершенное тело.

409) После того великого дня, о котором сказано: «И будет день один – известен он будет Творцу, не день и не ночь»[855]. Когда все скрываются во прахе, как вначале, т.е. как в могиле до возрождения – из страха перед Творцом и перед силой Его, как сказано: «И войдут в расселины скал и подземелья из страха пред Творцом и от блеска величия Его»[856]. И выйдет душа их, и включится туда эта горсть праха, и будет тело, которое образуется там, как свет солнца и сияние небосвода, как сказано: «Разумные воссияют, как сияние небосвода»[857]. И тогда это серебро совершенно, т.е. тело совершенно – без посторонней примеси.

410) Светлое тело даст (**ятúль**) Творец, как сказано: «Ибо роса рассветная (**таль**) – роса Твоя»[858]. И сказано: «Вот,

---

[854] Тора, Берешит, 22:1-2. И было: после этих речей Всесильный испытал Авраама, и сказал ему: "Авраам!" И сказал он: "Вот я". И сказал Он: "Возьми же сына твоего, единственного твоего, которого ты любишь, Ицхака, и иди на землю Мория, и принеси его там во всесожжение на одной из гор, которую Я укажу тебе"».

[855] Пророки, Зехария, 14:7. «И будет день один – известен будет он Творцу: не день и не ночь. И при наступлении вечера будет свет».

[856] Пророки, Йешаяу, 2:19. «И войдут люди в расселины скал и в подземелья из страха пред Творцом и от блеска величия Его, когда Он встанет, чтобы сокрушить землю».

[857] Писания, Даниэль, 12:3. «Разумные воссияют, как сияние небосвода, а склоняющие к справедливости многих – как звезды, отныне и вечно».

[858] Пророки, Йешаяу, 26:19. «Оживут Твои умершие, восстанут мертвые тела! Пробудитесь и ликуйте, покоящиеся во прахе, ибо роса рассветная – роса Твоя, и земля изрыгнет мертвых».

вышвырнет тебя (ме**таль**телеха) Творец»⁸⁵⁹. И тогда будут названы они высшими святыми. Как сказано: «Тот назван будет святым»⁸⁶⁰. И это называется последним возрождением мертвых. И не будет более ощущаться вкус смерти, как сказано: «Собой клянусь, – слово Творца, – за то, что ты сделал такое и не сокрыл сына твоего, единственного твоего, Я благословляя благословлю тебя»⁸⁶¹. И об этом времени молятся праведники, чтобы больше их этим не испытывали.

411) Сказано: «И поднял Авраам глаза свои и увидел: и вот овен»⁸⁶². Грешники мира называются «овны». «И пошел Авраам и взял овна»⁸⁶², т.е. грешники должны будут еще пройти все плохие испытания. А праведники останутся в грядущем будущем, как высшие святые ангелы, чтобы объединять Имя Его. И поэтому сказано: «В день тот будет Творец един, и имя Его едино»⁸⁶³.

412) Три ключа есть у Творца, которые Он не вручает ни ангелу, ни серафиму. И это: ключ жизни, дождей и возрождения мертвых.

414)⁸⁶⁴ Для всего, что создает Творец, Ему требуется только речь. Если изрек из места святого Своего, то так этому и быть, и сразу же исполняется. Сила могущества Творца, как сказано: «Словом Творца созданы небеса». И сказано: «И пройду Я по земле египетской – Я, а не посланец».

---

⁸⁵⁹ Пророки, Йешаяу, 22:17. «Вот вышвырнет тебя Творец могучим броском и набросится на тебя вихрем».
⁸⁶⁰ Пророки, Йешаяу, 4:3. «И будет, кто останется в Ционе и кто уцелеет в Йерушалаиме, тот назван будет святым, – все, кто записан для жизни в Йерушалаиме».
⁸⁶¹ Тора, Берешит, 22:16-17. «И сказал: "Собой клянусь, – слово Творца, – за то, что ты сделал такое и не сокрыл сына твоего, единственного твоего, Я благословляя благословлю тебя и умножая умножу потомство твое, как звезды небесные и как песок на берегу морском, и овладеет потомство твое вратами своих врагов"».
⁸⁶² Тора, Берешит, 22:13. «И поднял Авраам глаза свои и увидел: и вот овен запутался в зарослях рогами своими. И пошел Авраам и взял овна, и вознес он его во всесожжение вместо сына своего».
⁸⁶³ Пророки, Зехария, 14:9. «И будет Творец царем над всей землей, в этот день будет Творец един, и имя Его – едино».
⁸⁶⁴ П. 413 в данной редакции текста не приводится.

415) В таком случае это больша́я честь для египтян, ведь нельзя даже сравнивать – схватил кого-то Царь, или же простой человек. И еще, нет больше народа, настолько погрязшего во всей скверне, как египтяне. Как сказано: «Чья плоть – плоть ослиная»[865], и «подозреваются в мужеложстве»[866], и они происходят от Хама, который сделал то, что сделал отцу своему, и проклял тот его, и Кнаана, сына его.

Разве у Творца не было ангела или посланника, чтобы совершить возмездие над египтянами, как Он это сделал с Ашуром, который был сыном Шема, как сказано: «Сыны Шема: Элам и Ашур»[867]? Шем был великим коэном и был благословлен, как сказано: «Благословен Творец Всесильный Шема!»[868] И величие, и благословение Шема превосходило братьев его. И сказано: «И вышел ангел Творца, и поразил стан Ашура»[869] – т.е. было совершено через посланника. Почему же в отношении египтян, осквернившихся более любого народа, Он сказал: «Я, а не ангел»?

416) Отсюда мы видим силу могущества Творца и величие Его, которое выше всего. Сказал Творец: «Этот народ, египтяне, скверен и омерзителен, и недостоин того, чтобы посылать им ангела или серафима, которые святы, – в среду этих проклятых мерзких нечестивцев. Только Я сделаю то, что не может сделать ни ангел, ни серафим, ни посланник. Если с места святости Своей изреку Я, так тому и быть, и тотчас это свершится, тогда как ангел этого сделать не может».

Однако Творец с места святости Своей говорит: «Да будет так!», и сразу же происходит то, что Он пожелал сделать. Поэтому возмездие это не совершается через ангела или посланника, из-за бесчестия египтян. И это показывает величие Творца, который не желает, чтобы святость пребывала между

---

[865] Пророки, Йехезкель, 23:20. «И больше наложниц их осквернялась она с теми, чья плоть – плоть ослиная, и семя жеребцов – семя их».
[866] Вавилонский Талмуд, трактат Брахот, лист 43:2.
[867] Тора, Берешит, 10:22. «Сыны Шема: Элам и Ашур, и Арпахшад, и Луд и Арам».
[868] Тора, Берешит, 9:26. «И сказал: "Благословен Творец Всесильный Шема! А Кнаан будет рабом ему!"»
[869] Пророки, Йешаяу, 37:36. «И вышел ангел Творца, и поразил стан Ашура – сто восемьдесят пять тысяч. И встали утром, и вот – все они мертвые трупы».

ними. И поэтому сказал: «Я, а не ангел – Я могу сделать это, а не ангел».

418)[870] Сказал рабби Шимон: «Ключ создания в руках у Творца. И пока она сидит на родильном кресле, Творец рассматривает плод. Если тот достоин выйти в мир, Он раскрывает проход ее чрева, и тот выходит. А если нет, то закрывает проход ее, и оба погибают. Но, в таком случае, грешник не должен выйти в мир. Однако "за три нарушения женщины умирают"[871]».

Сказал рабби Ицхак: «Почему у женщины случается выкидыш? Но это Творец видит, что зародыш недостоин выйти в мир и заранее умерщвляет его в чреве матери, как сказано: «Исполины были на земле в те дни»[872]. «Исполины (нефили́м הנפלים)» написано без первой буквы «йуд י». А почему? И сказано: «После того, когда входили сыны сильных к дочерям человеческим, те рождали им»[872] – в распутстве, и умножали незаконнорожденных[873].

419) «Это богатыри, извечно мужи именитые»[872] – нет таких богатырей и разбойников, и тиранов, как незаконнорожденные. «Мужи именитые» – чтобы все знали, как произносится это известное имя «незаконнорожденный (мамзер)». Когда все видят дела его, что он разбойник, тиран и громила, – все назовут его этим именем.

И сказанное рабби Шимоном, что Творец рассматривает плод, нет такого грешника в мире, которого не рассмотрел бы Творец. Но если видит Он, что это тело оставит после себя человека праведного и достойного, или он спасет человека из Исраэля от какой-либо смерти, или же сделает какое-то благо – ради этого Он выводит его в мир.

---

[870] П. 417 в данной редакции текста не приводится.
[871] Вавилонский Талмуд, трактат Шаббат, лист 31:2. «За три нарушения женщины умирают во время родов: за несоблюдение заповеди ниды, халы и зажигания свечей».
[872] Тора, Берешит, 6:4. «Исполины были на земле в те дни, также и после того, когда входили сыны сильных к дочерям человеческим, те рождали им. Это богатыри, извечно мужи именитые».
[873] Незаконнорожденный – на иврите слово «мамзер (ממזר)» имеет также значение подлец, т.е. умножали подлецов.

420) Во времена рабби Йоси были разбойники, которые занимались грабежом в горах вместе с разбойниками-неевреями. И когда попадался им человек, то захватив его и собираясь убить, они спрашивали: «Как твое имя?», – и если был он еврей, они уходили с ним и отпускали среди гор. А когда это был другой человек, нееврей, убивали его. И говорил рабби Йоси: «И всё же они могут достичь жизни будущего мира».

421) Три вещи приходят в мир только вместе с голосом:
1. Голос жизни, как сказано: «В муках будешь рожать детей»[874], и сказано: «И услышал ее Всесильный»[875].
2. Голос дождей, как сказано: «Голос Творца над водами»[876], и также сказано: «Ибо слышен шум дождя»[877].
3. Голос возрождения мертвых, как сказано: «Голос призывает в пустыне»[878]. Это голоса, пробуждающие умерших в пустыне. И отсюда следует, что это закон для всего мира.

Когда человек входит в могилу, то входит под громкие причитания. И когда будут возрождаться из мертвых, разве не будут кричать в голос.

422) В будущем зов прокатится по кладбищам: «Пробудитесь и ликуйте, покоящиеся во прахе»[879]. И будут они жить росой большого высшего света, как сказано: «Ибо роса рассветная – роса Твоя, и земля изрыгнет мертвых»[879].

423) «И Творец вспомнил о Саре, как сказал»[880]. Вспоминание используется, когда речь идет о нукве, а хранение в

---

[874] Тора, Берешит, 3:16. «А женщине сказал: "Умножу боль твоей скорби и твоей беременности, в муках будешь рожать детей; к мужу твое влечение, и он будет твоим властелином"».
[875] Тора, Берешит, 30:22. «И помянул Всесильный Рахель, и услышал ее Всесильный, и отверз Он утробу ее».
[876] Писания, Псалмы, 29:3. «Голос Творца над водами, Творец величия прогремел».
[877] Пророки, Мелахим 1, 18:41. «И сказал Элияу Ахаву: "Взойди, ешь и пей, ибо слышен шум дождя"».
[878] Пророки, Йешаяу, 40:3. «Голос призывает в пустыне: "Очищайте путь Творцу, прокладывайте в Араве дорогу Всесильному нашему"».
[879] Пророки, Йешаяу, 26:19. «Оживут Твои умершие, восстанут мертвые тела! Пробудитесь и ликуйте, покоящиеся во прахе, ибо роса рассветная – роса Твоя, и земля изрыгнет мертвых».
[880] Тора, Берешит, 21:1. «И Творец вспомнил о Саре, как сказал, и сделал Творец для Сары, как обещал».

памяти (зхирá) – о захаре. «И Творец (ве-АВАЯ והויה)» с «вав ו» это также и Нуква, т.е. Он и Его суды[881]. «И сказал: "Я еще вернусь к тебе в это же время"»[882], когда написано «и сказал» без уточнения, кто говорит, это был Он, т.е. Нуква[883], а не другой посланник.

---

[881] См. выше, п. 281.
[882] Тора, Берешит, 18:10. «И сказал: "Я еще вернусь к тебе в это же время, и будет сын у Сары, жены твоей". А Сара слышит у входа в шатер, который позади него».
[883] См. выше, п. 140.

И сделал Творец для Сары

424) «И сделал Творец для Сары»[880]. Почему после того, как сказано: «И Творец вспомнил о Саре»[880], говорится: «И сделал Творец для Сары»? Плод деяний Творца происходит от той реки, которая исходит и вытекает из Эдена, т.е. (происходит) от Зеир Анпина[884]. И это души праведников, иными словами, деяние Его – это души праведников. И это удача (маза́ль), когда все добрые пожелания и благодатные дожди текут (нозлим) из нее и оттуда выходят. Как сказано: «Чтобы орошать сад»[885] – т.е. она изливается (мезиль) и производит орошение сверху вниз, потому что сыновья зависят от этой удачи, а не от другого места. «Мазаль» – это ди́кна (борода) Арих Анпина, и когда Зеир Анпин получает от нее мохин, он тоже называется «мазаль».

425) И поэтому сказано: «И Творец (ве-АВАЯ והויה) вспомнил о Саре» – т.е. речь идет только о вспоминании (пкида), исходящем от Нуквы. «И сделал Творец (АВАЯ הויה) для Сары». «Деяние» – это сыновья и души праведников, которые являются плодом деяний Его. Оно находится выше этой ступени вспоминания, зависящей от удачи (мазаль). И поэтому тут – вспоминание, исходящее от Нуквы, а тут – деяние, исходящее от Зеир Анпина. И потому сказано: «Творец (АВАЯ הויה)», «И Творец (ве-АВАЯ והויה)». И всё едино. О вспоминании сказано: «И Творец (ве-АВАЯ והויה) вспомнил», и это – Он и Его суд, т.е. Нуква. О деянии же сказано: «И сделал Творец (АВАЯ הויה)», и это – Зеир Анпин[886].

426) «Вот удел Творца – сыновья, вознаграждение – плод чрева»[887]. «Вот удел Творца» означает удел, чтобы объединиться с Творцом и не отдаляться от Него никогда. Ибо человек, удостоившийся сыновей в этом мире, удостаивается через них войти в надел Творца в будущем мире. Ведь сын, которого оставил после себя человек, удостоившийся его в этом мире,

---

[884] См. Зоар, главу Берешит, часть 1, п. 247.
[885] Тора, Берешит, 2:10. «И поток выходит из Эдена, чтобы орошать сад, а оттуда разделяется он на четыре русла».
[886] См. выше, п. 281.
[887] Писания, Псалмы, 127:3. «Вот удел Творца – сыновья, вознаграждение – плод чрева».

удостоит его будущего мира, и благодаря ему он удостаивается войти в удел Творца.

427) Что такое «удел Творца»? Это земля жизни, Нуква. И так называл царь Давид землю Исраэля – земля жизни, удел Творца. Как сказано: «Ибо они изгнали меня ныне от приобщения к уделу Творца»[888]. И поэтому говорит он: «Вот удел Творца – сыновья»[887].

Кто удостаивает человека удела Творца? Сыновья удостаивают его. Если удостоился сыновей в этом мире, они «вознаграждение – плод чрева»[887] – вознаграждение и добрая доля в вечном мире, так как благодаря этому плоду чрева человек удостаивается вечного мира.

428) «Вот удел Творца – сыновья»[887], – наследие и удел от плодов деяний Творца, от Древа жизни, потому что Творец называется Древом жизни. Ибо оттуда удостаивается человек сыновей, как сказано: «От Меня будут плоды тебе»[889]. Сказано: «Счастлив муж, который наполнил ими колчан свой»[890], счастлив он в этом мире, счастлив он в будущем мире.

429) «Не будут пристыжены, когда говорить будут с врагами во вратах»[890]. Кто эти «враги во вратах»? Это обвинители. Ибо когда душа выходит из этого мира, сколько обвинителей назначено человеку прежде, чем он войдет на свое место.

«Во вратах» – означает в тех воротах, через которые он входит на свое место, там они стоят. И он спасается от них, поскольку оставил залог в этом мире – сыновей. И благодаря им он удостоится вечного мира. И поэтому: «Не будут пристыжены, когда с врагами говорить будут во вратах».

---

[888] Пророки, Шмуэль 1, 26:19. «А теперь пусть выслушает господин мой царь слова раба своего: если Творец настроил тебя против меня, то будет Он обонять приношение (мое), но если – сыны человеческие, то прокляты они пред Творцом, ибо они изгнали меня ныне от приобщения к уделу Творца, говоря: "Ступай, служи богам чужим"».

[889] Пророки, Ошеа, 14:9. «Скажет Эфраим: "Что мне еще до идолов?" Я отзовусь и обращу на него взор Мой: "Я как вечнозеленый кипарис – от Меня будут плоды тебе!"»

[890] Писания, Псалмы, 127:5. «Счастлив муж, который наполнил ими колчан свой. Не будут пристыжены, когда говорить будут с врагами во вратах».

430) Всё время, когда занимаются Торой, Шхина является и присоединяется. И тем более, когда идут по дороге, Шхина сама спешит явиться и идет перед людьми, которые удостоились веры Творца.

Жена твоя, как лоза виноградная плодоносная

431) «Жена твоя, как лоза виноградная плодоносная в покоях дома твоего»[891]. Всё время, пока жена «в покоях дома» и не выходит наружу, она скромна и способна рожать достойных сыновей. Как виноградная лоза дает побеги только своего сорта, а не другого, так и достойная жена не производит ростков, т.е. сыновей, от другого человека. Как виноградная лоза не прививается от другого дерева, так и достойная жена тоже не допустит связи с другим.

432) Смотри, каково ее вознаграждение. «Сыновья твои подобны побегам олив»[891]. Как листья олив не опадают круглый год, и все они постоянно соединены с деревом, так и «сыновья твои подобны побегам олив вокруг стола твоего»[891] и связаны всегда с тобой.

433) Сказано после этого: «Вот так благословится муж, боящийся Творца»[892]. То есть всё время, пока Шхина была скромной на своем месте, как ей подобает, будто бы, «сыновья твои подобны побегам олив»[891]. Это Исраэль, когда они находятся на земле Исраэля. «Вокруг стола твоего»[891] – т.е. едят и пьют, и приносят жертвы, и веселятся перед Творцом, и получают благословение на высших и нижних путях.

434) После того как ушла Шхина из своего места, были отдалены Исраэль от отцовского стола. И оказались среди народов, и вопиют они целый день. И некому смотреть за ними, кроме Творца, как сказано: «Но при всем том, в их пребывание на земле их врагов»[893]. И видим мы, сколько возвышенных святых погибло из-за жестоких преследований. И всё это в наказание

---

[891] Писания, Псалмы, 128:3. «Жена твоя, как лоза виноградная плодоносная в покоях дома твоего; сыновья твои подобны побегам олив вокруг стола твоего».

[892] Писания, Псалмы, 128:4. «Вот так благословится муж, боящийся Творца».

[893] Тора, Ваикра, 26:44. «Но при всем том, в их пребывание на земле их врагов Я ими не пренебрег и их не отверг, чтобы их истребить, нарушая завет Мой с ними; ибо Я Творец Всесильный их».

Исраэлю за несоблюдение Торы во время пребывания на святой земле.

435) «За то, что ты не служил Творцу Всесильному твоему с радостью и добросердечием при изобилии всего»[894]. Когда коэны приносили жертвы и всесожжения, и это – «с радостью». «И добросердечием» – это левиты. «При изобилии всего» – это исраэлиты, которые были посередине между коэнами и левитами, и получали благословения со всех сторон, справа и слева.

436) «Ты возвеличил народ, усилил радость его; радовались они пред Тобою, как радуются жатве, как ликуют при разделе добычи»[895]. «Ты возвеличил народ, усилил радость его» – это коэны. «Радовались они пред Тобою, как радуются жатве» – это исраэлиты, которым Творец благословил урожай в поле, и отделили они десятину (маа́сер) от всего. «Как ликуют при разделе добычи» – это левиты, которые получают десятину с гумна.

437) «Ты возвеличил народ» – это исраэлиты, когда вера Творца над ними в подобающем виде. И это средняя линия, включающая две линии, правую и левую. «Усилил радость его» – это ступень рош высшего, то есть Хесед, ставший Хохмой; и с ней сливается Авраам и называется великим, и радость пребывает в нем, то есть правая линия, Хесед.

438) «Радовались они пред Тобою»[895] – когда они возвысились, чтобы слиться с Тобой в двух свойствах:

1. «Как радуются жатве»[895] – это Кнессет Исраэль, Нуква, которая радовалась жатве Его, и это левая линия, ибо жатва поля производится вследствие свечения левой линии. И «жатва» означает – желаемая цель работы в поле. И «жатве Его» означает, что Хозяин ее возвеличивается ею, а не она возвеличивается Хозяином.

2. «Как ликуют при разделе добычи»[895]. «Как ликуют» остальные воинства и соединения (меркаво́т), которые ниже Нуквы, когда распределяют добычу и делят жертву в начале всего, и это высшее начало (рош), к которому прилепился

---

[894] Тора, Дварим, 28:47.
[895] Пророки, Йешаяу, 9:2. «Ты возвеличил народ, усилил радость его; радовались они пред Тобою, как радуются жатве, как ликуют при разделе добычи».

Авраам, т.е. правая линия, Хесед. И сказанное: «Ты возвеличил народ»[895] означает, что умножил и возвеличил Исраэль. «Усилил радость его»[895] – это правая линия в высшем начале (рош).

И Исраэль – «радовались они пред Тобой»[895] в двух свойствах, в левой линии и в правой, потому что они являются свойством средней линии, включающей в себя две линии:
1. «Как радуются жатве»[895] – левая линия.
2. И Исраэль радуется, «как ликуют» воинства ангелов в БЕА «при разделе» высшим рош «добычи» и жертвы, и тогда получают все нижние, пребывающие в БЕА.

Срок прихода Машиаха

439) «Время действовать ради Творца: они нарушили Тору Твою!»[896] «Время» – это Кнессет Исраэль, Нуква, называемая «время», как сказано: «Чтобы он не входил во всякое время в Святилище»[897]. Как сказано: «Чтобы предохранить себя от жены чужой (иша зарá)»[898], «И поднесли они пред Творцом чужой огонь (эш зарá)»[899]. То есть и Нуква де-клипот называется «время», но она – «чужая жена», «чужой огонь». Поэтому сказано: «Чтобы он не входил во всякое время в Святилище» – а лишь во время святости.

Нуква называется «время», поскольку есть у нее время и срок для всего[900], чтобы приблизиться к свету и соединиться с Зеир Анпином, как подобает, и это подобно сказанному: «А я – молитва моя Тебе, Творец, во время благоволения»[901].

440) «Действовать (досл. делать) ради Творца»[896], как сказано: «И приобрел Давид именитость (досл. сделал имя)»[902]. Ибо исправленное состояние Нуквы называется «имя». И так же каждый, кто занимается Торой, он словно сделал и исправил это время, то есть Нукву, чтобы соединить ее с Творцом. И почему нужно столько работать для того, чтобы исправить Нукву? Из-за того, что «они нарушили Тору Твою»[896] – ведь если бы не нарушили Тору Твою, не было бы никогда отделения

---

[896] Писания, Псалмы, 119:126. «Время действовать ради Творца: они нарушили Тору Твою!»

[897] Тора, Ваикра, 16:2 «И сказал Творец Моше: "Говори Аарону, брату твоему, чтобы он не входил во всякое время в Святилище, за завесу, пред покрытие, которое на ковчеге, чтобы не умер; ибо в облаке зрим буду над покрытием"».

[898] Писания, Притчи, 7:5. «Чтобы предохранить себя от жены чужой, от чужестранной, чьи речи льстивы».

[899] Тора, Ваикра, 10:1. «И взяли сыны Аарона, Надав и Авиу, каждый свою угольницу, и положили на них огонь, и возложили на него курение; и поднесли они пред Творцом чужой огонь, чего Он не велел им».

[900] См. двадцать восемь времен, приведенных в Писаниях, Коэлет 3. (примечание Бааль Сулама).

[901] Писания, Псалмы, 69:14. «А я – молитва моя Тебе, Творец, во время благоволения. Всесильный, по великой милости Твоей ответь мне истиной спасения Твоего».

[902] Пророки, Шмуэль 2, 8:13. «И приобрел Давид именитость, когда возвращался после поражения восемнадцати тысяч арамейцев в Гэй-Амелах (Соленой долине)».

Творца от Исраэля. Ибо единение Творца и Его Шхины не прерывалось бы никогда.

441) Подобно этому сказано: «Я, Творец, в назначенное время (бейта) – ускорю (ахишéна)»[903]. «В назначенное время (бейта בעתה)» можно прочесть: «во время хэй (בעת ה')», что означает – в то время, когда «хэй ה», то есть Нуква, восстанет из праха своего, – тогда: «ускорю (ахишéна)». Ибо благодаря силе Моей восстанет она из праха изгнания, а не благодаря собственным силам. И вместе с тем, один день находится Кнессет Исраэль во прахе изгнания и не более, т.е. день Творца, продолжающийся тысячу лет. Как сказано: «Ибо тысячелетие в глазах Твоих, как день вчерашний»[904]. Имеется в виду пятое тысячелетие, ведь четвертое тысячелетие не было полным, так как не доставало ста семидесяти двух лет, поскольку разрушение (Храма) произошло в три тысячи восемьсот двадцать восьмом году.

442) Когда Кнессет Исраэль была изгнана из своего места, буквы святого имени будто бы разделились. То есть нижняя «хэй ה» имени АВАЯ (הויה) отделилась от «вав ו». И поскольку они разделись, сказано: «Застыл я в безмолвии»[905]. Поскольку «вав ו» отдалилась от «хэй ה», нет голоса, и тогда речь замолкает.

Зеир Анпин – это «вав ו» имени АВАЯ (הויה), и называется «голос». Нуква – нижняя «хэй ה» имени АВАЯ (הויה), и называется «речь». И когда Нуква, «хэй ה», отделилась от «вав ו», она становится словно речь без голоса. И поэтому сказано в Писании о времени изгнания: «Застыл я в безмолвии».

443) И поэтому она лежит во прахе изгнания весь этот день Творца, то есть пятое тысячелетие. И хотя она вышла в изгнание раньше, до наступления пятого тысячелетия, – ибо Храм был разрушен во время четвертого тысячелетия, – в любом случае, поскольку это не полное тысячелетие, мы не считаем его.

---

[903] Пророки, Йешаяу, 60:22. «Малый станет тысячей, а молодой – народом сильным. Я, Творец, в назначенное время – ускорю».
[904] Писания, Псалмы, 90:4. «Ибо тысяча лет в глазах Твоих, как день вчерашний, когда минул он, и как стража ночная (треть ночи)».
[905] Писания, Псалмы, 39:3. «Застыл я в безмолвии, молчал даже о хорошем, но боль кипела во мне!»

444) А когда наступит шестое тысячелетие, свойство «**вав**-алеф-вав ואו», то есть Есод, относящийся к наполнению «вав ו», Зеир Анпина, тогда «вав ו» поднимет «хэй ה», Нукву, во время «шесть раз по десять». И «вав ו» поднимается в «йуд י» имени АВАЯ (הויה), то есть в Хохму, и затем «вав ו» опускается и передает наполнение «хэй ה».

Объяснение. Когда Зеир Анпин будет постоянно получать совершенные мохин от Хохмы и передавать их Нукве, наступит избавление. А Зеир Анпин – это «вав ו» имени АВАЯ (הויה), которая соответствует его шести сфирот, ХАГАТ НЕХИ, и ему недостает ГАР, т.е. КАХАБ. И даже когда у него есть мохин де-ГАР, ему все еще недостает КАХАБ. Ведь только его ХАГАТ поднимаются и облачаются на КАХАБ, становясь ХАБАД, но это все ещё не настоящие ГАР.

И даже когда у него есть ГАР, они не более, чем ВАК. Однако считается, что каждое из его шести окончаний (ВАК) достигло ГАР. И это смысловое значение числа «шестьдесят» – что он считается свойством ГАР в каждом его окончании.

Существует четыре свойства мохин: руах, нешама, хая, ехида. Мохин ступени Зеир Анпин называются «руах», мохин Бины – «нешама», мохин Хохмы – «хая», а мохин Кетера называются «ехида». И так же в каждом из этих четырех есть эти четыре свойства мохин.

А что касается чисел, то мохин де-руах называются «десятки», и их шестьдесят, поскольку сфирот Зеир Анпина – это «десятки». Мохин де-нешама – «сотни», и их шестьсот, так как сфирот Бины – это «сотни». И мохин де-хая – «тысячи», и их шесть тысяч.

Зеир Анпин, который называется «вав ו», поднимет нижнюю «хэй ה», Нукву, когда у него будут постоянные мохин де-ГАР, которые определяются как «шесть раз по десять», иными словами, каждое его окончание достигает ГАР и становится «десятью». Но по сути своей это всего лишь сфирот ХАГАТ НЕХИ, которым недостает ГАР. И это происходит только когда «"вав ו" поднимается в "йуд י"», то есть когда «вав ו», Зеир Анпин, получит мохин от «йуд י» имени АВАЯ (הויה), от Хохмы, сфирот которой исчисляются в тысячах, и станет числом «шесть тысяч». Ибо каждое из его шести окончаний достигло свойства Хохмы, то есть «тысячи». И тогда «вав ו» начнет передавать эти мохин Хохмы в «хэй ה», Нукву, и поднимет ее из праха изгнания.

Однако нет необходимости в полных шести «тысячах», поскольку сама Хохма тоже разделяется на НАРАНХАЙ, и когда (Зеир Анпин) достигает свойства нешама от Хохмы, то есть шести «сотен» от шестого «тысячелетия», тотчас же раскроются врата Хохмы.

445) «Когда "вав ו"» – Зеир Анпин, «получает завершение в десяти, шесть раз» – и это свойство ГАР де-руах, которого достигает каждое из шести окончаний ВАК, а сейчас в шестом тысячелетии, т.е. в Хохме, они представляют собой руах Хохмы, «тогда число их шестьдесят, чтобы поднять ее» – Нукву, «из праха». «И каждые шестьдесят лет шестого тысячелетия "хэй ה" укрепляется и поднимается по своим ступеням, чтобы получить силы».

«И в шестьсот лет шестого тысячелетия» – когда каждое окончание достигает мохин Бины, сфирот которой исчисляются в «сотнях», и их «шестьсот», и теперь это нешама де-Хохма, т.е. Бина де-Хохма, «раскроются врата мудрости наверху и источники мудрости внизу» – ГАР Бины называются вратами Хохмы (мудрости), а ЗАТ Бины называются источниками Хохмы. «И исправится тогда мир для вступления в седьмое тысячелетие» – когда сама Малхут входит в состояние совершенства, называемое «суббота (шаббат)». «Подобно человеку, который исправляет себя в пятницу, чтобы с заходом солнца войти в субботу».

446) Но ведь это дольше по времени, чем изгнание Кнессет Исраэль, о котором говорилось, что оно длится один только день и не более, как сказано: «Обрек меня на одиночество и страдание целый день»[906], – то есть день Творца, длящийся тысячу лет. Таковы свойства букв святого имени АВАЯ: о чем бы ни говорилось, о днях существования мира или о днях творения – всё является одним целым.

---

[906] Писания, Эйха, 1:13. «Ниспослал Он свыше огонь в кости мои, и тот иссушил их; раскинул Он сеть у ног моих, повернул меня вспять, обрек меня на одиночество и страдание целый день».

447) И тогда покажется радуга в облаках в излучающих свет цветах, подобно женщине, украшающей себя для мужа. Ибо радуга – это Нуква[907], как сказано: «Я увижу ее, чтобы вспомнить вечный союз»[908].

Однако «я увижу ее» означает – «в излучающих свет цветах», как подобает. Объяснение. Прежде, чем придет избавление, в радуге есть только три цвета: белый, красный, зеленый, т.е. «йуд-хэй-вав יהו» имени АВАЯ (הויה), но собственное свойство Нуквы там отсутствует. Однако во время избавления будут светить все четыре цвета в радуге, потому что и ее собственное свойство будет светить наравне с тремя цветами Зеир Анпина, как сказано: «И будет свет луны, как свет солнца»[909].

448) И тогда сказано: «Чтобы вспомнить вечный союз». «Вечный союз» – это Кнессет Исраэль, т.е. Нуква, являющаяся союзом.

449) Когда «вав ו», Зеир Анпин, пробудится по отношению к «хэй ה», Нукве, высшие знамения проявятся в мире, и сыны Реувена будут воевать со всем миром. И Творец поднимет Кнессет Исраэль из праха изгнания и вспомнит о ней.

450) И Творец явится ей в изгнании в шестом тысячелетии, согласно счету **«вав**-йуд-вав ויו», то есть умножается буква «вав ו» на ее наполнение, «йуд י». А потом умножается на наполнение «йуд י» буква «вав ו». Получается «вав (6)» раз наполнение «йуд (10)», и становится «вав» – шестьдесят. «Йуд (10)» раз «вав», которая стала шестьюдесятью, становится «вав» – шестьсот. То есть «шестьсот лет в шестом тысячелетии». И тогда поднимется и будет помянут мир, Нуква, для совершения возмездия. И тот, кто низок, вознесется.

451) Так выясняется этот срок через свойство букв имени АВАЯ, и не следует нам делать других расчетов и сроков, не

---

[907] См. Зоар, главу Ноах, п. 267.
[908] Тора, Берешит, 9:16. «И как будет радуга в облаке, Я увижу ее, чтобы вспомнить вечный союз между Всесильным и между всяким живым существом во всякой плоти, что на земле».
[909] Пророки, Йешаяу, 30:26. «И будет свет луны, как свет солнца, и свет солнца станет семикратным, как свет семи дней, в день, когда Творец исцелит народ Свой от бедствия и рану его от удара излечит».

относящихся к свойству этих букв, как сказано: «Тогда возжелает земля субботы свои»⁹¹⁰ – т.е. «вав». Иными словами, не раскроется желание это для земли, Нуквы, без совершенства «вав», как сказано: «И вспомню Я завет Мой с Яаковом»⁹¹¹, Яаков (יעקוב) написано с «вав ו». И это «вав-вав וו».

Когда произносят «вав ו», внутри нее слышится еще одна «вав ו», где первая вав указывает на Яакова, Тиферет, а вторая вав указывает на Есод Зеир Анпина, и это – «вав ו» в Яакове (יעקוב). Иначе говоря, в Яакове (יעקוב), когда его пишут с «вав ו», есть Тиферет и Есод, являющиеся одним целым. И поэтому сказано: «Вспомню», а потом «и землю вспомню»⁹¹¹ – то есть Кнессет Исраэль, Нукву.

Сказано: «И вспомню союз Мой с Яаковом, и также союз Мой с Ицхаком, и также союз Мой с Авраамом вспомню, и землю вспомню»⁹¹¹. И было бы достаточно, если бы закончил: «и землю вспомню»⁹¹¹. А почему же сказано: «Вспомню, и землю вспомню»⁹¹¹? Дело в том, что сначала сам Зеир Анпин должен получить свое совершенство, и это «вав», и это Авраам, Ицхак и Яаков. И потому о нем сказано отдельно «вспомню», а затем «и землю вспомню». Ведь «вав ו» поднимет нижнюю «хэй ה», и «хэй ה» тоже достигнет своего совершенства.

«Возжелает (тирцé תִרְצֶה)»⁹¹⁰ означает, что земля будет желанна Творцу, и Он поднимет ее. Как будто в слове «возжелает (тирцé תִרְצֶה)» под «тав תֶ» была бы огласовка «цéйре (е)», а под «рейш רָ» – «камац а», «будет желанна (терацé תֵרָצֶה). То есть не нужно это понимать, как желание самой Нуквы, поскольку это зависит не от ее желания, а от желания Зеир Анпина.

452) Но «один день», указанный как время изгнания, – это именно так, поскольку всё спрятано и скрыто у Творца, и всё проявляется и раскрывается в тайне букв святого имени. Ведь изгнание, т.е. скрытие, раскрыл нам рабби Иса в этих буквах. А

---

⁹¹⁰ Тора, Ваикра, 26:34. «И тогда возжелает земля субботы свои всех дней запустения своего, когда были вы в стране врагов ваших; тогда будет покоиться земля и возместит субботы свои».

⁹¹¹ Тора, Ваикра, 26:42. «И вспомню союз Мой с Яаковом, и также союз Мой с Ицхаком, и также союз Мой с Авраамом вспомню, и землю вспомню».

сейчас раскрывается в этих буквах избавление, которое зависит от совершенства «вав ו» имени АВАЯ (הויה).

453) Даже когда была помянута Сара, была она помянута не со ступени «вспоминания» (пкида́), т.е. Нуквы, нижней «хэй ה» имени АВАЯ (הויה), а со ступени «вав ו», как сказано: «И Творец (ве-АВАЯ) вспомнил о Саре»[880]. Ведь «ве-АВАЯ» указывает, что это «Он и суд Его». «Он» – Зеир Анпин, т.е. «вав ו», а «суд Его» – Нуква. И мы видим, что даже вспоминание Сары произошло в «вав ו» имени АВАЯ (הויה), потому что всё происходит в свойстве «вав ו».

И в этом заключено всё, т.е. всё скрыто в свойстве «вав ו», и в нем раскрывается всё, поскольку всё раскрывается через совершенство «вав ו». Ибо всё скрытое оно раскрывает, а не то чтобы кто-то открыто явился и раскрыл скрытое.

Человек был создан во всем зле и низости. Как сказано: «Подобным дикому ослу рождается человек»[912]. И все органы тела, чувства и свойства, и тем более мысль, служат ему только для зла и ничтожества в течение всего дня. А тому, кто удостоился слиться с Творцом, Творец не создает вместо этих новые келим, которые были бы пригодны и достойны для получения предназначенного ему вечного духовного блага, а те же самые низкие келим, использование которых было до сих пор злым и гнусным, переворачиваются и становятся для него сосудами вечного получения всей радости и услады.

И мало того, те келим, которые обладали самыми большими недостатками, становятся теперь самыми важными. То есть мера раскрытия в них больше всего. До такой степени, что если бы у человека была бы какая-нибудь часть (кли) тела без всякого недостатка, она стала бы для него теперь словно лишней, ни на что не годной. И это подобно деревянному или глиняному сосуду – чем больше его недостача, то есть углубленность, тем больше мера его вместимости и важности.

И то же происходит и в высших мирах, ибо любое раскрытие дается миру только с помощью скрытых свойств. И мера

---

[912] Писания, Иов, 11:12. «И пустому человеку дано сердце, но подобным дикому ослу рождается человек».

скрытия, имеющаяся на ступени, определяет меру раскрытия в ней, которую она дает миру. А если нет в ней скрытия, не сможет она ничего дать.

Потому что всё скрытое раскрывает то, что скрыто в нем. И это «вав ו» имени АВАЯ (הויה), Зеир Анпин, мохин которого всегда в свойстве укрытых хасадим, скрытых от свечения Хохмы. И поэтому ему предназначено раскрыть полное избавление, потому что «вав ו» поднимет нижнюю «хэй ה». Ибо, какова мера скрытия и прикрытия в нем, такова будет в будущем мера его раскрытия.

Но в нижней «хэй ה» имени АВАЯ (הויה), Нукве, – в которой хасадим раскрываются, и всё раскрытие Хохмы в мирах происходит лишь от нее, – нет скрытия, и поэтому она не сможет раскрыть ничего скрытого, то есть избавления. И несмотря на то, что в Нукве имеются другие скрытия, всё же их недостаточно для великого раскрытия полного избавления, ведь какова мера раскрытия, такой обязана быть и мера скрытия.

454) «Сколько же будет тянуться наше изгнание до наступления этого времени? И Творец связал избавление со всем – придут ли они к раскаянию, удостоившись избавления, или не удостоившись» – т.е. через раскаяние или не придут к раскаянию. «Как сказано: "Я, Творец, в назначенное время (бейта) – ускорю (ахишéна)"[903]». Если удостоились, т.е. если придут к раскаянию, – «ускорю». Если не удостоились, т.е. если не совершат раскаяние, – «в назначенное время».

455) Когда рабби Йоси и рабби Йегуда находились в пути, сказал рабби Йоси: «Я вспомнил, что в этом же месте мы как-то сидели с моим отцом, он сказал мне: «Когда ты достигнешь шестидесяти лет, тебе предстоит найти в этом месте сокровищницу высшей мудрости. Я уже удостоился дожить до этих дней, но все еще ничего не нашел. И не знаю: все новое, что было сказано, является ли той мудростью, о которой он говорил, что мне предстоит найти?»

456) Сказал мне: «Когда ты почувствуешь, как огонь ударяет по твоим ладоням, эта мудрость покинет тебя». Спросил я: «Отец, откуда ты это узнал?!» Ответил мне: «От двух птиц, которые пролетели над твоей головой, я узнал это».

457) Между тем рабби Йоси отделился от рабби Йегуды, и зашел в какую-то пещеру, и нашел одну книгу, которая была спрятана в расщелине камня в конце пещеры. Взял он ее и вышел вместе с ней.

458) Когда он открыл эту книгу, он увидел семьдесят два начертания букв, которые были переданы Адаму Ришону, и при помощи них он познал всю мудрость высших праведников, и все те клипот, что за жерновами, которые крутятся за завесой, скрывающей высшие света. И все вещи, которые должны произойти в мире до того дня, когда поднимется черная туча в западной стороне и покроет мраком мир.

Нецах и Ход называются жернов и бегун, которые перемалывают манну для праведников – для Есода и Малхут, называемых праведник и праведность. И есть клипот против них обоих. Но основные клипот – против Ход, называемого жерновом. Однако клипот не находятся в Ацилуте, о котором сказано: «Не водворится у Тебя зло»[913]. Но они находятся за завесой – за парсой, расположенной под миром Ацилут, отделяющей Ацилут от миров БЕА. То есть они находятся в БЕА.

459) Начали они изучать эту книгу. Не успели они еще изучить два или три листа книги, а уже созерцали высшую мудрость. Когда же дошли до изучения таинств этой книги, и заговорили друг с другом, вышло пламя огня с ураганным ветром, ударило их по рукам, и книга у них исчезла. Заплакал рабби Йоси и произнес: «Может быть, в нас есть какой-то порок или же мы не достойны постичь ее!»

460) Когда пришли они к рабби Шимону и рассказали ему о том, что произошло, сказал он им: «Может быть, вы изучали срок прихода Машиаха с помощью этих букв?» Ответили ему: «Мы не знаем, потому что все забыли».

Сказал им рабби Шимон: «Творец не желает, чтобы слишком многое раскрылось миру. Но когда приблизится время прихода Машиаха, даже младенцы в мире будут раскрывать тайны этой мудрости, чтобы с помощью них знать о сроках и рассчитывать

---

[913] Писания, Псалмы, 5:5. «Ибо Ты не божество, желающее беззакония, не водворится у Тебя зло».

время избавления. И в это время она раскроется всем. Как сказано: «Ибо тогда Я изменю язык народов, сделав его чистым, чтобы все призывали имя Творца»[914]. «Тогда» означает – в то время, когда Кнессет Исраэль поднимется из праха, и поднимет ее Творец.

461) Несмотря на то, что сказано об Аврааме: «И передвигался Аврам, направляясь всё дальше на юг»[915], и все его передвижения были на юг, в правую сторону, хе́сед, и он связан с ней, – вместе с тем, не поднялся он на свое место, как подобает, пока не родился Ицхак. Когда родился Ицхак, поднялся он на свое место, то есть на север, с левой стороны. А Авраам действовал с ним вместе, и соединились они друг с другом. И благодаря их совместным действиям и взаимному включению друг в друга, оба они пришли к совершенству.

462) Поэтому Авраам назвал его Ицхаком, чтобы соединить таким образом воду с огнем. Свойство Авраама, воду, со свойством Ицхака, огнем. «И нарек Авраам имя своему сыну, родившемуся у него, которого родила ему Сара: Ицхак»[916]. Зачем уточняется – «родившемуся у него»? Чтобы показать нам, что Ицхак, свойство «огонь», родился от Авраама, свойства «вода», и поэтому они включились друг в друга.

---

[914] Пророки, Цфания, 3:9. «Ибо тогда Я изменю язык народов, сделав его чистым, чтобы все призывали имя Творца и служили Ему как один».
[915] Тора, Берешит, 12:9. «И передвигался Аврам, направляясь всё дальше на юг».
[916] Тора, Берешит, 21:3. «И нарек Авраам имя своему сыну, родившемуся у него, которого родила ему Сара: Ицхак».

Сын Агари-египтянки

463) «И увидела Сара сына Агари-египтянки»[917]. Со дня, когда родился Ицхак, и Ишмаэль был в доме Авраама, Ишмаэль не упоминается по имени, ибо в том месте, где находится золото, не вспоминают перед ним об отходах. И поэтому сказано: «сына Агари-египтянки»[917], и не сказано: «Ишмаэля, сына Агари» – человека, имя которого не стоит упоминать в присутствии Ицхака.

464) «"И увидела Сара"[917] глазами, замечающими лишь позор, увидела его Сара» – т.е. она желала видеть только позор. «Ибо этими глазами она не увидела в нем сына Авраама, а увидела сына Агари-египтянки. Поэтому сказано: "И увидела Сара", ведь только Сара видела его такими глазами, но не Авраам, поскольку об Аврааме сказано не «сына Агари», а «сына его».

465) А потом, что сказано? «И это было очень скверным в глазах Авраама, по поводу сына его»[918]. И не сказано: «По поводу сына Агари-египтянки». И в противоположность этому сказано: «И увидела Сара сына Агари-египтянки»[917], и не видела она, что он сын Авраама.

466) Этот стих – похвала Саре, ибо увидела она, что он «потешается»[917] идолопоклонством. Сказала она: «Ясно, что этот сын – не сын Авраама, который делает деяния Авраама, а он – сын Агари-египтянки, ибо вернулся он к уделу матери своей». Поэтому: «И сказала она Аврааму: "Изгони эту рабыню и сына ее, ибо не наследовать сыну этой рабыни с моим сыном, с Ицхаком"»[919].

467) И разве можно представить себе, что Сара ревновала ее или ее сына и поэтому сказала: «Изгони»? Если бы это было так, Творец не признал бы слов ее, как сказано: «Во всем, что

---

[917] Тора, Берешит, 21:9. «И увидела Сара сына Агари-египтянки, которого та родила Аврааму, что потешается он».
[918] Тора, Берешит, 21:11.
[919] Тора, Берешит, 21:10.

скажет тебе Сара, слушай ее голоса»[920]. Но поскольку увидела она его во время поклонения идолам, а законам идолопоклонства научила его мать, – сказала Сара: «Ибо не наследовать сыну этой рабыни»[919], – «я знаю, что не унаследует он никогда удел веры, и не будет у него удела с сыном моим, ни в этом мире, и ни в будущем». И поэтому признал ее слова Творец.

468) А Творец хотел выделить особо святое семя, как подобает, ведь для этого Он создал мир. Ибо Исраэль возник в желании Творца до того, как Он создал мир. И поэтому явился Авраам в мир, и благодаря ему мир смог существовать. А Авраам и Ицхак ждали и не могли обосноваться на месте своем, пока не явился в мир Яаков.

469) Когда явился в мир Яаков, получили силы Авраам и Ицхак, и получил силы весь мир. А от Яакова вышел в мир святой народ, и всё установилось на стороне святости, как подобает. И потому сказал ему Творец: «Во всем, что скажет тебе Сара, слушай ее голоса, ибо в Ицхаке наречется тебе потомство»[920] – а не в Ишмаэле.

470) Сказано после этого: «И пошла она и заблудилась в пустыне Беер-Шевы»[921]. «И заблудилась» – это идолопоклонство. А Творец благодаря заслугам Авраама не покинул ее и сына ее, и спас их от жажды, хотя она и поклонялась идолам.

471) Вначале, когда сбежала она от Сары, сказано: «Ибо услышал Творец твои муки»[922]. А сейчас, когда она обратилась к идолопоклонству, хотя и сказано: «И возвысила она голос

---

[920] Тора, Берешит, 21:12. «И сказал Творец Аврааму: Да не будет скверным в твоих глазах то, что сделаешь ты с отроком и рабыней своей. Во всем, что скажет тебе Сара, слушай ее голоса, ибо в Ицхаке наречется тебе потомство».

[921] Тора, Берешит, 21:14. «И поднялся Авраам рано утром и взял хлеб и мех с водой и дал Агари, положил ей на плечо, и ребенка, и отослал ее. И пошла она и заблудилась в пустыне Беер-Шевы».

[922] Тора, Берешит, 16:11. «И сказал ей ангел Творца: "Вот ты зачнешь и родишь сына. И нареки ему имя Ишмаэль, ибо услышал Творец твои муки"».

свой и заплакала»[923], сказано: «И услышал Творец голос отрока»[924], и не сказано: «И услышал Творец твой голос».

472) «Оттуда, где он»[924]. Ишмаэль не подлежал наказанию высшего суда, потому что нижний суд наказывает, начиная с тринадцати лет, а высший суд наказывает, начиная с двадцати лет. Поэтому, хотя он и был грешником, он не подлежал наказанию. И сказано: «Оттуда, где он» – так как ему было меньше двадцати лет, и поэтому спас его Творец.

473) В таком случае, тот, кто уходит из мира, до того как достиг двадцати лет, из какого места он наказывается смертью? Ведь до тринадцати лет, хотя он и не подлежит наказанию, он наказывается и умирает за грехи отца, будучи всё еще под его властью. Но ведь, начиная с тринадцати лет, он уже выходит из-под власти отца, и потому он наказывается и умирает, всё еще не подлежа наказанию? Дело в том, что Творец щадит его, позволяя ему умереть праведником, – и дает ему хорошее вознаграждение в вечном мире. И уже не умрет грешником, который получает наказание в том самом мире.

474) Если грешник, не достигший двадцати лет, уходит из мира, – откуда исходит его наказание? Ведь нельзя сказать: «для того чтобы умер праведником», поскольку грешник он, а не праведник.

Он наказывается без суда. Ибо когда наказание нисходит в мир, тот, кому еще не исполнилось двадцати лет, наталкивается на губителя, пришедшего карать, без воли на то высшего суда и без воли на то нижнего суда, и наказывается только потому, что не усмотрели за ним свыше, не уберегли, чтобы он не натолкнулся на губителя. А когда он столкнулся с губителем, тот уже не отличает хорошего от плохого.

---

[923] Тора, Берешит, 21:16. «И пошла и села она в отдалении, поодаль на выстрел из лука, ибо сказала она: "Чтоб не видеть мне смерти ребенка". И села она в отдалении, и подняла она голос свой и заплакала».

[924] Тора, Берешит, 21:17. «И услышал Творец голос отрока, и воззвал ангел Творца к Агари с небес и сказал ей: "Что тебе, Агарь? Не страшись, ибо услышал Творец голос отрока оттуда, где он"».

475) И о нем сказано: «Собственные беззакония подстерегают грешника (эт а-раша), и узы греха его держат его»[925]. Предлог «эт» – включает того, для кого еще не настало время наказания. «Собственные беззакония подстерегают» его – а не высший суд, «и узы его греха держат его»[925], – а не нижний суд. Поэтому сказано: «Ибо услышал Творец голос отрока оттуда, где он»[924], – ибо еще не полагалось ему быть наказанным за свои грехи. И поэтому: «Услышал Творец голос» его, хотя и был он грешник.

---

[925] Писания, Притчи, 5:22.

Знаки Машиаха

476) «И вспомню Мой завет с Яаковом»[911]. Почему Яаков (יעקוב) пишется здесь с «вав ו»? «Вав ו» – это ступень Хохмы в том месте, где находится Яаков, т.е. в сфире Тиферет мира Ацилут, или в средней линии. А наполнение «вав ו» в Яакове (יעקוב) указывает на Есод, т.е. свойство Хохмы в парцуфе. А Тиферет и Есод вместе – это «вав-вав וו». Поэтому Яаков пишется здесь с «вав ו», чтобы указать на соединение с Есодом, являющееся его совершенством, т.е. на достижение свойства Хохмы. В этом отрывке Писания говорится о том, что Исраэль будут помянуты в изгнании, и это произойдет в свойстве «вав ו», то есть в шестом тысячелетии. И поэтому Яаков (יעקוב) пишется здесь с «вав ו», это косвенно показывает, что сыны Исраэля, называемые Яаков, будут вызволены в «вав ו», в шестом тысячелетии.

477) «Вспоминание в свойстве "вав ו" – это шесть мгновений и половина времени. И во время шестидесяти лет дверного засова в шестом тысячелетии» – это «вав ו», Тиферет, о которой сказано: «А средний засов, внутри брусьев, проходит от края до края»[926], и поэтому называется дверным засовом; «установит Творец небесный вспоминание (пкида́) о дочери Яакова. И с этого времени до памятования (зхира́) будет шесть с половиной лет продолжаться вспоминание. И с этого времени будет еще шесть лет продолжаться памятование. И вместе это – семьдесят два с половиной года».

Объяснение. Любое свечение раскрывается в катнуте и гадлуте. Сначала в катнуте, в свойстве ВАК, которое светит только снизу вверх, и это свет некевы. И такое раскрытие называется «вспоминание (пкида)». А после этого раскрывается гадлут, и это свет ГАР, который светит сверху вниз, и такое раскрытие называется «памятование (зхира)», т.е. свет захара. И это является признаком: когда рождается некева, ее свойство «пани́м (лицо)» обращено вверх, а когда рождается захар, его свойство «паним» обращено вниз.

---

[926] Тора, Шмот, 26:28.

И поэтому о рождении Ицхака сказано вначале: «И Творец вспомнил о Саре»[927]. И это свет некевы, называемый «вспоминание (пкида)». И она еще не способна родить, пока к ней не будет привлечено к ней «памятование (зхира)». И поэтому сказано во второй раз: «И сделал Творец для Сары, как говорил»[927], – т.е. «памятование (зхира)». Ибо здесь говорится о действии, а действие – это свойство захар. Ибо к свету некевы действие не относится, поскольку женщина – это «ничейная земля»[928].

И так же в будущем избавлении, когда «вав ו» поднимет «хэй ה» в великом и совершенном свете, как сказано: «И будет свет луны, как свет солнца»[929]. Вначале раскроется вспоминание этого великого света, а затем – памятование.

«Вспоминание (пкида)», притягиваемое с помощью «вав ו», будет светить лишь шесть мгновений, и это ХАГАТ НЕХИ, которые светят в ней благодаря включению захара. А от своего собственного свойства у нее есть только половина времени, т.е. половина Малхут, называемая «время (эт עת)» только от хазе в ней и выше, но не ниже хазе. И это потому, что она всё еще в свойстве «вспоминание (пкида)», т.е. в свете некевы, который не светит сверху вниз, и поэтому ей недостает половины времени от хазе и ниже.

И поэтому годы вспоминания продолжаются шесть с половиной лет, от шестидесятого года до шестьдесят шестого с половиной, и тогда с помощью «вав ו» раскроется свет памятования (зхира), свет захара, и здесь раскроется царь Машиах, т.е. свойство «захар» и «вав ו», и свечение его продлится еще шесть лет.

478) В шестьдесят шестом году раскроется царь Машиах в земле галилейской, и это Машиах бен Йосеф, и поэтому место его раскрытия – земля галилейская, надел Йосефа.

---

[927] Тора, Берешит, 21:1. «И Творец помянул Сару, как сказал, и сделал Творец для Сары, как говорил».
[928] Вавилонский Талмуд, трактат Санедрин, лист 74:2.
[929] Пророки, Йешаяу, 30:26. «И будет свет луны, как свет солнца, и свет солнца станет семикратным, как свет семи дней, в день, когда Творец исцелит народ Свой от бедствия и рану его от удара излечит».

И когда звезда с восточной стороны поглотит семь звезд с северной стороны, и пламя черного огня будет держаться на небосводе шестьдесят дней, и войны разразятся на севере, и два царя падут в этих войнах.

479) И объединятся все народы против дочери Яакова, чтобы вытеснить ее из мира, и об этом времени сказано: «Это час бедствия для Яакова, и от него же избавление»[930] – вот тогда истощатся все души в теле, и должны будут вернуться и обновиться. Как сказано: «Всех душ, идущих с Яаковом в Египет, …всех душ – шестьдесят шесть»[931].

Пояснение сказанного. До предстоящего полного избавления, были избавления из Египта и Вавилона, которые происходили благодаря келим и светам Имы, как сказано: «Мать одалживает свои одежды дочери»[932]. Но в самой Малхут, относительно ее собственных свойств, еще не совершилось избавление. И до его наступления в радуге светят лишь три цвета белый-красный-зеленый, т.е. ХАГАТ, а ее собственный цвет, черный, не светит[933], так как у самой Малхут нет ничего. Но она должна получить от мужа своего, Зеир Анпина, который передает ей наполнение от светов и келим Имы.

Однако полное избавление означает, что сама Малхут будет построена из своих собственных келим и светов, и не будет больше получать от Зеир Анпина света и келим Имы, как сказано: «И будет свет луны, как свет солнца»[929].

Как и в предыдущих избавлениях Малхут, она формировалась в трех линиях, после чего образовывалось ее собственное свойство, т.е. получающее кли трех линий, так же в предстоящем общем исправлении, свет избавления должен исправить Малхут последовательно в трех линиях, а затем – ее собственное свойство, получающее от трех линий. И после этого у нее

---

[930] Пророки, Йермияу, 30:7. «Увы! Как велик день тот, нет подобного ему! Это час бедствия для Яакова, и от него же избавление».
[931] Тора, Берешит, 46:26. «Всех душ, идущих с Яаковом в Египет, происшедших из чресл его, кроме жен сынов Яакова, всех душ – шестьдесят шесть».
[932] См. «Предисловие книги Зоар», п. 17, со слов: «Поэтому сказано: "И мать одалживает свои одежды дочери..."»
[933] См. Зоар, главу Берешит, часть 1, п. 71.

будет всё совершенство, необходимое для полного зивуга. И это пять стадий исправления.

И отсюда становится понятен порядок приводимых здесь времен:

Первое исправление – от шестидесяти до шестидесяти шести с половиной лет будет исправлена ее правая линия с помощью света вспоминания (пкида).

Второе исправление – от шестидесяти шести до семидесяти трех лет с помощью света памятования (зхира) будет исправлена ее левая линия. И в это время поэтому раскроется Машиах бен Йосеф в земле галилейской. И все знамения, относящиеся к этому времени, исходят от судов, проявляющихся в свечении левой линии.

Третье исправление – с семьдесят третьего года до сотого будет исправлена ее средняя линия, и поэтому раскроется Машиах бен Давид.

Четвертое исправление – ее собственного свойства, чтобы получать всё, что есть в трех линиях, от сотого года до конца шестого тысячелетия, в зивуге «вав ו» с «хэй ה». И все старые души, которые вышли со дня сотворения мира и до конца шестого тысячелетия, получат тогда обновление в совершенстве.

Пятое исправление – седьмое тысячелетие, когда Малхут достигает полного совершенства, и будет один день Творца для единого зивуга, порождающего новые души, которых еще не было вообще со дня сотворения до седьмого тысячелетия.

И сказано: «В шестьдесят шестом году раскроется царь Машиах в земле галилейской». И это Машиах бен Йосеф, который раскрывается в своем наделе, и время его прихода – семь лет до семьдесят третьего года. Ибо он является, чтобы исправить в свете памятования ту половину Малхут, которой еще недостает в свете вспоминания, время которой – шесть лет с половиной, поскольку это свет ВАК. А сейчас, когда приходит свет памятования (зхира), т.е. ГАР, раскрывается вначале Машиах бен Йосеф, чтобы исправить всю левую линию, т.е.

семь полных лет, указывающих на то, что Малхут исправилась полностью, даже ниже хазе.

Ибо в предыдущих изгнаниях ее левая линия исправилась только благодаря ее подъему в Иму, когда она получила левую линию Имы. Но сейчас ее собственная левая линия исправится на своем месте внизу, и ей больше не потребуется левая линия Имы.

«И звезда с восточной стороны поглотит семь звезд с северной стороны». Четыре стороны света – это ХУБ ТУМ, где Бина – северная сторона, а Тиферет – восточная. Памятование (зхира) – это свет «вав ו», т.е. Тиферет, и это та звезда с восточной стороны, которая исправит собственное свойство Малхут в левой линии. И она отменяет этим левую сторону Имы, т.е. северную сторону, которая до этого момента присутствовала в строении Малхут. И это подразумевается в словах, что она как будто проглатывает семь звезд Бины, ибо семь звезд – это семь сфирот ХАГАТ НЕХИМ, находящиеся в левой линии.

И сказано: «И пламя черного огня будет держаться на небосводе шестьдесят дней». Суды, приходящие в мир со свечением левой линии, называются «пламя огня». До этого было пламя огня красного цвета, поскольку исходило от Бины, а не от Малхут. Ибо четыре цвета: белый, красный, зеленый, черный, – это ХУБ ТУМ. И красный – это Бина.

Но сейчас, когда Малхут достигла свои собственные света и келим, и левая линия притягивается к ней в ее собственные келим, и это черный цвет, то и пламя огня, которое приходит в свечении левой линии, черного цвета. И поэтому сказано: «И пламя черного огня будет держаться на небосводе».

А число шестьдесят дней – это «шестьдесят воинов»[934], ибо так называется свечение левой линии. И несмотря на то, что это свет ГАР, это всего лишь ГАР де-ВАК (шести окончаний), и каждое окончание состоит из десяти, и число их – шестьдесят, а дни – это сфирот.

---

[934] Писания, Песнь песней, 3:7. «Вот ложе Шломо, шестьдесят воинов вокруг него, воинов Исраэля».

«И войны разразятся на севере» – в силу действия судов, присутствующих в свечении левой линии, будут происходить войны в мире. И поскольку восток поглотит север, суды тоже пройдут с востока на север. «И два царя падут в этих войнах», один – из народов мира, а другой – из Исраэля, и это Машиах бен Йосеф.

Поэтому сказано: «И объединятся все народы против дочери Яакова, чтобы вытеснить ее из мира». Ведь после гибели Машиаха бен Йосефа очень усилятся народы и захотят вытеснить Исраэль из мира. И как сказано: «Это время бедствия для Яакова, и от него же избавление»[930].

Иными словами, эти суды и бедствия придут не в качестве наказания, а чтобы стать потом келим для полного избавления: «И от него же избавление».

А сказанное: «И тогда истощатся все души в теле» означает, что из-за судов и бедствий, которые наступят тогда, истощатся силы душ, которые были когда-то в теле. То есть, не только души этого поколения, а души всех поколений со дня сотворения мира до того дня, бывшие когда-то в теле, ослабеют, и истощится их сила, и они должны и обязаны будут обновиться.

480) «В семьдесят третьем году» – через семь лет после раскрытия Машиаха бен Йосефа, «все цари мира соберутся в великом городе Риме, и Творец нашлет на них "огонь и град, и каменный дождь"[935], и сгинут все они. И только те цари, которые не прибыли в Рим, останутся в мире, и потом снова начнут развязывать другие войны. И в это время пробудит царь Машиах весь мир, и соберется к нему много народов и много воинств со всех концов мира. И все сыны Исраэля соберутся в местах своих».

Объяснение. Здесь установится средняя линия, задача которой подчинить левую линию так, чтобы она включила в себя правую линию, и также правая – левую, и тогда завершается ступень со всех сторон[936]. И об этом сказано: «В семьдесят

---

[935] Пророки, Йехезкель, 38:22. «И буду судиться с ним мором и кровью, и ливень проливной, и град камней, огонь и серу пролью на него и на отряды его, и на народы многие, которые с ним».

[936] См. Зоар, главу Берешит, часть 1, п. 9, со слов: «И эта высшая точка...»

третьем году все цари мира» – т.е. все те, кто получает силу от левой линии, «соберутся в великом городе Риме» – стоящем во главе (рош) всех левых сил, «и Творец нашлет на них огонь и град, и каменный дождь, и сгинут все они» – благодаря свечению средней линии будут отменены все суды, и левые силы исчезнут из мира.

«И только те цари, которые не прибыли в Рим, останутся в мире» – те, кто происходит от правой клипы, и которые не прибыли в Рим, представляющий собой левую сторону, «и потом снова начнут развязывать другие войны» – так как во время четвертого исправления наступит время правых сил воевать с Исраэлем.

«И в это время пробудит царь Машиах весь мир» – это Машиах бен Давид, который происходит от средней линии, и поэтому наступает его время, чтобы раскрыться со своим исправлением. «И все сыны Исраэля соберутся в местах своих» – в это время начинается собрание изгнаний, и они собираются в своих местах, чтобы идти в Йерушалаим. Но еще не идут до наступления четвертого исправления, исправления Малхут, при котором она получит внутрь себя свечение трех линий, и тогда весь Исраэль собираются и идут в Йерушалаим.

481) Пока не завершатся годы и не достигнут ста лет шестого тысячелетия. Тогда соединятся «вав ו» с нижней «хэй ה», т.е. передадут исправления трех линий в «хэй ה», в Малхут, и это – четвертое исправление. В это время: «И приведут всех братьев ваших от всех народов в дар Творцу»[937], и тогда будет собрание изгнаний.

И должны будут сыны Ишмаэля, стоящие во главе всех сил клипот правой стороны, так же как Рим относительно сил левой стороны, пробудиться вместе со всеми народами мира, которые не пришли в Рим, чтобы выступить против Йерушалаима войной, как сказано: «И соберу все народы на войну против

---

[937] Пророки, Йешаяу, 66:20. «И приведут всех братьев ваших от всех народов в дар Творцу на конях, и колесницах, и в повозках, и на мулах, и на верблюдах на гору святую Мою, в Йерушалаим, – сказал Творец, – подобно тому, как сыны Исраэля приносят дар в сосуде чистом в дом Творца».

Йерушалаима»⁹³⁸. И сказано: «Встают цари земли»⁹³⁹. И сказано: «Сидящий в небесах усмехается»⁹⁴⁰.

482) После того как все силы ситры ахра, правая и левая, исчезнут из мира, пробудится малая «вав ו», т.е. Есод Зеир Анпина, чтобы соединиться с «хэй ה» и обновить старые души, – все те, которые были в теле с момента сотворения мира до сего дня, – чтобы обновить мир, Малхут. Как сказано: «Радоваться будет Творец делам Своим»⁹⁴¹. И сказано: «Да будет слава Творца вовеки»⁹⁴¹, – чтобы нижняя «хэй ה» соединилась с «вав ו» как подобает.

«Радоваться будет Творец делам Своим» – это души, которые обновились в мире для того, чтобы всем им стать новыми творениями. И соединятся все миры в единое целое.

483) «Счастливы все те, кто останется в мире в конце шестого тысячелетия, чтобы войти в субботу» – т.е. в седьмое тысячелетие. «Ибо тогда это единый день только для Творца, чтобы соединиться» – с хэй, «как подобает, и собрать новые души и передать их миру» – те души, которых еще не было в мире, которые будут в мире вместе со старыми душами, оставшимися с начала и обновившимися. Как сказано: «И будет: оставшийся в Ционе и уцелевший в Йерушалаиме будет назван святым, – все, кто записан для жизни в Йерушалаиме»⁹⁴².

---

[938] Пророки, Зехария, 14:2. «И соберу все народы на войну против Йерушалаима, и захвачен будет город, и разграблены будут дома, и обесчещены женщины, и уйдет половина города в изгнание, а остаток народа не будет истреблен в городе».

[939] Писания, Псалмы, 2:2. «Встают цари земли и властелины совещаются вместе – против Творца и против помазанника Его».

[940] Писания, Псалмы, 2:4. «Сидящий в небесах усмехается, Творец насмехается над ними».

[941] Писания, Псалмы, 104:31. «Да будет слава Творца вовеки, радоваться будет Творец делам Своим».

[942] Пророки, Йешаю, 4:3. «И будет, кто останется в Ционе и тот, кто уцелеет в Йерушалаиме, тот назван будет святым, – все, кто записан для жизни в Йерушалаиме».

Творец испытал Авраама

484) «И было: после этих речей Всесильный испытал Авраама, и сказал ему: "Авраам!" И сказал он: "Вот я"»[943]. «Это Ты – Царь мой, Всесильный! Заповедай спасение Яакову»[944] – это совершенство всех ступеней, связанных друг с другом как одна. Ибо есть в этом стихе ХАГАТ и Малхут, которые являются совокупностью всех ступеней. «Ты» – это Хесед, как сказано: «Ты – коэн вовеки»[945]. «Элоким» – Гвура. «Это» – Тиферет. «Царь мой» – Малхут.

485) И сказано: «Заповедай спасения Яакову»[944] – чтобы все посланники, выполняющие определенную задачу в мире, были со стороны милосердия, а не со стороны суда, ибо есть посланники со стороны милосердия и со стороны сурового суда. И посланники со стороны милосердия никаким образом не выполняют в мире задачу суда.

486) Но ведь ангел, явившийся Биламу, был посланцем милосердия, а обратился судом? Он никогда не изменялся, чтобы чинить суд, а был посланцем милосердия, призванным защитить Исраэль и быть ему добрым заступником. Но относительно Билама он был судом. Таковы пути Творца: когда Он творит добро одному, для другого это добро становится судом. И так для Исраэля он был посланцем милосердия, но для Билама обернулся судом. И поэтому просил Давид: «Заповедай спасения Яакову»[944] – т.е. просил заповедать миру, когда посылают посланника, чтобы это было со стороны милосердия.

487) «Заповедай спасения Яакову»[944] – т.е. он молился за (поколения) Яакова, пребывающие в изгнании, чтобы было у них спасение во время изгнания. Великолепием (тиферет) праотцев был Яаков, но если бы не Ицхак, не явился бы Яаков в мир. И поэтому: «Заповедай спасения Яакову» – это Ицхак,

---

[943] Тора, Берешит, 22:1. «И было: после этих речей Всесильный испытал Авраама, и сказал ему: "Авраам!" И сказал он: "Вот я"».

[944] Писания, Псалмы, 44:5. «Ты – мой Царь, Всесильный! Заповедай спасения Яакову!»

[945] Писания, Псалмы, 110:4. «Клялся Творец и не раскается: ты священник (коэн) вовеки, по слову Моему Малкицедеку».

Творец испытал Авраама

который был спасением Яакову, ведь то, что спасся Ицхак во время приношения его в жертву, стало спасением для Яакова.

488) «И было: после этих речей Всесильный испытал Авраама»[943]. «И было» – говорится о беде. «И было после этих речей» – после самой нижней ступени, выходящей из высших ступеней Ацилута. И это Малхут, называемая «речи».

489) И после этой ступени, Малхут, «Всесильный испытал Авраама». Ибо оттуда является злое начало, представ перед Творцом, чтобы обвинить Авраама. И поэтому Он «испытал Авраама». И сказанное: «И было после этих речей» означает, что было обвинение злого начала, место которого – после Малхут, называемой «речи». И поэтому: «Всесильный испытал Авраама».

Сказано: «Всесильный испытал Авраама». Следовало сказать: «Ицхака», – ведь Ицхаку уже было тридцать семь лет, и его отец уже не подлежал наказанию за него, т.е. чтобы нести наказание за него. И если бы Ицхак сказал: «Я не желаю», не был бы отец подвергнут наказанию за него. И в таком случае, почему сказано: «И Творец испытал Авраама», – а не «испытал Ицхака»?

490) Без сомнения, следует сказать: «Авраама», так как он должен был соединиться со свойством суда, ведь до этого в Аврааме не было никакого суда, и он был полностью милосердием, и теперь вошла вода в огонь, милосердие в суд. И Авраам не был совершенен до этого, и возвеличился, совершив суд и исправив суд на своем месте. Ибо свечение Хохмы есть только в левой линии.

И поэтому прежде, чем Авраам соединился с Ицхаком, т.е. левой линией, он не был совершенен, поскольку недоставало ему свечения Хохмы, а благодаря совершению жертвоприношения он соединился с Ицхаком и увенчался посредством него свечением Хохмы, и стал совершенен. И это означает, что «возвеличился, совершив суд», – благодаря жертвоприношению, и через это был исправлен суд, свечение левой линии, на его месте, т.е. он был включен в место Авраама, в Хесед (милосердие).

491) И во все свои дни он не был совершенным – до тех пор, пока не вошла вода в огонь, т.е. правая линия в левую, и огонь в воду – левая линия в правую. И поэтому «Всесильный испытал Авраама», а не Ицхака. Ибо Творец призвал Авраама, чтобы он включился в суд, т.е. в левую линию. И когда он совершил жертвоприношение, огонь вошел в воду, то есть суд вошел в милосердие, и дополнились они друг другом.

И это действие произвел суд жертвоприношения – что они соединились друг с другом. Именно поэтому явилось злое начало, обвиняя Авраама, что он не совершенен как подобает, пока не произведет суд приношения Ицхака в жертву. Ведь место злого начала «после речей», т.е. за Малхут, и о нем сказано[946]: «У входа грех лежит»[947], и является оно, чтобы обвинять.

492) И хотя сказано «Авраам», а не «Ицхак», Ицхак тоже упоминается в отрывке: «Всесильный испытал Авраама». Сказано «эт Авраам (Авраама)», предлог «эт» указывает на Ицхака, так как в это время Ихцак пребывал в нижней Гвуре, в Нукве.

Когда он был связан и предуготовлен Авраамом для суда как подобает, возвеличился Ицхак на своем месте вместе с Авраамом, и соединились огонь с водой, и поднялись наверх – Авраам в свойстве Хесед, поднявшемся в Хохму, а Ицхак в свойстве Гвура, поднявшемся в Бину. И тогда противоречие разрешилось надлежащим образом, так как они пришли к согласию друг с другом, и включились огонь и вода друг в друга.

493) Кто видел, чтобы милосердный отец поступал жестоко со своим сыном? Однако это было сделано для того, чтобы разрешить это противоречие, включить воду в огонь, т.е. Хесед Авраама в огонь Ицхака, и возвеличить их на своем месте. И было это, пока не явился Яаков, средняя линия, и не исправилось всё, как подобает, и три праотца обрели совершенство, став опорой для трех высших линий, и исправились высшие и нижние.

---

[946] См. Зоар, главу Берешит, часть 1, п. 460.
[947] Тора, Берешит, 4:6-7. «И сказал Творец Каину: "Отчего досадно тебе, и отчего поникло лицо твое? Ведь если станешь лучше, то будешь достоин. А если не станешь лучше, то у входа грех лежит"».

Творец испытал Авраама

494) «И сказал Он: "Возьми же сына твоего"»[948]. Как мог Авраам взять сына своего Ицхака, ведь он был уже старик? «Возьми» – означает привлечь речами.

«Сына твоего единственного, которого ты любишь, и иди на землю Мо́рия»[948]. Как сказано: «Пойду я на гору мирровую (на гору мор)»[949], – чтобы исправить в месте, пригодном для исправления. «Мор» и «Мо́рия» – это одно и то же, и это место Храма. И там – место, пригодное для исправления. И этому приводит Зоар доказательство из Писания: «Пойду я на гору мирровую (на гору мор)», что сказано о Творце, т.е. сам Творец тоже идет туда, чтобы исправить Нукву. И поэтому сказал Творец также и Аврааму, чтобы он шел туда, чтобы исправить себя и сына своего Ицхака.

---

[948] Тора, Берешит, 22:2. «И сказал Он: "Возьми же сына твоего, единственного твоего, которого ты любишь, Ицхака, и иди на землю Мория, и принеси его там во всесожжение на одной из гор, которую Я укажу тебе"».

[949] Писания, Песнь песней, 4:6. «Пока не повеял день и не побежали тени, пойду я на гору мирровую, на холм благовоний».

И увидел то место издали

495) «На третий день поднял Авраам глаза свои и увидел то место издали»[950]. Мы выяснили раньше, что означает третий день. Но если уже сказано: «И встал, и пошел на место, о котором сказал ему Всесильный»[951], зачем говорить, что «на третий день… увидел то место издали»? Однако сказано: «Ибо в Ицхаке наречется тебе потомство»[952] – потому что из него выйдет Яаков. Ведь Ицхак – это левая линия, и он существует лишь благодаря средней линии, то есть Яакову. И он называется «на третий день», так как Авраам, Ицхак, Яаков – это ХАГАТ, или «три дня», а Яаков, то есть Тиферет – это «третий день». И поэтому он смотрел на Яакова, который является силой, оживляющей Ицхака.

496) «И увидел то место издали»[950]. Как сказано: «Издалека Творец являлся мне»[953], и это – экран де-хирик, имеющийся в средней линии[954]. «И увидел то место»[950] – это Яаков, о котором сказано: «И взял он из камней этого места»[955]. Посмотрел Авраам на третий день, т.е. на третью ступень, Тиферет, и увидел там Яакова, который должен произойти от него. Однако увидел «издали», а не в скором времени. Ибо он видел лишь экран, но еще не видел тогда исправление в средней линии, называемое Яаков, то есть ступень хасадим, которая выходит на экран де-хирик. И увидел он, что это исправление совершится через продолжительное время.

497) Какое преимущество это дает Аврааму – видеть, что Яаков должен произойти от него, в то время, как он собирается

---

[950] Тора, Берешит, 22:4. «На третий день поднял Авраам глаза свои и увидел то место издали».
[951] Тора, Берешит, 22:3. «И встал Авраам рано утром, и оседлал осла своего, и взял с собой двух отроков своих и сына своего Ицхака, и наколол дров для жертвы всесожжения, и встал, и пошел на место, о котором сказал ему Всесильный».
[952] Тора, Берешит, 21:12. «И сказал Всесильный Аврааму: "Да не будет худо в глазах твоих из-за отрока и из-за твоей рабыни. Во всем, что скажет тебе Сара, слушай ее голоса, ибо в Ицхаке наречется тебе потомство"».
[953] Пророки, Йермияу, 31:2. «Издалека Творец являлся мне (и сказал): "Любовью вечною возлюбил Я тебя и потому привлек Я тебя милостью"».
[954] См. выше, п. 45.
[955] Тора, Берешит, 28:11.

И увидел то место издали

принести в жертву Ицхака? Это же заставляет его сомневаться в словах Творца – ведь если он принесет его в жертву, как же произойдет от него Яаков?

498) Нет сомнения, что он видел Яакова, ведь еще до жертвоприношения были у него высшие мохин, которые выходят на три линии, где средняя линия – это Яаков. А теперь он посмотрел на третий день, то есть на третью ступень, Тиферет, чтобы взять от него совершенство и восполнить свои мохин, ибо совершенство приходит только от средней линии.

И тут он увидел Яакова, как сказано: «И увидел то место»[950], то есть среднюю линию, но «издали»[950], – без постижения, поскольку собирался он принести в жертву Ицхака и не желал сомневаться в Творце, который сказал ему принести его в жертву. И поэтому не постиг еще, как следует, среднюю линию, то есть Яакова.

499) «Издали»[950]. Он видел его только в зеркале, которое не светит, то есть он видел экран де-хирик без ступени хасадим, которая выходит на этот экран. И поэтому видел его, но он не раскрылся ему полностью.

Если бы светящее зеркало, т.е. ступень света хасадим, было над зеркалом, которое не светит, т.е. над экраном, Авраам постиг бы его, как следует. Однако это было не так, и было только «издали», – то есть он видел только его экран, задерживающий свет, и не видел зивуга де-акаá (ударного взаимодействия) на него, порождающего ступень света хасадим.

500) Светящее зеркало отдалилось от экрана, потому что оно – ступень Яакова, а поскольку Яаков еще не родился, то нет и его свойства, ступени хасадим, над этой ступенью, т.е. экраном.

И еще это нужно для того, чтобы он пошел принести в жертву Ицхака, сына своего, и получил вознаграждение. Ведь если бы светящее зеркало было над экраном, он бы точно знал, что произойдет от него Яаков, и не выполнил бы заповеди Творца о жертвоприношении Ицхака. «И увидел то место издали»[950] – т.е. увидел Яакова издали, поскольку еще не удостоился его, так как не постиг его.

501) «И пришли на место»⁹⁵⁶. И хотя он пришел к этому видению, и увидел Яакова, сказал себе Авраам, что, конечно же, Творец, который сказал ему принести в жертву Ицхака, знает, как это сделать по-другому. Тотчас: «И построил там Авраам жертвенник»⁹⁵⁶. То есть, хотя и видел он, что Ицхак породит Яакова, все же не сомневался, и отменил свое мнение перед Творцом, и построил жертвенник.

502) А что сказано до этого: «И сказал Ицхак Аврааму, своему отцу, и сказал: "Отец мой!"»⁹⁵⁷ Мы уже это выясняли. Но почему же он ничего не отвечал ему? Объяснение. Здесь два раза написано: «И сказал». «И сказал Ицхак Аврааму, своему отцу», а затем: «И сказал: "Отец мой!"» И не ответил ему на первый призыв, пока тот не сказал во второй раз: «Отец мой!» И тогда ответил ему: «Вот я, сын мой!»⁹⁵⁷

И Зоар спрашивает: «Почему же он ничего не ответил ему на первый призыв?» И отвечает, что поскольку Авраам отдалился от милосердия отца к сыну и пришел к суду, он не ответил ему на первый призыв. И поэтому сказал он: «Вот я, сын мой!» «Вот я» – ибо удалилось милосердие и стало судом. Объяснение. «Я (аниֹ אני)» указывает на свойство суда. А «вот я (инéни הנני)» – это то же самое, что и «вот я (инé аниֹ הנה אני)», означающее, что он опустился в суд.

503) «И сказал Авраам: "Всесильный узрит Себе агнца для всесожжения, сын мой"»⁹⁵⁸. И не сказано: «И сказал отец его», – так как он обращался с ним, как отец, а был его противником. «Всесильный узрит Себе агнца»⁹⁵⁸. «Узрит Себе» – т.е. узрит для Себя, когда вознуждается в этом. Но сейчас «сын мой» «для всесожжения», а не агнец. Тотчас: «И пошли они оба вместе»⁹⁵⁸ – т.е. Ицхак пошел согласно желанию отца.

---

⁹⁵⁶ Тора, Берешит, 22:9. «И пришли на место, о котором сказал ему Всесильный. И построил там Авраам жертвенник, и разложил он дрова, и связал Ицхака, сына своего, и положил его на жертвенник, поверх дров».

⁹⁵⁷ Тора, Берешит, 22:7. «И сказал Ицхак Аврааму, своему отцу, и сказал: "Отец мой!" И сказал он: "Вот я, сын мой!" И сказал он: "Вот огонь и дрова, – где же агнец для всесожжения?"»

⁹⁵⁸ Тора, Берешит, 22:8. «И сказал Авраам: "Всесильный узрит Себе агнца для всесожжения, сын мой". И пошли они оба вместе».

504) «Ведь сильные их кричали: «Наружу», ангелы мира горько заплачут»[959]. «Вот сильные их» – это высшие ангелы, которые кричали, когда происходило жертвоприношение Ицхака, и хотели, чтобы исполнились слова: «И Он вывел его наружу...»[960], т.е. благословение потомства.

505) «Ангелы мира» – это уже другие ангелы, которые должны были в будущем идти перед Яаковом. И ради Яакова пообещал Творец им совершенство. Как сказано: «И Яаков пошел своим путем, и встретились ему ангелы Творца»[961]. И они называются ангелами мира. Все они заплакали, когда увидели Авраама, который приносил в жертву Ицхака, и были потрясены высшие и нижние, и все – из-за Ицхака.

---

[959] Пророки, Йешаяу, 33:7.
[960] Тора, Берешит, 15:5. «И Он вывел его наружу и сказал: "Взгляни же на небо и сочти звезды. Можешь ли счесть их?" И сказал Он ему: "Таким будет потомство твое"».
[961] Тора, Берешит, 32:2.

Авраам, Авраам!

506) «И воззвал к нему ангел Творца с небес и сказал: "Авраам, Авраам!"»[962] Последний «Авраам» не то же самое, что первый «Авраам», так как последний, после жертвоприношения, совершенен, поскольку уже соединился с Ицхаком. А первый «Авраам» несовершенен, потому что еще не соединился с Ицхаком.

Подобно этому: «Шмуэль! Шмуэль!»[963], – указывает на то, что последний совершенен, а первый несовершенен, ибо последний уже был пророком, а первый еще не был пророком. Однако «Моше, Моше»[964] произносится без паузы между ними, поскольку с того дня, как он родился, не отходила от него Шхина, и нет разницы между первым и последним.

«Авраам, Авраам!» – помянул его имя дважды, чтобы пробудить в нем другой дух, другое деяние и другое сердце. Ибо до этого момента он облачался в суд, чтобы исполнить заповедь Творца. Поэтому ангел должен был вернуть его в свойство милосердия. И он сделал это, позвав его по имени дважды: «Авраам, Авраам!», и тем самым пробудил в нем «другой дух» – чтобы он не простер руки своей к отроку[965], и «другое деяние» – чтобы принес в жертву агнца вместо сына своего, и «другое сердце» – в любви к сыну своему Ицхаку, как вначале.

507) Ицхак стал чист и возвысился в желании перед Творцом во время принесения его в жертву на жертвеннике, подобно духу воскуряемых благовоний, которые возносили Ему коэны дважды в день. И жертвоприношение было завершено, словно

---

[962] Тора, Берешит, 22:11. «И воззвал к нему ангел Творца с небес и сказал: "Авраам, Авраам!" И сказал он: "Вот я"».
[963] Пророки, Шмуэль 1, 3:10. «И явился Творец, и предстал, и воззвал, как прежде: "Шмуэль! Шмуэль!" И сказал Шмуэль: "Говори, ибо слушает раб Твой"».
[964] Тора, Шмот, 3:4. «И увидел Творец, что Моше свернул посмотреть, и позвал его Всесильный из терновника: "Моше, Моше!" И ответил тот: "Вот я!"»
[965] Тора, Берешит, 22:12. «И сказал: "Не простирай руки твоей к отроку, и не делай ему ничего. Ибо теперь знаю, что ты боишься Всесильного, и не сокрыл ты сына твоего, единственного твоего от Меня"».

он был пожертвован и сожжен подобно духу воскуряемых благовоний перед Творцом.

Ибо Авраам сожалел, когда было сказано ему: «Не простирай руки твоей к отроку, и не делай ему ничего»[965], так как думал, что жертва его несовершенна и напрасно сделал он всё и устроил всё, и построил жертвенник. Тотчас: «И поднял Авраам глаза свои и увидел: и вот овен»[966], и пожертвовал он его вместо Ицхака и так стал совершенен.

508) Это был овен, который был создан в сумерках, и был ему год. И таким он должен быть, как ежедневное всесожжение. А как же можно сказать, что овен родился в сумерках? Дело в том, что была предопределена тогда, в канун субботы в сумерках, сила этого овна, который должен будет явиться взору Авраама, когда он вознуждается в нем.

И поэтому, он действительно родился в это время, а когда был ему год, встретился он Аврааму. Как все вещи, сотворенные в канун субботы в сумерки, когда это предуготовано и должно это будет случиться в действительности, когда понадобится. И так же с тем овном, который был пожертвован вместо Ицхака.

---

[966] Тора, Берешит, 22:13. «И поднял Авраам глаза свои и увидел: и вот овен запутался в зарослях рогами своими. И пошел Авраам и взял овна, и вознес он его во всесожжение вместо сына своего».

В каждой беде их не страдал

509) «В каждой беде их не страдал»⁹⁶⁷. «В каждой беде» Исраэля, когда случались с ними беды, сказано о них «не (ло לא) страдал», «ло (לא не)» написано через «алеф א», а читается «ло (לו Ему)» с «вав ו», поскольку Творец пребывает с ними в страдании.

«Ло (לא не)» с «алеф א», означающее, что Он не испытывает страдания, – это в более высоком месте. И, несмотря на то, что в этом месте нет гнева и страдания, как сказано: «Сила и радость в месте Его»⁹⁶⁸, все же доходят туда, наверх, страдания Исраэля. «Ло (לא не)» с «алеф א» подобно тому, как сказано: «Он сотворил нас, а не (ло לא) мы»⁹⁶⁹. Написано с «алеф א», но читается с «вав ו» – «Он сотворил нас, и Ему (ло לו) мы предназначены».

510) «И ангел лица Его спасал их»⁹⁶⁷. Ведь Он пребывает с ними в беде, ибо вначале говорится: «В каждой беде их страдание Ему». Как же сказано: «спасал их» – если Он находится с ними в их беде, то еще не «спасал их»? Но дело в том, что не сказано: «Спасает их», а только – «спасал их», в прошедшем времени, то есть «спасал их» тем, что Он находится с ними в одной беде и страдает вместе с ними.

Когда Исраэль в изгнании, то и Шхина вместе с ними в изгнании, как сказано: «И возвратит (досл. возвратится) Творец Всесильный твой пленников твоих, и смилостивится над тобой»⁹⁷⁰. Следовало сказать: «И возвратит». Но сказано: «И возвратится» – это показывает нам, что и Шхина вместе с ними в изгнании. «И возвратится» – якобы, указывает на Него самого.

---

⁹⁶⁷ Пророки, Йешаяу, 63:9. «В каждой беде их страдание Ему, и ангел лица Его спасал их, в любви Своей и милосердии Своем Он избавлял их, и носил их, и возвышал во все былые времена».

⁹⁶⁸ Писания, Диврей а-ямим 1, 16:27. «Слава и великолепие пред Ним, сила и радость в месте Его».

⁹⁶⁹ Писания, Псалмы, 100:3. «Узнайте, что Творец – Он Всесильный, Он сотворил нас, и мы – Его, народ Его и паства Его».

⁹⁷⁰ Тора, Дварим, 30:3. «И возвратит Творец, Всесильный твой, пленников твоих, и умилосердится Он над тобою, и вновь соберет Он тебя от всех народов, где рассеял тебя Творец, Всесильный твой».

511) «И ангел лица Его спасал их»[967] – это Шхина, пребывающая с ними в изгнании. «Спасал их» – но если Он находится с ними в изгнании, это значит, что еще не «спасал их»? Однако эти беды Исраэля, это жилища Творца в изгнании, ибо Творец пребывает в каждой их беде, и поскольку Шхина находится вместе с ними, Творец помнит, что должен улучшить их состояние и вывести их из изгнания. Как сказано: «И вспомнил Я союз Мой»[971], то есть Шхину.

Таким образом, Он на самом деле «спасал их» тем, что находится с ними в беде. И несмотря на то, что сказано: «И вспомнил Я союз Мой», – т.е. тем, что находится с ними в беде, Он уже «спасал их», ибо Он страдает с ними вместе и облегчает их страдание. И сказано здесь, что «спасал их» Своим нахождением в беде, потому что Он этим гарантировал им избавление.

512) Сказано: «А ныне, вот вопль сынов Исраэля дошел до Меня, и также узрел Я тот гнет, каким египтяне угнетают их»[972] – т.е. сюда добавляется другое зрение, первичное относительно всех других, как сказано: «И вспомнил Всесильный Свой союз (эт брито́)»[973], то есть Шхину. И это стоит также и перед словами: «И вспомнил Я союз Мой (эт брити́)»[971].

Сказано: «И вспомнил Всесильный Свой союз с Авраамом (эт Авраам), с Ицхаком (эт Ицхак) и с Яаковом (ве-эт Яаков)»[973]. Следовало сказать: «И вспомнил Свой союз с Авраамом (без предлога эт)». Однако сказано с предлогом: «эт Авраам», и это соединение и зивуг Шхины с праотцами, поскольку «эт» – это имя Шхины.

«Эт Авраам»[973] – это юго-запад, т.е. правое объятие, так как юг – это правая сторона и свойство Хесед, называемое Авраам. Запад – это Шхина, называемая «эт». И Авраам охватывает ее свойством хасадим.

«Эт Ицхак»[973] – это северо-запад, левое объятие, поскольку север – это левая сторона и свойство Гвура, называемое

---

[971] Тора, Шмот, 6:5. «И также Я услышал стенание сынов Исраэля, которых порабощают египтяне, и вспомнил Я Мой союз».
[972] Тора, Шмот, 3:9.
[973] Тора, Шмот, 2:24. «И услышал Всесильный их стон, и вспомнил Всесильный Свой союз с Авраамом, Ицхаком и Яаковом».

Ицхак. Запад – это Шхина, называемая «эт». Ицхак охватывает ее свойством гвурот.

«Ве-эт Яаков»[973] – это единое слияние (зивуг), единая общность, совершенное слияние, как подобает, так как указывает на зивуг Зеир Анпина, называемого Яаков, со Шхиной, называемой «эт». А зивуг может происходить только в средней линии, т.е. в Яакове. А у Авраама и Ицхака происходит только объятие. И поэтому о нем сказано: «Единое слияние (зивуг)». И слова «ве-эт Яаков (и с Яаковом)»[973] включают их вместе, как сказано: «единая общность». А дополнительная «вав ו» в словах «ве-эт Яаков (ואת יעקב)» указывает на совершенство слияния (зивуга).

513) И также сказано: «Небо (эт а-шамаим)»[974], и это включение свойства «ночь», Нуквы, в «день» – Зеир Анпин. «И землю»[974] (ве-эт а-арец) – это свойство «день», соединенное со свойством «ночь» вместе, то есть включение Зеир Анпина в Нукву. Поскольку вав слов «ве-эт» указывает на свойство «захар», включившееся в свойство «нуква».

Сказано: «эт Авраам», «эт Ицхак», однако о Яакове сказано: «ве-эт», – и это указывает, что они полностью становятся единым зивугом, в котором захар и нуква не расстаются никогда. И должен будет Творец сообщить всему миру и провозгласить во всеуслышание, как сказано: «И сказал Он: "Но они народ Мой, сыновья, которые не изменят". И был Он для них спасителем»[975]. Благословен Творец вовеки, амен и амен![976]

---

[974] Тора, Берешит, 1:1. «Вначале сотворил Всесильный небо и землю».
[975] Пророки, Йешаяу, 63:8. «И сказал Он: "Но они народ Мой, сыновья, которые не изменят", и был Он для них спасителем».
[976] Писания, Псалмы, 89:53. «Благословен Творец вовеки, амен и амен!»

Видеопортал Zoar.tv

Видеопортал Зоар.ТВ располагает уникальным контентом в виде бесплатных видео материалов, видеоклипов, ТВ онлайн, добрых фильмов онлайн, музыки.

http://www.zoar.tv/

Курсы обучения

Миллионы учеников во всем мире изучают науку Каббала.

Выберите удобный для вас способ обучения на сайте:

http://www.kabacademy.com/

Книжный магазин

РОССИЯ, СТРАНЫ СНГ И БАЛТИИ

http://kbooks.ru

АМЕРИКА, АВСТРАЛИЯ, АЗИЯ

http://www.kabbalahbooks.info

ЕВРОПА, АФРИКА, БЛИЖНИЙ ВОСТОК

http://www.kab.co.il/books/rus

Ицхак. Запад – это Шхина, называемая «эт». Ицхак охватывает ее свойством гвурот.

«Ве-эт Яаков»[973] – это единое слияние (зивуг), единая общность, совершенное слияние, как подобает, так как указывает на зивуг Зеир Анпина, называемого Яаков, со Шхиной, называемой «эт». А зивуг может происходить только в средней линии, т.е. в Яакове. А у Авраама и Ицхака происходит только объятие. И поэтому о нем сказано: «Единое слияние (зивуг)». И слова «ве-эт Яаков (и с Яаковом)»[973] включают их вместе, как сказано: «единая общность». А дополнительная «вав ו» в словах «ве-эт Яаков (ואת יעקב)» указывает на совершенство слияния (зивуга).

513) И также сказано: «Небо (эт а-шамáим)»[974], и это включение свойства «ночь», Нуквы, в «день» – Зеир Анпин. «И землю»[974] (ве-эт а-арец) – это свойство «день», соединенное со свойством «ночь» вместе, то есть включение Зеир Анпина в Нукву. Поскольку вав слов «ве-эт» указывает на свойство «захар», включившееся в свойство «нуква».

Сказано: «эт Авраам», «эт Ицхак», однако о Яакове сказано: «ве-эт», – и это указывает, что они полностью становятся единым зивугом, в котором захар и нуква не расстаются никогда. И должен будет Творец сообщить всему миру и провозгласить во всеуслышание, как сказано: «И сказал Он: "Но они народ Мой, сыновья, которые не изменят". И был Он для них спасителем»[975]. Благословен Творец вовеки, амен и амен![976]

---

[974] Тора, Берешит, 1:1. «Вначале сотворил Всесильный небо и землю».
[975] Пророки, Йешаяу, 63:8. «И сказал Он: "Но они народ Мой, сыновья, которые не изменят", и был Он для них спасителем».
[976] Писания, Псалмы, 89:53. «Благословен Творец вовеки, амен и амен!»

Выражаем огромную благодарность группе энтузиастов из разных стран мира, выступивших с инициативой сбора средств для реализации этого проекта.

Спонсоры и инициаторы:

Сергей Лунёв, Вадим Плинер - *Канада*

Максим Голдобин, Константин Фарбирович - *Россия*

Николай Полудённый, Александр Зайцев,

Александр Каунов, Сергей Каунов, Евгений Сачли,

Андрей Нищук, Михаил Плющенко - *Украина*

Идея:
Максим Маркин - *Украина*

Сайт спонсоров проекта:
http://zoar-sulam-rus.org/

Под редакцией президента института
ARI проф. М. Лайтмана

Руководители проекта: Г. Каплан, П. Ярославский

Перевод: Г. Каплан, М. Палатник, О. Ицексон

Редактор: А. Ицексон

Технический директор: М. Бруштейн

Дизайн и вёрстка: А. Мухин

Корректор: П. Календарев

Благодарность

Э. Винер, Н. Винокур, И. Каплан, Р. Каплан, Л. Гойман,
И. Лупашко, Р. Марголин, Э. Агапов, А. Каган, З. Куцина
за помощь в работе над книгой.

Видеопортал Zoar.tv

Видеопортал Зоар.ТВ располагает уникальным контентом в виде бесплатных видео материалов, видеоклипов, ТВ онлайн, добрых фильмов онлайн, музыки.

http://www.zoar.tv/

Курсы обучения

Миллионы учеников во всем мире изучают науку Каббала.

Выберите удобный для вас способ обучения на сайте:

http://www.kabacademy.com/

Книжный магазин

РОССИЯ, СТРАНЫ СНГ И БАЛТИИ

http://kbooks.ru

АМЕРИКА, АВСТРАЛИЯ, АЗИЯ

http://www.kabbalahbooks.info

ЕВРОПА, АФРИКА, БЛИЖНИЙ ВОСТОК

http://www.kab.co.il/books/rus

www.ingramcontent.com/pod-product-compliance
Lightning Source LLC
Chambersburg PA
CBHW080631170426
43209CB00008B/1547